华章经管

HZBOOKS | Economics Finance Business & Management

理性乐观派

|典 藏 版|

THE RATIONAL OPTIMIST

How Prosperity Evolves

[英] 马特·里德利 著 闫佳 译
Matt Ridley

机械工业出版社
China Machine Press

图书在版编目（CIP）数据

理性乐观派：典藏版 /（英）马特·里德利（Matt Ridley）著；闾佳译 . -- 北京：机械工业出版社，2021.11

书名原文：The Rational Optimist: How Prosperity Evolves

ISBN 978-7-111-69446-5

I. ①理… II. ①马… ②闾… III. ①经济史 - 世界 - 通俗读物 IV. ①F119-49

中国版本图书馆 CIP 数据核字（2021）第 216905 号

本书版权登记号：图字 01-2011-0656

理性乐观派（典藏版）

出版发行：机械工业出版社（北京市西城区百万庄大街 22 号 邮政编码：100037）

责任编辑：沈 悦　　责任校对：殷 虹

印 刷：北京诚信伟业印刷有限公司　　版 次：2022 年 1 月第 1 版第 1 次印刷

开 本：170mm × 230mm 1/16　　印 张：25.5

书 号：ISBN 978-7-111-69446-5　　定 价：89.00 元

客服电话：（010）88361066 88379833 68326294　　投稿热线：（010）88379007

华章网站：www.hzbook.com　　读者信箱：hzjg@hzbook.com

本书法律顾问：北京大成律师事务所 韩光 / 邹晓东

献给
马修和爱莉斯

引出上述许多利益的分工，原不是人类智慧的结果，尽管人类智慧预见到了分工会产生普遍富裕并想利用它来实现普遍富裕。它是不以这广大效用为目标的人类倾向所缓慢而逐渐造成的结果，这种倾向就是互通有无，物物交换，相互交易……

——亚当·斯密
《国富论》

当思想有了性

在其他动物种类中，个体的进步是从婴儿期到成长期（或成熟期），[1]在它生命的过程中（以一生为限），它能将天性所赋予它的各项能力做到最完美的程度；而人类，则是个体进步，整个物种也进步，他们在前人所奠定的基础上实现随后的成长。

——苏格兰哲学家及历史学家亚当·弗格森
《文明社会史论》

在我写本书的时候，桌子上摆着两件形状和大小大致相当的人工制品[2]：其一是电脑的无线鼠标；其二是来自50万年前中石器时代的一柄手斧。两者都是按人类的手形来设计的，它们都遵循了人类使用时的种种限制条件，但它们有着很大的不同。前者是诸多物体的综合，内部设计错综复杂，反映了分门别类的各行知识。后者则是单一性的物质，反映的是单一个体的技术能力。它们之间的差异表明，当今的人类体验迥然有别于50万年前的人类体验。

本书讲述的是人类的社会体验以完全有别于其他动物的方式飞速、持续地变化。对生物学家来说，这件事需要做出解释。过去20多年间，我写了4本书，谈人类跟其他动物有多么相似，而本书则重点论述人类跟其他动物有什么区别。是什么使得人类有能力以这种疯狂的方式不断地改变自己的生活呢?

倒不是人类本性发生了多大的变化。正如握着手斧的手跟握着鼠标的手形状相同，不管是从前还是将来的人们，永永远远都会寻找食物、渴求性爱、照料子女、竞争地位、避免伤痛，就跟其他所有动物一样。人类物种的许多特质也没有发生变化。哪怕你走到地球最遥远的角落，仍然会听到歌声和言谈，看到微笑，发现当地人的性妒忌和幽默感——这些东西，跟黑猩猩身上表现出来的完全不一样。如果你能穿越时空，你能轻而易举地跟莎士比亚、荷马、孔子和佛陀的心灵产生共鸣。如果我能跟32 000多年前在法国南部肖韦洞穴岩壁上绘出精美犀牛壁画的人见面，我毫不怀疑，我会发现他心理的方方面面都表现得像个十足的人类。人类生活里相当多的元素，都没有发生变化。

然而，要是说现在的生活跟32 000年前一样，那就太荒谬了。我们所属的物种，在这一时期，繁衍了整整10万倍，从300万人口增加到了将近70亿。[3]人类给自己带来的舒适和奢华程度，其他任何物种都无法想象。人类殖民了地球上每一个适于居住的角落，更探索遍了所有没法住人的地方。人类改变了世界的外貌、遗传特征和化学性质，将地球上所有植物产出的23%占为己用。人类用独有的、非随机安排的微粒包围着自己，并将其称为“技术”，不断地发明之、改造之，甚至抛弃之。其他动物不可能这样，哪怕是黑猩猩、宽吻海豚、鹦鹉和章鱼这些聪明的动物也不行。它们或许偶尔会使用工具，偶尔会转移自己的生存环境，但它们并不会提高自己的“生活标准”，也不会经历“经济增长”，更不会遭遇“贫困”。它们不会从一种生活模式进步到另一种，也不会强烈反对这么做。它们不曾经历农耕、城市、商业、工业或信息革命，更不用说文艺复兴、宗教改革、大萧条、人口变迁、内战、冷战、文化战争、信贷紧缩了。此刻，我坐在办公桌前面，各种各样的东西包围着我：电话、书籍、电脑、照片、文件夹、咖啡杯——猴子可从来不曾制造过。我以一种海豚绝对无法办到的方式，把大量的数字信息散布到屏幕上。我深知抽象的概念（日期、天气预报、热力学第二定律）无论什么样的鹦鹉也摸不着头脑，我肯定跟动物有所不同，可是什么让我如此与众不同呢?

不可能仅仅是因为我有一个比其他动物更大的大脑。毕竟，已经灭绝了的尼安德特人大脑的平均体积比我的更大，却不曾经历这种一路向前的迅猛的文化变革。此外，我的大脑或许比其他动物的要大，但对如何制造咖啡杯、回形针是一丁点儿线索也没有的，天气预报就更别想了。心理学家丹尼尔·吉尔伯特喜欢打趣说，跟他从事同一行业的所有人，在事业的某一段时期，总觉得有责任把以下这个句子补充完整："唯有人类这种动物，才能……"[4]使用语言，进行认知推理，生火、做饭、制造工具，拥有自我意识，欺骗、模仿，从事艺术、宗教活动，大拇指与其他四根指头相对，投掷武器，保持直立姿态，隔代照料子嗣（如祖父母照料孙辈）——要列举人类有多少独一无二的特征，真的能排出一份很长的清单来。但食蚁兽、裸脸灰蕉鹃㊀的独有特征也能列出很长一份清单。上述特征的确为人类所独有，也非常有利于促成现代生活，但我可以争辩说，除了语言这一特征，[5]其他特征并没有出现在人类历史的恰当时机上，也根本没有恰当的影响力，来解释智人何以能够从一种只能算是一般成功的猿人突然变成了进步速度突飞猛进的现代人。它们大多数出现在人类历史的极早期，也并不具备这样的生态效应。拥有足够的意识想在身体上画出花纹，或是通过推理得出问题的答案，这些都很好，但它并不能让人类征服整个生态世界。

显然，脑容量大的大脑和语言，应该为人类应付技术性的现代生活所必需。的确，人类非常善于社会性学习，哪怕和黑猩猩相比，人类对一板一眼的模仿也表现出了近乎痴迷的兴趣。[6]但脑容量大的大脑、模仿和语言本身并不能解释繁荣、进步和贫困，它们本身并不会带来生活标准的不断变化。尼安德特人具备上述所有的特征——巨大的大脑、复杂的语言、大量的技术，但是他们从来不曾突破自己的原始小生境㊁。我认为，当我们观察大脑内部的时候，可能找错了地方来解释我们这一物种实现变化的

㊀ 分布在非洲中南部地区的一种常见鸟类。——译者注

㊁ 生境是指生活的个体、种群或群落生活地域的环境，包括必需的生存条件和其他对生物起作用的生态因素。——译者注

非凡能力。这种事情，并不光发生在大脑内部，更是发生在大脑和大脑之间。这是一种集体性现象。

回头再看看手斧和鼠标。它们都是“人造”的，但前者是一个人做出来的，后者则是上百人甚至数百万人制造出来的。这就是我所说的“集体智慧”的意思。单独的一个人，没有谁知道该如何制造出鼠标来。就算是在工厂装配鼠标的人，也不知道如何钻探油井和从石油里制造出塑料，反之亦然。进化到某个阶段之后，人类的智慧就成了集体性的、积累性的，这种现象并未出现在其他动物身上。

“交合”的思想

说人类本性没有改变，但人类文化改变了，这一主张并不是在否定进化。恰恰相反，人类正在经历非同寻常的进化大爆发，其动力正是来自达尔文的自然选择理论，但选择的范围是各种观念和思想，而不是基因。这些观念的栖息之地，构成了人类的大脑。很长一段时间以来，这一概念一直努力地想浮到社会科学的表面上来。1888 年，法国社会学家加布里埃尔·塔尔德写道:“当发明创造通过模仿飞速传播的时候，我们或许可以叫它社会性进化。”[7] 20 世纪 60 年代，奥地利经济学家弗里德里希·哈耶克认为，社会性进化的决定性因素是“通过成功模仿制度和习惯所实现的选择”。[8] 1976 年，进化生物学家理查德·道金斯新造了一个词“模因”㊀，充作文化模仿的单位。[9] 到了 20 世纪 80 年代，经济学家理查德·尼尔森

㊀ 原文为 meme，也有人译作“谜米”。——译者注

提出，整个经济都是靠自然选择演化出来的。[10]

我认为文化演进的意思是这样的：在10万年前的某一刻，文化本身开始以一种从未出现在其他任何物种中的方式进化，也就是复制、变异、竞争、选择和积累，跟几十亿年前的基因进化有点像。正如自然选择一点一滴地累积构造出了一只眼睛，人类的文化演进也可以累积构造出一种文化，或者一台照相机。[11]黑猩猩可以教彼此如何用尖头木棍去扎丛猴，虎鲸可以教彼此如何从海狮手里抢下海滩，但只有人类掌握了能够烘焙出一个面包、创作出一首协奏曲的累积型文化。

没错，但为什么呢？为什么是我们，而不是虎鲸呢？人类的文化存在演进，这个说法并不新鲜，也没太多的帮助。模仿和学习不足以解释人类为什么会以独特的方式开始变化，不管人们展开了多么灵活多样的不懈实践。还必须有点别的什么东西，人类有、虎鲸却没有的东西。我认为答案是：在人类历史的某个时刻，思想观念开始接触、交合、互相进行“性繁殖”。

请让我来解释一下。有性繁殖带来了累积型的生理进化，因为它把不同个体的基因融合到了一起。故此，一种生物身上出现的突变，可以跟另一生物出现的突变结合起来。最贴切的类比来自细菌，它们可以交换不在同一时间复制的基因，故此，它们能够获得来自其他物种对抗生素的免疫力。如果不是几十亿年前微生物开始交换基因，动物通过性行为继续交换基因，所有构造出了眼睛的基因就不可能同时汇聚在单独的一只动物身上，构造成腿、神经或大脑的基因亦然。每一种突变都会孤立地留存在自己的血统之内，发现不了协同配合的乐趣。用卡通片的方式想想看，一条鱼进化出了原始的肺，另一条鱼进化出了原始的四肢，可两者都不可能爬上陆地。内在式进化⊖无需性行为亦可出现，但它的速度要慢得多。

文化也是一样。如果文化只包括学习他人的习惯，那它很快就会陷入停滞。文化要累积，思想必须互相接触、互相交合。“交流思想”是老生常谈了，却在无意之间带来了强大的繁衍力。法国分子生物学家弗朗索瓦·雅各布说过：“创造就是重组。”[12] 设想一下这样的场景：发明铁轨的人和发明火车头的人永远不能相遇，没办法互相交谈，哪怕通过第三方也不行，事情会变成什么样呢？再想想，纸张跟印刷媒体、互联网和移动电话、煤炭和涡轮机、铜和锡、车轮和钢铁、软件和硬件，这些东西的发明者们也彼此孤立，结果又会怎么样呢？我以为，在人类史前时代的某个时点上，有大体积大脑、有文化、会学习的人类头一回开始彼此交换东西，而一旦他们开始这么做，文化就突然累积起来了，人类经济“进步”的迅猛试验也随之拉开了序幕。交换和交流之于文化演进，正如性行为之于生物演进。

通过交换，人类发现了“劳动分工”，即出于互利的目的，将努力和天赋加以专业化。起初，这看似是件不起眼的事情，要是灵长类动物学家们能开着时光机器回到它刚开始的那一刻，肯定会把它忽略掉的。较之人类的生态、层级结构和迷信行为，它显得没意思多了。但一些猿人通过互相交换食物、交换工具，让参与交换的双方都获得了好处，于是，它们双方也都变得更热衷于专业化了。

⊖ 原文为 involution，与 evolution 相对。Involution 一词来自拉丁语，involvo 意为将已展开的东西包卷起来，有“退步”“复旧”“逆转”“反发展”之意，有时指生物器官结构的简化、消失。在社会学中，involution 一词代表一种以保存有价值的文化传统或社会结构为目的的革新，involution 的含义不是简单的倒退，不是完全重复过去，不是通常理解的退化，故此，这里译作“内在式进化”。——译者注

专业化鼓励创新，因为它鼓励人类投入时间创造出能制造工具的工具。专业化节省时间，带来了繁荣，因为节省的时间跟劳动的分工是成正比的。人类在消费上越是多元化，在生产上越是多元化，他们的交换就越多，生活就过得越好。更妙的是，这一过程没有必然的终结之日。越来越多的人类投入劳动的全球分工，越来越多的人类专攻主业，我们就会变得越来越富裕。此外，顺着这条路走下去，我们没有理由解决不了困扰我们的各种问题，比如经济崩溃、人口爆炸、气候变化、恐怖主义、贫穷、艾滋病、抑郁症和肥胖症。解决它们当然不会太轻松，却是完全可能实现的，很可能到 2110 年人类的日子变得比今天好过得多，我们所栖居的地球生态也会变得比现在好得多。本书鼓励人类去拥抱变革，保持理性乐观的态度，并为了改善人类及其栖居的世界而奋斗。

有人会说，我不过是在重复亚当·斯密 1776 年就说过的话[13]罢了。但从亚当·斯密生活的年代至今，很多事情发生了变化，不断改变、挑战、调整和深化着他的观点。比方说，他无法意识到自己生活在工业革命的早期阶段。我的个人天赋恐怕难与亚当·斯密比肩，但我相较于他有一个很大的优势：我可以读他的书。打从亚当·斯密的书问世，他的见解就在跟其他人的见解进行交合。

此外，对于文化动荡变革的问题，很少有人认真想过，为此，我常常感到十分惊讶。我发现，这个世界上到处都有人觉得，自己对他人的依赖正越变越少，自给自足的生活会更舒服，技术进步没有给生活标准带来进步，世界正稳步走向恶化，事物和观念的交换很多余、无足轻重。我还发现，就如何定义“繁荣”、繁荣为什么会出现在人类这个物种中，训练有素的经济学家（好在我并不是经济学家）竟然漠不关心。所以，为了满足自己的好奇心，我写了本书。

我是在一个史无前例的经济悲观主义弥漫的时期动笔的。世界经济体系踉踉跄跄地走到了崩溃的边缘：庞大的债务泡沫破灭了，世界贸易在萎缩，全世界的失业率猛涨，出口急剧下降。前景看来委实暗淡，一些国家的政府正计划进一步扩大本来就够可观的公共债务，哪怕此举有可能损害下一代的繁荣发展。最叫我感到遗憾的是，我是北岩银行的非执行董事长。这家银行是诸多在金融危机中出现流动性短缺的银行之一，我跟这场灾难脱不了关系。本书不是要谈什么危机经历（根据我在银行的雇用条款，我是不能写这个的），但这段经历让我对资本和资本市场产生了不信任情绪，虽然我仍热情地支持商品和服务市场。要是我早一点知道经济学家弗农·史密斯和同事们在实验室里做的实验就好了。这些实验早已证实，提供直接消费的商品和服务（比如汉堡和理发），市场运作极其有效，不让它们高效运作与创新，反倒是件难事。而资本市场容易产生泡沫，会自动崩盘，要把它们设计得能正常运作起来就很困难了。投机、盲目从众、非理性乐观、寻租和欺诈的诱惑驱动市场暴涨暴跌——这就是需要对资本市场谨慎监管的原因。我个人是一直支持对资本市场谨慎监管的。（商品和服务市场不需要太多监管。）但政府（尤其是美国）的住房和货币政策使得21世纪出现的这场泡沫比历史上大多数的泡沫都更糟糕，出于政策原因，美国人为地操纵廉价资金涌向恶性风险，[14]涌向资本市场中间商的钱袋。出现这场危机，政治原因和经济原因至少一样多，[15]这是我同样不太信任政府的原因。

（本着完全公开的原则，我在这里必须指出：多年来，我除了效力于银行业，还从事过科学研究、物种保护、新闻、农耕、煤炭开采、风险投资和商业房产等行业，也从这些行业里得过利，我的经历很可能影响了我在本书中对这些部门的看法。毫无疑问，我也是通过个人经历才对这些部门有所了解，但我绝对没有收了别人的钱才来宣传哪一种特定的观点。）

理性的乐观主义者认为，由于商品、服务和观念的市场能够有效运作，人类得以相互交换，为了所有人的福祉诚实地专攻主业，世界最终必将克服当前的危机。本书并不会对所有的市场一味赞美或一味谴责，它旨在解释为什么交换和专业化的市场过程比许多人想象中的历史更为悠久，也更为公平，同时，也就我们为什么可以对人类的未来保持乐观态度给出了很多原因。归根结底，本书探讨了改变能带来什么样的好处。我发现，我的立场与各个政治派别都存在很大的分歧：蓝色阵营不喜欢文化变革，红色阵营不喜欢经济变革，绿色阵营不喜欢技术变革。

我是一个理性的乐观派。理性，是因为我的乐观态度并不来自天生的气质或本能，而是靠考察证据。通过本书之后的内容，我希望也能把你变成一个理性的乐观派。首先，我需要在这样一点上说服你：人类的进步，总的来说是一件好事，尽管总有这样那样的理由可以抱怨，但眼下的世界，哪怕处在一场严重的经济萧条当中，也跟历史上普通人生活的世界一样好。因为有了商业贸易，眼下的世界比从前更富裕、更健康、更友善。之后，我想解释一下世界为什么变成了这样，是怎样变成这样的。最后，我希望带各位看一看，它能不能继续走向进步，变得更好。

目 录

第1章

更好的今天

一个前所未有的时代

到底是基于什么样的原理，我们明明看到身后除了进步别无他物，却仍以为眼前只有堕落，再没有别的呢？[16]

——英国历史学家、政治家托马斯·B. 麦考莱
《论骚塞的〈社会谈论〉》

世界人均国内生产总值（GDP）[17]

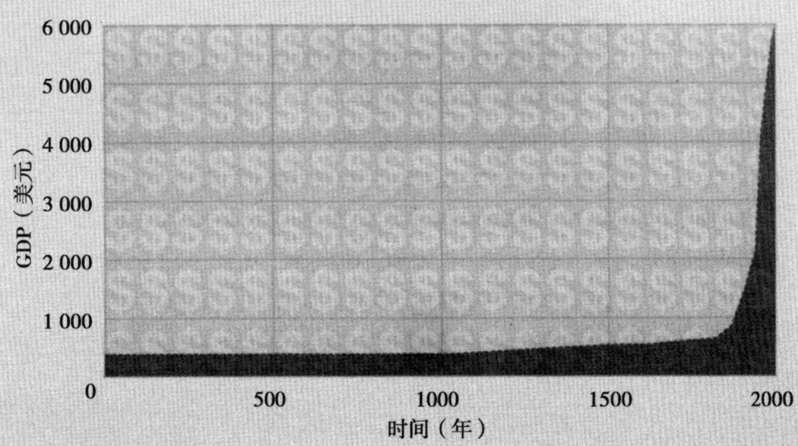

注：GDP 以 1990 年美元计价。

到21世纪中叶，人类即将在10 000年的时间里，从不到1亿人口扩展到近100亿人口。如今，仍有数亿人生活在远比石器时代还糟糕的痛苦和匮乏当中，也有人比自己数年前甚至数月前过得更差了，但跟我们的祖先比起来，绝大多数人吃得更好、住得更好、玩得更好了，面对疾病有了更好的保护，也更有可能安安稳稳地活到老年。[18] 人类生活需要或渴望的几乎每一样东西，在过去200年里都在飞速呈现。在此前的10 000年时间，亦呈不规则地向上发展的趋势，包括寿命、清洁的水源、干净的空气、私人时间、快捷的交通、便捷的沟通途径等。哪怕把至今仍然生活在赤贫、疾病和匮乏当中的数亿人考虑进来，这一代人仍然比从前任何一代人生活得更好。他们有了更多的魔术贴、疫苗、维生素、鞋子、歌手、肥皂剧、芒果切片机、性伴侣、网球拍、导弹以及他们能想象得出来需要的任何东西。有人估计，你在纽约或伦敦能买到的商品，种类可达上百亿种⊖。[19]

⊖ 原文 ten billion。——译者注

这本来是理所当然的事情，但真的值得说上一说。如今有人以为过去的生活更美好，他们说，不光过去生活里的那些简单、宁静、灵性和人际交往全都消逝了，连人的品德也不复往日了。请注意，这种带着玫瑰色的怀旧，一般仅限于富裕人士。反正，你又不必使用蹲式旱厕，给农民的生活唱唱挽歌多容易啊。想象一下 19 世纪西欧或者北美东部的某个地方，在木板搭成的简陋屋子里，一家人围坐在壁炉边。父亲大声地朗读《圣经》，母亲为大家准备好了牛肉炖洋葱。二姐照顾年幼的小弟弟，大儿子从瓦缸里舀水，倒进餐桌上每个人的杯子里，大姐在马厩里喂马。外面的世界没有汽车发出的噪声，没有毒贩子，牛奶里绝对找不到二噁英或者放射性落尘。一切如此宁静安详，窗外鸟语花香。

拜托，少来了。虽说这是村里家境最好的一户人家，正在读经的父亲仍会因为柴火冒出的烟使劲咳嗽个没完。这么咳嗽下去，他早晚会患上支气管炎，53 岁就没了命。（他都算幸运了，1800 年，就算是在英格兰，人的预期寿命也不到 40 岁。）宝宝哭个不停，是因为他得了天花，隔不了多久就会死掉。他的二姐，很快就要嫁一个酒鬼丈夫，成为那人的奴隶。大儿子倒出的水有一股子奶牛味，因为奶牛跟人在同一条小溪里取水。牙痛折磨着母亲。马厩里，邻居的房客让大姐怀了身孕，等一生下来，那孩子就会被送到孤儿院。炖牛肉吃起来没滋没味，很难嚼得动，但除了牛肉，平常的伙食就只剩稀粥了，因为这个季节既没有水果，也没有蔬菜。人们用木头勺子从木头碗里舀饭。蜡烛太贵，只能靠着炉火看东西。全家人没有一个人看过戏、画过画、听过钢琴演奏。所谓的学校教育，就是让偏执的郊区牧师教上几年枯燥的拉丁语。父亲进过一次城，但旅费用了他一个星期的薪水，其他人从来没有离家超过 15 英里⊖。女儿们每人有两条羊毛裙子、两件亚麻衬衫和一双鞋子。父亲的外套花了他一个月的工钱，但现在却长满了虱子。地上铺着草垫当床，孩子们两人合睡一张。至于窗户外面的鸟嘛，明天就会被男孩捉到并吃进肚子里。[20]

如果说我虚构的这家人不对你的口味，来看看统计数字好了。自1800年以来，世界人口增加了5倍，平均预期寿命翻了一番，实际收入提高了9倍多。[21] 就拿一段较短的时间范围来说吧，较之1955年，2005年的全球人均收入翻了差不多2倍（这个数字经通货膨胀调整过），摄入的食物卡路里（calorie, 能量单位）多了1/3，初生婴儿的死亡率降低到了此前的1/3，人类寿命增长了1/3。人类死于战争、谋杀、生育、意外事故、龙卷风、洪水、饥荒、百日咳、肺结核、疟疾、白喉、伤寒、麻疹、天花、败血症或脊髓灰质炎的概率低得多了；上了年纪之后患上癌症、心脏病或中风的可能性也低得多了；识字、从学校毕业的可能性大大提高；拥有电话、抽水马桶、冰箱和自行车的概率也大大提高。与此同时，这50年里，世界人口增加了1倍多，但全世界人口可用的商品和服务并没有因此限量供应，而是大大增加。不管用什么标准来衡量，这都是人类取得的惊人成就。

平均数字能掩盖很多事实，但就算你把世界分成小块区域来看，也很难找到哪个地区在2005年比1955年更糟糕。在这半个世纪里，人均实际收入略微降低的只有6个国家（阿富汗、海地、刚果、利比里亚、塞拉利昂和索马里），人均预期寿命略微降低的有3个国家（俄罗斯、斯威士

⊖ 1英里 =1.61 千米。——译者注

兰和津巴布韦），初生婴儿存活率降低的一个也没有。在其他国家，这些数字全呈火箭般飙升的态势。跟世界其余地区相比，非洲的进步速度慢得令人沮丧，而且极无规律。20 世纪 90 年代，艾滋病的暴发，令南非许多国家预期寿命暴跌（近年来才逐步好转）。在这半个世纪里，你也可以发现某些国家的生活标准或生存概率在某一时期陷入可怕的恶化，如 20 世纪 70 年代的柬埔寨、80 年代的埃塞俄比亚、90 年代的卢旺达和 21 世纪初的刚果。阿根廷在 20 世纪陷入了令人失望的停滞期。但总体而言，50 年之后，世界发展的结果是显著的、惊人的、积极的。跟 1955 年比起来，韩国人的平均预期寿命在 2005 年增加了 26 岁，收入翻了 14 倍。墨西哥人的平均寿命比 1955 年英国人的长。博茨瓦纳人的平均收入比 1955 年普通芬兰人的多。如今尼泊尔的婴儿死亡率比 1951 年意大利的低。在越南，日均生活费不足 2 美元的人所占的比例，[22] 从 20 年前的 90% 降低到了现在的 30%。

富者的确愈富，但贫者并未愈穷。1980～2000 年，发展中国家的贫困人口消费量增加比世界整体快 1 倍。[23] 中国人比 50 年前富裕 10 倍，生育速度降低至 1/3，预期寿命长了 28 年。尼日利亚人比 1955 年时富裕了 2 倍，生育速度降低了 25%，预期寿命长了 9 年。尽管世界人口翻了一番，但赤贫人口（这里的定义是日均生活费不足 1985 年的 1 美元币值者）的绝对数字较之 20 世纪 50 年代却减少了。赤贫者所占的百分比降了一半多——降到了不足 18%。[24] 当然了，这个数字仍然高得可怕，但整个趋势很难说会叫人绝望。按目前的下降速度，到 2035 年前后，它就会降到 0——尽管事实上可能不会这样。据联合国估计，过去 50 年里贫困人口减少得比此前 500 年里还要多。[25]

共同富裕

1955年同样并非匮乏的年代。它本身创下了一个纪录——世界变得前所未有地富裕起来，人口更多了，生活更舒适了，哪怕有希特勒朝着反方向的“努力”。跟此前的任何时代相比，20世纪50年代都显得非同寻常的富裕与奢华。印度的婴儿死亡率降到了比1900年的法国和德国还低的程度。日本儿童的受教育年限几乎2倍于此前的世纪之交。世界人均收入在20世纪的前50年里差不多翻了一番。1958年，加尔布雷思宣称，“富裕社会”业已到来，能言善道的广告商正把许多不必要的商品“过度”提供给消费者。[26]

他说得没错，相较于其他国家，美国人的日子过得略显富裕些：20世纪50年代，他们的身高比世纪之初高了3英寸㊀，花在医疗上的钱是葬礼开支的2倍——跟1900年刚好反了过来。1955年，80%的美国家庭有了自来水、集中供暖、电灯、洗衣机和冰箱。1900年，哪一家人也没有这些“奢侈品”。雅各布·里斯㊁在1890年的经典之作《另一半人如何生活》中记录了纽约的一户人家，全家9口人，住在10英尺㊂见方再加个微型厨房的屋子里，妇女每天在血汗工厂里工作16个小时，收入60美分，连一顿饭都吃不起。到了20世纪中叶，这样的场景已经不可想象。[27]

然而，以50年后的今之眼光回望，1955年沉浸在汽车、舒适环境和各种家用电器里的中产阶级，放到现在来看只能算是过着“低于贫困线”的生活。1957年的普通英国工人，按当时英国首相哈罗德·麦克米伦的

㊀ 1英寸＝2.54厘米。——译者注

㊁ 美国当时最著名的摄影记者。——译者注

㊂ 1英尺＝0.30米。——译者注

说法是"从没摊上过这么好的日子"，但其真实收入还比不上当今失着业、领着政府救济、带着 3 个孩子的蓝领。今天，美国公认的"贫困"人口里，99% 的人有电、自来水、抽水马桶和冰箱，95% 的人有电视，88% 的人有电话，71% 的人有汽车，70% 的人有空调。19 世纪的美国大企业家、大富豪科尼利厄斯 · 范德比尔特可是什么都没有。即便在 1970 年，也只有 36% 的美国人拥有空调；而在 2005 年，79% 的贫困家庭都有空调。

好吧，悲观主义者会说，就算这些都是真的，代价是什么呢？环境肯定恶化了吧？嗯，在有些地方，的确是。但在其他的许多地方，并非如此。欧洲国家和美国的河流、湖泊、海洋和空气，一直是越变越干净。泰晤士河污水减少，鱼儿增多。20 世纪 60 年代，伊利湖里的水蛇曾到了灭绝的边缘，现在却随处可见，而秃鹰则满天飞。帕萨迪纳几乎再也看不见烟雾了。瑞典鸟蛋里的污染物比 20 世纪 60 年代少了 75%。美国运输行业的碳排放量在 25 年里下降了 75%。如今，一辆汽车哪怕是全速行驶，排出的污染物也比 20 世纪 70 年代一辆停着的汽车泄漏出来的要少。[28]

与此同时，人口最长寿国家（1850 年的瑞典、1920 年的新西兰、如今的日本）的人均预期寿命每年稳步提高 1/4 岁，这个速度，200 年来一直没有变化。到目前为止，它尚未显示出到达极限的迹象——尽管这一天肯定会到来。20 世纪 20 年代，人口学家信心百倍地断言"倘若我们的生理结构上不出现突变或神奇的变化"，人的平均寿命，顶了天也就是 65 岁。1990 年，他们又预测："除非出现控制老化速度的根本性突破，预期寿命……应该不会超过 85 岁。"但这两项预言，没过 5 年就双双被证明说错了。[29]

如此一来，人退休后的生活年限突飞猛进。从1901年开始，英国65～74岁男性的死亡率用了68年的时间下降了20%。过了短短17年，又降了20%，再过了10年，又降了20%——进步的速度在加快。的确很好，悲观主义者说道，可晚年生活质量怎么样呢？人们的确活得更长久了，但多出来的岁月都是在病痛和残疾中度过的吧？非也。美国的一项研究表明，1982～1999年，65岁以上的老年人残疾率从26.2%降到了19.7%——2倍于死亡率下降的速度。依靠更准确地诊断和更多的治疗手段，年长者死亡前患有慢性病的时间略有缩短。人们不光活的时间更长了，躺着等死的时间也变短了。[30]

以导致老人残疾的重大因素中风为例。1950～2000年，美国和欧洲国家的中风死亡率下降了70%。20世纪80年代初，牛津大学从中风患者的研究中得出结论，说未来20年里中风发病率会提高近30%，他们的主要依据是，随着年龄的增长，中风概率会大大提高，而人均预期寿命又更长了。结果呢，人们的寿命的确更长了，但中风发病率却下降了30%。（中风发病率仍然会随年龄的增长而提高，但它出现的时间越来越晚。）癌症、心脏病和呼吸系统疾病也是一样：它们的发病率的确会随着年龄的增长而提高，但出现的时间越来越晚，自20世纪50年代以来，发病时间推迟了几乎差不多10年。[31]

从全球范围来看，发展不平等现象也在缓解。英国美国两国收入平等问题在过去两个世纪里一直在改善，到20世纪70年代，改善趋势才停滞不前。造成这种情况的原因很多，但并不全是些令人遗憾的理由。举例来说，较之过去，高收入者更倾向于与同类人结婚了（故此收入趋于集中），移民增多，贸易实现了自由化，企业卡特尔垄断放开，形成竞争关系，职场的技能溢价㊀上涨。所有这些因素都加剧了不平等现象，但它们的来源乃是自由化趋势。此外，这里还存在一个奇怪的统计悖论：尽管某些国家的收入不平等在加剧，全球范围内这一现象却日渐缓和。近年来中国、印度两国经济飞速发展，两国内部的收入不平等现象的确加剧了，因为富人的收入增长速度远远快过穷人，这种收入差距的扩大，乃是经济发展的必然结果。可两国经济增长带来的全球性影响，是减少了全世界的贫富差距。[32] 有经济学家认为："一旦低下阶层的地位加速崛起，主要的财富收益来源就不再集中于富人之手，而是改为直接满足人民大众的需求。所以，从前造成财富分配不平等的那些因素，过了一段时间之后，反过来又在削弱财富分配的不平等。"[33]

另外一个方面的不平等性也在缓解。智商得分的差距正稳步缩小（因为低分数已经赶上了高分数。人们在特定年龄的平均智商得分呈稳定的上升趋势，原因就在这里）：每年缩小 3%。西班牙的两项研究证明，人们现在的智商比 30 年前高 9.7 分，而成绩提高的大部分比重，都出在智商较低的那一部分人里。这被称为"弗林效应"，因最早注意到它的詹姆斯 · 弗林而得名。[34] 起初，研究人员以为这个现象是测试中的人为变化所致，又或是单纯反映了学校教育的年限延长，教育水平改善，但事实与这类解释并不吻合。因为弗林效应在最聪明的孩子身上表现一贯不太明显，在与教育内容高度相关的测试里表现也不明显。它是儿童素质整体性提升的结果，即不同儿童接受的营养、早期启发或差异性趋于同质化。当然了，你或许会说，智商并不能真正反映智力，但你不能不承认，有些事情

㊀ 所谓技能溢价，是指高技能劳动工资和低技能劳动工资的比率。——译者注

正越变越好，同时越变越平等。

由于 DNA 指纹检验，234 名无辜的美国人在平均服刑 12 年后，重新获得了自由。[35] 其中有 17 人是从死牢里脱身的。1986 年，DNA 首次应用在法医学上，就替无辜者洗清了罪名，并帮忙捉到了真正的凶手，自此之后，同样的事情反复出现。

廉价的光明

变得更富裕、更健康、更高、更聪明、更长寿、更自由的人们（也就是各位读者）享受的丰裕可是非同小可：他们所需要的大部分东西，正一步步地降价。过去两百年里，人类的四大基本需求——衣物、食物、燃料和住房，明显便宜了很多。食物和衣物尤其如此（尽管 2008 年粮食价格出现了短暂上升），燃料的价格走势有点飘忽不定，但即便是住房，也是越来越便宜。看起来似乎有点奇怪，可如今普通家庭住房的价格比 1900 年，甚至 1700 年都略微便宜，[36] 哪怕房子里还多了许多现代便利设备，如电力、电话和抽水马桶。既然基本需求变得便宜起来，那么就有更多可支配收入来消费奢侈品了。人工照明介于必需品和奢侈品之间。从货币的尺度来看，1300 年，英格兰获取同等计量单位的人工照明比现在贵整整 20 000 倍。[37]

这样的差异够巨大的了，但从劳动量的尺度来看，整个变化更为巨大，进步的速度也明显加快。就说说你按平均时薪能换取多少人工照明吧。公元前 1750 年，当时的平均时薪能换回 24 流明小时（芝麻油灯）；1800 年，186 流明小时（牛脂蜡烛）；1880 年，4400 流明小时（煤油灯）；

1950 年，53.1 万流明小时（白炽灯）；现在，840 万流明小时（节能荧光灯）。换句话说，如今工作 1 小时，能换回价值 300 天的阅读灯光；1800 年工作 1 小时，只够换回 10 分钟的阅读灯光。[38] 要不再反过来，说说你挣够 1 小时阅读灯光需要工作多长时间吧，就按一盏 18 瓦节能灯泡照明 1 小时的发光量来算。今天，挣够 1 小时的发光量，你只需工作不到半秒钟。1950 年，照当时的传统灯丝灯泡和工资水平，你要工作 8 秒钟才能挣回同等的发光量。要是你是在 19 世纪 80 年代用煤油灯，挣回同等发光量要工作 15 分钟。用 19 世纪初的煤油灯，得工作 6 个小时以上。在公元前 1750 年的巴比伦，要从一盏芝麻油灯里获得同等的发光量，你得足足工作 50 多个小时。从 1800 年的 6 小时到现在的半秒钟，进步了 43 200 倍，用你的时间来计算，你比 1800 年的祖先过得好得多。[39] 为什么我虚构出来的那家人是就着火光吃东西的，你现在明白了？

这一类的进步，大部分还没纳入“生活成本估算”。生活成本估算的目的，是想用不相同的东西，比较大致类似的东西。经济学家唐 · 布德罗做了一番设想：如今的美国人拿着现在的收入，时间旅行回到 1967 年。[40] 他或许能成为镇上最富裕的人，但再多的钱，也买不来他从 eBay、亚马逊、星巴克、沃尔玛、百忧解、谷歌或黑莓里获得的乐趣。而前文引用的照明数据，甚至根本没考虑到现代的电力光源与用蜡烛或煤油照明的根本不同：它更方便、更清洁，开关简单，没有烟气，没有怪味，不会忽明忽暗，火灾隐患也小。照明的进步迄今尚未走到尽头。从将电子能量转变成光子能量的角度看，节能荧光灯的效率是灯丝灯泡的 3 倍，但发光二极管（LED）马上就要把前者取而代之了（就在本书撰写期间，人们已经证明，LED 的能效是白炽灯的 10 倍），何况，它还兼具便携的好处。便宜的 LED 手电筒，用太阳能充电电池供电。全世界尚未获得市电供应的 16 亿人口（最主要的是非洲农民），必然会有一部分人的生活因此而发生改变。诚然，LED 目前还太贵，无法替换大部分灯泡，但总有一天，这种情况是会变的。

想想看，照明技术的这些进步意味着什么。你可以拥有更多的光明，或是少做大量的工作，要么就再去买点别的。你用更短的工作时间换取照明，意味着你可以把更多的时间用在做别的事情上。而这些事情可以为其他人带来就业机会。照明技术的进步，把你解放了出来，你可以去生产或购买其他的产品及服务，或者参与慈善活动。这就是经济增长的真正意义。

节省时间

时间是关键。忘了美元、玛瑙贝壳和黄金吧。衡量一种东西价值的真正标准，是看获取它所花的时间。如果你想自己把它做出来，通常所花时间会比买其他人提供的现成品要长。而倘若你得到的这样东西能由其他人高效率地制造出来，那么你就能负担得起更多。照明变得更便宜了，所以人们用得更多了。如今英国人平均消费的人工照明，大致相当于 1750 年的 40 000 倍，[41] 消耗的功率大概是 50 倍，运输量（以旅客旅行的里程数来计算）差不多为 250 倍。

什么叫繁荣？这就是繁荣：你以同等工作量换取的商品或服务数量增加了。迟至 19 世纪中叶，从巴黎到波尔多的驿马旅程，费用与一名职员的月工资相等；如今，同等里程的费用只相当于一天的薪资，速度更是提高了 50 倍。1970 年，半加仑[⊖]牛奶要花费普通美国人工作 10 分钟的收入，但到 1997 年，则只需 7 分钟。从纽约往洛杉矶打 3 分钟电话的费用，以 1910 年的平均薪资计算，要耗费 90 个小时的工作；今天，这耗费不到 2 分钟。购买 1 千瓦时的电，1900 年须工作 1 个小时，而今天是 5 分钟。20 世纪 50 年代，买一个麦当劳的汉堡，要工作 30 分钟，而今天只用 3 分钟。从工作小时数的角度看，今天只有极少数东西比 20 世纪 50 年代的费用高，比如教育和医疗。[42]

哪怕是 19 世纪末出现的最为臭名昭著的“强盗大亨”，大多也是靠让产品更为廉价而致富的。科尼利厄斯 · 范德比尔特是《纽约时报》最早拿这个说法称呼的人。他简直就是这个词的缩影。看看《哈泼斯周刊》在 1839 年怎么说他的铁路吧。[43]

只要在范德比尔特架设了竞争铁轨的地方，结果无一例外是票价永远地降低了。只要他一“铺设”竞争铁轨，票价就立刻降低，而且，不管角力结束之后，是他“买断”了对手（大多数时候是这样），还是对手“买断”了他，票价永远不会再涨回原先的标准。我们社会的这一伟大福音（廉价的出行）应主要归功于科尼利厄斯 · 范德比尔特。

1870～1900 年，铁路运费下降了 90%。毫无疑问，范德比尔特有时会靠不入流的方式来铺垫他的成功之路，有时付给工人的薪资也较他人更低——我并不是想把他打扮成圣人君子，但同样毫无疑问的是，一路走来，他带给了消费者原本无法享受到的巨大福利——负担得起的交通。类似地，同一时期的安德鲁 · 卡内基，一方面大赚其钱，一方面也把铁轨的

⊖ 1 英制加仑= 4.55 升。——译者注

价格降低了 75%，约翰·洛克菲勒则把石油的价格削减了 80%。那 30 年里，美国的人均 GDP 增长了 66%。当然，他们也变成了更富裕的大亨。[44]

亨利·福特致富靠的是制造廉价汽车。[45] 他的第一款 T 型车售价 825 美元，在当时可算前所未有的便宜，仅仅 4 年以后，他又把价格降到了 575 美元。1908 年，购买一辆 T 型车大概需要工作 4700 个小时。到了今天，买一辆普通汽车（其功能与特性之丰富，是 T 型车无法相比的）只需要工作 1000 个小时。多亏了查尔斯·马丁·霍尔及其美国铝业公司继任者们的创新，铝的价格从 19 世纪 80 年代的每磅㊀ 545 美元，降低到了 20 世纪 30 年代的 20 美分。[46]（美国铝业公司把价格降了这么多，得到的“奖励”却是遭到政府以 140 项垄断罪提起诉讼：其产品价格的快速降低，被拿来当成了它决意阻止竞争的证据。20 世纪末，微软也遭到了同样的指控。）1945 年，泛美航空公司的胡安·特里普出售廉价的航班座位，[47] 其他航空公司深感受辱，竟向政府请愿要求取缔泛美航空。英国可耻地同意了，于是泛美航空公司改为飞往爱尔兰。20 世纪最后 25 年里，计算器运算能力的价格猛跌，一台 2000 年的袖珍口袋型计算器在 1975 年要花普通人一辈子的工资才买得到。英国 DVD 播放机的价格，从 1999 年的 400 英镑跌到了 5 年后的 40 英镑，这一下跌趋势跟之前的录像机完全吻合，只是速度还要快得多。

消费品价格下跌，让人们变得更富裕了（当然，股票、房地产等资产的价格紧缩会毁掉他们的财富，但那是因为他们想靠着股票、房地产等资产赚钱，筹措购买消费品的现金）。这里，我再次提醒各位读者注意，衡

㊀ 1 磅＝ 0.45 千克。——译者注

量繁荣的真正尺度是时间。如果科尼利厄斯·范德比尔特或者亨利·福特不光让你能够更快速地前往想去的地方，还缩短了你为购买车票或车辆所付出的工作时间，那也就是说，他们带给了你大量的自由时间，让你变得更为富裕了。如果你选择用这部分的闲暇时间来消费其他人的产品，那么你也就让对方变得更富裕了；而如果你选择用这部分时间来为其他人的消费进行生产活动，你就进一步富裕了自己。

房屋，本来也跃跃欲试地想变得更便宜，但出于一些“糊里糊涂”的原因，各国政府竭尽全力地阻止它降价。1956 年，16 个星期的工作能换到 100 平方英尺的住房，现在则只需要 14 个星期就能买到同等面积质量更好的住房。[48] 但考虑到现代机械组装好一所房子是何等的轻而易举，它的价格跌幅应该远远不止这个水平。这是政府造成的，第一，政府利用规划或分区法规限制供给（尤其是在英国）；第二，它利用税收制度鼓励抵押贷款（主要是在美国）；第三，它想方设法地阻止房地产在泡沫破裂后降价。这些措施的效果是，还没买房子的人生活更艰辛了，买了房子的人却占了大便宜。为了解决这个问题，政府只好硬性规定修建更多的廉价住房，或是为穷人提供按揭贷款资助。[49]

幸福

随着必需品和奢侈品越来越便宜，人们越来越幸福了吗？21 世纪前后，少数学者投身到了幸福经济学这一主题的研究当中。它首先从一个悖论入手：更富裕的人不一定更快乐。人均收入超出一定限度之后（理查德·莱亚德的数据是每年 15 000 美元），[50] 金钱似乎就买不到主观幸福感了。随着学术界的有关书籍和论文接二连三地公之于众，并证实了“富人不幸福”的观点，为数众多的评论家们就幸灾乐祸起来。政治家们立刻抓住机会，各国政府（从泰国到英国）转而开始思考如何最大限度地提高国民幸福度，不再把提高国民生产总值放在首位。于是，现在的英国政府设立了专门的“幸福部”。据说，不丹国王吉格梅·辛格·旺楚克是最先意识到这一点的当权者，早在 1972 年，他就提出，经济增长只是国家福祉的第二目标。这种新冒出来的看法说，如果经济增长不能带来幸福，那么努力奋斗追求繁荣就毫无意义，世界经济应该在一个合理的收入水平上软着陆。一位经济学家甚至说：“嬉皮士一直是正确的。”[51]

如果这是真的，那它足以刺穿理性乐观派吹出来的气球了。如果经济发展连续挫败死亡、饥荒、疾病，减轻烦琐枯燥的家务劳动，竟然不能让人更幸福，那它意义何在？可惜事实并非如此。这场争论始于 1974 年理查德·伊斯特林的一项研究[52]，他发现，尽管在同一个国家内，富裕的民众一般比贫困民众更幸福，但富裕国家的国民却并不比贫穷国家的国民更幸福。从那时起，“伊斯特林悖论”就成了辩论的中心教义。麻烦的是，“伊斯特林悖论”根本就是错误的。2008 年发表的两篇论文分析了所有数据，同时得出了一个明确的结论：“伊斯特林悖论”并不存在。[53]富人比穷人幸福，富裕国家的民众比穷国幸福，随着人们越来越富裕，也越来越幸福。先前研究的样本太小，根本就找不出明显差异。新的研究做了三大类的比较（国家内部的比较、国家与国家的比较、不同时期的比较），发现额外的收入的确能买回整体的幸福。这也就是说，平均而言、整体而言、普遍而言，在其他条件相同的前提下，更多的钱确实能让你更幸福。用研究之一的原话来说：“总之，我们的时间序列比较以及国际社会反复出现的证据都指出——在经济发展和主观幸福感的增长之间存在重要的关联。”[54]

也有一些例外情况。美国人目前没有表现出幸福感增加的趋势是因为近年来富人越来越富有而普通美国人没有随之兴旺繁荣呢？还是因为美国不断吸引贫穷（不幸福）国家的移民令幸福指数保持低位呢？说不清。但总之不是因为美国人富裕得没法变得更幸福了——跟美国人基本上一样富裕的日本人和欧洲国家的人，幸福程度一直随着富裕程度稳步提高。而且，最奇怪的是，近几十年来，美国妇女越来越富裕，但幸福度却降低了。

人当然有可能富有而不幸福，太多名人为我们做出了榜样。人也可能富裕之后仍为自己没有变得更加富裕而感到不幸福，哪怕仅仅是因为邻居或者电视里的人比你更富裕。经济学家们把这叫作“快乐水车”，我们称之为“跟风攀比”。没错，富人可能会给地球造成许多不必要的损害，因为他们在收入早已超过了显著影响幸福的水平之后仍然孜孜不倦地力争变得更富裕——毕竟，他们都从原始的狩猎采集时代继承了“恶性竞争”的本能，相对地位（而非绝对地位）决定了人的性奖励。从这一点来看，征收消费税来鼓励储蓄和投资[55]不见得是个坏主意。然而，这同样并不意味着人穷一点必然就会更幸福——富裕而不幸福显然比贫穷而不幸福好多了。[56]当然，有些人不管多么富裕仍然不幸福，而有些人哪怕身陷贫穷也能迅速调整回开朗心态。心理学家们发现，人有着相对稳定的幸福水平，[57]大悲大喜持续的时间较为短暂。此外，一百万年来的自然选择塑造了人类的本性：总是雄心勃勃地渴望成为极少数最成功的人，而不是知足常乐。欲望才是人的内设“程序”，感恩不是。

要想越来越幸福，致富不是唯一途径，甚至也不是最佳途径。政治学家罗纳德·英格尔哈特说，社会和政治解放远为有效：生活在允许你自由选择生活方式（住在哪儿、跟谁结婚、如何表达自己的性欲望，等）的国家，幸福来得更多。[58] 1981 年以来，由于自由选择的增多，52 个国家里有 45 个国家的幸福程度都提高了。鲁特·维恩霍文发现："国家越是个人化，国民越是享受生活。"[59]

困境

还有，生活尽管美好，今天的生活却不尽美好。对底特律失业的汽车工人、雷克雅未克（冰岛首都）被逐出自己住房的业主、津巴布韦的霍乱病人、刚果遭到种族灭绝的难民来说，近年来幸福度提高的统计数字全然没有意义。战争、疾病、腐败和仇恨仍然损害着数百万人的生活；核恐怖主义、海平面上升、大范围流感，兴许还是会给 21 世纪的脸上抹黑。没错，但把这些最坏的假设挂在嘴边，并不会扭转这种命运，争取让人类继续进步反倒有些可能。正是因为最近几百年里人类实现了那么多进步，人类才需要为世界的不完美承担起道德上的责任，让经济继续发展。阻挡变革、创新和发展，人的同情心亦无处施展。别忘了，因为过分宣传要当心转基因食物援助，一些施压团体很可能加剧了 2000 年年初赞比亚的大饥荒。[60]"预防原则"[61]（事前多讲究安全，总比事后遗憾好）搬起石头砸了自己的脚：在一个充满遗憾的世界里，哪怕光是站着也不安全。

更近在眼前的是，2008 年爆发的金融危机造成了影响深远的痛苦衰退，世界许多地区都将产生大规模的失业，碰上真正艰难的民生问题。如今有很多人觉得，生活水平的不断提高就像是个陷阱，一场透支未来的金字塔骗局。

到 2008 年东窗事发之前，伯纳德 · 麦道夫 30 年来一直为投资者提供着月息在 1% 以上的高额稳定回报。他靠的是拆东墙补西墙的连环套手法，把新投资者的资本当成收益偿付给老投资者，这么做当然无法长久维持。骗局败露的时候，他已经骗了投资者 650 亿美元。基本上，1719 年约翰 · 劳在巴黎用密西西比公司耍的是这一套，1720 年约翰 · 布伦特在伦敦用南海公司耍的是这一套，1920 年查尔斯 · 庞齐在波士顿用"邮票"优惠券耍的是这一套，2001 年肯 · 莱在安然耍的还是这一套。

有没有可能，不光近年来的信贷繁荣，甚至整个第二次世界大战后的生活水准提升，全都是一个旁氏骗局，靠着信贷的逐步膨胀才维持起来的呢？有没有可能，我们的富裕是靠透支孩子们的未来实现的，还债的期限已经近在眼前了呢？毫无疑问，你的抵押贷款的确是向未来的自己借的（贷款来自其他地方的储蓄者），未来的你要还债。而且，不管是在美国还是欧洲国家，你的国家养老金都是靠你孩子们缴的税来维持的，而不是像许多人想的那样，从你每月的薪水里扣除。

但这也没有什么，事实上，这是一种非常典型的人类模式。黑猩猩到 15 岁时，生产了一辈子所需卡路里的 40%，也消耗了大约 40%。而在同样的年纪，人类狩猎采集者消耗了一辈子 20% 的卡路里，但生产的部分却不到 4%。[62] 跟其他任何一种动物相比，人类在幼年时期都更为依赖他人，透支着自己未来的能力。出现这种情形的很大原因在于，狩猎采集者从来只吃需要开采和加工的食物：根茎类食物需要挖出来煮熟，贝壳类和坚果类食物需要撬开或砸开外壳，肉类需要肢解。反过来说，黑猩猩吃的东西，只需要找到后采集一下就行，比如水果和白蚁。学会开采和加工要花时间、要练习、要有体积庞大的大脑，而一旦人类学会了这些技能，就能生产出大量卡路里盈余，和孩子们分享。有趣的是，原始狩猎采集者的这种生活模式，跟当代西方社会的生活方式很相像，有别于农耕、封建和工业时代早期。这就是说，在以狩猎采集为生的原始社会和现代社会，人类都是头 20 年里消耗得比生产得多，之后的 40 年却有着极高的生产力。而在介于两者之间的时代，小孩子则有能力参加劳动维持自身消耗，他们也的确是这么做的。

如今有些不同的是，代际转移采取了一种更为集体化的形式。比方说，对正当盛年的全体劳动者课以所得税，为所有人提供教育经费。在这个意义上而言，经济必须不断向前发展，要不就会崩溃（跟连环套手法类似，但它并不是诈骗）。依靠信贷制度，人可以在年轻的时候借钱、消费，年迈后储蓄、把钱借出去，从而在这几十年的时间里，维持稳定的家庭生活水平。子孙后代可以负担长辈的生活，因为他们通过创新变得更为富裕。如果某个地方有个人办了一笔 30 年还清的抵押贷款，开了一家公司，发明了一种能帮客户节省时间的小工具，那么，这笔向未来透支的钱，就能让他和客户都富裕到能够向后代偿还本金的程度。这是发展。反过来说，要是有人借贷款只是为了维持奢侈的生活，或是购买第二处住宅，到资产市场上投机，那么他的后代就会遭受损失。现在我们已经看得很清楚，21 世纪之初，太多的人和企业已这么干了——他们从后代子孙借的钱太多，远远超出了自身创新能够维持的速度。他们把资源错误地分配到了没有生产性的地方。人类过去繁荣时期大部分泡沫的破灭，都是因为投入创新的资金太少，投入资产价格通胀、战争、贪污腐败、奢侈品或盗窃的钱太多。

西班牙在查理五世和腓力二世[⊖]统治期间，来自秘鲁银矿的巨大财富遭到了浪费。自那以后，这种叫作“资源诅咒”[63]的现象，折磨了许多靠着资源发横财的国家，尤其是那些突然发现石油的国家（委内瑞拉、伊拉克、尼日利亚等）。尽管获得了意外之财，但这些国家的经济发展速度比那些完全缺乏资源但忙于从事贸易和销售的国家与地区（如荷兰、日本、新加坡、韩国、中国香港和中国台湾）要慢。就连 17 世纪最典型的创业家荷兰人，在 20 世纪后期也因为发现了太多天然气而遭到资源诅咒：因为货币升值伤害了出口商，他们称之为“荷兰病”。日本，20 世纪的整个前半叶都用在了贪婪地攫取资源之上，落了个毁灭的下场；20 世纪后半叶，在没有资源的条件下大力开展贸易和销售，结果从废墟上重新崛起，挤入了“长寿国家”大联盟。21 世纪初，美联储打开闸门，中国人的积蓄冲了进来，西方人捡了便宜，却仍然将大部分的钱用到了错误的地方。

只要有人在创新上分配足够的资金，那么，信贷危机就不可能长时间地阻挡人类生活水平的不断攀升。看看世界人均 GDP 的图表吧，就连 20 世纪 30 年代的大萧条，也仅仅让总体上扬的曲线稍微下挫了一点点。[64] 到 1939 年，连受影响最大的美国和德国，也比 1930 年更加富裕了。大萧条时期出现了各种各样的新产品、新行业。[65] 1937 年，杜邦公司 40% 的销售额都来自 1929 年前根本不存在的产品，比如人造丝、搪瓷和纤维素薄膜。所以，发展会恢复——除非被错误的政策给挡住了。总会有人在不知什么地方倒腾一种软件、测试一种新材料，或是想法子转移基因，让

⊖ Charles Ⅴ和 Philip Ⅱ，腓力二世也译作菲利普二世，他们是 16 世纪初前后相继的两任君主。这一时期也是西班牙称霸海上、四处殖民的全盛期。——译者注

你我将来的生活变得更方便、更轻松。我并不确切知道这个人是谁、他在哪里，但我可以给你提个候选人。在我正写着这一段文字的那个星期，北加利福尼亚州有家叫“阿卡迪亚生物科技”[66]的小公司跟非洲的一家慈善机构签订了协议，免费授权小农户种植新品种的稻子。新品种稻子从小麦身上借来了名为“谷丙转氨酶”的基因，根系比普通稻子长得更为发达，在同等产量下要用的氮肥更少。假设这个新品种在非洲地区能像在美国加州一样长势喜人，总有一天，某个非洲人能种植出更多的粮食（同时造成的污染更少）卖掉，赚到更多可供开销的金钱，从西方公司买来手机，并靠手机为自己的大米找到更好的市场。而西方公司的某位员工则得到加薪，买一条牛仔裤。制造牛仔裤的工厂，用的是稻米农户邻居种植的棉花。如此周而复始。

只要新点子能以这种方式繁殖，那么人类的经济进步就能持续下去。说不定，当前危机之后一两年，全球经济就恢复增长了，也可能，某些国家要经历“失去的”十年。甚至有可能，世界部分地区会因为经济震荡转为自给自足，陷入专制和暴力，就像20世纪30年代那样，大萧条引发了一场世界大战。但只要某个地方的某个人有动机从事发明创造，以更好地满足他人需求，那么，持理性乐观态度的人就必然要得出结论：人类生活最终还是会走向进步。

相互依存的宣言

想象你是一头鹿。基本上，你一天只有四件事要做：睡觉、吃饭、避免被别人吃掉，还有社交（我指的是划一块属于自己的地盘，追求异性成员、照料小鹿等)。至于其他的事情，都不是非做不可的。现在假设你是一个人。就算你只考虑最基本的东西，也远远不止四件事要做：睡觉、吃饭、烹饪、穿衣、持家、出行、洗涤、购物、工作……简直数都数不过来。这样看来，鹿的闲暇时间理应比人类更多。可找到时间来阅读、书写、投资、唱歌和上网的，是人类，而不是鹿。这些空闲时间是打哪儿来的呢？它来自交换、专业化以及由此产生的劳动分工。鹿必须自己寻找食物，人却能叫别人帮他做，自己又为别人做其他的事情——从而让双方赢得时间。

故此，自给自足并不是通往繁荣的路线。“到月底的时候，谁的进步最快呢？”亨利 · 戴维 · 梭罗问道：“是尽量多阅读相关书籍，自己动手挖矿石、自己冶炼、自己打出一柄弯刀来的孩子，还是参加冶金协会的讲座、要父亲送自己铅笔刀的孩子？”[67] 与梭罗得出的结论相反，进步最快的是后一个孩子，因为他有了更多闲暇时间学习其他的东西。试想一下，如果你不得不在每一件事上做到自给自足会怎么样（可不是像梭罗那样假装自给自足)。每天，你都必须早早起来，完全用自己的资源供给自己。这一天你会怎么过呢？首先必须解决的四件事是食物、燃料、衣服和住所。你得到菜园里耕作，得喂猪，得从小溪里取水，得从森林里拾取柴火，洗干净土豆，生一堆火（没有火柴哦)，烧午饭，修屋顶，打几把干草铺床，自己磨一根针，纺些线，缝皮革做鞋子，到河里洗澡，用黏土烧陶罐，逮一只鸡当晚饭。没有蜡烛，也没有书。没有时间冶炼金属、钻探石油、外出旅行。按照定义，你这是挣扎在生存的水平线上，坦率地说，虽然一开始你也会像梭罗那样唠叨：“摆脱一切惊人的喧嚣，多么奇妙啊！”但多过几天这样的日子，事情可就严峻了。如果你希望生活里出现最低程度的改善，比如有金属工具、牙刷或照明，你就不得不让别人来帮你分担一些琐事，因为你自己完全没时间来做它们。所以，提高你生活水平的方法之一，是降低别人的生活水平：买一个奴隶。几千年来，人们也的确是这么致富的。

不过，虽说如今的你并没有奴隶，起床的时候也知道会有人以最便利的形式为你提供食物、衣服和燃料。1900 年，普通美国人每 100 美元里有 76 美元花到衣、食、住上，今天他们却只花 37 美元。[68] 如果你有一份平均水平的工资，那么，你每天只需工作 10 分钟，就能挣够钱买食物；再工作 10 多分钟，就够买你需要的衣服了；购买一天所需的天然气、电和石油，需要工作一两个小时；挣够能保证自己有个栖身之所的房租或贷款恐怕要花比较多的时间。即便如此，工作到吃午饭的时候，你也可以休息了，因为你知道，你这一天的食物、燃料、衣服和居所都有人帮你照料了。之后的时间，你可以用来挣钱花费在更有趣的东西上（卫星电视费、手机费、休假期间的开销、给孩子的新玩具）以及缴纳所得税。“生产意味着生产者渴望消费，”约翰·斯图亚特·穆勒说，“要不然，他为什么会去从事无用的劳动呢？”[69]

2009 年，有个叫托马斯·思韦茨的艺术家，打算自己动手做台烤面包机，[70] 就是商店里 4 美元就能买一台的那种。他只需要几种原材料：铁、铜、镍、塑料和云母（这是一种绝缘的矿物质，用来包住加热元件的）。可他发现，就算搞到了原材料，要做出烤面包机来也近乎不可能。铁来自铁矿石，他倒是可以开矿采些铁矿石出来，但没有电风箱，他怎么可能造出温度足够高的锻炉来炼铁呢？（他只好作弊，用了微波炉。）塑料是用石油制成的，想自己钻探石油可不容易，提炼石油就更难了。诸如此类的困难数不胜数。更重要的是，这个项目用了他好几个月的时间，花了很多钱，做出来的却是个劣质品。然而，从商店里买一台烤面包机只要 4 美元，就算他拿的是最低工资，也花不了一个小时就能挣够。对思韦茨来说，这深刻地说明，身为一个远离自给自足状态的消费者，是多么的无奈与无助，但它同时也说明了专业化和交换有多么神奇：成千上万的人，没有哪一个人想着要帮思韦茨的忙，却走到一起来，让他得以用一笔微不足道的小钱，买到一台烤面包机。类似的例子还有一个：德雷克塞尔大学的凯莉·科布打算完全使用产自自家方圆 100 英里内的原材料，做一套男式西装。[71] 为了实现这一目的，20 个匠人用了整整 500 个人力小时，即便如此，仍有 8% 的原材料产自 100 英里以外。科布说，要是再给他们一年时间，他们肯定能一板一眼地按照限制条件完工。说白了，非得在本地采购原材料，让一件廉价西装的成本差不多增加了 99 倍。

我写这段文字的时候，是上午 9 点。在我起床之后的短短两个小时里，我用北海天然气加热的水洗了澡，用靠英国煤炭发热供电来维持运作的美国公司生产的剃须刀刮了胡子，吃了一片法国小麦制成的面包，蘸了一点新西兰黄油和西班牙果酱，又泡了一杯斯里兰卡种植出来的茶叶，穿上了印度棉花和澳大利亚羊毛制成的衣服，脚上是一双用中国皮革和马来西亚橡胶制成的鞋子，读起了一份用新西兰木制纸浆和中国墨水印制而成的报纸。我现在坐在办公桌前面，敲打着泰国产塑料键盘（塑料兴许是用从阿拉伯油井开采出来的原料制成的），通过韩国产硅芯片和智利产铜线结合而成的电子元件，让一台美国公司设计和制造的电脑上显示出文字来。光是这一个早晨，我就用上了来自数十个国家的产品和服务。老实说，有些东西的出产国，我也是靠猜的，因为它们的来源纷繁多样，要想确切地说出哪个部分产自哪个国家简直不太可能。

更重要的一点在于，我同时还消耗了几十个人有效生产劳动的一小部分。钻探气井、安装水管、设计剃须刀、种植棉花、开发软件，这些事情总是靠某个人来完成的。不知不觉中，他们全都在替我工作。他们每人把自己的一小部分劳动提供给我，换得我一小部分的开销。我想要什么，他们就给了我什么——就好像我是 1700 年法国凡尔赛宫里主政的国王路易十四一样。

“太阳王”路易十四每天晚上都独自进餐。他从装在金银餐盘里的 40 来份菜品里做选择。为他准备一顿饭，所需人手相当惊人，得要足足 498 人。他很富有，因为他消耗了其他人的劳动（主要是以享受他人服务的形式消耗的）。他很富有，因为其他人替他做事。在那时候，普通的法国家庭都是自己准备伙食自己用，此外还要纳税养活凡尔赛宫里国王的仆人们。故此，不难得出这样的结论：路易十四富有，是因为其他人都很贫穷。

但今天是怎么样的呢？假设你是个普通人，是位 35 岁的女性，挣着中位数的收入，生活在巴黎（为了切题嘛），丈夫也上班，养育着两个孩子。你完全算不上穷，但相对而言，你比路易十四穷得不是一点半点。他是当时全世界最富裕城市里最富有的人，而你，没有仆人、没有王宫、没有马车，也没有王国。你搭乘拥挤的地铁下班回家，顺路在熟食店里给一家四口人买好菜，这时你可能会想，路易十四的餐饮安排，简直离你太遥远了。可不妨这么想：超市里迎接你的菜品之丰盛，路易十四绝不曾见过那场面（而且现在的菜品让你沾染霍乱病菌的概率也小多了）；你可以购买新鲜的、冷冻的、罐装的、熏制的或是已经处理好了的牛肉、鸡肉、猪肉、羊肉、鱼肉、对虾、扇贝、鸡蛋、土豆、大豆、胡萝卜、茄子、卷心菜、金橘、芹菜、秋葵、七种生菜，用橄榄油、核桃油、葵花籽油或者花生油炒好的，用了香菜、姜黄、八角或迷迭香等调了味的……你兴许没有御用厨师，但你完全可以心血来潮在你家附近营业的几十家法式、意式、中式、日式甚至印度餐馆里选上一家，每一家餐馆都有一批技术精湛的大厨等着为你全家人服务，用不了一个小时就能为你端出一大桌子菜来。想想看，在我们这一代人之前，哪一代的普通人都负担不起让别人给他准备伙食呢。

你兴许雇不起裁缝，但你可以浏览互联网，立刻订购亚洲各地工厂生产出来的各式各样的漂亮衣服，棉的、丝的、麻的、羊毛的、尼龙的。你固然没有马车，但你可以立刻买上一张票，搭乘廉价航空公司的飞机，享受老练的飞行员的服务，飞往路易十四一辈子也没有见过的数以千计的目的地。你当然没有樵夫帮你砍来柴火，但俄罗斯天然气钻井平台的运营商争着要给你提供清洁的中央供暖。你没有修剪灯芯的听差，但你按下电灯开关，就能享受到远方某处核电站辛苦工作的人们为你提供的便捷光明。你没有传递信件的传令兵，可就算是在这一刻，世界某个地方也有个修理工爬上移动电话的信号塔，确保它正常运行，保证你的通话需求。你没有私人药剂师，但附近的药店就能为你提供各种药品，那是数以万计的化学家、工程师和后勤专家的劳动成果。你没有政府部长，但只要你打开电视、登录博客，勤勤恳恳的记者们随时可以告诉你明星的八卦。

我的意思是说，只要你摇一摇铃铛，可供差遣的仆人远远不止 498 人。当然，跟“太阳王”的仆人不同，这些人也为许许多多的其他人效劳，但从你的角度看，这有什么区别吗？这就是交换和专业化为人类带来的奇迹。“在文明社会里，”亚当·斯密写道，（一个人）“随时都需要很多的合作与帮助。[72] 可一个人的一生又是极为短暂的，一辈子也难以博得几个人的友谊。”伦纳德·里德 1958 年写了一篇经典文章，叫《我，铅笔》[73]。文章中，一支普通的铅笔描述了自己如何靠着数百万人——俄勒冈的伐木工人、斯里兰卡的石墨矿工、巴西的咖啡豆种植者（他提供了伐木工人喝的咖啡）的劳动诞生出来。“这数百万人里，随便哪一个人，”铅笔得出结论，“包括铅笔公司的老板，都只贡献出了一点点的知识。”铅笔很惊讶：“把我带到世上来，需要不计其数的劳动，可并没有一个全知全能的脑袋发号施令做指挥啊。”

这就是我所说的“集体大脑”的意思。正如弗里德里希·哈耶克，他头一个清楚地看出，知识“从来不是以浓缩或综合的形式存在的，而是以不完整甚至往往是自相矛盾的知识比特（bit，信息量的最小单位）的形式，为不同的个体所占有”。[74]

劳动的繁殖

你不光消耗了其他人的劳动和资源，你还消耗着其他人的发明。上千名企业家和科学家设计出了你家电视要用的复杂光电子线路。你身上穿的棉布，是一种机器纺织出来的，它的最初发明者，是工业革命时期的一些英雄人物——当然，他们早已过世了。你吃的面包，小麦来自新石器时代某个美索不达米亚人的交叉育种，烘焙方法最初来自中石器时代的某个狩猎采集者的发明。他们的知识长久凝聚在了机器里、菜谱里和程序里，为你造福。与路易十四不一样，你的仆人包括了约翰·洛吉·贝尔德㊀、亚历山大·格雷厄姆·贝尔㊁、蒂姆·伯纳斯·李爵士㊂、托马斯·克瑞波㊃、乔纳斯·索尔克㊄，还有其他数也数不清的各类发明家。因为，不管他们是活着还是已经过世了，你都享受到了他们的劳动为你带来的福利。

所有这一切合作的目的，就是通过“少量的劳动完成大量的工作”[75]（还是出自亚当·斯密之口）。这里有一点奇怪的事实：为了换回这口为你提供无穷无尽服务的聚宝盆，你只生产一种东西。这也就是说，消耗了成千上万人的劳动、享受了他们的发明成果之后，你生产和出售自己所擅长的东西——理发、滚珠轴承、保险咨询、护理、遛狗。但这成千上万“为”你效力的人，每一个也同样只做一件事，他们每人只生产一种东西。这就是“工作”（job）这个词的意思：你投入劳动时间的简化、单一性的生产。就算那些同时干几份受薪工作的人（比方说，既是写短篇小说的自由作家，又是神经学家，或者既是电脑公司的高管，又是摄影师）也最多只有两三份不同的职业，但是他们每人都要消耗成百上千的东西。这就是现代生活的标志性特征和生活水平高的核心定义：消费多样化，生产简单化。生产一样东西，使用很多东西。反过来说，自给自足的园丁、自给自足的农民，或者以狩猎采集为生的自给自足的原始人（我后面将要论述，从某种程度上来说，这样的人其实是虚构出来的），则是生产多样化，消费简单化。他不只生产一种东西，而是很多东西——食物、住所、衣服、

㊀ 电视的发明者之一。——译者注
㊁ 电话的发明者。——译者注
㊂ 万维网的发明者之一。——译者注
㊃ 抽水马桶的发明者。——译者注
㊄ 小儿麻痹症疫苗的发明者。——译者注

消遣，全都要他来自己动手。又因为他只能消耗自己生产出来的东西，所以他不可能消耗太多。他吃不到大鸭梨，看不了塔伦蒂诺的电影，穿不了莫罗·伯拉尼克的名牌高跟鞋。他只有他自己这一个品牌。

2005 年，如果你是个普通消费者，你的税后收入大概会这样支出。[76]

- 20% 用于住房；
- 18% 用于汽车、飞机、燃料和其他各种形式的交通运输；
- 16% 花在居家用品（桌椅、冰箱、电话、供电和供水）上；
- 14% 用于食物、饮料和下餐馆；
- 6% 用于医疗保健；
- 5% 用于电影、音乐和其他娱乐方式；
- 4% 用于各类服装；
- 2% 用于教育；
- 1% 用于肥皂、唇膏、理发等方面；
- 11% 用于寿险和养老金（即为了保障将来的安全而进行储蓄）；
- 0.3% 用于阅读（唉，从我的角度来看，这太遗憾了）。⊖

18 世纪 90 年代英格兰农场劳动者的薪资大致上是这么用的。[771]

- 75% 用于食物；
- 10% 用于服装和被褥；
- 6% 用于住房；
- 5% 用于取暖；
- 4% 用于照明和肥皂。

⊖ 加总非 100%，原文如此，后文同。——译者注现代马拉维⊖的农村妇女，每天的时间大致会这样分配。[78]

- 35% 用于耕种食物；
- 33% 用于做饭、洗衣服和清洁；
- 17% 用于取水；
- 5% 用于拾柴；
- 9% 用于其他种类的工作，包括受薪职业。

下一回你打开自来水龙头的时候，不妨这么想象一下：你住在马拉维的马钦加省，[79] 走上一两英里路到希雷河去，一面把水桶放进河里取水，一面还得提防着不被河里的鳄鱼抓住（根据联合国的估计，马钦加省每个月会有 3 个人被鳄鱼咬死，大部分都是打水的妇女），此外还得祈祷打来的水里没有霍乱病菌。之后，你扛着 20 升的水再走上一两英里路回家，维持全家人一天所需。我并不想叫你感到惭愧，我是想要说明哪些东西改善了你的日常生活。是靠着市场、机器和其他人，艰辛的生活才变得轻松起来。尽管你仍然可以到离你家最近的河里去取水（没有什么东西能阻止你这么做），但你肯定宁愿把收入的一小部分付给某个人，享受水龙头里流出来的干净、便利的自来水。

这同样也是贫穷的意思。所谓穷，就是负担不起以足够高的价格卖掉自己的时间来购买自己所需的服务；所谓富，就是不光能够买到自己需要的服务，还能买到自己想要的服务。[80] 繁荣，或者发展，正日渐等同于从自给自足过渡到相互依存，把家庭从一个辛苦、缓慢地从事多种劳动的单位，变成一个靠专业化的单一生产活动偿付，便捷、快速、多

⊖ 非洲东南部国家。——译者注

元化消费的单位。

自给自足就是贫穷

近些日子流行声讨“食物里程”。食物从产地到你盘子里所花的路程越长，烧掉的石油就越多，一路上和平也就越是土崩瓦解。但为什么单单把食物挑出来说呢？T恤里程、笔记本电脑里程，不也都值得抗议吗？毕竟，水果和蔬菜占了贫穷国家所有出口量的20%以上，而大多数笔记本电脑则产自富裕国家，所以，把进口食品挑出来大加谴责，也就等于是声讨贫穷国家。最近有两位经济学家对这个问题做了研究之后得出结论，说“食物里程”的整个概念“是一个存在重大缺陷的可持续发展度指标”。[81] 把食物从农庄弄到商店的碳排放量，只占食品生命周期碳排放量的4%。从国外空运食物的碳排放量，只相当于把英国本地产食物冷冻起来的1/10，[82] 也只相当于顾客从家到商店去的1/50。把新西兰羊羔船运到英格兰，耗用的碳排放量是把威尔士羊羔陆运到伦敦的1/4。一朵荷兰玫瑰，在温室培育，又卖到英国去，其碳足迹是肯尼亚玫瑰的6倍，[83] 因为肯尼亚玫瑰长在阳光底下，使用渔场的循环水，利用地热发电，还为肯尼亚妇女提供了就业机会。

实际上，世界通过贸易相互依存，非但远远不是什么不可持续的事情，反而是持续现代生活的关键。假设你本地的笔记本电脑制造商告诉你，他已经有3笔订单了，所以，他要关了工厂去度假，冬天之前都完成不了你的订单，你只能眼巴巴地干等着；又假设你当地的农民告诉你，去年雨水太多，他今年的面粉产量只能减半了，这下你只好挨饿。但现实中的情况不是这样，全球化的笔记本电脑和小麦市场让你受益无穷，总有某个地方的某个人能把你要的东西卖给你，你难得面临的短缺窘境，也最多不过是价格出现略微波动罢了。

例如，2006～2008 年，小麦价格大约翻了 3 倍，跟 1315～1318 年的欧洲一样。[84] 14 世纪，欧洲的人口密度低，农业产出完全是有机品，“食物里程”也短，可在 2008 年，没人吃婴儿，也没人从绞刑架下拖走尸体砍了吃。铁路出现以前，人民流离失所变成灾民，一直比从外地进口食物到灾区更容易。相互依存分散了风险。

早期的经济学家们曾对农业就业率的下降趋势惊慌失措。在 18 世纪的法国，弗朗索瓦 · 魁奈和跟他同样主张“重农”的学者们认为，制造不会带来财富的增长，而从农业转向工业只会让国家的财富缩水，只有耕作才是真正地创造财富。两个世纪后，也就是 20 世纪末的工业就业率下降，也造成了经济学家们同样的恐慌情绪，他们认为服务业偏离了制造这一重要的根本。他们都错了。天底下根本没有“非生产性就业”这档子事，只要人们愿意购买你所提供的服务就行。如今，1% 的人从事农业工作，24% 的人从事工业制造，剩下 75% 的人提供的是电影、饭馆就餐、保险经纪和芳香理疗服务等。[85]

重返世外桃源

不过，毫无疑问，很久很久以前，远在贸易、技术和农耕以前，人类的确过着简单的有机生活，与大自然和谐一致。那不是贫穷，而是“最初的富裕社会”[86]。给以狩猎采集的人类照上一张鼎盛时期的生活快照吧，比方说1.5万年前，家犬出现、长毛犀灭绝之后，美洲还没被人类殖民的时候。人们拥有长矛投掷器、弓、箭、船、针、斧头和渔网。他们在岩石上画出精湛的作品，装饰自己的身体，交换食物、贝壳、原材料和想法。他们唱歌、在仪式上跳舞、讲故事，用草药治疗疾病。较之祖先，他们有更多人能活到老年。[87]

他们的生活方式几乎足以适应任何栖息地或气候条件。其他所有物种都需要自己的独特生态环境，而以狩猎采集为生的原始人却能在任何条件下变出适合自己的生态环境来：不管是海边还是沙漠，北极还是热带，森林还是草原。

一首动人的田园牧歌？这些猎人兼采集者看起来显然很高贵：高大、健康、身材好，比尼安德特人更少骨折（因为用可投掷的长矛换下了击刺型长矛）。他们吃丰富的蛋白质，脂肪不多，却有着充分的维生素。在欧洲，因为天气越发寒冷，他们基本上消灭了狮子和鬣狗[88]（他们的前辈就曾被这两种动物所捕食），所以对野生动物几乎没什么害怕的。毫不出奇，当今时代对消费主义的控诉里，充满了对更新世㊀时期的怀旧情绪。比如，杰弗里·米勒就在他的优秀作品《花钱》[89]一书里，请读者们想象“一位30 000年前生活在紧密家人和朋友部落里的克罗马农人㊁妈妈……她采集有机水果和蔬菜……她梳妆打扮，与自己认识、喜欢又信任的人跳舞、打鼓、唱歌……太阳升起在法国里维埃拉郁郁葱葱的海岸线上，她所

㊀ 地理学名词，是第四纪的第一个世，距今约1万～260万年。这一时期绝大多数动植物属种与现代相似。——译者注

㊁ 晚期智人的一种。——译者注

在的部落，就生活在这里的 6000 英亩㊀土地上”。

生活很美好，不是吗？可在狩猎采集者的伊甸园里，有一条狡猾的蛇——高贵的智人里出了个野蛮人。兴许，那个时代根本不像是放一辈子的户外野营长假呢。因为暴力的长期威胁始终存在，必然是这样，因为（人类没有了肉食动物天敌之后）只有战争才能把人口密度控制在饥荒水平线以下。普劳图斯㊁说：“人之于人，无异于狼。”倘若说狩猎采集者体态轻盈又健康，那是因为要是他们长出脂肪、行动缓慢，一大清早就会挨闷棍。

这儿有数据。从非洲卡拉哈里沙漠的昆族人，到北极圈的因纽特人，现今残存的狩猎采集部落有 2/3 都生活在永恒不变的交战状态当中，87% 年年打仗。用“战争”来形容突然袭击、小规模冲突和摆摆样子似乎太夸张了些，但因为这类情况经常发生，死亡率很高——通常，部落里有 30% 的男性都死于他杀。许多狩猎采集社会一般每年的战争死亡率保持在总人口的 0.5%，[90] 这就相当于 20 世纪打仗死了 20 亿人（事实上 20 世纪只有 1 亿人死于战争）。埃及的吉贝尔 · 撒哈巴出土了一座距今 1.4 万年的墓地，[91] 里面埋着 59 具尸体，其中 24 人都是因为矛、标枪和弓箭造成的伤口未能愈合而死的。这 59 具尸体里，有 40 具属于妇女和儿童。妇女和儿童一般不参加战争——但往往是争斗的对象。狩猎采集社会的妇女，恐怕个个都曾有过被绑架当成战利品的经历，是的，个个。吉贝尔 · 撒哈巴的考古证据出土之后，各位读者还是忘了伊甸园吧，说是血腥丛林还差不多。

㊀ 1 英亩 = 6.07 亩。——译者注

㊁ 古罗马剧作家。——译者注

限制人口增长的不光是战争。狩猎采集者很容易遭受饥荒。就算在食物充足的时期，要采集足够的东西吃，也是很麻烦的，要走很长的路，所以，妇女很难得到足够的营养盈余来维持完整的生育期，她们的青春只有短短几年。粮食不够的时候，溺婴现象十分常见。疾病也不远：疟疾、破伤风、各种寄生虫，都是人的大杀手。我有没有说过奴隶制？太平洋西北部很常见。殴打妻子？南美洲火地岛的惯例。没有肥皂、热水、面包、书籍、电影、金属、纸张、布匹，这还用我说吗？要是碰到有谁跑来对你说，他们宁可生活在更美好的过去，记得提醒他们：更新世可没有抽水马桶，罗马的皇帝也只能骑马，凡尔赛宫里到处是虱子。

新的呼唤

尽管如此，你用不着有一双火眼金睛，也能看出当代消费社会较之石器时代存在多么大的浪费。杰弗里·米勒问道："世界上最聪明的灵长类动物怎么会买悍马 H1 这辆运动型多用途车呢？"[92] 它售价 139 771 美元，却只能坐 4 个人，油耗高达百公里 23 公升，提速到 100 公里耗时整整 13.5 秒。他自问自答说，因为人类进化出了显示社会地位和性价值的动力。这也就意味着，人类消费不仅仅是出于物质主义，还成了一种寻求爱情、英雄主义和钦佩的伪宗教。然而，这种对地位的渴求，又鼓励人们设计重新排列原子、电子或光子的秘方，让它们变成对其他人有用的东西。雄心变成了机会。传说，公元前 2600 年，中国有个年轻的妃子㊀，想出了一种将富含甘氨酸的多肽变成精美布匹的秘方：捉来一条蚕，用桑叶喂

㊀ 此处提到的是黄帝元妃嫘祖。——译者注

它一个月，让它织成茧，加热杀死蚕，将茧放在水里，抽取丝线，把从蚕茧里抽出来的长达 1000 米的单股丝线绕在纺轮上，最终变成丝缕，再织成丝缎，接着上色、切割、缝纫，宣传之后卖出换钱。稍微说说产量好了：制成一条丝绸领带，需要用 10 磅桑叶养出 100 个蚕茧所抽出的丝。

我主张，专业知识的累积使得我们每个人得以靠着生产越来越少的东西，消费越来越多的东西，这是人类发展的核心故事。创新改变世界，但那只是因为它帮助劳动分工越来越细化，鼓励时间的分工。暂时忘掉战争、宗教、饥荒和诗歌吧。这才是历史上最伟大的主题：交换、专业分工以及它们带来的创新，最终"创造出了"时间。理性的乐观主义者会邀请你退后一步，以一种不同的眼光观察你所属的物种，看看这 10 万年来人类进步的宏伟事业（当然其中也曾频繁遭遇挫折）。等你看到这一切之后，再仔细想想这项事业是结束了，还是像理性的乐观主义者所说的那样，还将数百年、数千年地持续下去，甚至有可能以前所未有的速度加速持续。

如果说繁荣就是交换和专业分工（说成劳动的繁殖比劳动的分工似乎更贴切），那么，这个习惯又是在什么时候、以怎样的形式开始的呢？为什么它是人类物种的特有属性？

第2章

集体大脑

20万年前至今的交换和专业化

他迈步走到淋浴的水龙头下，一股强劲的水流从三楼冲了下来。[93]当这一轮的文明灭亡，当罗马人（不管在这一轮文明里他们有什么新的名字）最终离去，新的黑暗时代降临，淋浴会成为最先消失的一种奢侈享受。蜷起身体围着泥炭火堆蹲坐的老人们，会向满腹狐疑的孙子们讲述：大冬天里裸着身体站在喷射而出的干净热水下面，用成块的香皂、黏糊糊的琥珀色或朱红色透明液体涂在头发上，好让它变得超乎真实的光滑和蓬松，还有白生生的厚毛巾，大得像长袍子，挂在暖暖的架子上等你取用。

——英国当代著名小说家伊恩·麦克尤恩《星期六》

出生时预期寿命[94]（世界平均水平）

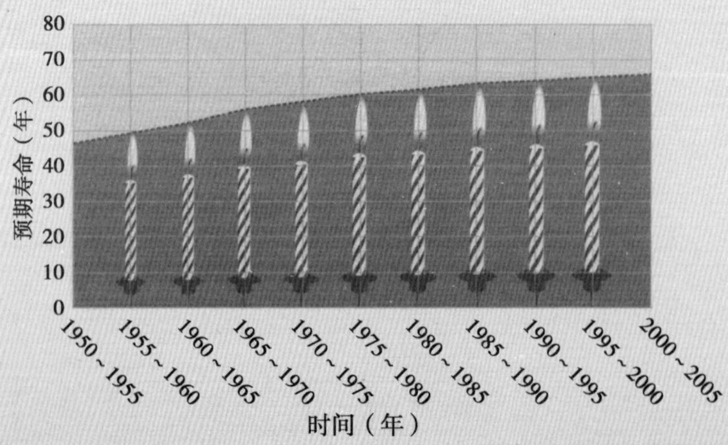

50万年前的某一天，就在如今英格兰南部的博克格罗夫村附近，[95]六七个两足“动物”围坐在自己刚刚用木矛杀死的一匹野马的尸首周围。他们每人拿起一块燧火石，着手把它打造成一柄手斧。他们熟练地使用石锤、骨头或鹿角切削掉它的边角，直到将它变成一种对称、锋利、泪滴形状的物体，大小和厚度介于现代的iPhone手机和电脑鼠标之间。他们当天留下的碎石渣还留在原地，映衬出他们坐着工作时双腿怪异的暗影。你可以判断出他们是右撇子。请注意，他们每个人都各做各的工具。

他们用来宰杀马匹的这种手斧，是“阿舍利⊖双面工具”的绝佳例证。这种工具都很薄、对称，边缘如剃刀般锋利，非常适合切割厚厚的兽皮，切断关节韧带，把肉从骨头上刮下来。阿舍利双面工具是旧石器时代工具里的典型代表，呈标志性的扁平泪滴形。但由于制造它的物种早已灭绝，我们可能永远也没办法知道它到底是怎么使用的了。但我们至少知道一点，制造这种东西的生物，对它是极为满意的。到出现博克格罗夫宰马

⊖ 阿舍利文化出现在非洲、西欧、西亚和印度的旧石器时代的早期。——译者注

者的时候，他们的祖先已经采用大致相同的设计（手掌般大小、锋利、双刃、圆边）差不多有 100 万年了。他们的后代还会继续这么做上数万年。同一种技术延续了 100 多万年，1 万多个世纪——这么长的时间，简直叫人没法想象。

不仅如此，他们还在非洲南部和北部以及两地之间的所有地方制造大致相同的工具。他们带着这样的设计去了近东，去了遥远的欧洲西北部（但没去东亚），而它依然没有什么改变。100 万年里他们穿越三个大陆，制造着相同的工具。在这 100 万年里，他们大脑的体积增加了约 1/3。惊人的事情就在这儿了：制造阿舍利手斧的生物，身体和大脑竟然变化得比这种工具还要快。

在我们看来，这样的状态很荒谬。人怎么可能如此缺乏想象力、奴性地依靠同一种技术这么长时间？不创新，没有地域性变化，不进步甚至倒退，怎么会有这种事呢？

确切地说，事情并不完全如此，倘若我们进一步探讨真实的细节，问题非但没能解决，反而更严重了。双面手斧在历史上只有一次小小的进步：大约 60 万年前，它在设计上突然变得更加对称了一点点。[96] 也正是在这一时期，原始人类出现了一个新物种，在整个欧亚大陆上取代了他的祖先。这一物种叫“海德堡人”，有着体积更大的大脑，比此前的“直立人”大了约 25%。他的大脑几乎跟现代人一样大了。[97] 然而，他不仅继续制造手斧（几乎不怎么造其他的东西），而且此后的 25 万年里，手斧的设计再次陷入了停滞。我们习惯地以为，技术和创新是一体的，但这里却出现了强有力的证据：人类刚开始制造工具的时候，并没有出现任何类似文化进步的经历，他们只做自己擅长做的事情。他们并没有改变。

听起来似乎很怪异，但从进化的角度来说，这十分正常。大多数物种只在地球上存在了短短几百万年，在此期间，它们并不改变习惯，在其栖息地的不同区域，它们也不改变生活方式。自然选择是一种保守的力量。大部分时间，自然选择不是要改变物种，而是用来延续物种的。只有在栖息地的边缘位置，比如在一座孤岛上、在偏远的山谷里、在高高的山顶上，自然选择才会偶尔让一个物种的一部分演变成不同的东西。这种突变出来的东西，有时会扩散开来，征服更广阔的生物帝国，甚至回到原地，取代祖传的物种，即推翻自己繁衍出来的古老王朝。物种内部的基因始终在变化，因为它要适应各种寄生虫，各种寄生虫也在适应寄主。但有机体的渐进改变是很少的，大多数的演进变化来自物种的后代取代了原先的物种，而不是物种本身的习惯发生改变。人类故事令人吃惊的地方，不在于阿舍利手斧保持了难以想象的乏味停滞状态，而是这种停滞状态居然结束了。

50 万年前的博克格罗夫人（他们属于海德堡人一系）有自己的生态环境。在他们偏爱的栖息地，有一套获取食物和住处，追求配偶、养育宝宝的方法。他们靠两条腿走路，脑容量很大，使用长矛和手斧，彼此教授传统，用符合语法规则的方式说话或者打信号，他们会生火、烹饪食物，毫无疑问也会捕杀大型动物。碰上阳光灿烂的时候，可供捕猎的动物多，长矛磨得足够锋利，疾病未曾大范围传播，他们兴许会繁荣上一阵子，到新的土地上繁衍。其他一些时候，食物稀缺，当地的人口只能一天天绝迹。他们没法大幅度地改变自己的生存方式，那不是他们的天性。等他们在非洲和欧亚大陆分散开来，人口就再也没了发展，平均出生率和死亡率不相上下。还没等他们老得患上慢性病，饥饿、土狼、遗弃、战争和意外事故就夺取了大部分人的性命。关键的一点是，他们并没有扩大或转移自己的小生境，他们继续被困在里面。没有谁会在某天早晨醒来之后说："我要换一种不同的生活方式。"

这么想吧。一代又一代的人靠走路（或者呼吸、大笑、咀嚼）不可能越变越好。对旧石器时代的原始人类而言，制造手斧就像是走路，一种你通过实践能做好的事情，但你不会反反复复地思考它。它几乎成了一种身体机能。它无疑是靠着模仿和学习来部分延续的，但跟现代的文化习俗不一样，它没有太多区域性的变化。它属于理查德·道金斯所说的直立人种[98]之"外延表现型"，即基因的外部表达。它是本能，是人类行为的一出保留剧目，就跟修筑鸟巢是某些鸟类的保留剧目一样。画眉鸟用泥巴筑巢，欧洲有一种知更鸟用毛发筑巢，苍头燕雀用羽毛筑巢——它们从来都这么做，将来还会永远这么做下去。它们天生就要这么做。制作一把水滴形状的锋利石头工具，所需的技巧比鸟筑巢多不了多少，并很可能同样出于本能——它是人类发展的一种自然表现。[99]

其实，用身体机能来打比方真的很合适。现在看来，在那几百万年里，这些原始人类吃了很多新鲜肉食。大概从距今 200 万年前开始，猿人变得更爱吃肉了。因为牙齿软绵绵，指甲的部分也没长出利爪来，他们需要锋利的工具来剥开猎物的皮。有了锋利的工具，他们甚至能对付犀牛和大象这样的厚皮动物。手斧就像长在外面的犬齿一样。丰富的肉类饮食还让直立人长出了体积更大的大脑，这个器官消耗能量的速度，是身体其他部分的 9 倍。直立人的祖先为了消化生鲜植物和肉类，长出了庞大的肠道，而直立人靠着多吃肉，把肠道减小了，[100]这样才长出了更大的大脑。反过来，生火和烹饪使食物用小肠道也好消化了（因为烹饪之后，淀粉会变成胶状，蛋白质也会改变性质，用更少的能量输入释放出更多的卡路里），大脑长得更大了。其他灵长类动物的肠道是大脑的 4 倍重，人类的大脑却比肠道要重。靠着烹饪，原始人类拿内脏体积换来了大脑的体积。

换言之，直立人几乎具备了人类的一切特征：两条腿、一双手、脑容量很大的大脑、与其他四指相对的拇指、生火、烹饪、制造并使用工具、技术、协作、漫长的童年期、友好的行为举止，可没有文化腾飞的迹象，技术进展甚微，生存范围或环境几无扩展。

智人的出现

此后，地球上出现了一种新的原始人类，它拒绝遵守原来的游戏规则。它不改变身体，也没有任何后继物种，光是不断改变习惯。有史以来第一次，它的技术变化得比自己的生理构造要快了。这是进化上的一个新物种智人，你就是其中的一员。

这种新物种到底是什么时候出现的，现在已经很难考证了，它的登场非常低调。一些人类学家认为，东非和埃塞俄比亚出土的带有变化迹象的工具，时代最早可追溯至 28.5 万年前。[101] 当然了，在至少 16 万年前，[102] 一种新的小脸“智人”头骨就顶在埃塞俄比亚出土的骨骸脊椎顶上了。大约在同一时期的南非品尼高点，[103] 人——嗯，我是第一次正式这么叫他们“人”（people），在一个海边的洞穴里烹饪海蚌和其他贝类，还制造原始的“刃片”，这是尖石头磨出来的锋利薄片，有可能要装到长矛顶上。他们还使用红色的赭石，兴许是为了装饰，这暗示他们产生了彻底的现代象征性思维。

那是上一轮的冰河期，非洲基本上是一片沙漠。从表面上看，这次

“实验”再没有什么别的内容了。智能行为和新颖工具的迹象再度消失了。遗传学上的证据表明，即便在非洲，人类也非常罕见，他们躲进湖泊和海洋边缘的干燥洞穴里，在热带大草原上勉强为生。到距今 13 万年至 11.5 万年前的末次间冰期，气候转暖，也更为湿润了，海平面也上升了。一些出土自现在以色列地区的头骨显示，少数有着细长头部的非洲人开始向中东开拓殖民地，[104] 这个趋势一直持续到末次间冰期的末期，但寒冷的天气和尼安德特人又把他们赶了回去。这一段时期，现今摩洛哥的洞穴里首次出现了一些新颖的工具：薄片、带齿刮刀、修饰过的尖刺。最不寻常的一条线索来自一种名为“节织纹螺”的蜗牛壳样的东西。考古遗址里反复出现这种小小的贝壳，壳上还有非自然形成的孔洞。最古老的织纹螺出土自摩洛哥塔福拉尔特附近的格罗特鸽洞，[105] 47 枚穿了孔的贝壳，有些用红色赭石涂了颜色，距今有 8.2 万～ 12 万年之久。在阿尔及利亚的瓦德 · 杰巴纳和以色列斯虎尔也发现了类似的贝壳（年代更难以推测），南非布隆伯斯洞穴中有不同种类但相同属性的钻孔贝壳和最早的骨钻，距今约 7.2 万年。这些贝壳当然是项链珠子，兴许是用绳子串起来的。它们不仅暗示出一种对待个性装饰、象征主义甚至金钱的现代态度，还证明了交换的存在。塔福拉尔特距离最近的海岸有 25 英里，瓦德 · 杰巴纳则有 125 英里。珠子可能是靠一个人一个人地交换而来。类似地，东非和埃塞俄比亚的一些线索表明，大概在同一时期甚至更早，一种名为“黑曜石”的火山玻璃有可能靠着贸易交换开始长距离转移，[106] 但日期和来源尚无法确定。

从这些戴贝壳珠饰、制作石片的人居住的地方跨过直布罗陀海峡，就来到尼安德特人祖先的居住地了。尼安德特人有着同样体积的大脑，却没有留下制造贝壳珠饰和刀片样工具的迹象，更别说长途贸易了。非洲人显然有些不同的地方。之后的数万年里有过零星的改变，但没有出现大爆发。人类种群有可能崩溃了一次。当时的非洲正遭受着“极旱”的折磨，干燥的风把大沙漠的尘土推进了马拉维湖，湖面下降了 600 米。[107] 基因证据宣称，直到 8 万年前，才重新出现了一些大的变化。这一回，证据来自基因组，而不是文物。从 DNA 密码来看，就在那时候，为数很少的一群人开始在整个非洲大陆繁衍开来，从东非或南非扩散到了北非，同时更为缓慢地西迁。他们的基因，以 L3 线粒体类型为标记，突然扩大，取代了非洲的大部分其他基因，[108] 但南非克瓦桑人和俾格米人的祖先例外。即便现在人们也没有找到什么线索，能说明其后将要发生的事情。没有任何迹象表明，这除了是一种碰巧成功的食肉性猿类出现又一轮进化，还是些别的什么。非洲的新物种靠着他奇特的工具、赭石颜料和贝壳珠饰品，兴许已经取代了他的邻居们，但之后他就会安定下来，在阳光下享受几百万年时光，而后便让位给一个新物种。可这一回，有些携带 L3 基因的人迅速扩散到非洲各地，并四散到全球。而他们的其他近亲呢？用智人的语言来说就是“已成历史”。

开始以物易物

人类学家提出两种理论来解释新技术和新物种在非洲的出现。第一种理论认为，这是气候推动的。非洲的天气反复无常，雨季时把人类赶进沙漠，旱季时又逼他们重新出来，这就令适应性成了一项优势，反过来，这种优势又选择了新的能力。这套理论存在的问题是：首先，气候变化在很长时间里都不曾带来一种能够适应技术的猿类；其次，气候变化同样适用于非洲其他许多物种，如果人类能，为什么大象和土狼却不能？生物学其余任何部分都没有提供支持性的证据，足以说明在变化莫测的气候里拼死求生存就会提高智慧或文化上的适应性。事实上，证据说的恰好相反：生活在大型的社会群体里，又有着丰富的食物，[109] 这给大脑的发育创造了条件，也对大脑的发育起到了促进作用。

第二种理论认为，一种偶然的基因突变微妙地改变了人类大脑的构建方式，从而触发了人类行为的改变。[110] 它令人们第一次具备了完全的想象能力、规划能力，或是其他较高级的功能，反过来，这些较高级的大脑功能又让人类具备了制造更好的工具、设计更好的生活方式的能力。有一段时间，学者们甚至找到了两种候选的基因突变：就在 FOXP2 基因里面，它们是人类和鸣禽能言会道的关键。[111] 把这两种基因突变加到老鼠身上，似乎的确以某种方式改变了它们大脑网络配线的灵活性，兴许也是让舌头和肺部为了说话而快速摆动起来的必要条件，甚至还有可能在其他条件保持一致的前提下，改变老鼠吱吱叫的方式。[112] 但新近的证据确认，尼安德特人同样具备这两种基因突变，[113] 也就是说，大约 40 万年前，现代人与尼安德特人的共同祖先就已经在使用相当复杂的语言了。如果说语言是文化演进的关键，尼安德特人又有语言，为什么他们的工具却没有太多文化上的改变呢？

从 20 万年前到现在，基因无疑在人类的演进中发生了改变，但它更多的是为了响应新的习惯，而不是新习惯的成因。在较早期的阶段，熟食选择了小肠道和小嘴巴的基因，而不是小肠道和小嘴巴的基因选择了熟食。在较为后期的阶段，西欧和东非人喝牛奶的习惯选择了把乳糖消化功能保留到成年的基因。先有了文化这匹马，才有了与之相配的基因车厢。说基因改变驱动了演化，就把基因与文化协同演化的关系弄反了：演化过程是自下而上的，而解释却是自上而下的。

此外，还有一种更为根本的反对意见。既然说一种基因变化触发了人类的新习惯，为什么它的影响会在不同的地方、不同的时期渐进、飘忽地出现，可一旦站稳了脚跟，紧跟着就加速？新基因在澳大利亚的影响比在欧洲要慢？不管是什么原因导致 20 万年前人类技术的现代化，它必定得是一种自动催化的东西，一种自己能从自己身上摄取养料保持前进步伐的东西。

你应当看得出来，我也不喜欢理论。我下面会论证，真正的答案不在气候上、不在基因上、不在考古学里，甚至也不完全在“文化”里，而是在经济当中。人类开始在彼此之间做一件事情，从实际着手从事集体智慧的建设。他们有史以来第一次在没有血缘关系也没有婚姻关系的个体之间交换东西——分享、交换，以物易物，做买卖。从那时起，节织纹螺的贝壳从地中海被传递到了内陆。这样做的结果是带来了专业化，专业化促进了技术创新，技术创新反过来又鼓励了更多的专业化，于是带来了更多的交换——由此“进步”得以诞生。我所说的进步，指的是技术和习惯的变化快于生理结构。他们在无意中发现了哈耶克所说的“交易秩序”（catallaxy，又译“市场秩序”或“耦合秩序”）：由于劳动的日益分工，促成了可能潜力的不断扩大。这就是一种一旦开始就会自动催化的东西。

交换是需要由人来发明的。对大多数动物而言，它都不是自然而然出现的。其他动物很少有以物易物的。家庭之间存在分享，包括昆虫和猿类在内的不少动物也存在拿性换食物的交易。但除了人之外，没有哪一种动物会把一件东西给另一种跟自己没关系的动物，用来交换不同的东西。“没人见过狗故意拿骨头跟另一只狗公平交换。”亚当·斯密说。

这里，我必须跑个题，请见谅。我讨论的可不是交换恩惠——所有古老的灵长类动物都能做到这一点。猴子和猿类都存在大量的“互惠”行为：你帮我抓背，我就帮你抓。又或者，像勒达·科斯米德斯和约翰·托比所说：“一方在某一刻帮助另一方，以便将来某一刻双方位置互换时，这一行为可以得到报答。”[114]这种互惠是人类社会的重要黏合剂，是合作的源头。这种来自祖先的固有习惯，无疑为人类的交换行为奠定了基础，但它和交换并不是一回事。互惠意味着在其他时候给对方一种相同的东西（通常而言）。交换（如果你愿意，也可以叫它以物易物，或者交易）指的是在同一时间给对方不同的东西（通常而言），即同时交换两种不同的物体。用亚当·斯密的话来说就是：“把我想要的那个给我，你就可以得到你想要的这个。”[115]

以物易物比互惠要奇特多了。毕竟，除了捉虱子，生活中哪儿有那么多值得双方同时为对方做的事情呢？如果我今天替你缝一套兽皮外衣，那你明天也替我缝一件：这么做，好处有限，收益又是递减的。“如果我来做衣服，你去找食物”，带来的收益会递增。事实上，它还有一特性，交换甚至不一定非得是公平的。要让以物易物行得通，两个人不需要提供同等价值的东西。交易往往是不平等的，但仍能让双方受益。这一点，几乎所有人都漏掉了。比方说，过去几个世纪里，喀麦隆草原[116]上的棕榈油生产者因为居住在土壤极为贫瘠区域的边缘地带，要辛辛苦苦地生产出低价值的产品，去跟邻居交换谷物、牲畜和铁。平均而言，他们要花 30 天的劳动，才负担得起铁锄头的价格，而制造铁锄头的工人，只需要干 7

天。然而，在他们自己的土地上，用他们自己的资源，能找到的最有利可图的资源就是棕榈油了。对他们来说，获得铁锄头最廉价的方式，就是生产更多的棕榈油。还可以想象一下，巴布亚新几内亚特罗布里恩岛住在海岸边的部落拥有充裕的鱼，另一个内陆部落则拥有丰裕的水果，只要这两群人继续生活在不同的栖息地，他们必然会看中对方有的东西甚于自己有的东西，交易对双方都有利。他们交易得越多，专业化带给他们的利益也就越大。

进化心理学家以为，两个人同时都有价值提供给对方，这种条件是很罕见的。但这其实不对，因为人们总是对自己无法拥有的东西赋予高价值。他们对交换依赖越多，越是专业化，交换的吸引力就越大。故此，交换成了一件能够带来无限可能的东西，一种能繁衍、能激增、能发展、能自我催化的东西。它也许是建立在互惠这种古老的动物本能之上的，也许语言给了它极大的便利和推动——互惠和语言当然有可能是拉开交换序幕的重要人类本性，对此我毫不否认，但我更想说，以物易物（同时交换不同的物体）本身就是人类的一项巨大突破，说不定，它还是为人类带来生态优势和空前物质繁荣最重要的因素呢。从根本上讲，其他动物并不以物易物。

我不太明白具体是为什么，但为了让经济学家和生物学家都接受这个观点，我碰到了好多麻烦。经济学家认为，以物易物无非是人类一般性互惠习惯的一个例子罢了。生物学家说起互惠在社会演进中发挥的作用，意思就是“人家朝你这么做，你也对他们这么做”。他们对我视为关键的区别似乎都不感兴趣，所以，这里我要再重复一次：到了某个时间点，经过了数百万年强度渐进的互惠式抓背之后，有一个物种，只有这一个，偶然发现了一套完全不同的把戏。亚当给了奥兹一样东西，换取另一样不同的东西。这跟亚当给奥兹抓背，过一会儿奥兹又给亚当抓背，或者亚当给奥兹一些多余食物，后来奥兹又给亚当一些多余食物可不是一回事。这一事件蕴涵的额外前景是：亚当现在拥有了一件自己不知道怎么制作或找到的东西，奥兹也是。而他们这么做得越多，这件事也就越有价值。不管出于什么原因，其他动物从来没能在偶然中想到这个把戏——至少，它们从不在没有关系的个体之间这么做。

请不要误解我的意思。灵长类动物学家萨拉·布鲁斯南曾试着教两群不同的黑猩猩以物易物，[117]但发现这很成问题。按这些黑猩猩的喜好，它们最爱的是葡萄，其次是苹果，再次是黄瓜，最后是胡萝卜（它们最不喜欢的）。它们有时候愿意放弃胡萝卜换回葡萄，然而，不管"买卖"多么有利，它们也几乎从不拿苹果换葡萄（当然也从不拿葡萄换苹果）。它们似乎不明白，放弃喜欢的食物，换回另一种更喜欢的食物，这么做有什么意义。研究人员可以教会黑猩猩和猴子用代币换食物，[118]但这跟同时用一样东西交换另一样东西有着很大的不同：代币对黑猩猩毫无价值，所以它们很乐意放弃。真正的以物易物要求你放弃对自己有价值的一种东西，换回你认为更有价值的另一种东西。

这种情况也反映在野生黑猩猩的生态当中。在人类群体里，每个人"不光吃自己收集来的食物，也吃伙伴们'找到'的食物。"理查德·兰厄姆说，"但从非人类的灵长类动物身上可找不到一点点类似的迹象。"[119]诚然，雄猩猩猎取的猴子比雌猩猩多，有时候，杀死一只猴子之后，要是有别的猩猩提出恳求（尤其是丰腴多产的雌猩猩，或是自己欠过情的亲密伴侣），雄猩猩会允许它们分享，但用一种食物换另一种食物是从来看不到的现象。黑猩猩群体里从来没有出现用肉换坚果的事情，这和人类形成了鲜明的对比：人类从幼年开始，就喜欢彼此分享食物，对用一种东西交换另一种东西也有着近乎着迷的兴趣。比鲁特·高迪卡斯在自己家养了一只幼年大猩猩[120]陪自己的女儿宾蒂，两个宝宝对分享食物表现出来的迥异态度，让她大为吃惊。“分享食物似乎带给宾蒂极大的快乐，”她说。“反之，‘公主’（她给大猩猩宝宝起的名字）却跟所有大猩猩一样，一有机会就讨要食物、偷取食物，然后狼吞虎咽地吃掉。”

我的看法是，在距今 10 万年前的某个时候，这种交换的习惯和以物易物的欲望，不知何故出现在了我们非洲祖先的身上。为什么人类养成了以物易物的习惯，其他动物却没有？也许这跟熟食有关。理查德·兰厄姆举了一个极具说服力的例子，说明控制火对人类演进产生了深远的影响。燃火烹饪，除了让人类祖先能更安全地生活在地面，让他们靠着高能量饮食发育出了脑容量更大的大脑，还令人类产生了交换不同种类食物的倾向，而这或许把他们引到了以物易物上面。

以狩猎换采集

正如经济学家哈伊姆·奥菲克所说，生火很难，但邀人分享很容易。[121]同理，把食物弄熟很难，邀人分享很容易。花在烹饪上的时间是从花在咀嚼上的时间里省出来的——野生黑猩猩每天光是咀嚼食物，就要花上 6 个多小时。食肉动物倒是有可能不把食物嚼烂（大多数时候，它们会赶在肉被偷走之前匆匆把它咽下肚子），但会用强健的胃花上数小时研磨，归根结底也是一回事。故此，烹饪增加了价值。熟食的最大优势在于，尽管它比生着吃要花更多的准备时间，可吃起来就快多了，这意味着，趁着有人准备伙食的时候，别的人就可以吃。母亲可以喂养孩子好多年。又或者，妇女可以给男人提供食物。

对大多数以狩猎采集为生的原始人类来说，男性外出狩猎打野味，女性则花大量时间采集、准备和烹饪主食。顺便说一句，没有哪个狩猎采集社会是少得了烹饪的。在所有的活动里面，烹饪是最偏向女性的，只有极少数例外：男人们外出打猎之前，会准备一些祭祀用的美食，或者烤些便餐。(听起来是不是挺耳熟的？高档餐厅的大厨和烧烤是当今阳刚味最足的两种烹饪形式。) 就全世界范围平均而言，男女两性贡献的卡路里数量相同，只不过每个部落的模式都有些小小的区别。比方说，在因纽特部落里，大多数食物是男人打来的，而在非洲卡拉哈里沙漠的克瓦桑部落，大部分食物是女性采集来的，但 (关键就在这儿) 放眼整个人类物种，男女两性各司其职，之后分享食物。[122]

换句话说，烹饪推动了性别的专业分工。最基础也最深刻的劳动分工就是性别分工。只要人们一开始觅食，必定会遵守一条铁律："男人去打猎，女人和孩子拾拾捡捡。"[123] 男女两性"在同一栖息地内活动，对如何获取该栖息地范围内的资源做出截然不同的决定，[124] 大多数时候，他们会带着劳动成果回到一个中心位置"。所以，委内瑞拉的希维族妇女靠双脚挖掘根茎植物、捣碎棕榈淀粉、拾豆子、采蜂蜜，男人们则打猎，划着独木舟去捕鱼，采摘橙子；巴拉圭阿齐族的男人们每天用 7 个多小时猎野猪、猎鹿和犰狳，女性则跟着他们采集水果、挖掘根茎植物、采集虫子、捣淀粉——有时也参加猎犰狳的活动；坦桑尼亚哈扎族妇女采集块茎、水果和坚果，男人们猎羚羊；格陵兰因纽特族的男人们猎海豹，女人们炖肉、制作工具、用兽皮做衣服。类似的例子不胜枚举。也有几个明显例外的地方，那里是妇女们狩猎，但说出来也很有启示作用，因为这仍然属于劳动分工。菲律宾阿埃塔族妇女们带着狗打猎，男人们用弓箭打猎。澳大利亚西部马尔杜族妇女猎巨蜥，[125] 男人们捕鸨鸟和袋鼠。一位人类学家跟克瓦桑人生活了多年之后指出："妇女有索取肉食的社会权利，必须得到满足——如若不然，她们就离开丈夫，嫁到别的地方去，或是跟别的男人做爱。" [126]

现存的狩猎采集部落是这样生存的，而在我们所能确定的范围内已经湮灭了的狩猎采集部落同样是这么生存的。印第安克里族的妇女猎杀野兔，男人们猎杀驼鹿。加利福尼亚州楚玛什族的妇女采拾贝壳，男人们用鱼叉捕海狮。火地岛印第安雅甘族的男人们猎水獭和海狮，女性捕鱼。利物浦附近的莫西河河口 [127] 保留着若干 8000 年前的脚印，妇女和儿童似乎正在采集河蚌和虾，男人们的脚印则在快速移动，跟红色獐鹿的足印平行。

一笔进化交易似乎就这么达成了：为了换回独享的性活动，男人带肉来，保护火种不被人窃取；为了换回养育孩子的帮手，妇女们带回蔬菜，完成大部分的烹饪工作。这也许可以解释，为什么在所有的类人猿里，只有人类存在长期的配偶关系。

我要说明一下，上述论点跟所谓"男人外出去工作，家才是女人该待的地方"全无关系。在狩猎采集社会里，妇女要辛苦工作，而且往往比男人还辛苦。对坐在办公桌前接听电话而言，不管是采集还是狩猎都算不上是什么良好的进化准备。人类学家过去认为，之所以出现劳动的性别分工，是因为人类的童年期漫长而无助。由于妇女不可能遗弃自己的孩子，她们不能参与捕猎，只好待在离家近的地方，一边照料孩子，一边采集和烹饪食物。背后绑着还在吃奶的宝宝，屁股后头还跟着个咯咯笑的3岁小子，采集水果显然比伏击羚羊容易多了。不过，现在人类学家已经修正了"性别分工完全是出于育儿限制"的观点。他们发现，在狩猎采集部落里，就算女性不用面对照料孩子和打猎的艰难选择，她们去寻找的食物仍然有别于男性。在澳大利亚的艾拉瓦里原住民中年轻的妇女照料孩子，年长的妇女则外出寻找巨蜥，而不是像男人一样去捕猎袋鼠和鸸鹋⊖。[128] 就算没有养育孩子的限制，劳动的性别分工依然存在。[129]

这种专业化是什么时候开始的呢？对狩猎采集社会的劳动性别分工，这里有一套利落的经济学解释。从营养的角度来看，女性一般采集来源稳定可靠的碳水化合物主食，男人则猎取宝贵的蛋白质。两者结合起来（来自妇女的稳定卡路里和来自男人的不定期蛋白质）可谓两全其美。从额外工作的成本来看，妇女不用去捕猎，也吃得到很好的蛋白质；男人们就算没逮到鹿，也晓得下一顿吃的打哪儿来。这个事实本身令男人们愿意多花时间去追逐野鹿，提高了抓到鹿的可能性。人人都得到了好处——从交换中得到了好处。这就好像人类物种一下子有了两个大脑、[130] 两座知识库——一个大脑学习狩猎，另一个大脑学习采集。

好一套干净利落的解释，我说。不过这个故事里也有些不够干净利落的复杂枝节，比如，男人们似乎总是力争捕获大型猎物，养活整个部落——换回地位，有时也能换回具有诱惑力的奖品；妇女只需要养活家人就行了。[131] 从经济上来说，这可能反而降低了男人的生产力。哈扎族的

⊖ 产于澳大利亚的一种体型大而不会飞的鸟。——译者注

男人要想逮到一头巨型旋角大羚羊，得花好几个星期的时间；[132]但要是逮野兔的话，每天都能轻松地捉上一只；澳大利亚托雷斯海峡墨累岛上的男人们，[133]手持鱼叉，站在礁石的边上，指望叉住巨鲹㊀，而女人们靠捡贝壳采集到的食物足足是他们的 2 倍。不过，就算考虑到这种明显的偏心纵容或社会寄生现象（看你怎么想了），分享食物和按性别分工带来的经济收益仍然是切切实实的。它们都是人类独有的特性。少数鸟类有着略微不同的两性捕食习惯（新西兰濒临灭绝的垂耳鸦，雄鸟和雌鸟的喙都长得不一样），但没有其他哪个物种会收集不同的食物并分享。这个习惯结束了长久以来的自给自足，又让我们的祖先养成了交换的习性。

劳动的性别分工是什么时候发明的呢？烹饪理论认为是在 50 万年前或更久远的时候，但有两位考古学家持有不同意见。史蒂芬 · 库恩和玛丽 · 斯蒂娜认为，起源于非洲的现代智人存在劳动的性别分工，尼安德特人却没有。[134] 4 万年前，两个物种在欧亚大陆碰头之后，这一点构成了前者对后者的关键性生态优势。他们提出的这一概念跟考古界长久以来的认识是背道而驰的。1978 年，格林 · 艾萨克最先提出，[135]两性的不同角色是从 100 万年前分享食物时开始的。库恩和斯蒂娜却指出，在尼安德特人的残骸里，没有一般由女性采集者带来食物的迹象，也没有因纽特妇女趁着男性去捕猎时精心缝制的衣服、布置好的住处。偶尔有一些贝壳、乌龟、蛋壳和类似的东西，这些都是打猎时很容易捡到的食物，但没有磨刀石，也没有坚果和根茎植物的痕迹。这并不是说尼安德特人不合作、不吃熟食，但它对“两性采取不同的觅食策略并交换劳动成果”的概念发起

㊀ 澳大利亚的一种食肉海鱼。——译者注

了挑战。要么，尼安德特妇女坐在山洞里什么也不做；要么，就是她们像大多数当代男性一样强壮，跟着大部队去打猎。后一种假设的可能性更大些。

这是一个惊人的观念转变。科学家们不再像从前那样，把“狩猎－采集”看成是人类的自然状态，而是开始考虑一种新的可能性：它是一种相对较新的演化阶段，是过去 20 万年前后才出现的创新。为什么一小撮来自非洲的智人比地球上其他所有的直立人都更好地从极旱和剧烈的气候变化中生存下来了呢？劳动的性别分工能不能作为一种解释？

说不定能。不过要记住，尼安德特人留下来的遗迹是非常少的。但至少举证的责任出现了一点点的变化。哪怕两性分工的习性来得更为古老，它也可能是令非洲智人确立专业化和交换这两个概念的诱发因素。他们先训练自己在两性之间进行分工和交换，形成了跟其他人交换劳动的习性，再接着，他们开始把这个概念一点点地向前推进，初步尝试一种更为奇特的全新把戏：在整个部落里专业化，之后在部落之间专业化。由于部落之间的恶劣关系，走到后一步是很困难的。没有一种其他的猿类，碰到陌生人之后会不试着杀死他们，而这种本能仍然潜伏在人类的胸膛里。但在距今 8.2 万年前，人类显然克服了这个问题，至少，他们有能力手把手地将贝壳饰品传递到 125 英里的内陆地区了。以物易物开始了。

沿着海岸往东去

以物易物是改变世界的奥妙所在。套用 H. G. 威尔斯的话来说：“我们彻底抛弃了自己的营地，上了路。”[136] 在大约 8 万年前，现代智人征服了非洲的大部分地区，而且并未止步于此。基因讲述了一个令人难以置信的故事。除了非洲族裔，全世界所有人的线粒体和 Y 染色体中的 DNA 变异模式都说明，在大约 65 000 年前，或者更近一些时候，一群人，为数大概只有几百个，离开了非洲。他们可能跨过了红海狭窄的南端，那儿的海峡比现在要窄得多。之后，他们散布在了阿拉伯的南海岸，跳过了基本上干旱的波斯湾，围着印度转了一圈，之后重新进入斯里兰卡，逐渐向下穿过缅甸、马来亚，顺着"巽他"（当时包括现印度尼西亚群岛的大部分地区）大陆的海岸线，来到了靠近巴厘岛附近的一处海峡。但他们还不罢休。大约在 45 000 年前，他们划着独木舟或木筏，跨越了至少 8 条海峡，最宽的一条至少也有 40 英里，穿过了一片群岛，来到了撒赫尔大陆[137]（即澳大利亚和新几内亚结合的地方）的土地上。

这一从非洲到澳大利亚的伟大运动，不是迁徙，而是扩张。原先结成队伍的人在海岸线上靠椰子、蛤蜊、海龟、鱼和飞鸟为食，身体变胖了，人数增多了，于是他们又派出先遣队（或流放爱闹事的人）朝着东面寻找新营地。有时候，新移民不得不深入腹地，或是乘着独木舟，跳过别人已经占据的海岸线。

一路上，他们留下了一些以狩猎采集为生的部落后裔，一些后裔延续到今天，基因都未曾和其他族裔混杂过。在马来半岛，有个叫"奥朗阿斯利"的丛林狩猎采集部落，他们的样子很像尼格利陀人，果然，他们的线粒体基因是从 60 000 年前的非洲裔分支而来的。在新几内亚和澳大利亚，遗传学同样讲述了一个毫不含糊的故事：当地原住民在第一波迁徙过后，就一直孤立隔绝地生活在此。[138] 最不寻常的要数安达曼群岛的原住民，他们有着黑色的皮肤和卷曲的头发，说一种和任何地方都毫不相关的语言。65 000 年前，他们的祖先和全世界其他人类的祖先分道扬镳，而这部分原住民的 Y 染色体和线粒体基因，就来自前者。至少，大安达曼岛上的加洛瓦部落完全就是这样。附近北森提奈岛上的北森提奈人，不愿意捐血——至少不愿意捐自己的。在这个至今仍然拒绝跟外界“接触”的狩猎采集部落，长得很好看的人——强壮、苗条、健美，全身赤裸，只有腰上围着一小条植物制成的带子，往往用如大雨般洒下的利箭迎接来访者。祝他们好运。

要抵达安达曼群岛（当时离缅甸海岸较近，但视线内是看不见的）和撒赫尔大陆，65 000 年前的移民们肯定是技艺纯熟的划船手。20 世纪 90 年代初，非洲出生的动物学家乔纳森·金登最先提出，不少非洲人、澳大利亚原住民、美拉尼西亚人㊀及亚洲人暗示他们过去都曾航过海。[139] 对非洲大草原上的狩猎采集部落而言，纯黑的皮肤并不必要，克瓦桑人和俾格米人的皮肤相对就较为苍白，正好证实了这一点。但要是裸露在礁石上、海滩上，或者捕鱼的木筏里，最大限度的防晒就很有必要了。金登把这部分人叫作“班达·斯特兰洛帕”，并相信他们是从亚洲回过头来征服了非洲，而不是反过来。但他早在基因遗传证据确认之前，就认为存在一个基本上靠航海为生的旧石器时代的种族。

人类顺着亚洲海岸的这一重大扩张（现称“海岸流浪者快车”），目前留下的考古学遗迹几近于无，这是因为，当时的海岸线现在沉到了水下 200 英尺。那是一个凉爽干燥的时期，高纬度的地方覆盖着广阔的冰层，山脉上全是大型冰川。大陆内部的很多地区干燥、多风而寒冷，并不

㊀ 美拉尼西亚是太平洋三大群岛之一，意为“黑人群岛”。由俾斯麦群岛、所罗门群岛、新赫布里底群岛、新喀里多尼亚群岛、斐济群岛等组成。——译者注

适宜居住，但低洼的海岸线上却点缀着淡水绿洲。海平面低，不光令更多泉水露出地表，还增加了地下含水层的压力，迫使它们在海岸线附近排水减压。顺着亚洲的整个海岸线，海岸流浪者时不时地会发现新鲜的淡水喷涌而出，[140] 汇成小溪蜿蜒流入大海。如果你足够心灵手巧，还能在海岸线上找到丰富的食物，哪怕是荒芜的海滩也不例外。所以，坚守海滩合情合理。

DNA 证据证明，这些海岸流浪者到了印度之后，显然没隔多久就最终迁徙到了内陆，因为在 40 000 年前，“现代”人从西面进入了欧洲，从东面进入了现在中国所在的地理区域。他们放弃了拥挤的海岸，恢复了原来靠打猎、采集果实和根茎为生的非洲做法。之后，他们又缓缓地往北迁徙到了长毛象、野马和犀牛徜徉的干草原，变得对打猎更为倚重。很快，他们碰到了自己的远房表亲，直立人的另一系后裔——尼安德特人⊖，两者在 50 万年前曾有过共同的祖先。双方曾经走得非常近，以至于现代智人把尼安德特人身上的虱子都招惹到了自己身上（虱子的基因是这么暗示的），[141] 还通过杂交繁殖，获得了表亲们的一部分基因。[142] 但他们还是无情地霸占了欧亚直立人的地盘，直到大约 28 000 年前，尼安德特人的最后一个幸存者仰面朝天地死在了直布罗陀海峡。又过了 15 000 年，一部分现代智人从亚洲东北部涌进了美洲。

他们不光擅长赶尽杀绝自己的远房表亲，对猎物也是一样。这种事情，从前的原始人类一直没有掌握好。最早的洞穴绘画艺术家，在 32 000

⊖ 在 2010 年后的 DNA 研究证实，尼安德特人与现代智人存在基因交流，两者可以通婚，所以尼安德特人是智人的亚种成为学界共识，而在本书成书时，主流学术观点认为尼安德特人是直立人的后代，与智人存在生殖隔离。——译者注年前的法国南部肖韦洞穴岩壁上绘画的那位，对犀牛极为着迷。更近期的一位画家，15 000 年之后在拉斯科绘画，描绘的对象主要变成了野牛、公牛和马——因为那时候，犀牛在欧洲基本上已经灭绝了。起初，地中海附近的现代智人主要依靠捕猎大型哺乳动物来获得肉食。他们只吃动作迟缓的小动物，比方说，陆龟和帽贝就很受欢迎。可渐渐地，从中东地区开始，他们把注意力转向了更小的动物，尤其是繁殖迅速的物种，比如野兔、鹧鸪和小型羚羊。他们逐渐不再吃陆龟了。在以色列、土耳其和意大利的遗址，考古记录也讲述了同样的故事。

玛丽·斯蒂娜和史蒂芬·库恩说，出现这种转变的原因，在于人口密度增长太快，繁殖速度慢的猎物，如陆龟、马匹和大象等，供应不上了。只有繁殖速度快的各类兔子和鹧鸪，某一段时期的羚羊和鹿，才能承受得了这样沉重的狩猎压力。15 000 年前，这一速度变得更快了，大型动物和陆龟从地中海人的菜谱里彻底消失了，因为人类的围捕活动已经把它们赶到了灭绝的边缘。[143]（当代也有类似的例子：在加利福尼亚州的莫哈韦沙漠，乌鸦偶尔会猎杀陆龟作为食物，[144]但只有在填埋垃圾场为乌鸦提供了足够的替代食物，加速乌鸦繁殖的时候，陆龟才会因为遭乌鸦捕食的增加而濒临灭绝。所以说，依靠野兔肉生存的现代智人，是很有可能灭绝猛犸象的。）

掠食动物完全把猎物消灭干净，这种情况其实是很罕见的。碰上猎物匮乏的时期，直立人和其他食肉动物一样，会出现人口减少；反过来，这就把猎物们从灭绝的边缘拯救了回来，之后直立人的数量再随着时间慢慢恢复增加。可这一回新出现的人则通过创新，走出了困境——他们可以调整自己的生态环境，继续发展壮大，直到把原来的猎物消灭得一干二净。

人类在亚洲平原上吃掉最后一头猛犸象的时候，大概觉得这是碰上了难得的美味，从平常的野兔和羚羊换个口味。随着现代智人改变策略，捕捉个头小、行动迅速的猎物，他们开始设计更好用的武器，反过来更好的武器又帮助他们在人口密度更大的条件下生存下来，当然，代价是更多种行动缓慢的大型动物走向了灭绝。随着大型猎物走向灭绝，捕猎对象变成了小型猎物——新型非洲人每扩张到一个地方，都是以这种模式为特征的。澳大利亚几乎所有的大型动物，从双门齿兽[⊖]到巨型袋鼠，在人类到来之后都很快灭绝了。在美洲，人类的到来，跟大量繁殖速度缓慢的大型野兽突然灭绝恰好在同一时期。再后来，马达加斯加和新西兰大型动物的大规模灭绝，也是在人类殖民之后不久的事。（顺便说一句，考虑到雄性猎人沉迷于捕猎最大的野兽，在部落里赢得荣耀，我们真的该反思一下：人类的性别选择，是不是对动物的大规模灭绝也起到了些负面作用。）

咱们交换吧

与此同时，新技术流的出现也越来越快了。从大约 45 000 年前开始，欧亚大陆西部的人逐渐革新了全套的工具。他们从圆柱形岩石的“内核”敲击出狭长、锋利的刀片——用这种技术做出的刀刃比用原来的方法制作的刀刃锋利 10 倍，但制造难度更大。到 34 000 年前，他们用骨头尖端做成了矛，26 000 年前，他们做出了针。极大地提高了标枪速度的骨矛投掷器出现于 18 000 年前。之后不久，弓箭也出现了。“小錾子”是用来钻

⊖ 澳大利亚体型最大的有袋哺乳动物，于 4 万年前灭绝。——译者注

针眼和珠孔的。当然，石器其实只是技术冰山露出的小小一角，木材技术才占主导地位，但木制品很早以前就腐烂了。鹿角、象牙和骨头也同样重要。现代智人在捕鱼、用网或陷阱捉野兔、制作袋子装东西时，肯定要用到植物纤维或皮革制成的细绳。

这些精湛技艺不仅限于有实用性的物品。骨头、象牙、贝壳、珊瑚化石、滑石、煤玉、褐煤、赤铁矿和黄铁矿都被用来制造饰品和器物。[145] 德国的霍赫勒·菲尔斯洞穴出土过 35 000 年前用秃鹫骨头制成的笛子，[146] 福格尔赫德出土过 32 000 年前用猛犸象牙雕成的小马，被打磨得光光滑滑拿来当挂件的。莫斯科东北部城市弗拉基米尔附近的露天居住点索米尔，距今有 28 000 年历史，下葬的人穿着衣服，衣服上装饰有上千颗精心雕刻的象牙珠子，甚至还出现了小轮子形状的骨头首饰。在梅泽里奇㊀，出土了 18 000 年前的黑海贝壳及波罗的海琥珀饰物，[147] 暗示着当时的贸易拉开了数百英里的战线。

这跟尼安德特人形成了鲜明的对比，他们的石头工具几乎总是用从距离使用地点 1 小时行程的范围内找到的材料制成。[148] 在我看来，这是一条重要线索：为什么随着起源于非洲的现代智人制造出类型越来越多的工具，尼安德特人还是只会制造手斧。没有交换，创新就不会发生。交换之于技术，正如性之于进化。它激发出了新奇的东西。随着持续的创新，出现了大量的人工制品，这还算不上是西亚现代人最值得注意的一点。8000～20 000 年前之间出现的发明创造，比此前数百万年里出现的发明创造还要多。按照今天的标准，它的速度显得非常缓慢，但按直立人的速度，这简直如同闪电一般。接下来的 10 000 年里，我们还会看到更多创新的出现：鱼钩、各种

㊀ 位于现在的乌克兰。——译者注

器具、驯化的狼、小麦、无花果、绵羊、金钱。

如果你不是自给自足，而是为其他人工作，那么，花一些时间和精力改善技术是有好处的，你的技术日趋专业化也是有好处的。举个例子，假设亚当住在草原上，那里冬天有成群的驯鹿，而步行几天去海边，夏天就可以捕鱼。他可以冬天打猎，夏天迁徙到海边捕鱼。但这样的话，不光要浪费花在路上的时间，还有可能要冒着很大的风险闯入另一个部落的领土。他还得同时擅长做两种完全不同的事情。

反过来说，要是亚当坚持打猎，然后给沿海的渔夫奥兹一些干肉和驯鹿的鹿角（做鱼钩的理想材料）换回奥兹捕的鱼，他就以一种风险小又不太累的方式实现了饮食多样化的目标。他还买下了一份很划算的保险单。奥兹的日子会过得更好，因为他这下能捕到更多的鱼了。接下来，亚当意识到，他不用给奥兹生鹿角，而是可以给他已经做成鱼钩的干鹿角片。后者更便于运输，也能更好地捕到鱼。他想到这个点子，是因为有一次他去交易点，看到其他人在卖切成段的鹿角。又有一天，奥兹要他做带刺的鱼钩。亚当告诉奥兹，不妨把鱼晒干或烟熏，这样可以保存更长时间。不久，奥兹带来了贝壳，亚当买下来给自己喜欢的年轻姑娘做饰品。又过了一阵儿，连质量更高的鱼钩也卖不出好价钱了，亚当很郁闷，干脆把多余的兽皮鞣制成革，带到交易点。这下，他发现自己在制革方面更为擅长，于是就专攻制革，把自己的鹿角拿给部落里的其他人换对方的兽皮。诸如此类。

这都是我想象猜测的。毫无疑问，所有的细节可能全是错的，但我想说的关键是，通过交换，靠狩猎采集为生的人都得到了更多的机会：用肉换植物、用鱼换皮革、用木头换石头、用鹿角换贝壳……而且，石器时代的人很容易就能发现交换带来了互利。接下来，靠着进一步的专业化和劳动分工，他们放大了成效。交换最了不起的一点就在于，它有繁殖的性质：你做得越多，就有越多能做的，而且，它还引出了创新。

但这又引出了另一个问题：为什么彼时彼地的经济发展没有加速走向工业革命呢？为什么进步在数千年时间里惊人的缓慢？我猜想，答案在于人类文化的裂变性质。人类有着很强的孤立能力，总是分散成互相对立的小群体。比如说，新几内亚有超过 800 种语言，有些语言的通行范围只有小小的数平方英里，只要过了某个地域界线，这边和那边的人就没法沟通了，就好像英语和法语那样。地球上至今仍有 7000 种语言，使用每一种语言的人，都不愿意从邻居那里借用词汇、传统、仪式或口味。“文化特性的垂直传播在很大程度上不会引起人的注意，而水平传播则可能遭到怀疑和抵触，甚至引起义愤。”进化生物学家马克·帕吉尔和鲁思·梅斯说，“文化似乎很喜欢枪杀信使。”[149] 人总是尽其所能地切断观念、技术和习惯的自由交流，限制专业化和交换带来的影响。

李嘉图的魔术

配偶组合之外的劳动分工，很可能是在旧石器时代晚期发明的。俄罗斯索米尔出土了两具 28 000 年前的孩童尸体，他们身上穿着缀有上万颗猛犸象牙珠饰的衣服。人类学家伊恩·塔特沙尔认为：“说装饰得如此华丽的法衣是这两个年轻人自己做出来的，恐怕不大可能。更可能的情况是，他们社会里物质生产的绝对多元化，是不同个体专门从事不同活动带来的结果。”[150] 索米尔象牙珠饰的雕刻者、肖韦洞穴绘制犀牛的画家、用岩石核心凿出刀刃来的工匠、编织捕兔网的工人——这些人或许全是专家，用自己的劳动同他人进行交换。有可能，自从现代智人在 10 万年前首次出现以后，人类的各个部落里就有了不同的角色。

这样一件专属于人类的事情，显然可以解释另一件急需解释的事情：创新的能力从何而来。[151] 专业分工能带来专业的知识，而专业的知识带来了不断的改进。专业分工还给了专家们投入时间、设计全新劳动技术的良好借口。如果你只要做一把鱼叉，当然完全没必要先设计一种制造鱼叉的聪明工具，但如果你要为 5 个渔夫生产鱼叉，先把制造鱼叉的工具做出来，就合情合理而又节省时间了。

是以，专业分工创造并提高了依靠贸易获得收益的机会。奥兹捕鱼的次数越多，就越擅长捕鱼，捕捉每一条鱼所花的时间也越少。猎鹿人亚当制造的鱼钩越多，他就越擅长制造鱼钩，生产每枚鱼钩所花的时间也就越少。这样一来，奥兹这么做就很有好处了：把整天的时间都用来捕鱼，将所得的鱼给亚当几条，换他的鱼钩。对亚当来说，整天都用来制造鱼钩，通过鱼钩换奥兹的鱼，也是很有好处的。

更为奇妙的是，哪怕奥兹比亚当更擅长做鱼钩，事情也是一样。假设亚当是个笨手笨脚的傻瓜，一半的鱼钩都会做坏，且在钓鱼方面更加笨手笨脚，连扔出绳子救自己的命都不会。反过来看，奥兹简直是个十项全能选手，他能毫不费力地做出骨头鱼钩，总能逮到一大堆鱼。然而，奥兹用鱼从笨手笨脚的亚当那儿换鱼钩仍然是划算的。为什么呢？因为靠实践，亚当至少比捕鱼更擅长做鱼钩。他用 3 个小时能做出一枚鱼钩，捕到一条鱼则要花 4 个小时。奥兹只要 1 个小时就能捕到一条鱼，但做好一枚鱼钩仍然要花掉他 2 个小时。所以，要是两个人都自给自足的话，奥兹要工作 3 个小时（2 个小时制鱼钩，1 个小时捕鱼）、亚当要工作 7 个小时（3 个小时制鱼钩，4 个小时捕鱼），才能捕到一条鱼。如果奥兹捕两条鱼，并用一条鱼从亚当那里换回一枚鱼钩，他就只需要工作 2 个小时了。如果亚当生产两枚鱼钩，并用一枚鱼钩从奥兹那里买一条鱼，那他只需工作 6 个小时。两个人的处境都比自给自足时要好过了，而且两个人都获得了 1 个小时的闲暇时间。

其实，上面的内容不过是我从石器时代的角度重新讲述了一遍股票经纪人李嘉图 1817 年定义的比较优势概念罢了。[152] 他用的例子是英国用布匹换葡萄牙的葡萄酒，但论点是一样的：

> 英国的情况可能是这样的，生产布匹需要 100 个人一年的劳动，如果酿造葡萄酒的话，则需要 120 人一年的劳动。故此，英国靠着出口布匹来进口葡萄酒是有利的。在葡萄牙生产葡萄酒可能只需要 80 个人一年的劳动，而在该国生产布匹，则需要 90 个人一年的劳动。所以，该国出口葡萄酒而进口布匹是有利的。哪怕葡萄牙进口的商品在本国可以用少于英国的劳动量生产出来，这种交换仍然可以进行。

李嘉图定律在整个社会科学领域当中都是成立的，同时也出人意料。这样的命题仅此一例。这个概念极为简练，很难相信旧石器时代的人类要花那么长时间才把它琢磨出来（也很难相信经济学家们用了那么长时间才对它做出定义）；[153] 同时，也很难理解为什么其他物种没能利用它。我们似乎是经常利用它的唯一物种，实在颇令人感到费解。当然，这么说并不完全对。进化发现了李嘉图定律，并将之应用在了“共生”上面，比如地衣类植物藻类与真菌的合作关系，又比如奶牛与瘤胃㊀中细菌的合作关系。物种内部

㊀ 反刍动物的第一胃。——译者注

同样存在这类现象，比如身体细胞之间、珊瑚群中珊瑚虫之间或者鼹鼠群之间鼹鼠们的交换。蚂蚁和白蚁取得的巨大成就（光是它们，就占了所有陆生动物总数量的 1/3）毫无疑问要归结到劳动分工上。昆虫的社会生活不光建立在个体复杂行为的增加之上，“更建立在个体之间实现专业化的基础之上”。[154] 亚马孙雨林里的切叶蚁，一处巢穴里就可能聚集着数百万只，工蚁分化成四种不同的等级：小工蚁、中工蚁、大工蚁和超大工蚁。有一种切叶蚁的超大工蚁（又叫兵蚁），体重可以相当于 500 只小工蚁。

但其他物种和人类的最大区别在于，其他物种的群落都是由近亲组成的——哪怕是有上百万只蚂蚁的“城市”，也不过是一个巨大的家庭罢了。但繁殖这桩任务，人类可从来不委托专业人士，更别说什么女王了。人们有机会利用交换得到收益，而不用坐等自然母亲单调的进化之手，靠的全是技术。配备了合适的工具，人就能摇身一变成为士兵或工人（但女王也许还当不上），他随时都可以切换角色。你越多地做某件事，就能做得越好。15 000 年前欧亚大陆上的一个狩猎采集部落，不光按性别也按不同的个体进行劳动分工，其效率要比不进行劳动分工的部落高得多。假设部落里有 100 个人，有些人制作工具，有些人做衣服，有些人狩猎，有些人采集。还有个家伙围着鹿头骨手舞足蹈，诵经、祈祷、念咒语，他大概不能增加整个部落的福利，但说不定他要负责观测天象，这样，等潮汐处在最低位置、到海里采帽贝风险最小的时候，他就可以告诉大家了。

诚然，现代智人的狩猎采集部落没有那么多劳动可供专业分工。在非洲卡拉哈里沙漠或澳大利亚的沙漠上，除了女人负责采集，男人负责狩猎，巫师负责祈祷作法外，每个部落里并没有太多截然不同的职业。但这些都是遗留在恶劣栖息地的简单社会。40 000 年前欧亚大陆西部相对肥沃的土地上，要是部落里的人数较多，工作范围较为多样化，每个部落里说不定也就发展出了更多的专业分工。肖韦洞穴里绘制犀牛的画家画得那么好（没错，考古学家认为大部分岩画都出自一个人的手笔），他必然有许多时间专门练习，不用去打猎。索米尔制造珠饰的工人肯定是按领某种形式的工资来劳动的，因为他显然没有时间亲自去打猎。就连查尔斯·达尔文都设想："远古人实行劳动分工，每个人并不直接制造自己的工具或陶器，而是由某些人专心投入此类工作，以此交换捕猎所得。"[155]

创新网络

按人类学家乔·亨里希的说法，人类通过仿效名人，在彼此之间学习技能，并因为犯错，在误打误撞间有所改良和进步，从而实现创新——这就是文化演进的方式。[156]互相连接的人口基数越大，教师越是技能纯熟，碰上因为偶然失误而实现改进的概率也就越大；反之，互相连接的人口基数少，技能容易在传递过程中一步步退化。因为依赖野生资源，狩猎采集部落的人口最多不过几百人，永远也不可能达到现代化的人口密度。这造成了一个重要的结果，它意味着狩猎采集部落能发明的东西很有限。几百人组成的部落最多只能维持数量有限的工具，原因很简单：工具的生产和消费都需要有个最小规模的市场。人只能学到有限的一套技能，如果一项稀罕的技能没有足够多的专家可供众人学习，这种技能就会消失。好的想法（通过骨头、石头或串珠所表现出来）必须靠人口的数量来维持和延续，否则，进步就无法立足，甚至转为倒退。

当代的狩猎采集部落接触不到人口众多的交易伙伴（比方说人口稀少

的澳大利亚，特别是塔斯马尼亚，还有安达曼群岛)，他们的技术就会陷入停滞，较之尼安德特人好不了多少。现代人的大脑没什么特殊的地方，造就不同的是他们的交换网络——也就是他们的集体大脑。

技术倒退最突出的例子是在塔斯马尼亚。[157] 这里有 9 个部落、5000 多名靠狩猎采集为生的原住民，与世隔绝地生活在世界尽头的一座小岛上。他们不光是陷入停滞、没能进步这么简单，他们根本是缓缓地逐渐退回了更简单的工具和生活方式当中，这纯粹是因为他们缺乏足够的人口数量来维持现有技术。人类在至少 35 000 年前就抵达了塔斯马尼亚，当时该岛还跟澳大利亚连在一起。直到 10 000 年前，两地仍然是连在一起的——偶尔也会断开一阵儿。但那以后，海平面上升，填平了巴斯海峡。打那儿以后，塔斯马尼亚人就陷入了隔离状态。到欧洲人第一次碰到他们的时候，他们不光没有掌握澳大利亚亲戚的许多技能和工具，还丧失了自己祖先曾经拥有过的不少技术。他们没有任何类型的骨制工具，比如针和钻，没有防寒的衣物，没有鱼钩，没有把手类工具，没有刺矛，没有渔网，没有投矛器，没有回旋镖。这些工具里，有少数是在塔斯马尼亚跟澳大利亚隔绝之后才发明的（比如回旋镖），但大部分都是第一批塔斯马尼亚人制造且使用过的。考古证据说明，这些工具和技巧是一步步被无情遗弃的。举例来说，骨制工具先是越变越简单，到了大约 3800 年前，就完全被放弃了。没有骨制工具，就不可能把兽皮缝成衣物，所以，哪怕是在凛冽的严冬，塔斯马尼亚人也近乎赤裸，只在皮肤上涂些海豹油脂，在肩膀上搭层沙袋鼠皮。最初的塔斯马尼亚人大量捕鱼吃鱼，但到西方人后来接触他们时，他们不仅有 3000 多年不吃鱼了，碰上有人给他们吃鱼，还感到很厌恶（不过，他们倒是很快活地吃着贝类）。

故事可不止这么简单，因为塔斯马尼亚人在陷入隔绝之后，还发明了几样东西。大约 4000 年前，他们弄出了一种极不可靠的独木筏子，用成捆的灌木制成，要么由男人用桨划，要么由女人游着泳来推动前进。靠着它，他们就能到近海小岛上去捕鸟、猎海豹。筏子下水几个小时后就会解体沉没，所以没法用来跟澳大利亚重新建立联系。这一创新太不理想，简直不足以被证明是规则的例外。此外，妇女们还学会了潜水到 12 英尺以下的地方，用木楔子撬开岩石逮龙虾。这是一项极为危险的累人工作，但妇女们居然很擅长，而男人是不参加的。所以，倒不是说当地根本没有创新，而是倒退完全压过了进步。[158]

最先介绍塔斯马尼亚人退步的考古学家叫里斯・琼斯，他说这是一个“对思维进行慢性扼杀”的案例。出于可以理解的原因，这个说法大概激怒了他在学术界的一些同事。塔斯马尼亚人单个的大脑毫无问题，但他们的集体“大脑”不大对劲。隔绝（也就是自给自足）导致了他们技术上的退化。之前，我说过劳动分工是靠技术实现的，但事实还要有趣一些。因为反过来说，技术同样是靠劳动分工来实现的：市场交换唤起了创新。

现在我们终于可以很清楚地看出，为什么直立人的技术进步是如此缓慢，因为他们及其后代尼安德特人生活在没有交换的环境下（还记得吗，尼安德特人的石头工具都是靠步行 1 小时范围内的原材料制成的）。所以，每一个直立人部落其实就等于是一个虚拟的塔斯马尼亚，切断了跟人口更多的集体大脑的联系。塔斯马尼亚的面积跟爱尔兰的面积差不多。到荷兰探险家阿贝尔・塔斯曼 1642 年登上该岛的时候，岛上有分为 9 个部落的 4000 多人，主要靠用木棍和长矛猎杀海豹、海鸟和沙袋鼠为生。这也就意味着，任何时候，全岛最多只有几百个年轻人在学习新技能。与其他所有地方的惯例一样，文化是靠着忠诚的模仿（偏向于模仿有名望的个体，即仿效专家，而非仿效最接近自己的父母或其他人）来运作的，这样一来，因为这样那样的不幸事故（比如最有名望的人忘记或搞错了关键性的步骤，又或者还没来得及教会徒弟就步入了坟墓等），某些技能就失传了。举例来说，假如由于海鸟数量繁多，有个部落很多年来都无须捕鱼，结果最后一个会制造捕鱼工具的人死掉了。又比如说，岛上能做出最锋利倒钩长矛的匠人还没带出徒弟，有一天却突然摔下了悬崖。人们继续用他做出来的倒钩长矛，几年以后，这些长矛都坏掉了，却再没有人会做新的了。学会一项技能要耗费大量的时间和精力，没有人负担得起从头学习制作倒钩。人们把心思都用在学习能够亲眼看到的技能上了。

一点一滴地，塔斯马尼亚人的技术越变越简单。最先消失的是最难造出的工具和最复杂的技能，因为没有可供效法的师傅，它们最难掌握。正如亚当·斯密所说，工具其实是衡量劳动分工程度的一种尺度，劳动分工受市场化的程度所限。塔斯马尼亚的市场太小，维持不了太多的专业技能。[159] 想想看，来自你家乡的 4000 多人沦落到一座小岛上，一万年以来与世隔绝，你认为他们能保存下来多少技能和工具、无线电话、复式记账？假设你们镇上有个人是会计，他倒是可以教年轻人复式记账，但这个年轻人，或者这个年轻人的徒弟，能一直把它传递下去吗？

澳大利亚的其他岛屿基本上也发生了跟塔斯马尼亚一样的事情。在袋鼠岛和弗林德斯岛上，连人类居住过的痕迹都消失了，可能因为是与世隔绝数千年之后，人类灭绝了。[160] 弗林德斯是座土地肥沃的岛屿，本来应该像天堂的，但它只能维持数百人的生活，因为人口基数太小，无法传承和延续狩猎采集所需的技术。提维人 5500 多年来一直隔绝在达尔文港北部的两座岛屿上，他们积累的技术也出现了倒退，工具越变越简单。托雷斯的岛民丧失了制造独木舟的技艺，这使人类学家 W. H. R. 里弗斯不禁苦苦思索“有用技艺之消亡”。[161] 看起来，要是太过隔绝，狩猎采集的生活方式是死路一条。相比之下，澳大利亚却维持着稳定的技术发展。塔斯马尼亚的长矛只有用火硬化过的木头矛尖，而在澳大利亚，长矛有可拆卸的矛尖、石头倒钩，还有名为“武麦拉”的投矛器。澳大利亚上存在长途贸易，发明创造和奢侈品才能从遥远的地方运来，这也并非偶然。至少 30 000 年前，贝壳珠饰就在澳大利亚长距离穿梭了。[162] 产自北部海岸的珍珠和贝壳垂饰至少穿越了 8 个部落地区，到达了 1000 多英里以外的最南部，一路上越变越珍贵、越变越神圣。烟草类植物“佩奇拉”从西部转移到昆士兰。最锋利的石斧从产地运送到了 500 多英里之外。[163]

与塔斯马尼亚形成对照的是火地岛[164]——面积并不比塔斯马尼亚大，人口也不多，天气更寒冷，环境不怎么好。1834 年，查尔斯·达尔文登陆此地，岛上有两个种族的人，他们下鱼饵捕鱼，用网捕海豹，设圈套打鸟，使用钩子和鱼叉，有弓和箭，能制造独木舟和衣物——一切全都靠专业的工具和技能完成。火地岛的独特之处在于，它跟对面麦哲伦海峡的其他人群维持着相当频繁的接触，这样，要是技能丧失了，他们还能重新学习，又或者时不时地引入新工具。这只需要偶尔有人到南美洲大陆上去，防止技术倒退就行了。

近东地区的网络

这里面的教训十分深刻。自给自足状态几万年前就撑不下去了。没有庞大的人口交换思想和技能，就算是相对简单的狩猎采集生活方式也无法持续。这一概念的重要意义，再怎么强调也不为过。人类的成功，极大地取决于数量和联系。[165] 寥寥几百人维持不了复杂的技术：交换是这个故事的关键组成部分。

澳大利亚本身已经够庞大了，但它说不定也受到了这种隔绝效应带来的伤害。回想一下，45 000 年前，从非洲顺着海岸线朝东扩散至亚洲的现代智人先遣队就来到了这里。这种移民先遣队显然人数很少，而且肯定是轻装前进。很有可能，他们只带上了红海对面大本营里的少量技术。这或许可以解释为什么澳大利亚原住民的技术尽管在其后的数千年里稳步发展，但相较于旧世界，还是少了很多，比如弓箭、石弩等弹射式武器，还有炉子。[166] 并不是他们太“原始”，或是智力上出现了倒退，而是他们来的时候，就只带了当时可用技术的一小部分，再加上没有足够密集的人口，故此也就没有演进出能够升级这些工具的集体大脑。

“塔斯马尼亚效应”还可以解释为什么从 16 000 年前开始，非洲的技术进步如此缓慢而不稳定。[167] 它说明了南非品尼高点、布隆伯斯洞穴和克拉西斯河口等遗址所表现的现代工具周期性大爆发。尽管交换已经出现，但非洲大陆就像一块又一块互相点缀的虚拟塔斯马尼亚岛。按史蒂夫 · 香农及其同事的计算，每当（打个比方）海鲜、淡水和肥沃的大草原结合得恰到好处，令当地人口出现大爆炸时，技术也会随着交换网络足以维持和发展的人口数量等比例地走向复杂，也就是说，跟集体智慧的规模保持等比例发展；一旦河流干涸、沙漠外延、人口崩塌或萎缩，技术就会退化。人类文化的进步是一项集体性的事业，它需要密集的集体大脑。

所以，30 000 多年以前西亚和近东地区出现的技术和文化传统大变革

（也就是所谓的“旧石器时代革命”）大概可以用人口稠密来解释。随着狩猎采集生活方式一步步走向密集化、素食化，部落之间的联系越来越紧密，亚洲西南地区的人处在了一个极好的位置上，比过去所有的人类种群都能积累更多的技术。互相联系的庞大人口意味着更迅速的渐进式发明创造——这一点直到今天依然成立，中国香港和美国曼哈顿岛就是明证。经济学家朱利安·西蒙就说过：“说人口增长令收益递减太荒唐了，它引起生产力提高才是科学证明了的事实。”[168] 农耕就是这些发明创造之一，本书第 3 章便将以此为主题。

就让我们在这里打住狩猎采集这一章好了，不过，请记住塔斯马尼亚发生的一切。19 世纪初，捕猎海豹的白人开始抵达塔斯马尼亚沿岸，没过多久，塔斯马尼亚人就热切地跟海豹猎人们做起了交易，证明 10 000 多年的交流隔绝，丝毫未能减损他们天生的以物易物热情。海豹猎人们的狗最受追捧，因为猎鹿犬能轻松扑倒袋鼠。遗憾的是，塔斯马尼亚人竟然把妇女卖给海豹猎人们当小老婆来进行交换。[169] 等白人农场主到了以后，双方关系交恶，最终，白人找来赏金猎人捕杀原住民，又把侥幸活下来的原住民流放到弗林德斯岛，让他们在痛苦中自生自灭。

第 3 章

制造美德

50 000 年前的以物易物、信任和规则

钱不是金属，而是信任的结晶。[170]

——尼尔·弗格森
《货币崛起》

欧洲的凶杀率[171]

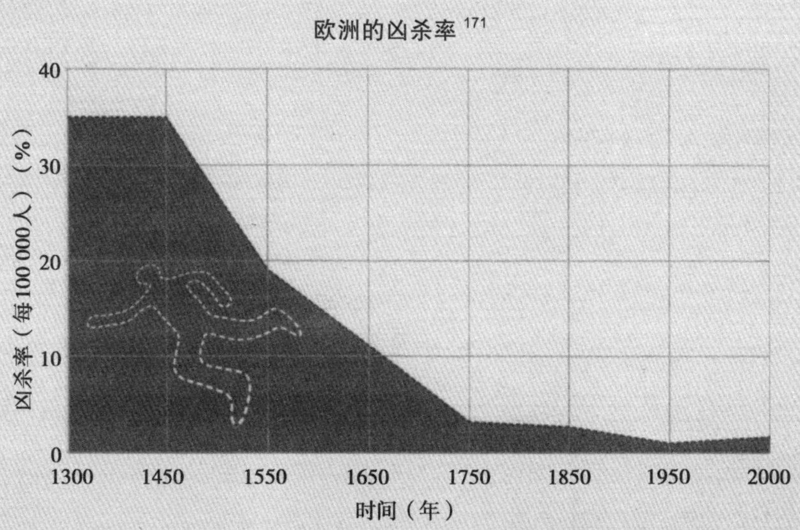

电影《马耳他之鹰》里有个场景：亨弗莱·鲍嘉马上能得到悉尼·格林斯特里特给的1000美元，之后，他会拿一部分给玛丽·阿斯特。格林斯特里特低声对鲍嘉说，他要提个忠告：他晓得鲍嘉要给阿斯特一些钱，但要是阿斯特拿到的钱不如自己预想中那么多，鲍嘉就得当心了。[172] 这个场景预示了20世纪70年代末由沃纳·古斯发明、后来又深受经济学家们喜爱的一种博弈——“最后通牒博弈”。它为透视人类灵魂打开了一扇小小的窗户。第一个玩家得到一些钱，要分一些给第二个玩家。第二个玩家可以接受也可以拒绝前者的提议，但他不能对其加以改变。如果他接受，钱就是他的了；如果他拒绝，他和第一个玩家都拿不到钱。问题来了：第一个玩家应该提议分多少钱给第二个玩家呢？根据理性来分析，他的提议应该尽量少，而第二个玩家无论如何都该接受，因为不管数目有多小，拒绝带来的结果都比接受要糟糕。但在实践中，人们一般会给出差不多一半的钱。人们的慷慨表现得很自然，或者这么说吧，不慷慨才愚蠢透顶呢，因为，要是第一个玩家太自私，报出的数目太小，第二个玩家会为了惩罚他而拒绝提议——人真的会这么做。

最后通牒博弈及其他数百个类似博弈带来的教训是：从这类实验可以看出，人们其实比你想象得还要善良。但更令人惊讶的教训是，人越是沉浸在现代商业世界的集体大脑里，表现就越是慷慨。诚如经济学家赫伯特·金迪斯所说："社会利用市场，大规模地建立起合作、公正、尊重个人的文化。"[173] 他的证据来自一个有趣的研究：他在 15 个大致属于小规模部落式社会里找人进行最后通牒博弈。[174] 在与外界打交道最少的社会里，人的心肠最硬、最吝啬、最符合狭义上的"理性"。亚马孙河流域刀耕火种的马奇根加农夫，最多只愿意把总数的 15% 分给自己的合作者，而且，对方还全都接受了这样的分配（只有一起例外）。类似地，坦桑尼亚以狩猎采集为生的哈扎人一般只分给对方非常少的一部分，亦鲜有拒绝者。另外，在最融入现代市场的社会里，比如肯尼亚的奥尔玛游牧部落、厄瓜多尔的阿查族贫农，大多会给对方一半的钱，跟西方大学生一样。印度尼西亚拉姆巴塔岛上的拉马勒拉捕鲸人因为狩猎的时候要靠由陌生人组成的大型团队协助，平均会给对方 58% 的钱——有点像是把天上掉下来的横财拿来拉拢新朋友似的。新几内亚的两个部落（阿乌族和格瑙族）也存在大致类似的情形，部落成员往往会提出"超公平"的建议，即便如此，还是有人拒绝：在这些文化里，礼物是收礼者的负担，因为收礼者将来有偿还恩惠的义务。

这次研究所得的教益在于，就整体而言，跟陌生人打交道教会了你如何礼貌地对待他人，而为了让如上所述的慷慨大度出现，哪怕代价很大，仍有必要对自私行为加以处罚。[175] 拒绝第一个玩家的分配提议，对第二个玩家来说代价很大，但为了给前者一个教训，他还是觉得值得做。我的论点不是说交换教会了人善良，而是说，交换教会了人看清合作背后对自己蕴涵的好处。故此，人类为什么具备了跟陌生人打交道并把劳动分工扩大到敌对方的特点，这里就藏着一部分线索。

在家族里进行合作、交换和专业分工，是整个动物王国的常态，黑猩猩和海豚能这么做，狼和狮子能这么做，任何社会化种群里的个体都能这么做。狐獴和蓝鹊信任自己的亲戚能完成站岗的职责，看到老鹰出现会发出报警声，它们自己也会分担这一职责。工蚁会和蚁后、兵蚁及其他不同等级的姐妹进行劳动分工。可这些社会其实都只是大家族罢了，与没有血缘关系的陌生人合作，似乎是人类独有的一项成就。在其他物种里，不可能有两个从没见过面的陌生个体为了彼此的利益交换商品或服务，而你每次去商店、餐馆或网站却会习惯性地这么做。事实上，在其他群体生活的物种当中（如蚂蚁或黑猩猩），不同群体的成员只要一接触，必然出现暴力行为，[176] 可人类却能把陌生人当成尊敬的友人对待。[177]

向嗜杀的敌人伸出合作之手——迈出这样的第一步一定难到了不可想象的地步，正是出于这一原因，动物王国里才罕见此种行为。灵长类动物学家莎拉·赫尔迪和弗兰斯·德·威尔就知道这有多么奇特：他们注意到，一群陌生的黑猩猩绝不可能井井有条地排队登上飞机，或是坐在餐厅里，它们一定会凶猛地对打起来。[178] 一般说来，一个物种群体内部的合作越多，群体之间的敌意就越浓。人类本身就是高度“群体化”的物种，我们在群体内部互相帮助，在群体之间也存在暴力行为，从这个层面上看，人类能克服自己的直觉，和陌生人进行社会交换，是多么了不起的一件事。

我想，最先冒险伸出和平橄榄枝的，应该是人类女性。毕竟，残杀、突袭相邻群体的事情（不管是人类群体，还是大多数其他灵长类动物群体），几乎无一例外是雄性做的。所以说，陌生女性之间的相遇，并不一定会演变为暴力事件。此外，在所有猿类当中，总是雌性在交配时离开自己出生的群体，奇怪的是，在猴子里，离开的却是雄性。假设人类遵循猿类的模式（大部分人类社会直到今天都是这样），那么，妇女必然要和其他群体（如配偶的父母和兄弟姐妹等）建立紧密关系。这一点，晚近时期曾有个很有趣的回应：在西方人到来之前，东南亚的交易模式都是以女性为中心的。马来西亚、印度尼西亚和菲律宾的商人多为女性，女孩从小就要学习算术和记账。[179]

贯穿人类历史，信任总是先从亲戚之间开始，之后再扩展到陌生人，而派亲戚到国外去当中介，是古已有之的做法。在亚洲的贸易港口，古吉拉特人（南亚印度民族之一）、中国福建人、波斯人、亚美尼亚人、犹太人和阿拉伯人各有社区，正如在欧洲的港口，热那亚、佛罗伦萨、荷兰、英格兰和汉萨同盟㊀的商人各自抱团，并随着家族的扩展，在亲戚之间维持着信任。1809～1812 年㊁，英国惠灵顿的大军能在西班牙筹到款，是因为英国政府信任一个名叫内森 · 罗斯柴尔德的犹太放贷人，[180] 而他又信任自己在欧洲大陆上的兄弟们会用英国的票据买入黄金。

2004 年，弗吉尼亚州乔治 · 梅森大学的一群大学生志愿者坐在电脑屏幕前面，玩一个金钱游戏。游戏当中，所有人都住在虚拟的村落里，有自己的房子和土地，可以生产或消费红色或蓝色的虚拟“单位”。所有的玩家都知道，自己获得的红蓝单位越多，并接近某个固定的比例（比方说 3∶1），能带回家的真钱就越多。但有一点玩家并不知道，按照计算机程序的设计，他既可能是“奇数”玩家，生产红色单位更快，也可能是“偶

㊀ 14 ～ 16 世纪，德国北部城市组建的一个政治经济同盟。——译者注
㊁ 此时，英国军队和拿破仑的法军正在西班牙作战。——译者注

数”玩家，生产蓝色单位更快。在电脑屏幕上，每一个玩家都能看到其他玩家（两名、四名、八名或所有玩家）在做什么。他们可以趁着游戏进行的时候及每一回合结束后的100秒休息时间在线聊天。游戏进行到第六轮的某一回合，两名玩家之间出现了如下对话。

甲：“我想，你能不能给我点儿货呀？”

乙：“好啊。”

甲：“哈，我做蓝色更快，你做哪个颜色更快？”

乙：“红色。”

甲：“哈哈。”

乙：“嘿嘿。”

甲：“那么我全做蓝你全做红。”

乙：“然后互相扔到对方房子跟前去？”

甲：“就是这样。”

乙：“好，（我做）百分之百的红。”

甲：“（我做）百分之百的蓝。”

巴特·威尔逊、弗农·史密斯和同事进行的这个实验，[181]目的当然是想看看人能不能够在没有规则或指示的前提下，依靠自己的力量发现交换和专业化带来的好处。游戏里专业化是有风险的，因为结束时你手里只有一种颜色单位的回报是零，但通过交换实现专业化的回报是自给自足状态的3倍。可游戏没有任何线索告诉你能进行交换。尽管有些玩家从头到尾都卡在了低收益的自给自足状态里，可大部分人最终发现了交易带来的收益。“（人们）发现交换之前，”实验人员评论说，“基本上是靠自给自足的，可一旦他们发现了‘交换的力量’，专业化就慢慢演变出来了。”有趣的是，玩家们是从单个人对单个人的双边交换开始的，也就是说，每名玩家只跟另一名玩家建立交换关系，后来才逐渐扩大到邀请他人加入。

交换始于个人双边形式，这似乎合情合理。19 世纪，澳大利亚北部的伊尔约龙特人，[182] 每个家庭的宿营地都至少有一把高价值的石斧。这种石斧全部来自卡尔卡顿部落精心守护的一处采石场，也是该部落批量化生产出来的。卡尔卡顿部落住在朝南 400 英里的伊莎山上，远离伊尔约龙特人的控制范围。石斧是靠许多交换伙伴的手手相传，才到了伊尔约龙特部落的。伊尔约龙特部落里每一个年龄较长的男性，都会有个南部来的交换伙伴，他们是在一年一度的旱季庆典上相遇的。后者想要十来枚用在长矛尖端的倒钩刺，所以把石斧给了前者。前者为了得到倒钩刺，又去找另一位更北方的贸易伙伴，并将石斧交给他。再朝南前进 150 英里的话，交换汇率就不一样了：一把石斧只能换一枚倒钩刺。整个交换链上有不少诸如此类的套购利润。

所以，与陌生人交换的第一步大概始于个人友谊。一位妇女信任自己的女儿，女儿嫁到了同族的另一个部落。于是，这位妇女的丈夫渐渐学着信任自己的女婿。两个部落抵挡共同敌人所结成的同盟关系，可以让怀疑的屏障暂时消融一阵子，足够甲部落发现乙部落居然有一些多余的石头可供制造斧头，或是有一些倒钩刺能够制作长矛尖。渐渐地，一步一步地，在仇外的习性和复杂的男女关系之外，交换的习惯被慢慢培养起来。

大多数人以为，陌生人之间的长途交易及市场的概念，是在人类历史上相对近期才确立起来的，远远晚于农业的出现，但从澳大利亚原住民的例子来看，这种设想完全错了。没有任何一个已知的人类部落不存在交换现象。从哥伦布到库克船长（杰出的英国航海家），诸多西方探险家最初跟与世隔绝的原住民接触时，曾产生过许多困惑和误解，但交易这件事绝不在其列，因为他们遇到的任何原住民都早就对“物物交换”有概念了。跟新部落接触的短短几天甚至几个小时之内，所有的探险家都开始了以物易物。1834 年，一个叫查尔斯·达尔文的年轻的自然学家在火地岛碰上了一些以狩猎采集为生的原住民。[183]“有几个火地人清楚无误地表现出他们对以物易物很有概念。我给了一个人一枚大钉子（最有价值的礼物），并未做出任何要求回报的表示，但他马上挑了两条鱼，用自己的矛尖把它们穿起递了过来。”达尔文和他的新朋友不需要共同语言，就理解了双方达成的交易。同样，1933 年，迈克尔·莱希和他的探矿同事最初碰到新几内亚的高地人时，[184]给对方香蕉，换回了贝壳。跟外部世界接触之前，新几内亚人早就在长途交换石斧了。在澳大利亚，不知多少代人以前，贝壳和石斧就通过交换穿越了整个大陆。北美洲太平洋沿岸的原住民给内陆几百英里的地方送去海贝，从更远的地方进口黑曜石。[185]在旧石器时代，欧洲和亚洲的琥珀、黑曜石、燧石和贝壳长途跋涉的距离之远，绝对不是单个人带着它们能办到的。10 万年前的非洲，黑曜石、贝壳和赭石早就在进行长距离交换了。所以，交换出现于史前时代，并且是一种极为普遍的现象。

此外，一些古老的狩猎采集社会达到了贸易与繁荣的巅峰，它们的人口密集居住，有着复杂的社会层级，专业分工众多。在大海物产丰富的地方，有可能实现通常而言靠农业才足以维持的人口密度，在这样的社会里，酋长、祭司、商人和炫耀性消费，一应俱全。美洲夸扣特尔印第安人靠太平洋西北部洄游的鲑鱼为生，对溪流和捕鱼点划分了家庭产权，当地有着用雕塑品和纺织品华丽装饰起来的大型建筑，有着关于炫耀性消费的奇特仪式（比如向彼此赠送贵重的铜制礼物，点燃蜡烛鱼油来博取慈善的名声）。他们还使用奴隶。不过，严格地说，他们仍然属于狩猎采集部落。加利福尼亚州海峡群岛的丘马什人，[186]靠海产品和海产肉品为生，长久以来靠着独木舟开展复杂的长距离海上贸易，部落里有专门的匠人用鲍鱼贝壳打磨珠子，用作货币。与陌生人进行贸易及维系贸易的信任感，是现代人类很早就培养起来的习惯。

信任的精髓

但交换的实现，靠的是人类善意的乳汁，还是人类追求自利的酸液呢？曾经有个叫作“亚当 · 斯密问题”[187]的德国哲学之谜，声称在亚当 · 斯密的两本著作里存在矛盾。一本书里说，人类天生就具备同情和善良的本能，另一本书里则说，人类主要是靠追求自利来推动的。亚当 · 斯密在《道德情操论》里说：“一个人的性格中，显然存在某些天性，不管以为他私心有多重，[188]这些天性也会激励他去关注别人的命运，而且还将别人的也是他所需要的快乐转赐予他。他因目睹别人快乐而快乐，不过除此之外，不啻一无所获，然而他依旧乐此不疲。”他又在《国富论》里说：“人几乎随时随地都需要他同胞的协助，[189]仅仅指望他们的慷慨是徒劳的。如果他能唤起他们的利己心，他更有可能成功。”

亚当 · 斯密对这一难题的认识是，仁爱和友谊是必要的，但要让社会正常运作，这些还不够，因为人“随时都需要很多的合作与帮助。可一个人的一生又是极为短暂的，一辈子也难以博得几个人的友谊”。换言之，人要跳出友谊，与陌生人实现共同的利益，按保罗 · 希伯莱特的话来说，就是把陌生人变成尊敬的朋友。[190] 亚当·斯密天才般地混淆了利他主义与自私自利的区别：如果同情心能让你在取悦他人的时候也令自己欢喜，你是自私还是利他呢？诚如哲学家罗伯特·所罗门所说："我自己想要的是得到你的赞许，为了得到它，我极有可能去做你认为我应该做的事情。"[191]

这种把陌生人当成朋友来打交道的能力，是靠人类的内在信任本能来实现的。通常，你碰到陌生人并与之打交道时（比如餐馆里的服务员）做的第一件事，是微笑——这是一个表现信任的本能姿态。人类的微笑，炽热地体现了亚当·斯密所谓的"内在同情心"，能进入对方的大脑，影响他的想法。最极端的例子是婴儿的微笑，它能触发母亲大脑里的特定回路，[192] 让她感觉良好。没有其他动物会这样微笑，但实验表明，即使在成年人里，碰触、抚摸，或是表现慷慨的简单动作，都会令接受一方的大脑分泌催产素，催产素是进化用来让哺乳动物对彼此（父母对婴儿，爱人对伴侣，朋友对朋友）产生好感的化学物质。它还能以另一种形式发挥作用：朝学生的鼻子底下喷催产素，能叫他们更乐意地带着钱信任陌生人（相较于喷安慰剂的对照组）。"催产素是一种移情的生理特征，"进行此实验的神经经济学家保罗·扎克说，"它似乎还能让人暂时将这种情谊释放到他人身上。"[193]

2004 年，保罗·扎克和恩斯特·费尔等同事进行了经济学历史上最有影响力的一个实验。[194] 实验表明，催产素带来的信任效应非常显著。他们从苏黎世招募了 194 名男性受试者（这个实验不能对女性做，因为要是某位受试妇女正怀有身孕，自己又还不知道，催产素可能会引发小产），让他们参加实验包含的两场博弈之中的一场。第一场博弈叫"信任博弈"，一名玩家是"投资者"，得到 12 个货币单位，并预先得知，如果他能把一部分钱交给另一名玩家，即"受托人"，实验者会把这笔款项翻上 4 倍。

也就是说，如果“投资者”把所有的 12 个货币单位都给了“受托人”，后者就能得到 48 个单位。“受托人”可以还一部分钱给“投资者”，但没有非这么做不可的义务。因此，“投资者”有可能损失所有的钱，但要是他对“受托人”的慷慨大度足够有信心，也可能获得相当不错的回报。现在的问题是：“投资者”愿意拿出多少钱来给“受托人”？

结果极不寻常。实验开始前鼻子下喷了催产素的“投资者”比喷惰性盐溶液的“投资者”多拿出 17% 的钱，前者转交款项的中位数是 10 个单位，后者为 8 个单位。喷了催产素的“投资者”转交所有 12 个货币单位的概率，比对照组高 2 倍。但催产素对“受托人”却没有同样的影响，喷过和没喷催产素的“受托人”还钱时表现都一样。所以（动物实验也给出了同样的结果）催产素并不影响人的互惠性，而是影响人主动承担社会风险的倾向性。第二场博弈和第一场大致相同，只不过由实验人员随机决定“受托人”的慷慨程度（即“受托人”还不还钱、还多少钱，都由实验人员规定，跟“受托人”没有关系），这一回，催产素对“投资者”没有产生影响。也就是说，催产素是专门提高信任感的，并不提高人的整体冒险意愿。荷尔蒙催产素促使动物冒险接近同一物种的其他成员（正如情侣愿为彼此冒险，母亲愿为孩子冒险），把“克服社会屏障及激活大脑里暗示奖励的回路这两点联系起来”。它能产生这样的作用，一部分靠的是抑制杏仁核的活动，杏仁核是表达害怕的器官。[195] 如果说，人类学会把陌生人当成伙伴而非敌人对待的那一刻真的属于人类经济进步中的一环，那么，催产素无疑在其中起到了至关重要的作用。

人极为擅长猜测谁值得信任。经济学家罗伯特 · 弗兰克和同事做过一个实验，志愿受试者有半小时时间跟一个三人小组谈话。之后，受试者来到单独的房间，跟之前的谈话伙伴进行囚徒困境博弈（即每个玩家必须判断是跟对方合作实现互利，还是选择背叛，以期对方选择合作时获得自利结果）。不过，在这场实验里，每名玩家要先填写一张表格，不光说明自己会怎样对待每名伙伴，还要预测对方会采用什么样的策略。大多数时候，3/4 的受试者说自己会合作，强化了亚当·斯密关于人天生善良的观点。(而经济系的学生，因为长年接受“人类本性自私”的教育，选择背叛的概率比常人足足高两倍！）尤其值得注意的是，受试者很善于预测伙伴里谁会合作，谁会背叛。凡是他们预测会跟自己合作的人，81% 的时候都确实合作了，而整体来看，选择合作的人是 74%。凡是他们预测会背叛自己的人，57% 真的背叛了，而整体来看，选择背叛的人只占 26%。罗伯特·弗兰克说，大多数人都能判断，在自己的友人（双方无血缘关系）里，有哪个在拥挤的音乐会场捡到了自己的钱包肯定会还回来；[196] 反过来，人能准确地记得曾经欺骗过自己的人的面孔。[197]

因此，人类合作与交换这一整套基石（人类的繁荣和进步完全建立在其上），取决于一点非常幸运的生物学事实。人类有移情的能力，擅长识别值得信任的人。那么，情况是不是像这样呢：人类能够建立起复杂的社会，经历繁荣昌盛，全是因为人类有一种鼓励合作的生物本能？如果只是这样，那可就太简单了。如果只是这样，那么卢梭、伏尔泰、休谟、斯密、康德和罗尔斯的论点，就能落实到一个如此纯粹简单的结论上。可惜，生物本能只是一切的开端。生物本能令繁荣有了出现的可能，但它不能解释所有的东西。

此外，没有任何证据表明，这种生物本能只存在于人类身上。卷尾猴和黑猩猩跟人类一样，憎恶遭到不公平的对待，[198] 并能对自己的亲属和所属群体的成员伸出援助之手。你越是对利他主义和合作进行深究，就越是觉得它似乎并非人类所独有。所有哺乳动物都能分泌催产素，绵羊表现的母爱里有它的身影，野鼠的情侣之爱里同样有它的身影，所以，很有可能，所有的社会性哺乳动物都具备信任能力。要解释人类的交换习性，它是必要条件，但不是充分条件。另外，过去 10 万年里，人类极有可能建立起了一套尤为敏感的催产素系统，更容易为同情心所触发，这是人类这一长于交换的物种在自然选择中实现的结果。也就是说，正如成年人控制消化牛奶能力的基因为应对乳制品的出现而发生了改变，大脑的催产素分泌基因可能也为应对人口增长、城市化和贸易而发生了改变——人分泌的催产素远远多于其他许多动物。

此外，找到了潜在的生理机制，无助于解释为什么某些社会如此擅长创造信任感，另一些社会却做不到。更推而广之地说，一个社会里，彼此信任的人越多，社会就越繁荣，[199] 信任感的增长似乎出现在收入增长之前。一系列的问卷调查和实验都对这一点做了量化，比方说，你可以在街上放个钱包，看看路人会不会将它交还，抑或用其母语问各国的民众："一般而言，你会说大多数人都可以信任，还是说跟人打交道，再小心也不为过?"按这些测量方法所得的结果是这样的：挪威人信任感强（65% 的人彼此信任），国家富裕；秘鲁充斥着猜忌（只有 5% 的人彼此信任），国家贫穷。"一个国家里相信对方值得信任的人口比例提高 15% 的话，"保罗 · 扎克说，"此后每年该国的人均收入能提高 1%。"说这是因为挪威人大脑里的催产素受体比秘鲁人多，不大靠得住，但它确实表明，挪威社会比秘鲁社会有一套设计更精的激发信任的制度。

是信任本能先出现，还是交换先出现，目前尚未完全搞清。催产素系统偶然突变出了敏感的形式，接着促使人类发展出了交换——这种设想的可能性是最低的。更说得通的一种设想是，起初，人类试探性地开始交换，体会到了比较优势和集体大脑带来的好处，反过来推动了自然选择偏向那些尤其擅长信任和同情，同时又保持一定程度谨慎和怀疑的大脑突变形式。在文化与基因的协同进化下，如果催产素系统的基因没有表现出为应对交换的出现而快速变化的证据，我倒要奇怪了。

未来的阴影

与你妈妈讨价还价的背后，藏着数亿万代生物繁衍都未曾中断的浓浓母爱；对朋友信赖的背后，藏着数百次与他交往的良好经历；与本地店主做的任何一笔生意背后，都笼罩着未来投下的长长阴影。他显然知道，急功近利地狠狠宰你一刀，有可能损失跟你未来的所有买卖。神奇的地方是，在现代社会，你可以信任一个你根本不认识的店主，他也信任你。每一笔现代市场交易背后，都潜藏着近乎无形的信托担保人：密封外包装、保修期、客户反馈单、消费者法规、品牌本身、信用卡、钞票上印着的“见票即付”字样[⊖]。每当我走进一家知名超市，拿起一盒品牌牙膏，我无须打开包装，朝手指上挤出一小节牙膏来测试铁皮管子里装的是不是自来水，我甚至无须知道超市卖假冒伪劣商品受不受法律的处罚。我只需要知道，这家大型零售企业，还有这家生产牙膏的大公司，都想让我一次又一次地回头买它们的商品。它们未来的名誉，全靠这笔简单的生意来维

⊖ 这里指英镑纸钞上印着的一行字，“promise to pay the bearer”，直译是“承诺向持票人兑现”。——译者注

系。所以，我不必有片刻的迟疑，就可以信任这盒牙膏的卖家。

对一盒牙膏的信任度背后，藏着一段一寸一寸建立信任的漫长的历史道路。不过，一旦道路修起来了，新产品和新媒介就能轻轻松松地借来信任。互联网发展之初出现过一个极为惊人的现象：用户彼此是匿名接触的，可大家建立信任丝毫也不困难，反而相当轻松。eBay 只要求消费者在完成每一笔交易之后，对卖家发表评论，就实现了这一点。猛然之间，每一笔交易都落在了未来的阴影下面；猛然之间，eBay 的每一位用户都感觉，一旦自己胆敢欺骗，名声就危在旦夕了，正如石器时代的驯鹿皮卖家要是胆敢卖给人一张腐烂的鹿皮，一年之后他再回到交易地点，铁定会成为不受欢迎的家伙。皮埃尔 · 奥米迪亚最初创办 eBay 的时候，几乎没人相信匿名陌生人之间能如此轻易地在网络这一新兴媒介上建立信任感。但截至 2001 年，该网站所有的交易里只有 0.01% 涉嫌欺诈。约翰 · 克里平格得出了一个乐观的结论："诸如 eBay、维基百科和开源运动等以信任为基础的同侪组织取得了成功，表明信任是一种高度可扩展的网络资产。"[200] 互联网兴许带着我们回到了一个有点类似石器时代的世界，在那里，骗子无处藏身。

事实证明，这样的想法太幼稚了。未来将出现大量极具破坏性的创新型虚拟犯罪。尽管如此，在互联网上，陌生人之间的信任问题还是得到了普遍的解决。病毒可以避免，垃圾邮件过滤器能发挥作用，欺骗人泄露银行账户细节的"尼日利亚"诈骗信会遭到排斥，至于买卖双方之间的信任问题，eBay 这样的公司会借助简单的事后信息反馈，让客户监管彼此的声誉。换言之，互联网有可能成为最适合犯罪的地方，但同样也会是世界此前从未见过的、最为自由公正的交换场所。

我的观点很简单：由于交换的存在，信任已经在人类的历史中逐渐成长、蔓延和深化了，尽管其间也频遭挫折。交换孕育了信任，信任反过来也孕育了交换。你或许认为自己生活在一个充斥着猜忌和不诚实的世界里，可事实上，你仍然是这笔庞大信任财富的受益人。没有信任，让人们越变越富裕的劳动交换就不可能出现。1912 年，J. P. 摩根在国会听证会上作证说："信任很重要，甚于金钱，甚于一切。金钱买不到信任……因为，要是我不信任一个人，哪怕他手握整个基督教世界的所有债券（作为抵押），也从我这里借不到钱。"谷歌的行为准则亦与摩根先生遥相呼应："信任是我们成功和繁荣所依赖的基础，我们每个人，每一天都要以各种方式去重新赢得别人的信任。"（没错，未来的某一天，人们回首过去的时候，大概会把谷歌的创始人也看成"强盗大亨"。）如果人们彼此信任，那么互相服务就在交易摩擦极小的条件下继续演进；一旦人们丧失了对彼此的信任，繁荣就没影了。显然，2008 年的次贷危机，很大程度上就是这么一回事。银行发现自己持有大量"说谎的债券"，也就是说，债券的真实价值远远不及票面价值，于是交易崩盘了。

既然信任让市场运作了起来，市场能激发信任吗

两个人之间成功地进行了买入卖出的交易，这应该能叫双方都得利。如果它只让一方得利，这叫剥削，无助于提高生活水平。罗伯特·赖特认为，人类兴盛的历史，在于一次次地发现了能造福双方的非零和交易。[201] 正如莎翁名剧《威尼斯商人》中鲍西娅口里的"慈悲之心"，交换同样是"双重的赐福：它不但给幸福于受施的人，也同样给幸福于施与的人"。

这就是世界走向富裕的戏法之奥妙。但只要朝你的人类同胞瞟上几眼，你就能意识到，持这种想法的人少得惊人。零和思维支配着主流话语，在贸易辩论里是这样，在对服务供应商的声讨里仍然是这样。你绝不会听到人们在走出商店时说："我得到了一笔好交易，但别担心，我也给了店主足够的钱，好让他养活家人。"迈克尔·舍默认为，这是因为石器时代的大多数交易很少有能造福双方的，[202]"我们进化之初，生活在一个零和世界（非赢即输的世界），一方获利意味着另一方的损失"。

真丢脸啊，对零和的错误认识，导致过去数百年里的各种主义犯下无数弥天大错。重商主义说，出口让你致富，进口让你贫穷，亚当·斯密嘲笑过这个谬论，他指出，英国把耐用的五金器具卖给法国来换取保存期短暂的红酒，是实现"英国锅碗瓢盆产业惊人大发展"[203]的难得机遇。电影《华尔街》虚构出来的主人公戈登·杰科不光说过"贪婪是善"，他还补充说，这是一场有人赢就有人输的零和博弈。倘若他说的是某些资本资产的投机市场，倒不见得一定是错的，可他说的是商品和服务市场。人们似乎没能自然而然地理解双方都受益的协同合作概念。如果说同情发自本能，协同合作却显然不是。

所以，大多数人不觉得市场是个充满善意的地方。感觉上，它更像是一个斗兽场，消费者与生产者厮杀，看看谁能胜出。早在 2008 年信贷紧缩出现很久以前，大部分人眼里的资本主义（以及市场）都是邪恶的东西，没有什么内在的益处可言。当代辩论几乎有一套"不言自明"的公理：自由交换鼓励也要求人自私自利；人在生活商业化之前更仁慈、更温和；凡事都标上价格，令社会支离破碎，灵魂也为之贬价。兴许，这背后蕴涵着一个极为普遍的看法：贸易不道德，钱财肮脏，现代人如此善良，可惜却落在了市场的手里（没人会说，现代人如此善良是因为有了市场）——你任何时候去教堂，都会听到类似的说法。2008 年，坎特伯雷大主教说："马克思很早以前就观察到，放纵的资本主义变成了一种神话，用以指代现实、权力、政府及各种本身并无生命的东西。"[204]

与生物演化一样，市场是一个自下而上的世界，没人负责。诚如澳大利亚经济学家彼得·桑德斯所说："全球资本主义制度，是没有人规划、没有人推动、没有人真正领会的。这对知识分子是个特大的冒犯，因为资本主义把知识分子变成了'多余分子'。它毫不依靠他们，也运转自如。"[205]这不是什么新鲜说法。贯穿西方历史，知识分子对商业贸易一贯持蔑视态度。荷马和以赛亚㊀鄙薄商人。圣保罗㊁、圣托马斯·阿奎纳㊂和马丁·路德㊃全都认为放高利贷是罪过。莎士比亚克制不住地把《威尼斯商人》里的放贷者夏洛克树成邪恶的典型。说到 1900 年，布利克·林赛写道："我们时代许多最聪明的脑袋瓜子，把解放大众的终极引擎（竞争的市场体系）误以为是统治和压迫的重要堡垒。"[206]诸如索尔斯坦·凡勃伦等经济学家很早就用公共精神和政府集中决策取代了逐利动机。19 世纪 80 年代，历史学家阿诺德·汤因比向工人们讲述英国工业革命的时候，无视工业革命给工人带来了多大的福利，仍痛斥自由企业资本主义是"一个充斥着拜金动物的世界，剥夺了每一种人类情感"，称其"比小人国岛屿㊄还虚幻"。时至 2009 年，亚当·菲利普斯㊅和芭芭拉·泰勒还是

㊀ Isaiah，公元前 8 世纪的希伯来预言家。——译者注

㊁ St. Paul，耶稣的使徒，历史学家公认他是对早期教会发展贡献最大的使徒。——译者注

㊂ St. Thomas Aquinas，又译圣托马斯·亚奎那，是中世纪经院哲学的哲学家和神学家。——译者注

㊃ Martin Luther，文艺复兴时期德国的宗教改革领袖。——译者注

㊄ 英国小说《格列佛游记》中的假想国，岛上居民身高仅 15 厘米左右。——译者注

㊅ Adam Phillips，当代最重要的精神分析学家。——译者注

认为[207]："资本主义不是一套善良的体制。哪怕是信奉它的人也承认这一点，尽管他们坚持说，不管资本主义的动机有多庸俗，其结果仍是对社会有益的。"[208]这正应了英国政治家塔弗恩勋爵的说法（当然他说的是自己）："(这是）一种叫你鄙视财富、不要赚钱的古典教育。"[209]

可惜这种看法的前提和结论全错。说市场必然邪恶，人一富裕就抵挡不了它的腐蚀，此等观念极不可靠。在市场经济社会，要是你得了个不公平的名声，人们根本就不跟你打交道了。每当以荣誉为基础的传统封建社会让位于以谨慎为基础的商业社会，比方说 15 世纪的意大利、18 世纪的苏格兰、1945 年的日本，人们无一例外地走向了文明，而非粗俗。芝加哥大学的约翰 · 帕吉特在收集有关 14 世纪佛罗伦萨商业革命的数据[210]时发现，随着"对开信用证"制度的出现，商业伙伴们逐渐对彼此产生了更多的信任，愿意给予更多的支持，自私自利的行为非但没有增加，反而枯竭了。这就是"信任大爆炸"。"每当人们行事温文有礼，你总能看到商业的身影，每当你看到商业的身影，人们行事就总是温文有礼。"孟德斯鸠㊀评论道。[211]伏尔泰指出，原本会因为信奉的神祇不一样就互相厮杀的人们，一旦相遇在伦敦交易大厅，立刻变得文明起来。大卫 · 休谟认为，商贸"相当有利于自由，[212]它有着保护自由政府的天然倾向，甚至会推动自由政府的出现"。他还说："一群相邻且独立的国家，靠着商贸与政策相互联系，再也没有什么比这更有利于文明和知识的崛起了。"约翰 · 斯图亚特 · 穆勒等维多利亚时代的人注意到，事实证明，罗斯柴尔德和巴林等商业家族的规矩比波拿巴与哈布斯堡等帝王家族的规矩要让人

㊀ Charles, Baron de Montesquieu，法国启蒙时期思想家、社会学家、西方国家学说和法学理论的奠基人。——译者注

愉快得多，较之勇气、荣誉或信仰，审慎是一种不那么血腥的美德。（勇气、荣誉和信仰，幻想起来总显得更美好些，实则未必。）诚然，总有卢梭、拉斯金㊀或者歌德一类的人对商业冷嘲热讽、嗤之以鼻，但听了伏尔泰、休谟的话，是不是也能叫人多想一想：商业行为说不定真能让人变得更道德呢。

强制是自由的对立面

或许，亚当·斯密想得不错：在把陌生人变成可敬友人的过程中，交换可以让自私自利的本性转变成整体的善心。1800 年以来人类生活的迅速商业化，跟人类情感较此前数千年的大幅改善是同步的。[213] 这一轮进步始于两个最为商业化的国家：荷兰和英国。商业化之前的世界，残酷得叫人难以想象：观众为死刑喝彩，断手断脚是例行的惩罚，人被当成祭品也无可奈何，折磨动物更是司空见惯的娱乐活动。19 世纪，伴随着工业资本主义把大量的人口吸引到相互依赖的市场上，奴役、童工、斗鸡斗狐等野蛮现象变得不可接受了。20 世纪后期，当生活变得愈加商业化之后，种族主义、性别歧视、对儿童性骚扰等恶行再也不能大行其道了。而在这期间的一百多年，各种形式的国家主导极权主义及其苍白的仿效品偶尔也曾驱逐资本主义，每当此时，信仰和勇气就再度崛起，而资本主义的谨慎美德亦因为自身的暂时失败而愈显动人。到了商业化继续蔓延的 21 世纪，密集式牲畜养殖和单方面宣战也再不能为人接受。随机的暴力事件之

㊀ John Ruskin，英国作家、艺术家、艺术评论家。——译者注

所以能上新闻，是因为它稀奇少有；常规的友善吸引不来眼球，只怪它寻常可见。最近几十年，慈善捐赠的整体增长速度竟然比经济发展还要快。互联网上到处都是愿意与你免费分享心得技巧的人。

当然，这些趋势兴许只是巧合：随着我们在市场和自由企业制度下越来越彼此依赖，恰好也越变越善良了。但我不这么认为。头一回关心废除奴隶贸易、解放天主教思想束缚、供养穷苦人等事务的，是买卖人的国家。1800 年前后，是韦奇伍德和威尔伯福斯等暴发户出资掀起并领导了反奴隶运动，[214] 而旧式贵族老爷们却冷漠地袖手旁观，正如今天，是新赚了钱的创业家和演员在资助善心，关心穷人、关心宠物、关心地球。商业和美德之间有着直接的联系。“市场制度远远不是堕落，”经济学家埃蒙 · 巴特勒说，“是它，把自私自利变成了一种完全高尚的东西。”[215] 这便是市场的非凡特点，它能把诸多分开来看缺乏理性的个体变成集体的理性结果，也能把诸多自私自利的个体动机变成集体的善意结果。

比方说，进化心理学家证实，有时候，堂皇的美德背后藏着的动机远远不够单纯。给女性看一张魅力男士的照片，要她写一段故事，讲述自己与照片中人假想约会的情形。[216] 这位女性会说，自己打算多花时间，从事大家看得见的志愿公益活动。反过来说，要是给她看一张街景的照片，要她写一写假想自己在那儿的天气情况，前述突如其来的慈善冲动就无影无踪了。(处在类似“交配黄金”条件下的男士，会想多花钱在奢侈品上，或去做表现英勇的行为。) 查尔斯 · 达尔文富裕的独身姑妈萨拉 · 韦奇伍德资助反奴运动 (她是该运动最慷慨的出资人)，背后可能就藏着一些无意识的性动机。这样的分析很有趣，也出人意料，但丝毫无损她所行的善举，也无从抹杀是商业为这一善行埋单的现实。

无论穷人还是富人，都适用这一点。较之富人，有工作的穷人会把占收入比例更多的钱投入慈善事业，更关键的是，他们的捐款是吃政府福利饭者的 3 倍。正如迈克尔 · 舍默的评论：“行善的障碍不是贫穷，而是福利。”[217] 市场当然不是慈善的唯一源头，宗教与社会都为慈善事业提供了动机，但要是有人说市场教人自私自利，破坏了慈善，那可就大错特错了。市场经济繁荣发展，慈善事业也兴旺发达。不信？你可以去找沃伦 · 巴菲特和比尔 · 盖茨问问。

集体大脑发展起来之后，不光残酷和冷漠靠了边，文盲和疾病也退却了。犯罪亦然：17 世纪以来，每个欧洲国家的凶杀率都在稳步下降，[218] 这一趋势同样是从贸易盛行的荷兰与英国开始的。欧洲工业革命之前，凶杀率是现在的 10 倍。[219] 21 世纪之初，犯罪率直线下降，非法用药率也下跌了。污染也一样。人们根据经验，总结出了一个规律（也叫“环境库兹涅茨曲线”[220]）：人均收入超过 4000 美元之后，民众就开始要求治理当地的河流和空气污染了。[221] 西方社会全力投入自由企业制度之后，教育得到了普及。弹性工作制度、企业年金、工作安全——这一切都在第二次世界大战后的西方世界得到了改善，因为民众富裕了，提出了更高的要求，[222] 也因为“好心”的政治家对冥顽不化的企业强制执行了更高的标准。职业安全和健康法案生效之后，职场事故发生率大幅下降，但在法案生效之前，事故发生率的降幅同样惊人。当然，还是那句话：不管人类生活是不是一步步走向商业化，某些趋势恐怕都会发生，但这种事难得指望，因为维修下水道的税金是商业带来的。

商业对少数派也有好处。要是你不喜欢选举的结果，你只能忍着；可要是你不喜欢自己的发型师，另外找一个就行。根据定义，政治决议是垄断性的，是多数派的暴政和专制，可市场极为擅长满足少数派的需求。有一天，我买了一套把钓鱼竿固定在车上的装置。要是一切都由政府安排生产，我得等上多久，官僚们才能开动脑瓜子，满足我如此琐碎的需求？市场却能把它挖掘出来。此外，多亏了互联网，经济越来越擅长满足小众需求了。世界上需要钓鱼竿固定装置的人很少，想看 14 世纪自杀书籍的人也很少，但他们现在都能在网上找到供应商了。于是，小众市场欣欣向荣地发展起来。流通的“长尾”[223]（也就是说，很多种产品都只有极少量的需求者）越来越容易获得供应了。

自由本身也欠了商业很多人情。普选、宗教容忍和女性解放的伟大进程，始于如本 · 富兰克林等对自由企业持务实态度的热心活动家，又伴随着经济发展，被城市资产阶级推动向前。宪政改革始于 19 世纪 30 年代的英国，因为那时制造业城镇发展越来越快，议员代表却严重不足。英国哲学家赫伯特 · 斯宾塞坚持认为，自由必会随着商业的发展而增加。[224]“我的志向，”1842 年（比约翰 · 穆勒早 9 年）他写道：“是让每个人的自由，只受社会全体同类自由的限制。”但他预见到，要说服领导者不去相信强制的力量，这场战斗远远未曾结束：“尽管我们不再出于灵性上的益处而强制人，但我们仍然认为自己可以出于物质上的益处去强制人。我们没有看出，不管是物质上的好处，还是灵魂上的好处，两者一样靠不住。”且不说官僚主义的腐败浪费倾向，光说它固有的反自由立场，就是斯宾塞反复警告的一大威胁。

一个世纪之后，种族隔离的逐步解体，同样受到商业化的帮助。美国民权运动走强的部分原因，在于当时出现了一波巨大的经济移民潮。[225] 1940～1970 年，离开美国南部的非洲裔美国人，比此前历次跨国移民潮来到美国的波兰人、犹太人、意大利人和爱尔兰人还要多。黑人采棉工人有些受更好工作的诱惑，有些则被机械化采棉机所淘汰，相继来到北部工业化城市，逐渐发现自己在经济和政治上的发言权。此后，他们开始向当初被自己抛在身后的偏见和歧视制度发起挑战。这条路上的首次胜利，就是消费者行使权利的一次实践：1955～1956 年蒙哥马利的公共汽车抵制活动㊀。

20 世纪 60 年代妇女的性解放和政治解放运动，是紧跟在她们靠着节省劳动力的电动机械从厨房里获得解放之后开始的。中下阶层的妇女从来就是要工作挣钱的：在田间耕作，在血汗工厂缝衣服，在客房端茶送水。不过，中上阶层就非得有个不工作（或者说只操持家务）的妻子了——这是从过去封建时代流传下来的等级勋章。20 世纪 50 年代，很多原来住在城市郊区的男人从战场回国，发现自己养活得起不上班的妻子，而很多妇女则迫于压力，把自己在战争期间从事的焊接战舰一类的工作还给了男性。要是没有经济变化，事情大概就这么定下了，可很快，由于家务劳动采用了方便的机械，操持家务所需的时间越来越少，到外面工作的机会也越来越多，到了 20 世纪 60 年代，女权运动获得了向前的拉力——当然，同一时期的女性政治觉醒也是同样重要的因素。

过去两百年的历史表明，自由和福利，是跟贸易与繁荣手拉着手并肩前行的。今天，在军事政变里失去自由、落入暴政之手的国家，同期人均收入普遍都出现了下降，下降速度平均为 1.4%。人均收入的下降还曾在

㊀ 1955 年 12 月 5 日，民权活动积极分子罗莎·帕克斯拒绝遵从蒙哥马利公共汽车上的种族隔离政策，此后，黑人居民发起了对公共汽车的抵制运动。这轮抵制持续了整整一年。1956 年 12 月，美国最高法院宣布亚拉巴马州的种族隔离法律违反宪法，蒙哥马利市公共汽车上的种族隔离规定也遭废除。——译者注

两次世界大战的间隔时期助推德国和日本转入独裁统治。当然，历史也向我们提出了一道难题：这种情况为什么没有在 20 世纪 30 年代的美国发生呢？要知道，在 20 世纪 30 年代的美国，社会整体的多元化和宽容不仅从严重的经济冲击里存活了下来，还蓬勃发展了。又或者，悲剧本来是有可能发生的？考夫林神父⊖不就尝试过吗？要是罗斯福总统野心再大些，或者国会稍微弱势一些，天知道新政会走向何方？当然，也有可能，一些民主社会足够强大，包容得下自身的价值观。民主是否为经济发展所必需呢？有关这一点，如今出现了不少争论，[226] 部分国家的例子似乎证明，经济的发展不一定需要民主。

我很乐意与戴尔德丽 · 麦克洛斯基（美国经济学家）一道欢呼："为 20 世纪末的富裕与民主喝彩！为节育与民权运动喝彩！站起来，地球上还在受苦受难的人民！"[227] 这些事情的实现，都是靠市场带来的相互依存完成的。正如布利克 · 林赛的判断，在政治上，富裕与宽容的并存带来了一种怪异的情形：社会上同时出现了两股思潮，偏保守的那股思潮热爱经济的变化，却痛恨相应的社会后果；偏自由主义的那股思潮喜欢社会后果，却痛恨令这些结果产生的经济根源。"后者谴责资本主义，却狼吞虎咽着它的果实；前者诅咒它的果实，却捍卫孕育它的整个制度。"[228]

与动画片里表现得不一样，是商业把人们从狭隘的物质主义里解放了出来，给了他们并行不悖、坚持各自主张的机会。虽然知识分子继续鄙视郊区富人，但靠着商业，各阶层之间却实现了和平相处、彼此宽容，社会活动和志愿组织欣欣向荣；也是靠着商业，来自拥挤贫民窟和单调农场

⊖ 指 Charles Coughlin，20 世纪 30 年代利用广播来操纵人气的先驱之一。虽然他最初是罗斯福及其新政的支持者，但随后却强烈抨击罗斯福。考夫林的"传教"主题最后逐渐提倡反犹太主义。——译者注

的难民们变成了具有权利意识的消费者，变成了嬉皮士的爸妈。靠着商业，郊区青年们实现了经济独立，想做什么就去做，不用再乖乖地听从父母的建议。到20世纪50年代末，青少年赚的钱相当于20世纪40年代初的整个家庭收入。商业的繁荣，让猫王、金斯伯格[一]、凯鲁亚克[二]、马龙·白兰度和詹姆斯·迪恩在受众当中产生了共鸣，使20世纪60年代美国民众实现了普遍富裕（以及由此产生的信托基金），让嬉皮士们达成了共建“嬉皮公社”的梦想。物质文明不光颠覆了经济秩序，也颠覆了社会秩序。

企业怪物

不过，对于商业带来的所有解放作用，大部分当代评论家却认为，自由市场不可避免地会释放出企业的力量，而企业的力量对人类的自由是一种强大的威胁。流行的文化批评家觉得自己就像《圣经》故事里的英雄大卫，朝着庞然大物歌利亚——堕落的大型企业投掷石头[三]，这些企业肆无忌惮地伤害他人、污染环境、牟取暴利。据我所知，好莱坞电影里出现过的大公司，还没有哪一家没个居心险恶的老板要密谋杀人的（我最近看的一部电影[四]里，蒂尔达·斯温顿想要杀死乔治·克鲁尼，因为后者要

[一] 指艾伦·金斯伯格，美国著名诗人，代表作为《嚎叫》。——译者注

[二] 指杰克·凯鲁亚克，是美国“垮掉的一代”的代表人物，代表作为《在路上》。——译者注

[三] 故事出自《旧约全书·撒母耳记上》，内容为：非利士人来攻打以色列，并派出高大魁梧、全副武装的歌利亚骂阵，以色列军中无人敢应。后来大卫到前线探望三个哥哥，正遇上歌利亚叫阵，于是自告奋勇，用石子和机弦将歌利亚打倒，并将其头斩下。——译者注

[四] 这里提到的电影指的是2007年上映的《全面反击》。——译者注

曝光她的公司农药害人的秘密)。我对大型企业没什么好感，它们效率低下、安于现状，还反对竞争，这些倾向经常把我折腾得几近疯狂。与米尔顿 · 弗里德曼一样，[229]我注意到“商业机构一般并不是自由企业制度的捍卫者。它们根本就是自由企业制度的一大威胁”。它们沉迷于企业福利，喜欢限制小型竞争对手进入自身产业的法律法规，它们渴望垄断，并随着岁月的推移变得软弱无力、缺乏效率。

但我发现，上述批评越来越过时了。当今世界，面对行动敏捷的竞争对手，只要没有国家赋予的特许权，大型企业越发不堪一击。大多数大型企业碰上媒体、施压团体、政府或者客户，都表现得虚弱无力、惊慌失措。其实它们本来就该这样。只要看看它们多么容易消失(要不被收购了，要不就是破产了)，你就知道，一切没什么好奇怪的。可口可乐当然希望消费者们像“封建地主手里的农奴[230]一样听话”(这是一位批评家说的)，可瞧瞧“新可乐”㊀的下场。壳牌石油公司 1995 年可能真的打算往深海里倾倒石油存储设备，[231]但消费者的一波抵制就叫它改变了主意。埃克森石油公司可能的确为怀疑气候变化的论调掏了腰包(安然公司则出钱赞助危言耸听的气候变化论调[232])，非要跟主流舆论对着干，可到 2008 年，它已经给媒体打压得抬不起头来。

企业的“半衰期”比政府机构短得多。1980 年最大的美国企业，如今有一半都因为被收购或破产而失去踪影；而现在美国最大的企业，1980 年时有一半还根本不存在。[233]政府垄断机构的情况就不是这样了：不管实际表现有多么不称职，国税局和国家卫生事业局是不会玩儿完的。可

㊀ “新可乐”是 1985 ～ 1986 年可口可乐公司推出的一个可乐新品种，但它非常失败，很快就退出了市场。——译者注

是，大多数反对企业的活动积极分子总是觉得，企业巨头能逼得你非跟它们做生意不可，却不愿相信这些巨头会求着你跟它们做生意。我认为这很奇怪。

而且，不管它们日后会造出多少罪孽，创业型企业在年轻和发展期是能带来莫大好处的。以折扣零售业为例，20 世纪 90 年代美国、英国等国出现了一波出乎意料的生产效率大提升，许多经济学家最初曾大惑不解。他们想把功劳归到电脑头上，但正如经济学家罗伯特·索洛 1987 年说的一句打趣的话："你到处都能看到电脑，可生产效率统计里偏偏没有它。"用过电脑的人也都知道，用电脑浪费时间实在太容易不过了。麦肯锡的一项研究得出结论，20 世纪 90 年代美国生产效率大幅提升的原因（兴奋的鼓点敲起来！）是企业后勤的改革（失望的呻吟响起来！），尤其是零售行业。后勤改革力度最大的，其实就是沃尔玛这家企业。高效的订货、强硬的谈判、超级正点守时（有时候，供应商送货的时间误差不得超过 30 秒）、无情的成本控制及对消费者喜好的巧妙回应，这些因素令 20 世纪 90 年代初的沃尔玛在效率上领先竞争对手 40%。竞争对手们当然火速跟进，20 世纪 90 年代末把自己的生产效率也提高了 28%，但沃尔玛并未止步不前，同期又提高了 22% 的效率，更何况，在这 10 年中，它平均每个月新开 7 家占地 3 英亩的大型超市。根据麦肯锡埃里克·贝哈克的看法，光是零售行业的这些"社会技术"创新，就占了全美生产效率提升的整整 1/4。[234] 特易购在英国可能也达成了类似的效果。

"所有的东西都要卖得比对手更便宜，" 20 世纪 50 年代阿肯色州的山姆·沃尔顿打定的这个主意并不是什么新点子，说它是创新都太勉强了，虽说"交叉配货"这种东西的确很新鲜——也就是商品直接从供应商的货车转移到经销商的货车，不在仓库里花时间。然而，他坚决追求并贯彻这个简单的理念，最终极大地提高了美国人的生活水平。跟瓦楞铁箱和集装箱航运一样，[235] 折扣商场也属于 20 世纪最简单却内涵最丰富的创新之列。20 世纪 90 年代，沃尔玛一个例行的小小决策（除臭剂不再装在纸板箱里出售[236]），每年就为美国人省下了 5000 万美元，而一半的实惠落到了消费者手里。查尔斯·菲什曼写道："（我们）所有的森林没灭亡，一部分原因竟是出于沃尔玛总部做出的一项决策……去掉除臭剂盒子。"

平均而言，沃尔玛每到一地开业，就能叫竞争对手下调价格 13%，每年为全美消费者节省 2000 亿美元。然而，批评企业巨头的人（他们一般是抗议牟取暴利的）仍然不喜欢沃尔玛，他们说，价格低是坏事情，因为小企业没法跟沃尔玛竞争，要不就是沃尔玛支付的工资太低，是"全世界最大的血汗工厂"，哪怕沃尔玛给的薪水 2 倍于最低工资（我撰写本书期间，本来是经济衰退时期，可沃尔玛却宣布向员工发放 20 亿美元的奖金，因为它的销售创了纪录）。诚然，20 世纪 90 年代沃尔玛的发展带来了混乱——就跟沃尔玛在小镇上开新店一样。竞争对手破了产，屈辱地被迫接受兼并；供应商发现自己非得跟着沃尔玛换一套新做法不可；工会对零售行业的工人失去了控制力；纸板箱制造商倒闭了；消费者改变了习惯。创新，不管是技术上的创新，还是组织方式上的创新，都不光创造了新的东西，也摧毁了旧有的东西。正如电脑淘汰了打字机，沃尔玛的卖场也淘汰了小型杂货店。同样，沃尔玛带来的巨大好处也扯平了这些"残忍"的后果：消费者（尤其是最贫困的消费者）能买到更便宜、品种更齐全、质量更佳的商品了。

奥地利著名经济学家约瑟夫·熊彼特指出，最能叫商人夜里惊醒的竞争，不是对手降了价，而是创新家淘汰了他的产品。20 世纪 90 年代，柯达和富士正为争夺 35mm 胶卷行业老大的地位拼得你死我活，[237] 数码摄影却逐渐消灭了模拟胶卷的整个市场——就跟此前模拟录音、模拟录像带的命运一样。熊彼特说，这叫创造性破坏。他认为，有多少创新，就有多少破坏。也就是说，随着数码摄影的发展，它将创造出跟模拟胶卷行业损失一样多的就业岗位，或者消费者光顾沃尔玛所省下来的钱，很快就会用到其他东西上。于是，为了满足这些新的需求，新的商店很快会开起来。在美国，每年有大约 15% 的就业岗位遭到淘汰，[238] 但每年新创造出来的就业岗位也大约有 15%。

商贸和创新

这种新旧更替本身就保证了工作条件的不断改善。每一代的创业家都在努力改善员工的工作体验：18 世纪英国的约西亚 · 韦奇伍德以自家伊特鲁里亚陶瓷厂的工作条件为荣；1914 年的亨利 · 福特为减少员工流失率，把工资提高了 1 倍；如今的拉里 · 佩奇把谷歌总部设计成了一个异想天开的地方。互联网发展之初，eBay 不过是诸多网上拍卖公司里的一家。日后，它获得了成功，竞争对手们却纷纷失败，这是因为它意识到，关键不在于竞争性的拍卖流程，而是要营造出一种共同的社区意识。“这无关拍卖，” eBay 的首席执行官梅格 · 惠特曼说，“事实上它也无关经济冲突，恰恰相反。” [239] 它是至善者生存。

企业新旧更替的速度越来越快，大多数批评企业的意见早就过时了。近些年来，大企业不光越来越容易倒闭（2008 年，许多银行的名字在一个月里就烟消云散了，这还只不过是一个行业里的例子），而且它们也越来越零散化、分权化了。在经济这片自下而上的汪洋大海里，自上而下的大型企业一天一天走向没落（规模越小，越好规划）。全球最大的保险公司美国国际集团（AIG）和通用汽车公司兴许能靠纳税人的钱侥幸留得一条性命，但从企业的角度来看，它们早就"昏迷不醒"了。现代市场经济的璀璨明星跟工业资本主义时代的巨头不一样，eBay 和埃克森美孚石油公司不一样。诞生于 1972 年的耐克，仅仅靠着相对较小的总部，在亚洲工厂和美国门店之间签合同，就成了一家大公司。维基百科的受薪员工不到 30 人，而且还没赚到钱。从前的典型企业要有按层级安排的员工团队，要在一个地方设有厂房，可现在，它却变得越来越像是创意和营销天才临时搞起来的模糊聚合体，靠着转化独立外包工作者的成果来迎合消费者的偏好。

从这个意义上说，"资本主义"的确正在走向灭亡，而且很快就将灭亡。短短 25 年里，美国公司的平均规模就从 25 名员工缩小到 10 名员工。市场经济正演化出一种全新的形式，在这种新形式里，哪怕是讨论企业的力量都没抓住要害。不久的将来，大部分工人都会变成自由职业者，根据不同客户要求的时间和地点，在线为之提供服务。到了那时候，再回过头来看如今的老板和工头、会议和评比、日程进度表和工会，他们一定觉得挺可笑。我再说一遍：将来的企业不过是人员的临时聚合体，帮助人们从事方便他人消费的生产活动。

毫无疑问，集体大脑丰富了文化，鼓舞了精神。知识分子往往对商业持轻视态度，认为它必然市侩又俗气，一贯贬低其地位。但倘若有人真的以为伟大的艺术和哲学跟商业没关系，不妨到雅典和巴格达去，问问亚里士多德和花拉子密[一]是怎么有时间搞哲学的；或者，到佛罗伦萨、比萨和威尼斯去，问问米开朗基罗、伽利略和维瓦尔第是靠谁挣钱的；再到阿姆斯特丹和伦敦去，向斯宾诺莎、伦勃朗、牛顿和达尔文打听打听，他们是靠谁来资助的。商业兴旺发达的地方，亦是创造力和激情迸发的所在。

规则与工具

就算世界真的在越来越商业化的过程中变成了一个信赖感更多而暴力现象更少的地方，这也并不是说，商业本身就是增加世界信任感的唯一途径；也不是说，靠它本身就足以创造信任。除了新的工具，还必须有新的规则。我们或许可以说，让世界变得更加美好的创新，不在于技术，而在于制度——类似《圣经》里的“金律”[二]、法律条文、尊重私有财产、民主的政府、公正的法庭、信贷、消费者权益、福利国家、新闻自由、对道德的严谨教诲、版权、不朝桌子上吐口水的习俗及总是顺着马路右边开车(如果是日本、英国、印度、澳大利亚和非洲的大部分地区，则是顺着马路左边）的惯例。有了这些规则，诚信安全的商业才有可能行得通；正如有了诚信安全的商业，这些规则也才逐渐形成。

头一回跟西方人遭遇的时候，澳大利亚或南非科伊桑的原住民不光没有钢铁和蒸汽，也没有法庭和圣诞节。当然，实施新规则，往往能叫一个社会先于竞争对手享受到交换和专业化带来的优势，改善人民的物质生

[一] al-Khwarizmi，阿拉伯数学家、天文学家。——译者注

[二] golden rule，即后文提到的“do unto others”，可以直译作“己所欲，施与人”，跟孔子所说的“己所不欲，勿施于人”意思相近。——译者注

活，也改善他们的道德生活。放眼世界各地，既有利用良好规则妥帖地维持公民生活的社会，也不乏以恶劣规则虐待公民的社会。良好的规则鼓励交换和专业化，恶劣的规则鼓励横征暴敛，耍政治手腕。在本书稍后的部分，我会指出，政府的错误性质，有可能是一个导致国家长期贫穷的灾难性因素。如今的津巴布韦要先确立起更好的规则，才能建立更好的市场。这里，我还要指出，要预测一个国家的繁荣程度，以经济自由度为指标，比用矿产资源、教育体系或基础设施等为指标更准确。曾有人采样了 127 个国家，经济自由度较高的 67 个国家人均收入是经济自由度较低国家的 4 倍多，经济发展速度高于后者近 1 倍。[240]

几年前，世界银行公布了一份“无形财富”研究[241]，试图衡量教育、法治和其他类似无形因素的价值。它把自然资产（资源、土地）和生产资本（工具、财产）加起来，然后衡量还剩下了什么东西能解释每个国家人均收入的差异。它得出的结论是：美国人能利用的无形资产平均是墨西哥人的 10 倍，这就解释了为什么墨西哥人一迈过国境线，生产力就立刻翻了差不多 4 倍。他们接触到了更平稳的制度、更清晰的规则、受过更好教育的客户、更简单的表格——诸如此类的东西。“富裕国家之所以富裕，”世界银行断定，“很大程度上是因为它们人口的技能高，维持经济活动的整套制度的质量好。”还有一些国家的无形资本则少到了微不足道的地步，甚至还可能是负数。以尼日利亚为例，它在法治、教育和公共机构诚信度方面的得分极低，连丰富的石油储量都没能让国家富裕起来。

所以，我把人类进步的风火轮归结到交换和专业化的逐步发展上，也有可能是找错了对象。兴许，交换和专业化只是表象，而非症结，有了制度和规则的创新，才实现了交换。例如，反对报复杀人的规则，必然有利于社会安定。懂得“己所欲，施于人”这条规则只适合用在慈善上，而不拿它当报复杀人的借口，显然是人类文明的极大突破；把复仇这件事交托给国家，让国家通过适当的程序代表你去行使正义，显然对整个社会都有好处。古希腊悲剧《俄瑞斯忒斯》和莎士比亚的名剧《罗密欧与朱丽叶》(从这个意义上来说，电影《教父》和《肮脏的哈里》也是一样的）都以对同一主题的纠结打动了整个社会：人人都同意法律惩处好过互相寻仇(虽说这样一来就少了精彩的好戏)，但不是所有人都能克制自己的本能并习惯遵守法律，放弃私刑。

这些都一点不假，但我认为，规则和制度同样是演进现象，在社会中是自下而上出现的，而不是靠所罗门式的“明君”突然之间自上而下推行的。就跟技术一样，它们也是靠文化选择的过滤机制筛选出来的。观察一下商法的历史，你保准能看出：商人们总结经商活动的实践，把创新变成惯例，排斥那些违背非正式规则的人，之后，统治者才把这些规则纳入成文的法律。中世纪商法[242]的故事就是这样：英格兰几位擅长制定法律的国王，比如亨利二世和其子约翰，基本上就是把从事商贸活动的子民在布鲁日、布拉班特和维斯比㊀跟陌生人做买卖时业已通行的规则确立为成文法。确切地说，所有的普通法（又称“习惯法”）都是如此。20世纪80年代，迈克尔·舍默和三个朋友刚开始进行横穿美国的自行车比赛时，几乎没有任何规则。[243]只有到后来逐渐积累了经验，他们才制定了应对意外事件（比如选手在亚利桑那州的一座山上引发交通拥堵而遭警方逮捕等）的一系列规则。

㊀ 这三座城市均为中世纪的主要贸易集散点。——译者注

故此，尽管公共领域的制度创新家和私人领域的技术创新家同样重要，但我仍然认为，专业分工乃是两者的关键。专门为整个部落制造斧头令你有了时间、资本和市场来设计更好用的新斧头，同理，成为专业的自行车赛手，你才得以为自行车比赛制定规则。人类历史就是靠规则和工具的共同演进来推动的。人这一物种日趋专业化，交换的习惯越来越根深蒂固，是制度和技术创新的根本原因。

第 4 章

养活 90 亿人

10 000 年前开始的农业耕作

谁要能使本来只出产一串谷穗、一片草叶的土地长出两串谷穗、两片草叶来，谁就比所有的政客更有功于人类，对国家的贡献就更大。

——乔纳森·斯威夫特

《格列佛游记》[244]

全球谷物收成[245]

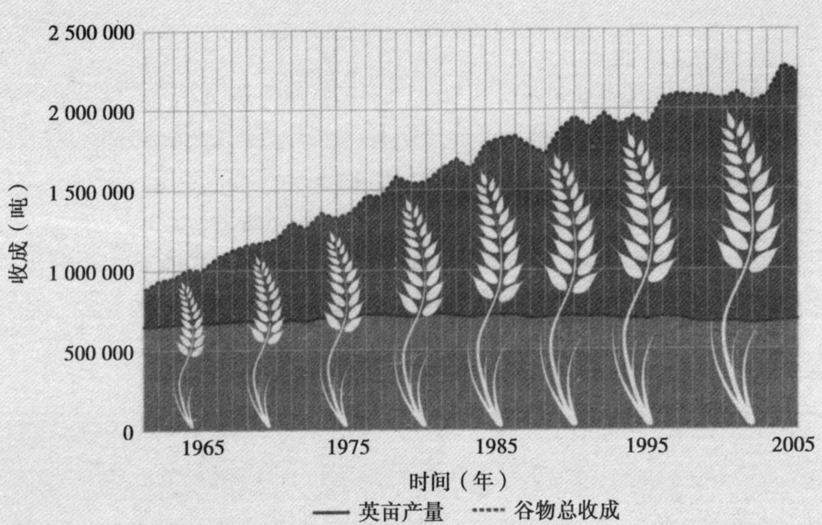

1991年在阿尔卑斯山高处发现的木乃伊“冰人”奥兹，[246]身上携带的装备跟发现他的登山客们几乎一样多。他带着铜、燧石、骨头和六种木头（分别是白蜡树、荚蒾灌木、椴树、山茱萸树、紫杉和桦树）制成的工具。他穿着草、树皮、肌腱和四种兽皮（熊皮、鹿皮、羊皮和牛皮）做的衣服。他带着两种真菌，一种充作药材，一种装在取火的工具包里，那包里有十多种植物和黄铁矿，都是拿来引燃火星的。他是一部活生生的知识积累百科全书——怎样制造工具、衣服，用什么材料来制造。他带着数十人甚至上千人的发明创造，他的工具包体现了他们的真知灼见。如果他非得从头开始发明自己所有的装备，那简直是个了不起的天才。但就算奥兹知道该做什么和怎么去做，光是收集食物和衣物所需的所有原材料（先不说住处和工具），就能把他活生生地累死，要是他还得自己动手冶炼、鞣革、编织、缝纫、铸造和打磨所有的东西，真不知得生出多少双手才够用了。毫无疑问，他用自己的劳动，交换回了许多其他人的劳动。

他还消耗了其他物种的专业劳动。奥兹生活在5300多年前的阿尔卑斯山谷。那个时候，农业耕作覆盖欧洲南部已经有2000年了。较之以狩猎采集为生的祖先们，奥兹有牛羊为他整天吃草并将之转换成皮革和肉类；有小麦为他采集阳光，将之变成粮食。在人类提供的基因保护下，这些物种放弃了其他的生存使命，只完成这些专业任务。农业的关键就在这里，它转化其他物种的劳动，为人类提供服务。生物学家李·西尔弗[247]有一回曾在东南亚的一座村庄里看见“回家栖息”的鸡，他不由得想到，这些鸡其实就像是农夫的工具，整日在森林里为他采集食物。农业就是专业化和交换的延伸，把其他物种也囊括了进来。

奥兹还是资本投资的受益者。他恰好生活在金属时代的开端，当时人们头一回对铜加以冶炼。他质朴的铜斧（纯度高达 99.7%），是在一座耗用了大量他人资本才建立起来的熔炉里冶炼出来的。他衣服里絮的谷壳，是用投资资本（其表现形式是储存起来的种子和劳动力）种出来的粮食。对亚当·斯密来说，资本“就是一定数量的堆积存储起来的劳动力，在必要的时候，用到其他的场合去”。[248]

如果你能把其他人的劳动力储存起来以备日后使用，那么，你就能省下时间和精力去满足自己最迫切的需求，也就是说，你可以把它们投资到能带来更大回报的新东西上。一旦资本出现，创新就能加速了，因为时间和财产都可以投资到一开始没办法产生效益的项目里。举例来说，以狩猎采集为生的人很少拿得出时间去修建一座熔炉，缓慢又艰难地冶炼出足够做出一把铜斧头的金属——要是这样的话，哪怕他们能为斧头找到市场，也早就饿死了。

按传统的看法，有了农业，才有了可以储存起来的盈余，有了储存起来的盈余，将来才能用到贸易里，资本也才有了出现的可能。没有农业耕作之前，没人能囤积盈余。这么说有一定的道理，但在某种程度上，它也把整个故事给讲反了。农业能出现，全是因为先有了交换贸易。有了交换贸易，人才有了动机专门种植农产品，生产盈余的食物。

短短几千年里，近东、安第斯山脉、墨西哥、中国、新几内亚高地、巴西热带雨林和非洲萨赫勒地区都各自独立出现了农业。有种东西让农业在这段时期不可避免地非出现不可：从长期来看，哪怕它最终导致了痛苦、疾病和专制统治，但它显然让最初这么做的人获得了竞争优势。不过，人们也并不是一朝一夕就过渡到农业的。人类饮食内容漫长而缓慢的转变，用了几万年才达到最高峰。在寻找额外热量的过程中，人们逐渐"从营养金字塔上降了下来"——也就是说，变得越来越倾向于素食了。2.3 万年以前，在如今的以色列和叙利亚地区，除了鱼和鸟，人们对坚果、豆类，甚至草种产生了依赖，偶尔也吃点小羚羊（有可能是通过交换，由其他狩猎部落供应的）。有个叫"奥海罗二号"的著名遗址（目前除了旱季都淹没在肯内列湖——加利利海下面）给出了人类在农耕之前吃野生谷物的直接证据。[249] 那儿有 6 顶茅草棚残存的遗迹，其中一顶的里面，有一块显然是用来碾磨种子用的平石头。靠着湖泊沉积物的保护，石头上留下了野生大麦种子碾出的细小淀粉颗粒。旁边还放着一口似乎是用来烘焙的石锅。把谷物碾成面粉烤熟了再吃，能够让人获得比生吃等量谷物翻倍的能量。

所以，面包的历史远比耕作悠久。可有一点叫人吃惊，"奥海罗二号"之后，人类隔了 12 000 年才开始种植和收获诸如黑麦、小麦和大麦等谷物；那以后又过了 4000 年，人类终于利用遗传学培育出了种子沉甸甸、不带谷壳的六倍体小麦，自此以后，这种小麦成了人类最大的卡路里来源，分布也最为广泛。这样一来，有一个结论必然会冒出来：近东地区的人并不是傻瓜。早在艰苦地耕作培育谷物之前，他们就理解了这种植物的好处，把它磨成了淀粉，烘焙烤制。既然用不上几个小时的工夫就能收割野生小麦，有什么必要非得自己种呢？一项研究注意到了当时人类“极不情愿改吃自耕食物的心理”。[250]

13 000 年前，现在被称为“纳吐夫文化”的近东人还没有学会把谷粒打进筐里，而是使用石制镰刀来收割谷物的穗子。他们居住的地方已经颇为稳定了，而且出现了家鼠的滋扰。他们其实非常接近耕作了，只不过还没有从基因上驯化农作物。可就在这个即将创造历史的关头，他们却退回去了。他们放弃了定居点，回到了游牧生活方式，重新拓宽了自己的饮食范围。同一时期的埃及也出现了这种情况——从碾磨谷物退回狩猎和捕鱼（只不过，埃及隔了更久之后才重新开始原始耕作的实验）。导致倒退局面的原因可能是一次延续上千年的寒流，[251] 也就是所谓的“新仙女木事件”。推测起来，这场寒流的成因是北大西洋突然变冷了（既可能是因为北美洲大冰坝破裂，也可能是因为北冰洋的海水突然外流）。寒流开始之后，气候不仅变得更为寒冷和干燥，而且每年的波动都很剧烈，10 年里的温度骤降 7℃。由于再也无法依靠当地的降雨，夏季粮食也成熟不了，人们没办法再把谷物当成主粮了。他们肯定死了很多人，侥幸活下来的人则重新走上了狩猎采集的游牧道路。[252]

接着，大约 11 500 年前，格陵兰冰盖的温度在短短半个世纪里蹿升了 10℃，世界各地的气候条件都变得温暖潮湿起来了，也容易预测了。等到地中海东部地区能够重新种植谷物了，纳吐夫人大概回到了家园，很快，有人有意识地存储种子，开始了种植。最早的作物也许是鹰嘴豆，之后是黑麦和单粒小麦。当然了，其实几千年前，人们已经耕种了无花果，驯化出了家犬。最先想到播种粮食的人是女性，这一点应该没什么好怀疑的吧，毕竟，从劳动分工上看，女性勤勤恳恳地负责采集食物，而男性打猎靠的却是碰运气。把庄稼播种在岸边泥地或其他荒地上，小心翼翼地除草，守着它不让鸟来啄食，这肯定是一份艰巨的新工作，但到了收获的季节，它会给这么做的女性及其家人带来奖励。家里将有多余的面粉，可以跟猎人换肉，所以，它不光会让这块地的主人和孩子们好好地活下去，还能养活其他几家狩猎的家庭。用谷物换肉，能够有效地为狩猎提供补助，提高肉类的“价格”，从而给野兔、羚羊施加更大的压力，渐渐地，整个定居点都更加依赖耕作了。这样一来，大概会有人想到，逮到羊羔之后先不吃了它，留着养活大了再说更划算。对所有生活在当地的人来说，耕作成了必需品，狩猎采集的生活方式日益萎缩。这无疑是一个漫长而缓慢的过程：耕作土地几千年了以后，农民们偶尔仍然要靠捕猎来的“丛林肉”贴补饮食。北美大部分地区的原住民都采取双管齐下的做法，既耕作，也季节性地捕猎。在非洲的部分地区，许多原住民至今都是这么做的。

新月沃地⊖有可能是农业最先全面覆盖的地方，从这里开始，农耕习惯逐渐向南蔓延到埃及，向西到小亚细亚，向东到印度。不过，在很短的时间里，靠着贸易、人口增长、气候稳定及素食倾向日益强化等因素的交互推动，农业很快在至少 6 个地方被发明出来。9200 年前，秘鲁种出了南瓜和花生，[253] 8400 年前中国种出了小米和大米，[254] 7300 年前墨西哥种出了玉米，[255] 6900 年前新几内亚种出了香蕉，[256] 6000 年前北美种出了

⊖ 新月沃地是指从尼罗河口沿地中海岸往东北，穿过巴基斯坦，再往东南沿两河流域而下，直到波斯湾口的半圆弧形地带，包括累范特、美索不达米亚和古埃及。因在地图上好像一弯新月而得名。——译者注

向日葵、非洲种出了高粱。人们用冰河时期结束后气候趋于稳定来解释这惊人的巧合（巧得简直像是印第安人、因纽特人、波利尼西亚人和苏格兰人没有互相通口信，却在18世纪的同一个十年里发明了蒸汽机）。[257] 有一篇论文这么说："在冰河期里，农业不可能出现，但到了全新世㊀，它一定要出现。" [258] 现代澳大利亚因为干旱年份和多雨年份的持续时间不可预测，所以它看起来仍然有点像是反复无常的冰河世界。[259] 澳大利亚原住民恐怕完全是有能力耕作的：他们知道如何碾磨草种，焚烧灌木改善袋鼠牧场、促进有益植物生长，他们当然还知道怎么改变河流水位来捕捉鳗鱼。但他们同样知道（也可能是通过惨痛的教训学来的）极不稳定的气候条件不适合农耕。

没有交换贸易，就没有农业耕作

第一批农业定居点有个有趣的地方：它们似乎同时也是贸易市集。[260] 从14 000年前开始，产自土耳其安纳托利亚地区卡帕多西亚火山的贵重黑曜石就通过大马士革盆地和约旦河谷，往南运到了幼发拉底河上游。红海出产的贝壳则顺着这条通道反向运输。第一批农业定居点也正好出现在这里：卡塔胡约克㊁、阿布胡约尔㊂和耶利哥㊃。这些定居点都处在绿洲之上，新鲜的泉水从山上流淌到沙漠的西部边缘地带——它们有着肥沃的

㊀ 全新世（11 500年前至现在）是最年轻的地质时期。这一时代形成的地层称全新统，它覆盖于所有地层之上。——译者注

㊁ 土耳其一古代村落。——译者注

㊂ 约旦河谷一村落。——译者注

㊃ 耶路撒冷附近一古城。——译者注

土壤、充足的水分和阳光，人们因为贸易而与邻居混杂相处。我们很容易以为早期的农民是自给自足、不爱挪窝的，其实不然。他们在这一地区的交换贸易比其他地方都要多，进而，我们也可以做出一个合理的猜测：发明农业的一大动力，是为了养活富裕的商人，并从他们身上牟利——也就是生产盈余，交换黑曜石、贝壳或其他容易腐烂的商品。先冒头的是贸易。

20 世纪 60 年代，简 · 雅各布斯在《城市经济》里提出，农业的发明是为了养活最早的城市，而非有了农业的发明，才有了城市的出现。[261]这一论点太过前卫，考古学家们对此表示怀疑，他们不认为城市集中点的出现竟然早于最古老的农场。就算是在北美洲太平洋沿岸的渔民里，狩猎采集部落规模最大的永久定居点也没法叫作城市。尽管如此，她的观点仍然不乏闪光之处：最早的农民本来就是热情的商人，通过交换打破生存的牢笼，耕作不过是贸易的另一种表达形式罢了。

在希腊，大约 9000 年前，农民们引人注目地突然降临。[262]出土的石制工具表明，他们是从安纳托利亚或者地中海东部黎凡特乘船而来的殖民者，目的就是寻找新的土地拓殖。此外，这些最早的希腊农民彼此之间显然热衷交换，与所谓的自给自足相去甚远。他们依靠专门的工匠利用从别处进口的原材料生产黑曜石工具，这再一次打破了传统智慧的设想。贸易不是后来才有的，而是最先出现的。农业能够运作起来，正是因为它深深地扎根在贸易交换网当中。

过了一段时间，7600 年前，本来开开心心围着“黑湖”附近的肥沃平原耕作的农民们经受了一次大恐慌，达达尼尔海峡的海平面突然上升，洪水冲入黑湖盆地，以每天升高 6 英寸的速度，把盆地灌满成了今天的黑海。备受打击的农民们大概顺着多瑙河进入了欧洲中央腹地。短短几百年里，他们到了大西洋沿岸，让整个欧洲南部都变成了农民的天下。有时候，这些移民用对新农业技术的热情感染了邻人，但更多的时候（基因证据也是这么表明的[263]），他们沿途扩张，凶猛地取代了之前的狩猎采集部落。他们又用了1000多年时间到达波罗的海，因为当地的渔民密集地居住在海岸边缘，不需要开展耕作。尽管碰到了新的条件，但农民们携带的作物变化并不大。像扁豆和无花果一类的作物，就只好留在地中海了。其他的，比如二粒小麦和单粒小麦，则立刻适应了湿润和凉爽的北欧土地。5000年前，农民们抵达了爱尔兰、西班牙、埃塞俄比亚和印度。

黑海难民的其他后裔占据了现在的乌克兰平原，[264]驯化了马匹，发展了新语言"印欧语"㊀。将来，这种语言会占据欧亚大陆西面的半壁江山，梵文和盖尔语都是从它衍生出来的。此外，6000～10 000年前，靠近波罗的海或者黑海的某个地方，基因突变（在一组名为OCA2的色素基因上游控制序列里，G代替了A）头一回让成年人有了蓝色的眼睛。[265]这一突变最终遗传给了差不多40%的欧洲人，它的出现还伴随着异常苍白的皮肤，这兴许对当时生活在北方气候条件下的人是有所帮助的。北方缺乏阳光，他们又以缺乏维生素D的谷物为食，白色的皮肤更便于吸收阳光，合成维生素D（有了阳光，身体才能合成维生素D）。基因的出现频率说明了农民的繁殖力。

农业耕种在其后的岁月里传播得如此之快有这样一个原因：最初一批种下的作物产量很高，也更容易生长，所以，农民们总是乐于搬到尚未耕

㊀ 现在"印欧语系"的始祖语言。——译者注

作的处女地去。烧掉森林之后，土地松软又酥脆，还伴有可以用作肥料的灰烬。你要做的无非是拿根棍子朝地里戳出个小洞，把种子种下去，之后坐下来等它生长就行了。但过上几年，土壤就板结了，需要用锄头才挖得开，而且还长满了野草。如果你现在让这块地休耕，等它恢复肥力，就得除掉野草坚硬的根系，把它埋起来当苗床——所以，你需要犁和拉犁的牛。但牛得喂养，于是除了耕地，你还需要牧场。这也就难怪直到今天，许多住在森林里的部落仍然青睐迁徙式农业（刀耕火种）了。新石器时代的欧洲，随着农业向西蔓延，空气里肯定飘荡着火烧森林造成的浓浓的烟雾。大火释放出的二氧化碳说不定还帮忙把气候变暖了，这种趋势在 6000 年前达到了巅峰，[266] 当时北极的冰层到了夏天就从格陵兰北部海岸回撤。又因为早期农业人均耕地使用量是现在的 9 倍，所以当时人口虽少，人均二氧化碳排放量却很高。

资本与金属

不管走到哪里，农民们都带去了自己的生活习惯：不光是播种、收割和脱粒，还有烘烤、发酵、囤积和拥有。以狩猎采集为生的人必须轻装旅行，就算他们不从事季节性游牧，也要随时准备迁居。与此对照，农民要想有所收获，必须存储粮食，保护牲畜或捍卫土地。要是有人头一个种了一块麦田，他必须面对这样的困境：怎么才能说“这是我的，只有我才能收割”。私有财产的最初征兆是 8000 年前叙利亚和土耳其边界上哈拉夫人的印章，[267] 后来，人们又用类似的印章表明所有权。看到自己的猎场被“更可怜”、更不顾一切的人瓜分了，残存的狩猎部落大概百思不得其解吧。兴许，该隐是农民，亚伯是猎人㊀。

同一时期，随着农业取代了采集，放牧亦取代了狩猎。中东地区新石器时代定居点有可能发展成了市场，山上的牧民能够跟平原上的农民朋友彼此交换盈余。这下，猎人—采集者的市场变成了牧民—农夫的市场。哈伊姆·奥菲克写道："在人类的层面上，农业开始最便利的莫过于把交换的倾向固定下来，因为，要协调食物生产专业化和食物消耗多元化这两大需求，没什么能比得上交换。"[268]

对只需满足自身需求的个人，甚至自给自足的部落而言，冶炼铜毫无意义。它需要付出巨大的努力开采矿石，又要制作极为复杂的风箱，在高达1083℃的炭火下冶炼矿石，才能生产出寥寥几块结实的金属，有一定的延展性，却又不太过于坚硬。想象一下：你要伐木，用木头制造木炭，为冶炼生产陶瓷坩埚，挖掘矿石，把它碾碎，之后给铜铸模，进行捶打。只有依靠消耗他人存储下来的劳动（靠资本过活）你才能完成这份任务。此外，倘若人们还处于狩猎采集的生产阶段，就算你能把铜斧头卖给其他人，市场规模也恐怕太小了，不值得你费工夫安装起冶炼作坊来。可一旦农业提供了资本，增加了人口密度，人们就有上佳的理由砍伐树木了，因为这时候，只要能把铜卖给临近的部落，市场的规模就大得足以维持一个全职冶铜匠人的社区。我们或许还可以套用两位理论家的话："有了农业耕作，社会密集度提高，更好地利用合作、协调和劳动分工的潜能，能获得可观的回报。"[269]

故此，金属冶炼的发明，差不多是农业出现带来的必然结果（不过，

㊀ 该隐和亚伯是《圣经》中的人物，两人向上帝献祭，该隐献的是地里的出产，亚伯献的是羊群里头生的羊和羊脂，是以作者有此一说。——译者注

最早开采苏必利尔湖附近的纯铜矿床的，[270] 显然是狩猎采集部落，这些铜可能是供应给太平洋附近以捕捞鲑鱼为生的渔民，后者的生活方式已经极为接近农耕)。铜的生产起初是在整个阿尔卑斯山地区，因为当地出产质量极佳的矿石。冰人“奥兹”死后的几千年里，欧洲其他地区的铜都是从这里进口的，再之后，才由塞浦路斯开采出的铜取而代之。奥兹死后1000 年多一点，在距离米特伯格（现在的奥地利）以西不远的地方，当地人就主要靠从附近山区的矿脉开采和冶炼铜为生了。[271] 这些住在寒冷山区的人发现，与其自己饲养牲畜，倒不如制造铜并用它交换多瑙河平原出产的肉和粮食更划算。铜并没有让他们变得十分富裕——未来几千年，英国康沃尔的锡、秘鲁的银，还有威尔士的煤炭，也都没有让开采者致富。较之多瑙河平原的农民，米特伯格的铜矿工人没有留下太多装饰品或奢侈品。但要是他们想在山区种粮食，过自给自足的生活，日子会更好吗？他们并不是在满足一种需求，而是响应经济刺激，维持生计罢了，就跟所有当代人一样。“经济人”可不是 18 世纪的苏格兰古典经济学家们凭空发明出来的。他们开采出来的铜，先做成重量标准的铜条、铜锭，之后又由其他的人切开，大范围地流通，很快变成了整个欧洲都广泛使用的原始货币形式，便利了货物的交换。

传统智慧大概低估了新石器时代专业化和贸易达到的程度，它似乎认为当时的所有人都是农民。但在奥兹的世界，有种植单粒小麦的农民，兴许也有种植斗篷草的农民；有制造斧头的铜匠，兴许也有制造帽子和鞋的捕熊猎人。不过，也有些东西，毫无疑问是奥兹自己做的：他的弓尚未完成，一部分的箭头也没做好。据粗略估计，生活在传统社会、典型的非工业化现代人，直接消耗 1/3～2/3 的个人产出，剩下的则用于交换其他商品。[272] 一个人每年最多要吃掉300多公斤的粮食，这些粮食他们自己种，也自己吃；[273] 盈余的粮食就用来交换衣服、住处、医药或教育。从定义来看，人越是富裕，就有越多的东西来自专业人士。繁荣的显著特征是专业化程度不断递增。贫困的显著特征是回归自给自足状态。到如今非洲的马拉维或莫桑比克贫困的村庄去，你会发现当地几乎没有专业人士，人们消耗的大多都是自己生产的东西。经济学家或许会说，他们“没处在市场里”，而且，很有可能，他们比奥兹这样的古代农人更加“没处在市场里”。

请容忍我略微讲讲大道理。许多人类学家和考古学家都习惯把过去当成一个跟现在有着极大不同的地方，一个有着各种神秘仪式的地方。故此，他们认为把现代经济学术语塞进石器时代或者尚处在部落文明的南太平洋社会，是犯了不合时宜的错误，是受了资本主义的洗脑。人类学家马歇尔·萨林斯尤其认同这一观点，他认为，工业时代之前的经济以互惠为基础，现代经济以市场为基础，两者完全不同。考古学家史蒂夫·夏农讥讽这种态度说：“（萨林斯等人是在说）我们交换是为了获得利益，部落文明这么做是为了巩固社会关系；我们交易商品，他们赠送礼物。”[274] 与夏农一样，我也认为这是无稽之谈。我以为，人就是会对刺激做出反应，而且从来如此。人们权衡成本和收益，做对自己有好处的事情。诚然，他们也会考虑非经济因素，比如要跟贸易伙伴保持良好关系，要安抚心意叵测的神明。没错，他们做交易的时候，给家人、朋友和老主顾的条件比给陌生人的更优惠，但今天的人们同样如此。就算是市场化程度最高的当代金融交易师也要受各种仪式、礼仪、习俗和义务的网络牵绊，别人请他吃一顿美味的午餐或是邀请他看足球比赛，诸如此类的人情债他怎么也免不了。正如现代经济学家容易夸大消费者的冷酷理性，人类学家也容易夸大前工业社会里群众不理性的浓浓人情味。

喜欢说前工业化社会的群众不知道市场的人，很喜欢举南太平洋的“库拉”[275]（Kula）制度为例。据波兰人类学家布罗尼斯拉夫·马林诺夫斯基的说法，该地区有 14 个不同岛屿上的部落，那儿的人是这样用贝壳换项链的：贝壳在整个岛屿部落里逆时针传递，项链则顺时针传递。过了两年多，一件东西说不定就物归原主了。把这样一种制度说成是市场，显然很荒谬：交换本身就是目的，人们并不图利。但再仔细观察一番，库拉制度就没那么奇怪了。它只是这些岛屿上通行的诸多交换方式里的一种；西方人在圣诞节时彼此赠送礼物和贺卡，说明在他们的生活里，交换有着重要的社会意义，但这并不是说，他们不在市场上追求利润。要是有个南太平洋来的人类学家研究西方的圣诞节，兴许会得出结论：这是一种因宗教而兴起的冬季商业活动，它毫无意义，也无利可图，但却支配着西方人的生活。不管是过去还是现在，太平洋的岛民们在跟陌生人交换时，都能敏锐地意识到讨价还价的重要性。不管怎么说，马林诺夫斯基之后的学者们对库拉制度做了进一步研究，证明他极大地夸张了这种制度的循环性质。事实上，参与交换活动的人们不光会交换有用的东西，也喜欢互相赠送一些没用但可爱的小礼物。有的时候，最初送出的小礼物，会通过层层的转手赠送，又回到了原来主人的手里，所谓的“循环”不过就是这样。

卑贱的野蛮人？

20 世纪上半叶英国考古学家戈登·柴尔德及其追随者阐释新石器革

命时说，这是人类处境的改善，它带来了显而易见的好处：用存储的食物在饥荒中生存下来；出现了方便易得的新营养形式，如鸡蛋和牛奶；减少了在荒野里的跋涉，这种跋涉令人疲惫而且危险，还经常一无所得；残疾人或受伤的人仍然可以从事农业劳动；人们或许有了更多闲暇时间，可以用来创造文明。

到了 20 世纪只剩 1/3 的时候（这是一个繁荣又充满怀旧情绪的年代），人们对农业做出了新的阐释，说它不是灵感的创造，而是绝望的产物，甚至是“人类历史上最糟糕的错误”[276]。以马克·柯恩和马歇尔·萨林斯为首的悲观主义者们认为，农业是腰酸背痛的繁重劳动，它带来了缺乏营养的单调饮食，使人备受污染、肮脏、传染病和早亡的折磨。现在的地球上可以生活更多的人，但倘若不节制生育能力，人只好更加辛苦地劳作。婴儿出生得多，早亡的人更多。一方面，现存的狩猎采集部落，比如多布昆族人，似乎有着充足的闲暇时间，生活在“原始的富裕社会”（萨林斯语）当中，他们限制了繁殖，避免了人口过剩；另一方面，最早期的农民骨骸似乎显示他们生活艰辛，有慢性残疾、牙痛、身材矮小。与此同时，他们还会从牛身上感染麻疹，从骆驼身上感染天花，从牛奶里感染肺结核，从猪身上感染流感，从老鼠身上感染鼠疫；更不必说，他们用自己的排泄物当肥料会招来蠕虫，沟渠和集雨桶里的蚊子会让他们染上疟疾。

他们还头一次遭到了不平等的凶猛攻击。现存的狩猎采集部落都有着极为明显的平等主义倾向，说明他们依赖、分享着彼此狩猎和采集的好运气。（有时候，为了强化这种平等状态，他们需要用野蛮的行为去报复那些妄自尊大的人。）然而，一个成功的农民，很快就可以存储起一部分的粮食，从不那么成功的乡亲们那里购买劳动力，这又让他变得更为成功。最后（尤其是在灌溉河谷地区，他把持了水源的话），他甚至能变成皇帝，用仆人和士兵把自己专制的怪念头强行施加到臣民们身上。

更糟糕的是，诚如恩格斯最早指出，农业有可能加剧了性别不平等问题。显而易见，在很多农业社区，男人们使唤妇女做大量艰辛的工作。在狩猎采集部落里，男性或许有许多讨厌的性别歧视恶习，但至少自己也有所贡献。距今大约 6000 年前，人们发明了犁，男性接过了驾驭耕牛耕地的活计，因为它需要较大的体力，这也加剧了性别不平等。这下，女性越来越成了男人的附属品，戴着手镯、戒指彰显丈夫的财富。雄性力量和竞争的符号（箭头、斧子和匕首）主导了艺术。一夫多妻现象可能增多了，最富有的男人妻妾成群，变成了一家之长。在斯洛伐克的布朗克出土的墓葬群里，有着精美陪葬物的女性多于男性，这不光说明她们很富有，还说明她们的丈夫很富裕，娶得起很多老婆，而其他的男性则在贫困里孤独终老。凭借这一方式，一夫多妻制令贫困妇女比贫困男性更多地分享到了繁荣。[277] 父权时代来临了。

然而，并无证据表明早期的农民在行为举止上比靠狩猎采集为生的先民要差。少数靠着丰富而稳定的地方资源走向繁荣的狩猎采集部落（最值得注意的就是美洲西北地区专门捕捞鲑鱼的部落）同样很快进入了父权制度和不平等的状态。当代狩猎采集部落昆族人能够维持“原始的富裕”，完全是依靠现代的工具、跟农民的贸易及人类学家偶然的援助。昆族人生育率低，不是因为节育，更多的是因为性传播疾病。至于早期农民的残疾，骨骼恐怕不具代表性，它主要说明的是从疾病或伤痛中一开始就死掉的那一部分人，而不是存活下来的那一部分人。就连狩猎采集部落的性别平等，大概也是后人一厢情愿的看法。毕竟，火地岛上的男性都不会游泳，却叫妻子们在海藻床里撑着独木舟，在大雪里下海捕捞。[278] 事实上，狩猎采集和农业耕作能带来富裕还是贫困，都取决于食物的丰富程度和人的相对密集度。有评论家写道："所有前工业化经济体，不管多么简单还是复杂，都能够制造苦难，只要给出足够的时间，它们也必然会走到那一步。" [279]

狩猎采集者世界里的永久性、习惯性暴力行为并没有随着农业的出现而消亡。奥兹就死于暴力，他背后中了一支箭，这支箭射穿了他肩膀上的动脉，在此之前（DNA 证据是这样表明的），他用自己的箭杀了两个人，背上还背着受伤的战友。他刀上还沾着第四名男人的血。整个过程里，他都忍受着大拇指上深深的伤口，头上还挨了致命一击。这可不是小规模冲突。他死时的姿势表明，杀他的人为了拔出箭镞把他翻了个身，但石制的箭头断在了他身体里面。考古学家史蒂文·勒布朗说，学术界对古代怀有卢梭式一厢情愿的美好想象，系统化地忽略了当时频繁发生暴力的证据。[280] 他举例说，在距今 8000 年的土耳其遗址，他就曾发现过无数投石器的弹药，还有甜甜圈形状的石头。20 世纪 70 年代他在当地工作时，曾经以为那是牧羊人驱赶狼群、农夫称量锄头用的。现在他意识到，它们其实是暴力的武器：石头都有矛型的尖端，投石器弹药则是堆放起来防御敌人的。

不管考古学家怎么看，他们都发现了早期农民彼此不断交战并造成致命影响的证据。耶利哥古城的早期居民在没有金属工具的条件下，在坚硬的岩石里挖了一条 30 英尺深、10 英尺宽的防御沟。在德国的默尔茨巴赫山谷，农业的出现带来了 5 个世纪的人口稳步增长，紧随其后的却是修建防御工事，朝坑里倾倒尸体，废弃整个谷地。[281] 公元前 4900 年左右的泰尔汉姆，一个村子整整 34 人都遭到了屠杀，不是被砍头，就是背后中了箭，而且，所有的成年妇女全部失踪——大概是给掠走当犒赏了。[282] 凶手们的所作所为，跟《圣经》里摩西吩咐追随者们做的事情大同小异。战胜米甸人、屠杀了所有成年男性之后，摩西吩咐士兵们强奸处女，把事情做绝："所以，你们要把一切的男孩和所有已嫁的女子都杀了。但女孩子中，凡没有出嫁的，你们都可以存留她的活命（给自己用）。"（《旧约 · 民数记》）

同样，不管人类学家到哪儿观察，新几内亚、亚马孙还是复活节岛，都发现如今延续留存下来的农耕部落存在长期争战。先发制人袭击邻居，免得他们袭击你，这是人类的行为惯例。诚如保罗 · 西布莱特所写："只要是在对此类行为没有制度限制的地方，人类都会系统性地屠杀跟自己没有血缘关系者，尽管这很可怕，但不能说它是异常、是病态，或是混乱。" [283]

我们也无法否认，这种残忍的暴力行为总是能让现代人反胃。1609 年，塞缪尔 · 尚普兰㊀跟休伦族一起（靠他火绳枪的帮忙），对莫霍克族成功地发动了一轮突袭。[284] 事后，他无奈地看着自己的盟友们拷打俘虏。从黄昏直到黎明，他们从火堆里拿起通红的木棒在俘虏的身体上烙下印记，一等那人昏迷，就拿冷水把他浇醒。等太阳升起来了，他们才依照传统，除去这可怜受害者的内脏，把他吃了。整个过程里，俘虏奄奄一息，渐渐没了气。

㊀ Samuel Champlain，法国探险家、地理学家。——译者注

化肥革命

新石器革命为后代子孙提供了近乎无限的卡路里。未来的几千年将出现无数次饥荒，但再也无法把人口密度降到狩猎采集时代的水平了。人们一点一滴地努力，采用了种种技巧，改换了繁多的作物，找到了从最贫瘠土地里侍弄出食物、从最粗劣的食物里压榨出卡路里的办法，并靠着不可思议的敏锐洞察力，弄清了具体该怎么做。从新石器时代快进到几千年之后的工业革命，人口开始爆炸，不再像过去那样增长一阵就陷入停滞了。有趣的是，在这场爆炸中，你和你的祖辈们却没挨饿，反而吃得更好了。1798 年，罗伯特·马尔萨斯[285] 在《人口论》里做出了著名的论断：由于土地生产力有限，食品供应会跟不上人口增长的步伐。他错了，但证明他错可不是件容易的事情，19 世纪，他的预言差一点儿就成了真。尽管靠着蒸汽轮船、铁路、伊利运河、冷藏和联合收割等新技术，美洲运送了大量小麦、牛肉和猪肉到欧洲喂养工业时代的群众，饥荒却从未走远。

情况本来还会变得更糟糕的，可大约 1830 年的时候，一次奇怪的意外发现逆转了局面。南美洲和非洲南部海岸有些干旱的鸟岛，鸬鹚、企鹅和海鹅的粪便没有被雨水冲刷掉，经过数百年的积累，形成了富含氮和磷的巨大沉积肥堆。开采鸟肥成了一档利润丰厚却也十足冷酷的买卖。光是纳米比亚的小岛伊查波，短短几年就出产了 80 万吨鸟肥。1840～1880 年，含氮鸟肥极大地改变了欧洲农业的面貌，但没过多久，连资源最丰富的鸟岛也被开采殆尽了。采掘工们改为挖掘安第斯山脉丰富的硝石矿床（原来，这里是古代的鸟岛，因为南美洲向西漂移而抬升成了山地），但仍然跟不上需求的步伐。20 世纪之初，肥料危机陷入绝境。1898 年，马尔萨斯做出悲观预测一百周年时，英国著名化学家威廉·克鲁克斯爵士在英国科学促进会上致辞，发出了类似的哀叹。[286] 他的讲演名为“小麦危机”。他认为，考虑到人口的增长以及美洲的新增可耕土地消耗完毕，“要是没有足够的粮食可吃，所有的文明都将走向灭亡的绝境”，除非依靠某种科学方法，用化学把空气里的氮“固定”下来，要不然，“白种人将被那些不靠小麦面包为生的人种排挤出去，直至消亡”。

短短 15 年里，他提出的挑战就被攻克了。德国化学家弗里茨·哈伯和卡尔·博施发明了利用蒸汽、甲烷和空气大量生产无机氮肥的方法。[287] 如今，你身体里将近一半的氮原子都来自此类氨厂。但还有一个更大的因素阻止了克鲁克斯预言的灾难，那就是内燃机。最初的拖拉机跟良种的马匹比起来没什么优势，但从人类的角度考虑，它却有一项极大的好处：拖拉机无须土地来生产动力。美国的马匹数量在 1915 年达到了 2100 万的峰值，当时，约有 1/3 的农用土地都拿来养活它们了。故此，机械取代牲畜，释放出了大量的土地耕种粮食，供人类消耗。同一时期，机动运输使铁路覆盖了广袤的土地。迟至 1920 年，美国中西部尚存 300 万英亩上好的农用土地未被开垦，[288] 因为它们离铁路的距离超过了 80 英里，这也就是说，如果用马车运输，需耗时 5 天，其成本比马车能拉的谷物价值还高 30%。

1920 年，植物育种师杂交了来自喜马拉雅山脉和美洲地区的小麦，培育出一种生命力强又耐寒的新品种小麦，它名叫“侯爵”，能够在加拿大更北的地方生存。所以，多亏了拖拉机、化肥和小麦新品种，到 1931 年，也就是克鲁克斯预言里饥荒爆发的年份，小麦的供应远远超过了需求，价格暴跌，欧洲各地种植小麦的土地都变成了牧场。

博洛格的基因

20 世纪之后的岁月继续挫败马尔萨斯式的悲观主义者，最精彩的一次出现在 20 世纪 60 年代的亚洲。20 世纪 60 年代中期有两年，印度似乎濒临大规模饥荒的边缘。庄稼因为干旱而减产，挨饿的人越来越多。饥饿从不曾在南亚次大陆上销声匿迹过，1943 年孟加拉大饥荒的惨痛经历还鲜明地留在人们的记忆里。那几年，印度出现了一轮前所未有的人口爆炸，人口新增了 4 亿多。政府早就把农业放在了议程的首位，可国家专营机构却提出控诉，说新品种的水稻和小麦根本没什么用，因为印度根本就找不到新的土地能耕种它们。唯一能阻挡印度陷入可怕命运的，似乎只有美国每年向印度援助的 500 万吨粮食，但外援显然又不可能维持太久。

可就在这种失败情绪的笼罩下，靠着此前 20 年里发生的一系列事件，印度的小麦产量起飞了。第二次世界大战结束时，麦克阿瑟将军的驻日美军里有个叫塞西尔·萨蒙的农学家。萨蒙收集了 16 个品种的小麦，有一种名为"农林 10 号"。正常的小麦一般能长到 4 英尺高，农林 10 号却只能长到 2 英尺——现在我们知道，这是因为 Rht1 基因的突变，它减少了小麦对天然生长激素的响应。萨蒙收集了一些种子，寄回了美国。1949 年，种子到了俄勒冈科学家奥维尔·沃格尔的手里。当时，研究人员业已证明，靠添加人工肥料无法提高高秆小麦的产量。化肥使小麦长得又高又粗，然后就断掉了，也就是"倒伏"了。沃格尔着手把农林 10 号跟其他小麦杂交，培育新的矮秆品种。1952 年，在墨西哥工作的科学家诺曼·博洛格拜访了沃格尔，带走了一些农林 10 号及农林－布利沃杂交种子回墨西哥，继续杂交。[289] 短短几年里，博洛格就让小麦的产量比从前高了 3

倍。1963 年，墨西哥 95% 的小麦都改种了博洛格的品种，该国的小麦产量较之博洛格刚在墨西哥扎根时翻了 6 倍。博洛格开始培训其他国家的农学家，这里头就有埃及和巴基斯坦来的研究人员。

1963～1966 年，为了让巴基斯坦和印度接受矮秆小麦，博洛格碰到了无数的障碍。当地研究人员故意不给试验田施够肥料。墨西哥和美国的海关官员还有洛杉矶发生的种族暴乱，耽搁了种子的运输，送到的时候已经错过了种植季节。海关过分热心的熏蒸消毒杀死了一半的种子。印度国家粮食专卖局的说客反对使用新品种小麦，散布谣言说它们容易感染疾病。由于希望建设国内的化肥工业，印度政府拒绝提高化肥进口量。博洛格气得对着副总理咆哮起来，这才叫官方改变了主意。然而雪上加霜的是，印度和巴基斯坦两国又打起仗来。

但渐渐地，凭借博洛格的毅力，矮秆小麦推广开来。巴基斯坦农业部长上了广播电台的节目，专门称赞新品种。印度农业部长把自己的板球场开垦成了麦田。1968 年，墨西哥运来大批种子之后，印巴两国的小麦实现了大丰收。[290] 庄稼太多，都没有足够的人手、牛车、卡车、谷仓来应付了。有些镇上，粮食干脆存放到了学校。

1968 年 3 月，印度发行了一枚庆祝小麦革命的纪念邮票。同年，环保专家保罗 · 埃尔利希出版《人口爆炸》一书，说印度想实现粮食自足是天方夜谭。话音未落，这预言就落了空。1974 年，印度成了小麦净出口国，小麦产量翻了 3 倍。博洛格的小麦（以及随后的矮秆水稻）掀起了绿色革命，20 世纪 70 年代，亚洲农业实现了天翻地覆的变化，在人口迅速增长的同时，饥荒被从整个大陆上彻底扫除。1970 年，博洛格获得了诺贝尔和平奖。

事实上，博洛格和他的盟友们释放出的是化肥的力量，而化肥又是用化石燃料制成的。自 1900 年以来，世界人口增长了 400%，耕地面积扩大了 30%，耕地平均产量提高 400%，庄稼总收成增长了 600%。这也就是说，人均粮食产量增长了 50%。这真是化石燃料为我们带来的天大好消息。

集约式耕作拯救大自然

把全世界所有的谷类作物加在一起来看，2005 年的粮食亩产量达到了 1968 年的 2 倍。亩产量的提高大规模地释放了土地。让我们来看看经济学家英杜尔·郭克拉尼计算完成的惊人统计数字。如果 1998 年的亩产量仍然是 1968 年的水平，那么养活 60 亿人口就需要开垦 79 亿英亩土地（1998 年实际开垦的耕地仅为 37 亿英亩），差不多相当于整个南美洲减去智利后的面积。再做个乐观的假设好了，让我们姑且认为从雨林、沼泽和半沙漠地带新开垦出来的耕地亩产量能跟之前的耕地维持在同一水平。那么，倘若亩产量不增加，就得烧掉远远比实际情况更多的热带雨林、灌溉更多的沙漠、排干更多的湿地、开拓更多的滩涂、耕种更多的牧场。换句话说，今天人们使用的农业土地（即开垦、种植或放牧）仅占地球陆地面积的 38%，可按 1961 年的亩产量计算，要想养活现在的总人口数，农业用地得占到 82%。集约式耕作为地球节约了 44% 的荒地。[291] 从环境的角度来看，集约式耕作简直太好了。目前，全球有 20 多亿亩的“次生”热带雨林都是农民们迁往城市之后重新长出来的，其物种多样性和原生森林几乎一样丰富。这多亏了集约化农业和城市化的发展。

有人认为，人类已经把地球初级生产的很大一块占为己有了，[292]这种占有比例是不可持续的，再这样下去，整个地球的生态系统就会崩溃。人类的总重量，只占全球动物体重的 0.5%。可他们靠着乞讨、借贷和巧取，将整个陆地植物初级生产的大约 23% 挪为己用（如果把海洋算进去，数字就要低很多了）。生态学家把这个数字叫作“HANPP”，即“人类占用的净初级生产”[293]（human appropriation of net primary productivity）。这就是说，每年陆地植物大约能吸收空气里的 6500 亿吨碳，在这里边，人们收割的植物能吸收 800 亿吨，烧掉的植物能吸收 100 亿吨；因为人们开垦、放牧、修建道路占据了土地而没能长出来的那部分植物，如果照常长出来的话，能吸收 600 亿吨；最后，剩下来养活其他所有物种的植物，能吸收 5000 亿吨碳。

看起来这好像还留出了一定的增长空间，但指望地球继续养活一种如此强势的巨猿，真的具有现实性吗？要回答这个问题，我们得按地区把数字分开剖析。在西伯利亚和亚马孙地区，99% 的植物长出来都是在养活野生动物，并不是人。在非洲和中亚的大部分地区，人们降低了土地的生产力，同时占有了大约 1/5 的产出——过度放牧的灌木丛林能养活的山羊数量比它是荒野时能养活的羚羊要少。然而，在西欧和东亚，人们虽说吃掉了近一半的植物产出，留给其他物种的部分却几乎没有减少——因为他们用肥料极大地提高了土地生产率：我家附近的草甸每年喷洒两次硝酸盐，不光养活了大群的奶牛，地里还到处都是蚯蚓、大蚊[⊖]和粪蝇，更有以它们为食的山鸟、寒鸦和燕子。实际上，这给了人们极大保持乐观态

⊖ 一种有长腿的小昆虫，看上去就像只大蚊子，以草根和腐烂的植物有机质为食。——译者注

度的信心，因为它意味着，倘若整个非洲和中亚走上集约化农业的道路，就能养活更多的人，又维持更多的其他物种。用学术语言来说，也就是："这些发现表明，在全球范围内，可能存在相当大的潜力增加农业产量，不必提高 HANPP。"[294]

其他的发展趋势同样令现代农业更适合地球了。现在，用除草剂就能控制杂草，用不着犁了（犁的主要功能就是把杂草埋进地里），越来越多的作物可以不用耕耘，直接播种。这就减少了土壤侵蚀、泥沙径流，也不用害死土壤里大量无辜的小动物了（犁地的话就会）——这一点，以小虫子为食的海鸥群可以作证。食品用防腐剂加工，虽说备受赶时髦的环保人士所鄙视，却极大地减少了食物浪费。就连在牲畜棚里成批圈养的鸡、猪和牛，[295] 也无疑以更少的饲料、污染和疾病生产出了更多的肉（尽管关心动物福利的人看到它们的处境，会觉得良心上很难过，包括我在内）。倘若禽流感来袭，自由放养的鸡对人造成的威胁最大，鸡舍里养的却不然。诚然，一部分牲畜集约式养殖残忍到了叫人无法接受的地步，可也有一部分并不比所谓的自由放养要差，更何况，集约式养殖对环境的影响显然要小得多。

博洛格的基因，再搭配上哈伯的氮肥和鲁道夫·迪塞尔的内燃机，不光让马尔萨斯至少又错了半个世纪，还让老虎和犀鸟得以继续生存在野外。因此，我想要提出一个大胆的设想：贯穿整个 21 世纪，世界会制定出合理的目标，以越来越高的标准养活自己，同时，它非但无须新开垦土地，相反，还会逐步减少现有的耕地面积。这做得到吗？ 20 世纪 60 年代初，经济学家柯林·克拉克计算出，从理论上说，每个人只需 27 平方米的土地就能养活自己了。[296] 他的理由如下：一般人每天需要大约 2500

卡路里的食物，相当于 685 克粮食。把它翻上 1 倍，留出种植些许燃料、棉花和养殖若干动物蛋白的空间，也就是 1370 克。在灌溉得当的肥沃土壤上，光合作用的最大速率差不多是每天每平方米生长 350 克，但你可以把它减少到 50 克，因为在实践当中，农业要在广大的面积上才能施展得开手脚。所以，种出一个人需要的 1370 克，只需要 27.5 平方米。在此基础上，根据当时的亩产量，克拉克计算出在 20 世纪 60 年代世界可以养活 350 亿张嘴巴。

这里，我假设克拉克的结论太过乐观（尽管他对光合作用的态度是很保守的）。我把他的数字翻上 3 倍，假设地球至少要用 100 平方米土地才能养活一个普通人。我们现在距离这一纯理论还有多远呢？ 2004 年，全世界用 5 亿公顷的土地种植了大约 20 亿吨的稻米、小麦和玉米：平均每公顷的产量是 4 吨。[297] 这 3 种作物提供了全世界 2/3 的粮食（既直接供人食用，也充当鸡、牛和猪的饲料，转化成肉类供人食用），相当于养活 40 亿人。故此，每公顷地养活大概 8 个人，反过来说，也即每个人用了 1250 平方米土地。20 世纪 50 年代，每个人要用 4000 平方米。距离 100 平方米的纯理论计算，这还差得很远。除此之外，世界还有另外 10 亿公顷土地用于种植其他谷物、大豆、蔬菜、棉花等（未计入放牧用地）——这样算下来，每人要用 5000 平方米土地。就算你把人口增加到 90 亿，在我们达到农业生产力的极限之前，仍有极大的进步空间。就算你把产量翻 1 倍或者翻 3 倍，距离土地实际可达到的最高产量都还远得很，离光合作用的极限值就更远了。如果我们全都改吃素食，我们的土地需求量会变得更少，可如果我们改走有机路线，土地需求量会增加——想用奶牛的粪便为土地施肥，我们还需要额外的土地来养活这些奶牛才行。更确切地说，要取代目前使用的所有工业化氮肥，意味着要用额外的300亿英亩牧场来放牧额外的70亿头牛。[298]（你经常会听到有机农业的支持者歌颂粪肥和素食这两种美德，这下，你晓得矛盾在哪儿了吧？）但上述计算表明，就算我们不吃素，盈余的农田也会越来越多。

那我们就这么做好了：继续削减人均耕地面积，把多出来的土地还给大自然。

就粮食生产而言，自从哈伯打破了肥料的瓶颈之后，用完能沐浴到阳光的土地再不成其为问题，而水资源用完却很可能是个大麻烦。莱斯特·布朗㊀就指出，印度的地下水很快就会耗尽，恒河又逐年干旱，[299]可该国却极大地依赖这两种水源来灌溉庄稼。在全世界范围内，灌溉水蒸发带来的土壤盐化问题越来越严重，而灌溉农作物占了全世界整整70%的用水量。但他接着承认，灌溉系统的效率（也即水分蒸发的损失）正迅速走高；另外，滴灌这种成熟的技术几乎可以彻底解决这一问题。诸如塞浦路斯、以色列和约旦等国已经大量采用滴灌。换言之，灌溉浪费水是水价太低的产物。一旦水能够依靠市场正确定价，人们不仅会更加节约用水，[300]还有了存储它的动机，水资源很快就能重新丰富起来。

为了在2050年养活90亿人口，我们需要这么做——采取下列举措，把农业产量翻一番：在非洲大力提高化肥使用比例，在亚洲和美洲采用滴灌技术，在诸多热带国家推广双季作物，在全世界范围内使用转基因作物，提高亩产量、减少污染；从用谷物饲养牛改成用大豆喂养，继续扩大鱼、鸡和猪的相对养殖量，减少牛羊的相对养殖量（鸡和鱼转化谷物变成

㊀ 世界著名环境学者，曾著有《谁来养活中国》一书。——译者注

肉的效率是牛的 3 倍，猪介于两者之间）；扩大贸易，这不光是因为吃饭的嘴巴和农作物不长在一个地方，更是因为贸易鼓励专业化，不同的地区专门种植当地亩产量最高的作物。通过这些举措，把农业产量翻一番。如果价格信号驱动全世界的农民采用了上述措施，那么，完全可以设想，到 2050 年，90 亿人口靠着面积更小的耕地，吃得比现在更舒服，同时，大片土地释放出来成了自然保护区。想象一下：2050 年的时候，大片大片的耕地重新变成了野生的树林和草原。这是一个美好的目标，它只能靠着进一步的集约式农业和进步来实现，而不是倒退回从前，过有机生活。不妨这么设想一下：把农业变成一档多层次的生意，用水培滴灌和电力照明在废弃的城市旧址全年生产粮食，再用传送带把这些粮食基地直接跟超级市场连起来。至于说这些建筑和电力所需的资金，可以靠给退耕还林（还草、还湖等）的开发商免税来筹集，让他们把其他地方的农田重新变成森林、沼泽和大草原。这真是一幅激动人心的理想画面啊。

有一位教授和一名厨师[301]在我的电台节目上提出建议，说各国应该实现粮食自给自足，自己种，自己吃。真的应该这样吗？（为什么非得是各国？为什么不是各大陆、各村庄、各行星？）真要这么做的话，当然需要多得多的耕地面积了。英国就碰巧只适宜种植小麦、出产羊毛，种植香蕉和棉花会劳而无功；反过来说，牙买加只适宜种植香蕉和棉花，非要种植小麦、出产羊毛，同样劳而无功。而如果世界决定它非要从田里种出汽车燃料，而不是从油井里开采出来（21 世纪之初它就这么疯狂地做了）㊀，耕地面积同样也会膨胀。[302]再见了，热带雨林。但只要一部分

㊀ 这里指当时掀起的一阵生化燃料风潮，以玉米乙醇来代替汽油。——译者注

理智的人占了上风，那么，我的孙辈们将来能吃得比我好，游览到比现在面积更大、更原生态的自然保护区。我很乐意为了这个理想而奋斗。集约式农业是它的实现之道。

当人类以狩猎采集为生的时候，每人大约需要1000公顷的土地赖以维生。如今，靠着农业、基因遗传学、石油、机械和贸易，每人所需的土地减少到了1000多平方米，也就是1公顷的1/10。[303]（石油能否长久维持，是另外一个主题，我将在本书稍后的部分另作探讨。简要地说，我的回答是：只要石油的价格涨到足够高的地步，替代品一定会被采纳推广开来的。）这一切得以实现，无非是因为每平方米的耕地种上了它最适宜生长的作物，再依靠全球贸易的分配，让所有人都能获得每一种必需的农产品。还是那句话：专业化生产、多元化消费，是走向繁荣的关键。

错误的“有机”呼吁

政客可以让我的预测落空。要是世界真的打算走有机之路——也就是说，让农业从植物和鱼类里获得氮，而不是依靠工厂和化石燃料从空气里获得氮，那么，2050年的90亿人，恐怕有不少人都会忍饥挨饿，所有的热带雨林都会被砍伐干净。是的，我说的就是“所有的”热带雨林。不管你喜欢还是不喜欢，有机农业就是产量低，[304]原因很简单：化学作用。由于有机农业放弃了所有的合成肥料，它会把土壤里的矿物营养成分耗尽——特别是磷和钾，但最终，硫、钙和锰也会用个精光。往土壤里加入碾碎的石头或压扁的鱼可以缓解这个问题。但这么做，你得先开矿、捕鱼才行。不过，更主要的问题在于缺氮，这可以靠种植豆类（苜蓿或豆子）

来解决，豆类可以从空气里将氮固定下来，然后再把它们耕到土壤里，或者，用豆子喂牲畜，把牲畜排出的粪便耕进土壤里。依靠这些帮助，一部分有机土地可以实现施加化肥时的高产量，但前提是利用额外的土地种植豆类、饲养牲畜，[305] 这样，之前的那块土地才能产量翻番。与此相反，传统的工业化农业是从最有效的地方获取氮的——也就是靠工厂从空气里固氮。

走有机路线的农民同样还想减少对化石燃料的依赖，但除非你希望有机食物昂贵、稀缺、肮脏、容易腐烂，否则，它必然会采用集约式耕作。而集约式耕作就意味着使用燃料，从实践上看，加利福尼亚种植 1 磅包含 80 卡路里的有机生菜，不使用合成肥料，也不使用杀虫剂，需要化石燃料提供 4600 卡路里，才能让它走进城市餐厅里寻常消费者的盘子：栽种、除草、收获、冷藏、清洗、加工和运输，全都要使用化石燃料。[306] 用传统化肥种出来的生菜，大约需要 4800 卡路里。两者的差距微不足道。

可是，当一种能提高有机农业效率和竞争力的技术出现的时候，有机运动却将之拒之门外。[307] 这种技术就是基因改造，它于 20 世纪 80 年代中期被发明，本意是想以较为温和的方式替代使用伽马射线和致癌化学物的"诱变育种"。过去半个世纪里，有多少作物是采用"诱变育种"制造出来的，你知道吗？有多少面粉来自一种受了辐射的硬粒小麦，你知道吗？大多数亚洲梨都长在受了辐射的嫁接枝条上，你知道吗？有机啤酒商尤其喜欢用的大麦品种"千金一诺"，最初是 20 世纪 50 年代英国从原子反应堆里，靠着大规模诱变其基因制造出来的，你知道吗？到 20 世纪 80 年代，科学家们的研究达到了这样的高度：从前，他们会用许多未知的结果和大量的附带基因损害、搞乱目标植物的基因；而现在，他们找出具备已知功能的已知基因，将它注入植物的基因组，让它完成已知的任务。这种基因可能来自不同的物种，故此能够实现自然界植物相对较少出现的物种性状横向转移（但这在微生物界很常见）。

举个例子，不少农民开心地采用了名为“苏芸金杆菌”（又名“敌宝”，或“bt”）的细菌杀虫剂。20 世纪 30 年代，法国最先将之商品化，喷洒到庄稼上控制害虫。因为这是一种“生物”喷剂，它通过了农民们的测试。到 20 世纪 80 年代，人们已经针对不同的昆虫开发出了大量敌宝变种。它们全被看作有机产品。其后，基因工程师把敌宝整合到了棉花里，制造出了“bt 棉花”，也即头一批转基因作物之一。bt 棉花有两项巨大的优势：它能杀死寄居在植株体内、喷剂无法轻易触及的棉铃虫；它不会误杀那些不以棉花植株为食的无辜昆虫。然而，尽管这是一种以生物方式整合进植物的真正有机产物，显然也更为环保，有机教派的传道士们却拒绝这一技术。bt 转基因棉花继续改造着棉花产业，现在已经取代了所有棉花作物的 1/3 以上。印度政府拒绝这项技术，而农民们看到邻国地里种的“私货”转基因棉之后，却奋起提出抗议，要求改种这一作物。现在，大多数的印度产棉花都成了 bt 棉花，结果是产量差不多翻番，杀虫剂使用量减少了一半[308]——绝对的双赢局面。世界各地对 bt 棉作物进行的每一项研究中，从中国到美国的亚利桑那州，杀虫剂使用量减少的比率高达 80%，[309] 地里的蜜蜂、蝴蝶和飞鸟重新多了起来。经济和生态领域都传来了好消息。然而，仅仅为了迎合公众抗议的短暂风潮，有机运动的领导者们故步自封，拒绝了这种能大幅减少使用合成农药的新技术。[310] 有人估计，因为转基因作物的推广而减少使用的杀虫剂活性成分超过了 2 亿千克，[311] 而且这个数字还在持续攀升。

有机运动坚决要把农业技术冻结在 20 世纪中期的水平，这件事不过是其中一个例子罢了，它错失了其后诸多发明带给环境的好处。“我真是受够了，如今的人们肯定不会找只用听诊器、不用核磁共振检查的医生看病，可他们却要求像我这样的农民只用 20 世纪 30 年代的技术来种庄稼。”密苏里的农民布莱克 · 赫斯特写道。[312] 走有机路线的农民乐于喷洒硫酸铜或硫酸烟碱，却不用杀虫速度快、对哺乳动物毒害极低、不会在环境里长久存在、对非害虫昆虫无附加损害的合成除虫菊酯。他们不用除草剂，这也就是说，他们要么使用低工资的劳动力人工清除杂草，要么采用翻耕火烧的方式除草，而翻耕火烧会彻底摧毁土壤的动物群、加速土壤侵蚀、释放更多的温室气体。他们不用工厂制造的氮肥，却纵容自己使用拖网捕获的鱼制成的肥料。

美国生物学家蕾切尔 · 卡森在经典作品《寂静的春天》[313] 里呼吁科学家们放弃化学杀虫剂，寻找“生物途径”来控制虫害。科学家们真的这么做了，有机运动却对他们嗤之以鼻。

改造基因的多种方法

其实，光从定义来看，几乎所有的农作物都是“改造”了基因的。它们全是怪异的突变体，产量高得违背了自然规律，种子可以自由脱粒，果实又大又甜，全靠人类的干预才能生存下来。胡萝卜是橙色的，因为 16 世纪荷兰人最初选中的突变品种是橙色的。香蕉是不育的，它没有结实能力。小麦的每个细胞里都有 3 种完整的二倍体基因组，分别来自 3 种不同的野草，把小麦放到野生环境底下，它根本没法生存。水稻、玉米和小麦都有一些共同的基因突变：让植株的种子长得更大，预防落叶，让谷粒更易脱落。这些突变都是人工选择的，尽管是由早先的农民在播种和收获时不经意间选择出来的。[314]

但现代基因改造技术使用的是单个基因，施压团体煽动起来的不理性恐惧简直要把它扼杀在襁褓里了。首先，他们说，转基因作物可能不大安全。吃了一万亿顿转基因作物之后，没有出现过一起因为转基因作物致使人类患病的案例，这种论点不攻自破了。接着，他们又说，让基因跨越物种屏障，有违自然。可小麦，这一种植数量最大的农作物，本来就是有违自然的“多倍体”，它混合了三种野生植物的基因。而且，很多植物都表现出了横向基因转移，比如互叶梅，一种原始的开花被子植物，身上就有从苔藓和藻类借来的基因序列。[315]（人们发现，在病毒的帮助下，DNA 还可以自然地从蛇跳到沙鼠身上呢。[316]）再之后，他们说，生产和销售转基因作物，只是为了赚钱，不是为了帮助农民。哈，拖拉机不也一样嘛。接下来，他们又举出一个奇异的论点：抗除草剂的作物或许会跟野生植物杂种繁殖出一种用除草剂杀不死的“超级”杂草。这些人本来就反对使用除草剂，既然如此，叫除草剂失效，岂不是他们最想要的结果吗?

到 2008 年，转基因技术发明不到 25 年，全世界整整 10% 的可用耕地（3000 万英亩）种植起了转基因作物，这是农业历史上采用新技术最迅速也最成功的一次。[317] 只有欧洲和非洲部分地区的农民和消费者，在激进的环保主义者施加的压力下，怀着“对饥饿的习惯性冷漠”态度（语出斯图尔特·布兰德，著名的实用环保主义先锋），[318] 拒绝了转基因作物。经西方活动家的大力游说，非洲各国政府用烦琐的程序将转基因作物束缚了起来，除了 3 个国家（南非、布基纳法索⊖和埃及），其余非洲地区均不可商业化种植。2002 年出过一件臭名昭著的事情：在施压团体（国际绿色和平组织和地球之友亦卷入其中）的抗议下，赞比亚政府在饥荒之中竟然拒绝了外国捐助的食品，就因为转基因食物可能存在危险！施压团体甚至对赞比亚代表说，转基因作物恐怕会导致病毒感染。美国农业问题专家罗伯特·帕尔伯格写道："欧洲人把最奢侈的口味强加给了最贫困的人民。"[319]"黄金大米"的开发者英高·伯特里库斯认为："盲目地反对一切转基因食品，只有吃得太饱的西方人才负担得起这样的奢侈活动。"[320]肯尼亚科学家弗罗伦斯·温布古说："你们发达国家的人尽可以自由自在地辩论转基因食品的优缺点，但我们能不能先拿它吃饱了肚子再说？"[321]

其实，从转基因作物里能获得最大好处的恰恰是非洲，因为当地农民多为小农户，难得使用化学农药。乌干达有一种名叫"叶斑病"的真菌类疾病，威胁着该国的主食香蕉作物，明明有着水稻基因的抗菌品种却因为管制多年无法上市，转基因的实验农场只好用挂锁的篱笆拦起来——倒不是为了不让它们免遭抗议者的践踏，而是为了不让迫不及待的用户提前把它们抢走。过去 35 年里，非洲的人均粮食产量下降了 20%，[322]茎螟蛾的幼虫让非洲的玉米作物损失了大约 15%，储存时的甲虫灾害还要让它损失至少相同的比例，而 bt 小麦却能同时抵抗这两种害虫。企业所有权并不是问题的要害：西方企业和基金会都热心地通过非洲农业技术基金会等组织，把这类作物提供给非洲农民，不收授权费。希望现出了曙光。2010 年，肯尼亚对抗旱和抗玉米虫的小麦开始了田间试验，[323]尽管其后会有

⊖ 布基纳法索是位于非洲西部沃尔特河上游的内陆国。——译者注

长达数年时间的安全检验。

具有讽刺意味的是，全球反转基因作物运动的主要结果是：拖延了化学农药退出市场的时间；使得只有商业作物才花得起钱，穿越监管的丛林进入市场；最终，也就意味着小农户和慈善机构根本就无法接触到这些作物。由于只有大企业才承受得起环保主义施加压力制定的监管条例，未来很长一段时间，基因工程仍然会是它们的保留地。然而，转基因作物对环境的益处已经相当大了——只要种了转基因棉花，农药的使用量就会迅速下降，只要种了耐除草剂的大豆，免耕就会令土壤更加肥沃。它的好处还远不止如此。耐旱、耐盐和耐毒铝的植物已经在研发了。富含赖氨酸的大豆很快就能喂养渔场的鲑鱼了，再不用大力捕捞其他野生鱼种当饲料了。到你读到本书的时候，能更有效吸收氮的植物说不定已经上市了，它能用不到常规化肥使用量的一半实现更高的产量，避免土壤中营养物质径流污染水生生物栖息地；减少温室气体（氧化亚氮，它带来的温室效应比二氧化碳高 300 倍）排放，保护大气；减少生产化肥的化石燃料使用量，节约农民的成本。有些好处不靠转基因也能实现，但有了转基因，实现起来速度更快，也更安全。绿色和平组织和地球之友还是众口一词地反对。

环保主义者还从其他方面批判现代农业。他们说，为了追求数量，科学可能牺牲了食物的营养质量。实际上，20 世纪为日益增长的人口提供了越来越丰富的卡路里，实现了辉煌的成功：全世界居然出现了大量因为进食过多导致的疾病，诸如肥胖症、心脏病、糖尿病，说不定还包括抑郁症。举例来说，现代植物油和大量红肉构成的饮食结构里奥米加三脂肪酸含量低，[324] 可能会导致心脏病；现代小麦面粉富含支链淀粉，可能导致胰岛素抗性，从而让人患上糖尿病；玉米的氨基酸中色氨酸含量极低，而色氨酸是“快乐感”神经递质血清素的前导物。消费者可以寄望于下一代植物品种来纠正这些缺陷。他们可以吃更多的鱼、水果和蔬菜来平衡饮食。但对渴望获得土地、吃饱肚子的人而言，这一切还太奢侈，它更适合富人而不是穷人，故此会加剧健康的不平等。印度环保活动家范达娜 · 希瓦，响应法国皇后玛丽 · 安托瓦内特㊀的呼吁，反对富含维生素的大米，建议印度人民多吃肉、菠菜和芒果，别再依赖黄金稻米。[325]

其实，转基因明明白白地给出了解决的办法——把健康营养特性植入高产作物品种：玉米里植入色氨酸来抗抑郁，胡萝卜里植入钙转运基因帮助不能喝牛奶的人抗骨质疏松症，高粱和木薯里植入维生素和矿物质，方便那些以之作为主食的人。本书出版期间，南达科他州培育出来的带奥米加三脂肪酸大豆应该已经进军美国超市了。它们有望降低心脏病发作的危险，甚至还有助于那些好用大豆油烹饪者的心理健康，同时，它们还能缓解提炼鱼油给野生鱼群带来的压力。

㊀ 1793 年法国大革命期间被送上了断头台。传说她生活奢靡，不知民间疾苦，曾经说过：“人民若无面包，何不改吃蛋糕呢？”与我国晋惠帝“何不食肉糜”一语有异曲同工之处。——译者注

第 5 章

城市的胜利

5000 年前的贸易

进口就是圣诞节大清早，出口就是一月收到的信用卡账单。[326]

——P. J. 欧拉克

《论〈国富论〉》

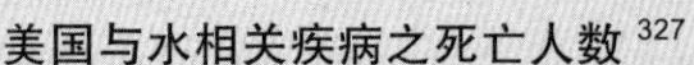

美国与水相关疾病之死亡人数[327]

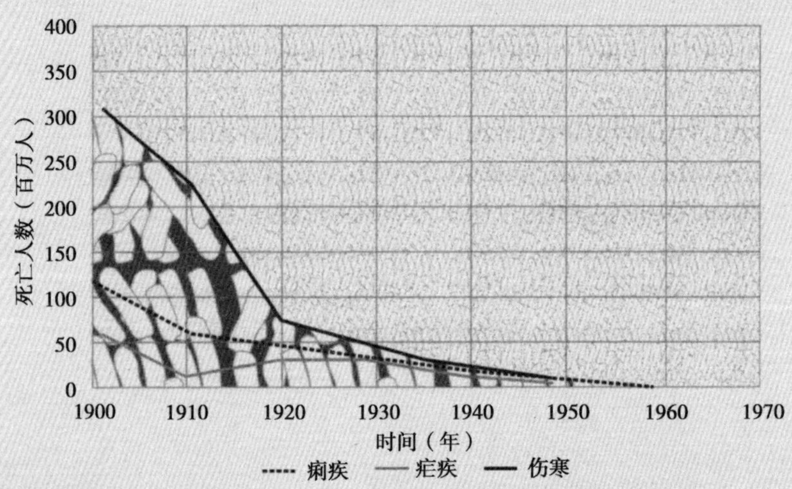

一台靠一个人操作的现代化联合收割机，可以在一天之内收割足够做出50万条面包的小麦。[328]这也就难怪在我写下这些话的时候（也即2008年年底），生活在城市里的人口有史以来第一回占了大多数——1900年的时候，城市人口比例仅为15%。农民如潮水般离开土地，到城里去寻找财富，除了生产粮食之外的事，他们想做什么都行。这既是农业机械化带来的结果，也是开启农业机械化的原因。

虽说有些人是满怀希望与雄心进城的，有些则是带着绝望和恐惧进城的，但他们几乎全都被同一目标吸引而来：参与贸易和交换。城市的存在，就是为了贸易和交换。人们在城市里分配劳动，专攻一业，互相交换。贸易扩大的时候，城市发展——20世纪，香港地区的人口增长了30倍；贸易萎缩的时候，城市枯竭。罗马在公元前100年有居民100万人，到了中世纪之初，只剩下不到2万人。人们到了城市之后，死亡人口通常多于出生人口，所以，大城市全是靠着农村移民来维持规模的。

农业在世界的六七个地方同时出现，意味着它是进化的必然抉择，几千年过后的城市同样如此。大型城市定居点及公共建筑、纪念碑和公共基础设施，在7000年前的若干个肥沃河谷地区同时冒了出来。最古老的城市在美索不达米亚南部，也即现在的伊拉克。它们的出现标志着生产更加专业化，消费更加多元化。

当时的情况似乎是这样：某个降雨量丰富的时期，住在幼发拉底河流域南部肥沃的冲积平原上的农民逐渐富裕了起来，他们用自己种植的粮食和纺织出来的羊毛换取北部山区出产的木材和贵重宝石。大约7500年前，一种独特的“奥贝德”式陶器、泥镰刀和房屋设计[329]遍布了整个近东地区，它往北进入伊朗的山区，越过地中海，来到阿拉伯半岛沿岸，在那儿，渔民们把鱼卖给奥贝德商人，交换谷物和渔网。这是一种靠着贸易实现的散布，而不是帝国统治下的扩大疆域：接受了奥贝德风格的远方民众仍然保持着独特的生活习惯，说明他们并不是从美索不达米亚来的殖民者，而只是模仿奥贝德式样的当地居民。

乌尔城

所以，美索不达米亚的奥贝德人靠着出口粮食和布匹，吸引邻人出口木材和金属（稍后时期）。奥贝德人必然富裕到了足够养活得起酋长和祭司的程度了。不可避免地，这些人狂妄了起来。6000年前，奥贝德文化消失了，一种看起来更像是帝国的东西彻底取代了它，这就是“乌鲁克大扩张”。乌鲁克是一座大城市，很可能是世界上头一座，总长6英里的城墙里住着50 000多人。修建城墙的也许是国王吉尔伽美什，他掠夺了贸易伙伴的土地，也招来了他们的仇恨。所有迹象都表明，乌鲁克靠着复杂的灌溉渠达成了农业的繁荣，用考古学家吉尔·斯坦因的话来说：“发展出了中央集权制度，借助精心管理的政治经济体，调动内陆地区的多余劳动力和商品。”[330] 说得再简洁些也就是，中间商或者说贸易中介阶层，头一次出现了。这些人谋生不靠生产，也不靠掠夺和进贡，只靠做生意。与那以后的商人一样，他们尽量紧密地聚集在一起，努力靠着最低的成本掌握最大的信息流。与山区的贸易还在继续开展，但随着乌鲁克商人的豪华大宅（有单独的中央大厅，有摆着神龛的寺庙，有样式独特的陶器和石器）耸立在山区贸易伙伴们的乡村定居点当中，它越来越像是进贡了。互相合作的贸易网络似乎变成了类似殖民主义的东西。过不了多久，税收就要出现了。这为其后的 6000 年奠定了基调：商人创造财富，国家征收税款。

奥贝德和乌鲁克的故事现代意味很强，一看就觉得眼熟。你完全能够想象奥贝德的商人们向瞪大眼睛的山地农民炫耀自己的布匹、瓦罐、大袋大袋沉甸甸的粮食。你也可以看到乌鲁克富翁们住在自己的特权飞地上，周围是低声下气的恭顺当地人，就像当年的英国人在印度一样。这一幕的出现，基本上是从石器时代开始的。至少要到奥贝德文化的末期，人们才开始冶炼铜，而进入乌鲁克时代相当长一段时间，镰刀和匕首都是用黏土和石头制成的。乌鲁克时代晚期出现了泥板，上面使用统一的符号，一丝不苟地记下了商人们的库存和利润。这些刻进泥板表面的枯燥记录，是书写的始祖，而计账是应用书写的最早领域。这些泥板说明，早在文明的其他附属特征出现以前，市场就成形了。[331] 交换和贸易在第一座城市之前就牢牢地确立了惯例，彻底的陌生人之间能够在城市里彼此信任、完成交易，书面记录有可能扮演了关键的角色。有了这样的习惯，乌鲁克才出现了专业人士，从没靠近过土地的匠人和技工让城市变得富丽堂皇。举例来说，当时似乎已经大规模生产了一次性使用的斜边碗。这些斜边碗专供修建寺庙等公共事件时发放，毫无疑问是从类似工厂的地方由受薪工人（绝非兼差的农民）制造出来的。

乌鲁克文化没能持续下来，因为气候干旱、人口崩溃，无疑，土壤侵蚀、盐渍化、皇家的过度消费和傲慢无礼在其中起到了推波助澜的作用。但乌鲁克之后，同样的根基上出现了数不清的帝国：苏美尔、阿卡德、亚述、巴比伦、新亚述、波斯、希腊、罗马（这里指图拉真㊀治下的罗马帝国）、帕提亚㊁、阿巴斯㊂、蒙古、帖木儿㊃、奥斯曼、不列颠……每一个帝国都是贸易财富的产物，但它本身也是破坏财富的最终原因。商人和工匠创造繁荣，酋长、祭司和盗贼把它挥霍一空。[332]

棉花和鱼

幼发拉底河沿岸爆发的城市革命，在尼罗河、印度河和黄河沿岸重演。靠着灌溉系统和尼罗河定期泛滥带来的营养成分，古埃及的小麦产量曾达到每公顷 2 吨的高水平。只要把农民们的干劲发动起来，就能得到充足的粮食盈余用于交换其他商品（金字塔也包括在内）。较之美索不达米亚，埃及在同一条道路上走得更远：灌溉，中央集权，大兴土木修建纪念性建筑，最终陷入停滞。农民们的收成要靠尼罗河的水流量，这样一来，

㊀ 图拉真，罗马帝国皇帝，罗马帝国五贤帝之一，统治时期是 98～117 年。他在位时立下显赫的武功，使罗马帝国的版图在他的统治下达到了极盛。——译者注

㊁ 帕提亚帝国是伊朗古代奴隶制王国，建于公元前 247 年。——译者注

㊂ 阿巴斯王朝是阿拉伯哈里发帝国的一个王朝，为阿拉伯的黄金时代。——译者注

㊃ 帖木儿帝国，1370～1507 年，是帖木儿于 1370 年开创的帝国。——译者注

拥有船只、把持了泄洪闸门的人就成了主子，夺走了农民的大部分盈余。不同于狩猎采集部落或牧民，面对税金，农民们只能留在原地老老实实地缴纳，[333] 尤其是在周围都是沙漠、耕作严重依赖灌溉渠的时候。所以，一等美尼斯统一了上下河谷，当上了第一任法老王，丰饶多产的埃及经济就陷入了国有化、垄断化和官僚化，最终被统治者“沉重的独裁主义”(这是两位当代历史学家的话 [334]) 扼杀。

印度河沿岸兴起的城市文明没有孵化出皇帝来，至少，我们不知道他的名字。负责为这里的墙砖统一标准、设计整齐的公共卫生设施的人，名叫哈拉帕和摩亨佐 - 达罗。著名的洛塔尔港，似乎不光是码头和潮汐闸口，还是生产珠饰的工厂。当地宫殿或庙宇的痕迹不多，更别说金字塔了，但人类学家戈登 · 柴尔德所得的初步结论是：说这里盛行平等主义、喜好和平，在很大程度上是后人一厢情愿的想法。有人强制推行了井然有序的街道，修建起有着石柱、塔楼和城墙的厚重“大本营”。我感觉，这简直就像是君主了。诚如考古学家莫蒂默 · 惠勒爵士在自传中所写：“我坐下来写信给伦敦的戈登 · 柴尔德说，资产阶级对印度河文明的幻想灰飞烟灭了，相反，在这片废墟里，建立起了彻头彻尾的军事帝国制度。” [335]

印度河两岸的人民擅长运输，这里可能最先使用了牛车和木板建造的帆船。运输带来了大范围的贸易。该地区最早的一些定居点，比如俾路支⊖的美赫尕尔，早在 6000 年前就从兴都库什山脉以北进口青金石。到了哈拉帕时代，铜从拉贾斯坦邦运来，棉花从古吉拉特邦运来，木材从山区运来。更值得注意的是，按考古学家谢兰 · 拉特纳加得出的结论，[336] 船只向

⊖ 巴基斯坦西部一沙漠地带，以伊朗、阿富汗和阿拉伯海为界。——译者注

西运送出口货物到美索不达米亚，停泊在现在伊朗的沿海港口——意味着当时就已经有了早期的航海技术。有一点毫无疑问：印度河沿岸城市的巨大财富是靠贸易产生的。[337]

哈拉帕人吃了大量的鱼，种植了许多的棉花，在这两点上，他们跟地球遥远一端另一处山谷里的市民别无二致。秘鲁苏培河谷荒原上的卡拉尔是一座有着纪念碑、仓库、庙宇和广场的大型城镇。20 世纪 90 年代，鲁斯·莎蒂在穿过河谷的一片沙漠里发现了它，它是这一地区诸多城镇里最大的一座。有些城镇的时代可追溯到 5000 年以前，属于所谓“北奇科文明”[338]。在考古学家眼里，这些秘鲁古城有三个莫名其妙的特点。第一，当地人的饮食里没有谷物。那时候玉米还没被种植出来，虽说也有几种培育过的南瓜和其他食物，但要积累、储存起来很不容易，跟美索不达米亚的谷物主食不一样。这样一来，认为城市非得靠大规模囤积粮食才能兴起存在的想法就遭到了挑战。第二，北奇科的城镇没有任何形式的陶器，全都是陶器的“预成品”。这无疑给存储和烹调食物增加了更多的困难，再一次给考古学家最偏爱的城市起源解释添了乱。第三，没有战争或防御工事的迹象。故此，传统认识（有了谷物的存储，才有了城市；有了陶瓷器皿，才实现了谷物的存储；因为存在战争，谷物储存大有必要）在北奇科受到了狠狠的冲击。

那么，到底是什么驱使人聚集到这些南美洲的城镇里呢？答案只有一个词：贸易。沿海定居点捕获了数量庞大的鱼，主要是凤尾鱼和沙丁鱼，但也有蛤蜊和海蚌。为此，他们需要渔网。内陆的定居点依靠安第斯山脉的融雪灌溉，在田里种植数量庞大的棉花。他们把棉花编织成渔网，用来交换鱼。这不仅是互相依存，也是相互受益。渔民不用再花时间自己做网，只需要多捕些鱼；棉农不再需要花时间捕鱼，只需要多种些棉花。专业化提高了两者的生活水平。卡拉尔位于一张大型贸易网的中心，往上进入安第斯山脉，穿过热带雨林，就来到了遥远的沿海地区。

旗帜跟随贸易走

故此，认为君主或农业盈余带来了城市革命的看法其实把顺序搞颠倒了。首先出现的应该是贸易的增加。[339] 农业盈余是靠贸易召唤出来的，有了贸易，农民才有途径把作物换成其他地方出产的贵重商品。帝王，还有他们的神殿和金字塔，大多是靠贸易修起来的。纵观历史，帝国都是从贸易区域崛起的，之后才成了内外军事强权的玩物。城市革命是劳动分工的延伸。

公元前 3000 年中期，一个名叫萨尔贡的征服者建立了阿卡德王朝，继承了繁荣的叙利亚城市艾尔巴及其贸易伙伴：一个粮食、皮革、纺织品、白银和铜能便利地在地中海和波斯湾之间运输的世界。阿卡德跟同时代的中国和埃及不一样，它设法抗拒了官僚专制制度的诱惑，允许贸易继续扩张，跟印度河河口附近的洛塔尔建立起了硕果累累的商业联系，把印度的棉花和青金石用美索不达米亚的小麦与青铜换了回来。一块了不起的自由贸易区从尼罗河延伸到了印度河。阿卡德商人可以同时经手西面千里以外来的安纳托利亚白银，还有东面千里以外来的拉贾斯坦铜器。这意味着他靠自己的供给，提高了消费者（农民也好，祭司也好）的生活水平，因为他把消费者跟遥远地方不同商品的生产者们联系了起来。

这样的商人是什么样的人呢？ 20 世纪 50 年代，经济学家卡尔 · 波拉尼提出，市场的概念，凡早于公元前4世纪的时代都不适用，因为只有到了公元前4世纪，才有了互惠交换、由国家资助的商品分配、由上至下的条约交易、派遣代理人到海外替皇家获取东西等（他的“市场”概念不是由需求、供给和价格确定的），贸易是管理而来，而非自发形成的。但波拉尼的论文，还有追随他的“实体主义派”论文都不曾经受住时间的检验。以今之眼光来看，国家对贸易资助少而利用多。我们越是仔细观察古代贸易，它就越发显得像是自下而上形成的。诚然，有些阿卡德商人最终恐怕也会觉得自己是君主派到国外获取物品的公仆，但他们自己由始至终是靠贸易赚钱谋生的。事后，波拉尼反思了自己那段着迷于规划的时期。20世纪下半叶，国家计划经济思维占了主导地位，人们总是追问谁来负责，谁来制定贸易政策，但世界不是这么运作的。贸易源自个体之间的互动，它自己演进，没人负责。

所以，典型的阿卡德商人是惊人的现代化的生意人，他要靠商品自由交换赚钱谋生。虽说当时没有铸造出来的硬币，但到公元前4000年末期，已经存在以白银为基础、自由波动的价格了。[340]寺庙充当着类似银行的作用，它借钱吃利息，乌鲁克语里的“大祭司”一词，也有“会计”的意思。[341]到公元前2000年，亚述帝国的商人完全像当代企业家一样，在安纳托利亚的各个独立国家里经营“卡拉姆”飞地，[342]他们有“总部、海外分厂、企业层级、域外商业法，甚至还从事些许的海外直接投资和增值活动”。他们买入黄金、白银和铜，交换锡、毛毡、纺织品和香水，装在最多可达300头毛驴拖动的大篷车里运送。锡的利润率是100%，纺织品是200%，[343]但利润率不这么高不行，因为运输不可靠，失窃的风险高。公元前1900年，就曾有个叫普苏－肯的商人，在安纳托利亚的卡内什城免税区经商，他游说国王，为规避议会制定的纺织品进口法规而缴纳罚款，跟投资伙伴分享利润。他的一举一动，都跟当代企业的首席执行官一模一样。这些商人“投身于铜和羊毛的交易，不是因为亚述人需要他们，而是因为贸易是获得更多黄金白银的手段”。[344] 利润说了算。

在这些青铜器时代的帝国，商业是繁荣的成因，而非它的表现。尽管如此，自由贸易区本身又是很容易被纳入帝国统治的。过不了多久，通过税收、监管和垄断，贸易创造的财富就变成了少数人的奢侈品，用来压迫群众。到公元前 1500 年，你可以这么说，随着商业活动逐渐收归国有，世界最富裕的部分已经没落成了停滞的皇家大锅饭。埃及、米诺斯、巴比伦和商代的独裁者统治的社会无不充斥着严刑峻法，官僚主义过度泛滥，个人权利脆弱不堪，技术创新遭到扼杀，社会创新步履维艰，创造屡受惩处。青铜时代的帝国陷入停滞，与国有化产业陷入停滞的原因大致相同：垄断奖励谨慎、阻碍尝试，生产者的利益损害消费者的利益，故此收入逐渐落入生产者手中等。法老们获得的创新数量之少，堪比美国邮局和英国铁路总局。

海洋革命

然而，好主意总归拦不住。到了公元前 1200 年前后，埃及和亚述的势力减弱，米诺斯灭亡，古希腊的迈锡尼分崩离析，赫梯人[⊖]来了又去了。对帝国来说，这是一个黑暗时代，正如罗马覆亡之后的黑暗时代一

⊖ 小亚细亚东部和叙利亚北部一古代部族。——译者注

样，这种政治分裂（兴许人口下降也是推波助澜的一个因素）带来了爆发式的创新，因为人民得到了自由，产生了需求。非利士人发明了炼铁术，迦南人发明了字母系统，他们沿海的堂兄弟腓尼基人发明了玻璃。

但真正造就了古典世界的，是腓尼基人的另一项发明——单层甲板大帆船。[345] 比布鲁斯、提尔和西顿㊀的人居住在壮观的雪松和柏树大森林附近，用这些树可以制成坚硬芬芳的木板，尤其适合制成坚固耐用的船。再用塞浦路斯的松树制成甲板，用约旦的橡树制成木桨（语出《旧约·以西结书》），腓尼基人的船比其他所有地方制成的船都要好。当然了，船的概念其实一点儿不新鲜：船早就在尼罗河、幼发拉底河、印度河和黄河上航行几百年了，亚洲和地中海的海岸线几乎差不多长。然而，腓尼基人却意识到了自己在木材上所具有的比较优势，修建了比前人容量更大、装饰更精致、榫接头更经得起风浪的船。最终，他们造的船大得需要整整两排桨手来划动。当然，桨一般只用来靠近岸边。腓尼基人的船都是大型帆船，船帆越大，就越能放大操作人员的劳力。靠着风的力量，人数相对较少的水手队伍也能将沉重的货物运送数百英里，比使用驴车队要便宜得多。

突然之间，有史以来第一次，人们有可能通过海运实现大规模的劳动分工了：埃及来的小麦可以养活安纳托利亚的赫梯人，安纳托利亚的羊毛可以为尼罗河上的埃及人提供衣物，克里特岛上的橄榄油可以丰富美索不达米亚地区亚述人的饮食。腓尼基（现在的黎巴嫩）的船只可以经商赚钱，载着诱人的商品穿梭在海上。谷物、葡萄酒、蜂蜜、油、树脂、

㊀ 三者均为古代腓尼基的著名城市。——译者注

香料、象牙、乌木、皮革、羊毛、布料、锡、铅、铁、银、马匹、奴隶，甚至从骨螺腺体里制成的紫色染料——不管是雄心勃勃的法老王想要取悦嫔妃，还是富裕的亚述农民想打动未婚妻，腓尼基人什么都能替他们找到。

整个地中海沿岸，集市变成了小镇，港口变成了城市。因为航行距离越来越远，腓尼基人的创新也越来越多：更好的龙骨、船帆，更丰富的航海知识，更实用的会计系统和航海日志。贸易再一次成了创新机器的风火轮。南边的以色列牧民在宗教里走火入魔，怀着清教徒般的惊恐，注视着由此爆发的财富。以赛亚兴高采烈地预言说，耶和华要灭亡“王国的市场”提尔，按下它骄傲的头来。提尔遭到攻击时，以西结幸灾乐祸：“你由海上运出货物，就使许多国民充足；你以许多资财、货物使地上的君王丰富……你必遭遇可怕的灾祸，你就永远不再存在了。”西面爱琴海上交战的岛国农民怀着战士的轻蔑嘲笑着他们中间突然出现的中产阶级商人。荷马在《伊利亚特》和《奥德赛》两部史诗里对腓尼基商人表现出无情的否定态度，[346] 还暗示他们肯定是海盗。荷马时代的希腊贸易应该为贵族精英们提供互相交换的珍贵礼物，而不是满足普通老百姓需求的日常商品。精英们对贸易的势利眼态度，有着相当悠久的历史根源。

腓尼基人航海行商实现的结果，必然令地中海沿岸各地的劳动分工出现了蓬勃发展。各个村庄、城镇和地区发现了自己在冶炼金属、制造陶器、鞣制皮革或耕种皮革方面的比较优势。贸易带来的相互依存和收益出现在了许多意想不到的地方。比方说，它重新调整了金属矿石分布位置的天然不平等，所有人都从中受益。塞浦路斯兴许有大量的铜，英国有大量的锡，但把它们放到一起，运到提尔，你能制造出更有用的青铜来。提尔人在公元前750年创建了加迪尔，也就是现在的加的斯[⊖]，[347]他们不是为了在那儿定居，而是为了和当地的居民进行贸易，尤其是开采伊比利亚腹地的银矿石（根据传说所言，当地的一场森林大火让山腰上流淌出一条纯银小溪）。这么做的过程中，提尔人必然把该地区的群众从基本上自给自足的农民变成了生产者兼消费者。塔特西族人控制了白银的开采和冶炼，他们把白银卖给卡迪尔的提尔人，换取油、盐、酒和小饰品，并用换回来的东西取悦部落酋长，好获准进入更深的腹地去采矿。提尔人把白银往东运回地中海（据公元前1世纪古希腊历史学家狄奥多罗斯所说，有时候，提尔人会把白银制成船的锚，好从甲板上再多挤些空间承载货物），交换日常必需品和其他奢侈品。

毫无疑问，正如提尔人简直不敢相信自己的好运——给野蛮人一点点克里特出产的橄榄油，就能换回那么多的白银，塔特西人也一样：只要给出一点点金属，陌生的海外来客就会给他们那么多富含卡路里、能长久存储的方便食物。这种情况很常见，交易双方都觉得对手是买贵了的白痴：李嘉图的魔术之美就在这里。“英国人傻啊，”17世纪加拿大的一位山区原住民猎人对法国传教士说，“这么一张海狸皮，他们居然拿20把刀来换。”[348]轻视是相互的。1767年，英国皇家海军军舰“海豚号”上的水手们发现，只值20分钱的铁钉子能在塔希提岛上买到一次性交易[349]——水手们和塔希提岛的男人们都不敢相信自己的运气居然会有这么好，至于塔希提岛的妇女们对这笔交易作何感受，是否和自己的男性同胞们一样高兴，历史上就没有资料记载了。12天后，猖獗的通货膨胀率固定下来，性交易价值一根9英寸长的航海解索针。

⊖ Cadiz，西班牙南部直布罗陀西北的一座城市。——译者注加迪尔来的商人还一路往南抵达了非洲海岸，用“沉默交换法”从当地居民那儿换黄金：把商品留在岸上之后就后退。李嘉图的比较优势定律控制了腓尼基的世界。提尔是通商口岸的原型，地位相当于其后的热那亚、阿姆斯特丹、纽约和中国香港。腓尼基人的形象，散布在一段说不清的伟大历史当中。这段历史说不清，因为有关提尔的书籍，给巴比伦国王尼布甲尼撒、波斯国王居鲁士和马其顿国王亚历山大一类的暴徒破坏殆尽，迦太基则损毁于罗马名将西庇阿之手；所以，我们只能通过当时对腓尼基人嫉妒又势利眼的邻国留下的只言片语来了解它。但老实说，还有什么人比腓尼基人更值得敬佩的吗？他们不光把整个地中海地区联系在了一起，还把大西洋、红海的部分地区拉拢了过来，又通过陆上路线连接起了亚洲，他们从来没有过皇帝，投入宗教时间相对较少，也不打什么难忘的恶战——除非你把坎尼[⊖]战役算上，打那场仗的，是迦太基人出钱买来的雇佣军。我不是说他们必然是些善良人，他们也买卖奴隶，有时也不惜发动战争，还跟海盗非利士人（非利士人被称作“海上民族”，公元前 1200 年前后，他们大肆破坏沿海城市）做生意，但较之历史上的其他成功民族，腓尼基人似乎顶住了诱惑，没从商人变成盗贼、牧师和酋长。他们靠着做生意，发现了社会的美德。

政府分裂的好处

腓尼基人的散落分布给我们上了另一堂重要的课，这一点由大卫 · 休

⊖ 坎尼是意大利东南部一古城，公元 216 年，罗马和迦太基决战于此，迦太基军队大败。——译者注

谟最早提出：很多时候，政治分裂是经济进步的朋友而非敌人，因为挡住了“权力和权威两者”挺进的步伐。[350] 提尔、西顿、迦太基、加迪尔全都实现繁荣，并不需要结成一个单一的政治实体。它们最多不过是联邦罢了。公元前 600 年到公元前 300 年，爱琴海周围财富和文化的蓬勃兴盛，也讲述了相同的故事。靠着在小型独立“公民国家”（非统一大帝国）之间贸易通商，先是米利都人实现了富裕，而后是雅典人及其盟友们。米利都人复制了腓尼基人的船舶和贸易习惯，米利都成了希腊爱奥尼亚最成功的城市，它像“一只庞大的蜘蛛”，坐落在四条通商路线的结合点：从东陆路可抵亚洲，向北穿越达达尼尔海峡到达黑海，向南通往埃及，向西到达意大利。[351] 尽管米利都在黑海各处建立了殖民地，但它并非帝国的首都，而是平等诸国之首㊀。米利都首选的贸易伙伴锡巴里斯位于意大利南部肥沃平原的趾部，在遭到敌人摧毁之前，它曾发展到了数十万人口的规模，并成为富裕和高尚的代名词。公元前 510 年，克拉提斯河改道，锡巴里斯也被埋入河底。

公元前 480 年，阿提卡的劳里温发现了丰富的银矿，雅典这座民主试验田由此获得了地区经济超级大国的地位，它不光养得起一支海军，打败了波斯人，还确立了首席元老选举制度。希腊世界以发掘贸易收益为重要基础：用克里米亚的粮食、利比亚的藏红花、西西里岛的金属，交换爱琴海的橄榄油。当代有些哲学家一心想超越卑鄙肮脏的世界经济现实，但想必他们很清楚地记得，有了贸易，好的想法才能异花授粉，造就伟大的发现。毕达哥拉斯很可能是从学过几何学、又去埃及做过生意的米利都学派

㊀ first among equals，这是提及希腊民主制度时一个常用说法，亦译作“平辈之首”。——译者注

泰勒斯门下的学生那儿想到勾股定律概念的。要不是劳里温底层有上万奴隶辛苦劳动，地中海沿岸有上万雅典商品的消费者，我们永远不会知晓伯里克利、苏格拉底或者埃斯库罗斯的名作。

可到公元前 338 年，马其顿王国的菲利普二世将希腊纳入帝国的版图，希腊就辉煌不再了。要是亚历山大大帝（他是菲利普二世的儿子）的帝国延续下去，马其顿王国肯定也会像之前的波斯帝国一样，在商业和智性上陷入停滞。幸好，亚历山大死后，帝国分崩离析，帝国的一部分重新独立为靠贸易养活的城邦国，焕发了新生，这其中最著名的是埃及的亚历山大港，在相对开明、喜欢收集图书的托勒密三世统治下，30 多万人富裕地生活在此。这座城市的财富靠的是一些新的贸易路线：在尼罗河的覆盖范围内，出口经济作物棉花、红酒、粮食和纸莎草。

倒不是说民主的城邦国家是唯一实现经济繁荣的地方，但这里的确存在一个可以分辨的模式。很明显，政府有限制（但也不能弱到存在普遍的剽窃行为），比如政府是民主的或是分裂的，这对劳动分工的发展是一件颇有好处的事情。最主要的原因在于，按照定义，强势政府是垄断的，垄断总是会走向故步自封、停滞不前、自私自利。统治者们热爱垄断，因为就算他们无法把垄断权利捏在自己手里，也可以向自己偏爱的集团出卖、授予垄断权利，并向之征税。他们热爱一条永恒的谬论：如果他们能规划、安排企业，而不是允许并鼓励其发展，企业会运作得更有效率。科学家兼历史学家特伦斯 · 基莱指出，企业家是理性人，如果他们发现窃取财富比创造财富轻松得多，必然会去窃取：“过去 10 000 年里的人类大战，一直是反垄断之战。”[352]

基督教时代开始前后两大帝国的成功，也并不能驳斥上述观点：罗马和印度都是先实现了经济统一带来的好处，而后延续了政治统一带来的灾难。印度的孔雀王朝似乎靠着帝国君主制度和贸易扩大化的结合，收获了恒河流域的繁荣。[353]公元前 250 年，它在阿育王的统治下达到极盛期。阿育王本来是个战士，打赢了仗之后就变成了佛教和平主义者，就国家首脑而言，他对经济的态度极为温和。他修建道路和水路，鼓励商品流动，他确定了统一的货币，打开了通往中国，以及东南亚和中东地区的海上贸易路线，引发了以棉花及丝绸纺织品占主导地位的出口热潮。贸易几乎完全由类似公司式的私人企业（即“sreni”，是行会、共同体的意思）进行，税收的覆盖范围尽管很大，但受监管。科学上出现了重大进步，发明了零的概念、十进制，能精确计算圆周率。在还没变成极权主义之前，阿育王的帝国就解体了，留下了令人印象深刻的丰富遗产：之后的几个世纪里，印度次大陆都是全世界人口最多、最繁荣的地区，人口占世界的 1/3，GDP 也占 1/3。毫无疑问，它是当时的经济超级大国，[354]中国和罗马帝国都相形见绌，首都巴特那是全世界最大的城市，以园林、奢侈品和市场闻名。可惜，到了后来的笈多王朝，种姓制度令印度商业陷入了僵化。

从恒河到台伯河

阿育王是汉尼拔和西庇阿的同时代人，后两者叫我想起了罗马人。从建立的第一天到帝国的覆亡，罗马人最擅长的事情就是掠夺各行省，用来偿付首都附近地区的贿赂、奢侈品、凯旋仪式及士兵们的养老金等开销。声名赫赫的罗马人有四种获取财富的体面方式：拥有土地、打仗获取战利品、放贷和受贿。公元前 51 年至公元前 50 年，西塞罗在西里西亚任总督，往口袋里捞了 200 多万银币（是他口中“奢侈”定义的 3 倍）——就这样，时人还都说他是个特别诚实的总督。

然而，罗马的霸权毫无疑问是建立在贸易基础上的。罗马是希腊和迦太基贸易区的最终统一，掌权的是少数几个好战的伊特鲁里亚人和拉丁人。“古代历史处处回响着雅利安精英斗士们的血腥荣耀，”托马斯·卡尼说，“黎凡特人、亚兰人、叙利亚人和希腊外乡人等古代经济英雄却遭到轻视。”[355] 意大利南部最繁荣、人口最多的城市，西西里岛及自此以东的地方，是罗马世界的核心，讲希腊语；罗马军团和执政官们大摇大摆地凯旋时，是这些地方从事着艰苦的工作，为人们带来富裕。传统的罗马历史很少提到维持帝国的市场、商人、舰船和家族企业，反倒喜欢吹嘘战争，但这并不意味着商业贸易真的不存在。奥斯蒂亚是一个相当于今之香港的贸易城市，[356] 有一座“巨大的广场，50 多家商号的总部都设立于此”。坎帕尼亚农村的大部分地区都是依靠奴隶劳工的种植场，生产出口的葡萄酒和油。

此外，罗马从共和国变成帝国之后持续繁荣，一部分原因或可归结到“发现”了印度上。[357] 奥古斯都吞并埃及之后，罗马人接管了埃及人对东方的贸易，很快，红海生机勃勃地挤满了罗马运输锡、铅、银、玻璃和红酒的巨大货船——红酒很快成了印度的一种新鲜商品。多亏人们发现了季风，夏天，它把船只往东吹，冬天，又把船只往西吹回来，横跨阿拉伯海的航程从几年缩短到了几个月。终于，罗马的船舶跟全世界的经济引擎直接牵上了线。公元 1 世纪，《红海环航记》的佚名作者描述了印度洋上的贸易与航行；古希腊地理学家斯特雷波说“如今，大舰队远航到了印度”；罗马皇帝提比略抱怨说，印度的奢侈品耗光了帝国的财富。来自印度的孔雀成了罗马富豪们最想拥有的东西。巴里戈查（今古吉拉特邦布罗奇）等印度港口似乎通过向西方出口棉布和其他制成品而繁荣起来。很快，连印度都出现了罗马商人的专属领地，直至今天，他们的钱币和双耳细颈瓶库藏仍时有出土。比如，靠近现代旁迪切里东海岸的阿里卡曼陀，就从罗马治下的叙利亚进口玻璃出口到中国（吹制玻璃是罗马的一项新发明，整个帝国的玻璃突然之间质量有了大幅提高，而且也便宜了许多）。

让我们从消费者的角度来想想这一点。中国没人会吹制玻璃，欧洲没人会缫丝，然而，多亏有了印度的中间人，欧洲人穿上了丝绸，中国人用上了玻璃。好看的绸缎竟然是用“毛毛虫”的茧织出来的——欧洲人或许会嘲笑这荒唐的传说；透明的“瓷器”居然是沙子做出来的——中国人恐怕会为这滑稽的故事捧腹大笑。但不管是他们，还是印度中间人，日子都变得更好过了。三者都获得了别人的劳动。用罗伯特·赖特的话说，这是一场非零交易。集体大脑已经扩大到了整个印度洋，提高了大洋两岸的生活水平。

沙漠之舟

但掠夺横行、发明匮乏、野蛮人入侵及罗马皇帝戴克里先[⊖]的刻板条文最终埋葬了罗马帝国。随着罗马帝国因为沉重的官僚负担而分崩离析，至少在西方，有息贷款消失了，硬币也无法再自由流通。在随后降临的黑暗时代，由于自由贸易再无可能，城市萎缩，市场衰退，商人消失，识

⊖ 戴克里先是公元3世纪的罗马皇帝，为了有效地统一罗马帝国，他要求所有罗马公民信奉同一信仰，并开始大规模地迫害基督教徒，钳制了思想的交流。——译者注

字的人减少，再之后（说起来真的很残酷），等哥特人、匈奴人和汪达尔人[⊖]的铁蹄袭来，人人都被迫回到了自给自足的生活方式。欧洲“去城市化”了。连东西罗马帝国从前的首都，罗马城和君士坦丁堡，人口都降到了从前的一丁点儿。与埃及、印度的贸易基本上停滞了（尤其是阿拉伯人控制了亚历山大港之后），这样一来，不光纸莎草、香料和丝绸等东方来的进口货没了，连坎帕尼的出口型种植园也被农民们划成了小块，改种粮食糊口了。从这层意义上来说，罗马帝国的衰亡把消费者兼贸易者重新变回了自给自足的农民。黑暗时代就是一场嬉皮士“回归田园”生活的大规模试验（只不过没有信托基金）：你自己种粮食，自己剪羊毛，自己鞣皮革，自己伐木材。但凡你生产出一丁点儿盈余，都会给充了公拿去养活修道士，又或者，你偶尔也能卖点东西，从兼职铁匠那儿买把金属工具。反正，自给自足取代了专业分工。

当然，事情也并非完全如此。每座村庄或修道院里，都存在一定程度的专业分工，但不足以维持大规模的城镇。但至少现在有了改进技术的动机了——依靠奴隶劳动的罗马帝国则没有这种动机。西罗马帝国覆灭很久以后，欧洲北部逐渐出现了稳步创新，开始改善生产力：炮管、肥皂、辐条轮毂、上射式水车、马蹄铁和马项圈。断断续续地，拜占庭靠着地中海残存的贸易繁荣起来，但一路上不停遭到瘟疫、战争、政治和海盗的阻击。公元 8 世纪，因为粮食和制造的地区性贸易实现了一定程度的复兴，法兰克加洛林王朝开始了掠夺性扩张，[358] 同时也刺激了整个地中海的香料和奴隶贸易。北欧的维京人划着船顺着俄罗斯的河流冲进了黑海和地中

⊖ 日尔曼民族的一支，破坏罗马文明的主力。——译者注

海，部分恢复了与东方的贸易（偶尔也搞搞海盗营生）——由此突然繁荣起来，势力大涨。

但同一时期，繁荣的火炬传到了东方。由于欧洲跌回了自给自足状态，阿拉伯人发现了贸易带来的好处。按照故事通常的讲法，公元7世纪，沙漠正中突然出现了一位全知全能的先知——他既有宗教上的号召力，又有着军事领导才能。其实，这还蛮叫人困惑的。故事里缺失的一环，是阿拉伯人突然把持了通商要冲地位的经济原因。靠着一种新近完善的技术（也就是骆驼），阿拉伯半岛的人们猛然发现，自己刚好处在了能收获东西方贸易好处的地方。阿拉伯人的骆驼商队成了财富的源头，把穆罕默德及其追随者带上了权力之路。早在几千年前骆驼就被驯化了，但一直到公元纪年的最初几个世纪，它才最终成了一种可靠的负重牲畜。它能背负的重量比驴子多得多，能到带轮的牛车去不了的地方，又因为它能自己在旅途里找吃的，饲料成本近乎为零——就跟帆船一样。有一阵子，就连拜占庭的红海舰队都觉得自己跟“沙漠之舟”比起来处在竞争劣势上——因为它既要等待合适的风向，又要承受海盗的肆虐。再后来，波斯萨珊王朝和拜占庭君士坦丁堡之间的战争破坏了幼发拉底河的水上通商渠道，麦加人（就像是走陆路的腓尼基人）通过贸易致富的大门敞开了。香料、奴隶和纺织品往西方和北方去，红酒和玻璃往南方和东方去。

其后，靠着中国的两项发明，即三角形船帆和船尾舵，阿拉伯人把自己的商业触角延伸到了非洲和远东地区。公元826年，一艘单桅三角帆船在印度尼西亚勿里洞岛沉没，[359]船上满载着黄金、白银、铅、漆器、青铜器和陶瓷器，内有40 000件长沙碗、1000件丧葬用瓮、800件墨瓶——全都是湖南的瓷窑为巴格达和巴士拉㊀富有的消费者们大规模生产的出口货。这并非偶然，自由贸易的阿拉伯人不光交流商品，还交流思想，文化繁荣起来。他们走出家乡，为从亚丁湾到科尔瓦多的一大片地区带回了奢侈品和知识，直到帝国的傲慢不可避免地降临，之后又实行了严厉的宗教镇压。一待神职人员收紧了铁爪，[360] 书籍就成了用来烧毁的东西，没人读了。

比萨商人

到了一定的时候，多亏了犹太商人，穆斯林从贸易里获得的收益开始把欧洲从自给自足的泥潭里撬动起来。公元 10 世纪，犹太人放弃了巴格达愈发压抑的阿巴斯王朝的法庭，转到较为宽容的埃及法蒂玛王朝控制的地区。他们沿着地中海和西西里岛南岸，发展出了跟正规法庭相悖的合同执行规范及排斥违规者的处罚方式。[361] 与所有杰出企业家一样，尽管有来自政府的大量干扰，他们仍然茁壮成长起来。同时，犹太商人跟意大利的贸易港口开始了贸易。意大利的农民逐渐发现，他们不用再在赤贫的继承人之间分割土地，倒可以派儿子到镇上去跟马格里布犹太人㊁学做生意。

意大利北部由于是神圣罗马帝国皇帝和梵蒂冈教皇之间的骑墙派，暂时碰上了好运气，没摊上个贪婪的国王来寻租。在神圣罗马帝国奥托一世

㊀ 现伊拉克东南部港口。——译者注

㊁ 马格里布是古代阿拉伯人对今突尼斯、阿尔及利亚和摩洛哥所在地区的总称，又称柏柏尔地区。——译者注

的影响下，阿拉伯海盗和罗马教皇的掠夺稍微收敛了一些。伦巴第和托斯卡纳地区的城镇发现，自己居然能够自由成立地方政府了。又因为这些城镇本来就是因为贸易而存在的，商人的利益在政府里占了上风。背靠跟马格里布犹太商人的贸易往来，阿马尔菲、比萨，还有最重要的热那亚，相继蓬勃发展起来。欧洲人注意到印度－阿拉伯发明的小数、分数和利息计算法，是因为有个住在北非的波斯商人，名叫斐波纳契的，1202 年出版了《算盘全书》一书。[362] 1161 年，客商保护协定达成之后，热那亚与北非的贸易额翻了一番，[363] 1293 年，该城的贸易额超过了法兰西国王的全部收入。意大利北部城市卢卡获得了丝绸贸易的强势地位，之后又进军了银行信贷业。佛罗伦萨靠着羊毛纺织和丝绸致了富。通往阿尔卑斯山的门户米兰，靠着当市集繁荣了起来。还有威尼斯，因为周边咸水湖保障了自身安全，获得了长时间的独立，逐渐成了贸易城市国的缩影。虽说互有竞争，彼此之间也经常打仗，但商人们治理下的各个城市共和国不光行事谨慎地避免贸易遭税收和管控扼杀，还想方设法地鼓励贸易。比如，威尼斯政府就造船出租，还安排护航队伍。

连欧洲北部都感受到了意大利的繁荣。威尼斯商人越过阿尔卑斯东段的勃伦纳山口进入德国，他们寻找白银，并开始出现在佛兰德斯（这里是各王国之间的又一处无人监管区）的香槟集市，带着丝绸、香料、糖和漆器来交换羊毛。举个例子，15 世纪初，乔凡尼·阿尔诺菲尼长居布鲁日，为家人在卢卡的丝绸生意当业务代理，并在扬·凡·艾克㊀的著名画作中得到了永生。尽管中世纪时欧洲只有很小比例的人口看见过丝绸和

㊀ Jan van Eyck，尼德兰画家，早期尼德兰画派最伟大的画家之一，也是 15 世纪北欧后哥特式绘画的创始人，尼德兰文艺复兴美术的奠基者。——译者注

糖，经常看得到的就更少了，欧洲本地生产总值只有极小的部分来自这类贸易，但有一点不可否认：欧洲的觉醒就是当地通过意大利贸易，跟中国、意大利、阿拉伯和拜占庭世界接触而推动起来的。参与亚洲贸易的地区比没参加的地区日益强盛，到 1500 年，意大利的人均 GDP 比欧洲平均水平高出 60%。[364] 不过，历史学家常常对有着异国情调的东方贸易太过看重。事实上，迟至 1600 年，由于运输成本的关系，欧洲跟亚洲之间的贸易均以香料等奢侈品为主，其交易额只占欧洲地区牲畜买卖的一半。[365] 欧洲能够与亚洲开展贸易，是因为它内部的贸易足够多，而不是反过来。

不可避免地，人们重新发现了贸易带来的好处——人可以再次变成消费者，也就是说，生产经济作物，然后卖给彼此。如果我多种点小麦，你多鞣些皮革，那么我就能给你提供粮食，你可以帮我做皮鞋……终于，公元 12 世纪，城镇迅速发展起来。到 1200 年，欧洲再次变成了市场、商人和工匠聚集的地方，不过，它仍然严重依赖占人口总数 70% 的农民，靠他们在地里干活，生产粮食、衣服、燃料和住房材料。在异常温暖的气候下，整个大陆享受着经济繁荣。欧洲大陆的生活水平全线上扬，尤其是北部，来自德国吕贝克港口和其他城市的汉萨商人，配备着名为“科格”的全新巨型帆船（虽说行驶速度缓慢，但胜在容积大），在波罗的海和北海地区做买卖，就跟热那亚人在地中海一样。他们为西部和南部带去木材、皮毛、白蜡、青鱼和树脂，交换衣料和粮食。跟马格里布犹太商人一样，他们在海外设计出了独立于国家法律的商业法，自行惩处违约者。哥特兰岛上的维斯比商人顺着俄罗斯的河流和黑海，经俄国的诺夫哥罗德城重新跟远东建立起了联系，绕开了控制直布罗陀海峡的阿拉伯人。

皇权下的中国

同一时期，中国却走上了另一条路，陷入了停滞和贫困。公元 1000 年前后，它是一个经济和技术活跃发展的国家，到 1950 年，它却变成了一个人口稠密、农业落后的国家。按经济历史数据考证与分析专家安格斯·麦迪森的估计，它是全世界唯一一个 1950 年时人均 GDP 低于公元 1000 年的地区。[366]

且先赞美它的繁荣吧。公元前 1000 年，第一轮真正的经济繁荣出现在了摇摇欲坠的周朝。之后，公元 220 年，汉帝国崩溃，三国时期再现了文化和科技的繁荣。公元 907 年，唐帝国终结，五代十国彼此征战不休，中国却出现了一波最为壮观的发明热潮和经济繁荣，宋朝继承了这笔遗产。

公元 11 世纪后期，中国人是丝绸、茶叶、瓷器、造纸和印刷领域的大师，指南针和火药自不待言。他们使用多轴传动的棉轮、水锤磨，还有雨伞、火柴、牙刷和纸牌。[367] 他们用煤制成焦炭，冶炼优质铸铁：他们一年要生产 12.5 万吨生铁。他们利用水力纺织粗麻线。他们有精致、华丽的水钟。整个长江三角洲，人们都勤勤恳恳地遵循“男耕女织”的儒家教诲，农民劳作谋生，也换取现金，用现金来消费商品。艺术、科学和工程蓬勃发展。桥梁和宝塔处处涌现。雕版印刷满足了群众对文学的迫切渴望。简而言之，宋代出现了极其复杂的劳动分工：很多人都消费着彼此生产的东西。

到了 13、14 世纪，灾难降临了。先是蒙古人入侵，之后是黑死病，[368] 再接着又是一连串的自然灾害，最后，出现了扭曲得登峰造极的明朝极权统治。第 6 章中我将指出，黑死病刺激欧洲进一步获取贸易的好处，摆脱自给自足的陷阱；可为什么它在中国没有出现同样的效果呢？当时，全国的人口较之从前减少了一半，为什么多余的土地没有让人们富裕起来，获得更多的可支配收入呢？明朝要为这一切的错误负全责。西欧能在黑死病后恢复元气，完全是因为存在商人控制也为商人服务的独立城市国家，尤其是在意大利和德国的佛兰德斯地区。鼠疫过后，劳动阶层暂时地获得了权利，而有了上述地区的存在，欧洲的地主无法再重新实行农奴制度，限制农民迁徙。而在东欧、埃及的马穆鲁克王朝和中国的明朝，农奴制被有效地恢复起来。[369]

帝国，推而广之到政府，往往先是好的东西，延续较长时间之后，就成了坏的东西。起初，它们提供集中服务，消除贸易和专业化的障碍，进一步提高社会蓬勃发展的能力；故此，就连成吉思汗强权推行的“蒙古和平时代”，也曾消灭丝绸之路沿途的土匪，降低东方商品运到欧洲的成本，让亚洲的陆上交易变得更为顺畅。但接下来，正如彼得 · 特琴所说，在中世纪伊斯兰地理学家伊本 · 赫勒敦的带领下，[370] 政府逐渐容纳了越来越多雄心勃勃的精英，制定执行越来越多的规矩，越来越多地干涉人们的生活，攫取社会收入里越来越大的份额，直到把“下金蛋的鹅”彻底杀死。这对今天是个教训。经济学家们很愿意讲“市场失灵”，没错，但更大的威胁来自“政府失灵”。因为政府是垄断者，它把自己运作的大多数事情搞得缺乏效率，陷入停滞；政府机构不断加大预算，对消费者的服务却没什么提高；施压团体跟政府机构结成了“邪恶同盟”，从纳税人口袋里压榨出越来越多的钱供自己人挥霍。即便如此，还是有好多最聪明的人呼吁政府负责更多的事情，[371] 还以为只要它这么做了，下一回它就会变得更完美、更无私。

明朝皇帝们不光把大多数产业和贸易纳为国有，造就了国家对盐、铁、茶、酒、外贸和教育的垄断，[372]还以极权方式干涉国民的日常生活，进行言论审查㊀。明代官员社会地位高而薪俸低，两相结合必然孕育出腐败和寻租。与所有官僚一样，他们本能地怀疑创新会威胁自己的地位，他们花越来越多的精力考虑自己的利益，而不是努力达成最初设置职位时定下的目标。诚如法国汉学家白乐日所说。[373]

专制之国的势力范围，官僚制度的无限威力，是愈发走向极致了。当时对人们的服饰、对公共和私人建筑（房屋的尺寸）均有管制；一个人穿什么颜色的衣服，听什么音乐，过什么节日，所有这些都有管制。生有生的规矩，死有死的规矩。从生到死，人生活里的一举一动都处在天朝的密切监视之下。这是一个充满官样文章和烦恼的政权，无穷无尽的官样文章，无穷无尽的烦恼。

别被这段文字给愚弄了：白乐日描述的是明朝的情况。大明王朝开国之君洪武帝的行为，[374]为我们展示了扼杀经济的最佳范例：未经政府许可，禁止所有贸易和出行；强迫商户每个月登记一次商品库存；吩咐农民只能耕种自己要消费的作物，不得上市场进行买卖；纵容通货膨胀，将纸币贬值到从前的万分之一。其后继位的永乐大帝又为这份项目单增加了一些新内容：大费周章地迁都；维持庞大的军队；攻打越南宣告失败；让最受宠信的太监掌管巨型国家舰队远洋出海，舰队上载着 27 000 名乘客、5 个占星家和一头长颈鹿，之后，又因为这次使命没能赚到钱，一怒之下禁

㊀ 也即大兴文字狱。——译者注

止所有人造船，不得与外国通商。㊀

不过，中华民族是热切渴望跟世界通商的。16 世纪，葡萄牙战舰从中国澳门带着丝绸到日本去换白银。17 世纪，附近沿海的舢板偷偷下海，载着丝绸、棉花、瓷器、火药、水银、铜、核桃和茶叶抵达马尼拉。在那儿，它们会跟一艘西班牙大帆船接头，西班牙大船上装满了秘鲁波托西矿山开采出的白银，[375]从阿卡普尔科横穿了太平洋而来。明朝末年，连续 3 年，阿卡普尔科驶来的帆船都遇上了海难，令明朝出现了白银匮乏的局面，国力大减；与此同时，满族商人却靠着和日本、韩国进行商品贸易赚来的钱资助战争，并最终夺了天下——一切皆非偶然。

一部分问题在于，那个时期的中国工匠没法像欧洲人常做的那样，逃到更宽容的统治者或者更投缘的共和国去干活。由于半岛众多，山脉庞杂，欧洲比中国更难统一：这一点，你要是不信的话，可以去问问神圣罗马帝国的查理五世、法兰西的“太阳王”路易十四，还有拿破仑。罗马人曾短暂统一欧洲，结果跟明朝别无二致：停滞和官僚主义。在皇帝戴克里先的统治下（跟明朝永乐一样），“收税人变得比纳税人都多”，史学家拉克坦修斯说。[376]此外，“每一个地区、每一个城市，都受成群的总督和蜂拥的独裁官压迫；此外，他们还给独裁官加上了无数的收税员、书记和助理”。

那以后，欧洲陷入了四分五裂状态，不同的国家彼此交战。所以，欧洲人随时可以拔腿就走：有时是逃离残忍的统治者，法国的胡格诺教派和西班牙的犹太人就是这么做的；有时是受雄心百丈的统治者所吸引，有时

㊀ 作者这里引述的史料有一些不确切的地方。例如：郑和下西洋的使命并不是为了赚钱，而是有着深远的政治目的；海禁政策是朱元璋时代就开始严厉执行的。关于这部分历史，感兴趣的读者不妨阅读更多的相关资料。——译者注

是为了投奔共和制度带来的自由。意大利人哥伦布放弃了游说葡萄牙，掉头又可以去西班牙碰运气。斯福扎家族吸引工程技术人员到米兰；路易十一诱惑意大利丝绸制造商到里昂设厂；发明印刷机的约翰·古腾堡为了寻找投资人，从美因茨搬到斯特拉斯堡；古斯塔夫·阿道尔夫听从一个名叫路易斯·德·耶尔的瓦隆人劝说，创建了瑞典的钢铁工业；法国当局付了发明飞梭的英国人约翰·凯每年 2500 里弗尔，到诺曼底巡回展示他的机器。18 世纪初出现过一起特别怪异的产业偷盗案例，波兰国王奥古斯都大力王囚禁了一个途经本国的骗子，免得他落入别国之手，结果，却意想不到地垄断了瓷器制造业。这骗子叫约翰·弗里德里希·伯特格尔，他说自己能制造黄金，当然造不出来喽。[377] 不过，他完善了同行的工艺，制造出精美的瓷器，指望以此换回自由。哪知道奥古斯却更加牢靠地把他锁进了梅森山顶的城堡里，让他大量制造茶壶和花瓶。简而言之，竞争是欧洲实现工业化的巨大动力，也从国家和企业层面上，对令人窒息的官僚主义起到了牵制作用。

再次废除谷物法

荷兰人是欧洲政治分裂状态的最大受益者。截至 1670 年，荷兰人既不受君主的统治，内部也四分五裂，可他们支配了整个欧洲的国际贸易，他们的商船队比法国、英格兰、苏格兰、神圣罗马帝国、西班牙和葡萄牙诸国加起来还大。[378] 他们从波罗的海带来粮食，从北海带来青鱼，从北极带来鲸脂，从南欧带来红酒和水果，从东方带来香料，当然也把自己的制成品带给任何想要的人。通过高效的船舶制造技术（不光是英国古典经济学家威廉·配第发现的造船厂里的新型劳动分工)，他们使各项运输成本下降了 1/3 还多。但好运并未持续太久。短短一个世纪，路易十四和其他君主通过一连串的战争、重商主义式的报复行动和高税收，结束了荷兰人的黄金时代。人们利用自由贸易提高生活水平的又一轮尝试落了空。其他人拾起了接力棒——尤以英国人为最。

维多利亚时代英国人最幸运的地方在于，正当国内工业起飞的时候，罗伯特·皮尔㊀投入了自由贸易的怀抱，而同时期中国明朝的永乐大帝却禁止它。1846～1860 年，英国单方面采取了一系列措施，开放市场，实现了历史上前所未有的贸易自由度。它废除了谷物法，结束了航海条例，取消了所有关税，跟法国及履行“最惠国”原则（也就是适用于交易各方的自由化）的国家签署贸易条约。降低关税顿时像病毒一般在世界各国传播开来，真正的全球自由贸易终于到来了——一场全球参与的大型腓尼基试验。所以，到了这个关键时刻，美洲得专注于为英国和欧洲提供粮食与衣服，英国和欧洲则进一步专注于为全球消费者提供工业制成品。双方都得了好处。比如，到 1920 年，伦敦人吃的牛肉 80% 都是进口的，其中大部分来自阿根廷，也因此阿根廷得以跻身于当时世界上最富裕的国家之列。普拉特河的河口两岸成了巨大的屠宰场，[379] 把宰好的牛肉做成罐头并加以腌制、风干以供出口，乌拉圭小城弗赖·本托斯的镇名在英国竟成了肉罐头的代名词。

来自历史的信息是如此的明显——自由贸易能实现共同繁荣，而保护主义导致贫困，要是有人偏偏不肯这么想，简直荒唐。还没有哪个国家出

㊀ Robert Peel，英国政治家，保守党奠基人，时任英国内务大臣。——译者注

现过这样的局面：打开了国境做贸易，最后居然变得更穷了（强迫进行奴隶或毒品贸易，恐怕是另一个问题）。自由贸易适合所有的国家，哪怕你搞自由贸易，而你的邻国不搞自由贸易。想想看：你所在的街道愿意接受其他街道的产品，而这些街道却只接受自己的产品，谁会是输家？然而，第一次世界大战之后，却有一个又一个的国家想叫邻居沦为乞丐。[380] 20 世纪 30 年代，由于货币贬值、失业率上升，很多国家的政府都试图实现自给自足，替代进口货，如伊奥纳·梅塔克萨斯任总理时的希腊、佛朗哥治下的西班牙、通过斯姆特－霍利关税法之后的美国。1929～1934 年，全球贸易少了 2/3。在 20 世纪 30 年代的印度，英国殖民政府为保护小麦农户、棉花制造商和食糖生产厂家，向澳大利亚、日本和爪哇的廉价进口货征收关税。结果，保护主义的措施却加剧了经济的崩溃。1929 年之后的 5 年里，日本丝绸出口量从总产量的 36% 降到了 13%。人口迅速增长，货品出口和移民机会却急剧萎缩，也难怪日本政府改走帝国扩张路线了。

第二次世界大战之后，整个拉美大陆受阿根廷经济学家劳尔·普雷维什的影响（他以为自己找到了李嘉图的逻辑漏洞），纷纷放弃自由贸易路线，结果陷入了数十年的经济停滞。印度在其总理贾瓦哈拉尔·尼赫鲁的领导下也走上了自给自足的道路，关闭贸易边境，指望靠着替代进口货实现繁荣，它同样陷入了停滞。但人们还是不断尝试着：霍查治下的阿尔巴尼亚、菲德尔·卡斯特罗治下的古巴——所有施行保护主义的国家，无一例外地受到了沉重打击。而选择自由贸易的国家和地区，如新加坡、中国香港、中国台湾、韩国，还有稍后的毛里求斯，则实现了奇迹般的经济增长。20 世纪后期改弦易辙的国家包括日本、德国、智利、改革开放后的中国、印度及最近的乌干达和加纳。走上改革开放之路以后，中国在 20

年里把进口关税从 55% 降到了 10%，从保护主义风气极盛的国家，转眼变成了全世界最开放的市场。[381] 结果，世界迎来了历史上最大的经济繁荣。这正应了经济学家约翰 · 诺伯格的说法：贸易就像一台神奇的机器，能把土豆变成电脑，或者，能把你手里有的任何东西变成你想要的任何东西——那么，谁不希望拥有这样一台机器听凭自己使唤呢？

举例来说，贸易能够改变非洲的前景。20 世纪 90 年代，中国从非洲的采购额翻了 4 倍（尚不包括中国在非洲的直接投资），21 世纪最初 10 年，再次翻了 4 倍，但这个数字仍然只占中国对外贸易的 2%。从打开国门跟非洲大陆进行贸易这个角度来看，中国让欧洲和美国相形见绌了。美欧实行的农业补贴，对棉花、食糖、大米和其他产品的进口关税，令非洲每年损失 5000 亿美元的出口机会，[382] 是对非援助预算的整整 12 倍。

诚然，贸易确实也有一定的破坏性。廉价进口商品可以摧毁国内的工作岗位——但与此同时，它们替消费者省下钱来购买其他商品和服务，从而在国内国外创造出了更多新的就业岗位。要是欧洲人发现越南造的鞋更便宜，那么他们就能有更多的钱花在美容美发上，于是欧洲人就能在美发沙龙找到更多良好的工作机会，鞋厂里的枯燥岗位则减少了。自然，厂商会继续寻找能容忍低工资和低生活水平的国家——尽管，西方活动家们会提出抗议，可厂商的这种做法，实际上是提高了这些后进国家（这些国家也是最需要提高工资和生活水平的地方）的工资和生活水平。与其说这是“逐底”竞争，倒不如说这是“提高最低水平”的竞争。例如，耐克在越南的血汗工厂支付的工资是当地国有工厂的 3 倍，而且有着好得多的设施。它带动了工资和生活水平的提高。在贸易和外包发展最迅速的时期，童工自 20 世纪 80 年代减少了一半，如果说它真的降低了生活水平，童工肯定会更多才对。

城市的示范效应

贸易把人们吸引到城市，贫民窟激增。这难道不是一件糟糕的事情吗？不。在浪漫派诗人看来，工业革命的碾碎机大概面目可憎；但对年轻人来说，与其在农村的一小块土地上卖命挣扎，住在肮脏又拥挤的茅草棚里，城市的灯塔里却到处闪耀着希望的光。19 世纪末 20 世纪初英国小说家福特·马克多斯·福特在《伦敦的灵魂》一书中赞美道，在富人眼里，城市似乎拥挤又肮脏，可在劳动阶层眼里，它是解放和创业的天堂。[383]

去问问现代的印度妇女，为什么她想离开农村的家乡到孟买的贫民窟去？因为城市里除了各种危险和肮脏，还代表着机会，逃离她故土农村的机会：故乡只有苦差，没有薪资；家族的控制让人窒息；还得顶着毒辣的太阳或者倾盆的暴雨在田里干活。正如亨利·福特说，他发明汽车的动力，是要逃离“中西部农场令人崩溃的苦闷生活”；也正如印裔美籍作家苏科图·梅塔所说：“对印度农村的年轻人来说，孟买的魅力不光在钱上，它还意味着自由。”[384]

放眼亚洲、拉丁美洲和非洲，农民们如潮水般离开土地迁徙到城市，找到劳动有报酬的工作。对许多满怀泥土乡愁的西方人来说，这是一股令人遗憾的发展趋势。许多慈善机构和援助机构认为自己的任务就是帮助农民维持农村的生活，打消他们迁往城市的念头。“我在发达国家的诸多同代人，”斯图尔特·布兰德说，“认为自给自足地务农是件浪漫又环保的事，但实际上，它是贫困的陷阱，也是一场环境灾难。”[385] 可内罗毕（肯尼亚首都）、圣保罗（巴西第一大城市和港口）的贫民窟肯定比宁静的乡村更糟糕吧？搬到那儿去的人们可不这么想。只要一有机会，他们就会用脚投票，雄辩地表达出对城市的热爱，因为城市里不管生活条件多么差，始终都充满机会，也有更多的自由。“跟留在乡下的同龄人相比，我生活的各个方面都要好得多。”加纳首都阿克拉一位每天挣 4 美元的教师德里约 · 奎西 · 安德鲁说。[386] 农村的自给自足只不过是浪漫的海市蜃楼，城市的机会才是人们想要的。2008 年，全世界生活在城市里的人首次超过了总人口的一半。这并不是一件坏事。这是经济进步的一项衡量标准：超过一半的人口脱离了自给自足，去探索以集体大脑为基础的生活所充满的无穷可能性。2/3 的经济增长都出现在城市。

不久前，人口统计学家还以为，随着住在宁静郊区的人们开始远程办公，新技术会把城市变成空心地带。但这一幕并没有发生——哪怕是在金融等轻型产业，人们也喜欢在玻璃高塔里跟彼此建立起更加密切的联系，完成交换和各自的专业工作，而且，他们还愿意支付高得荒谬的租金来这么做。[387] 2025 年，恐怕会有 50 亿人住在城市里（农村人口实际上会很快下降），有 8 座特大城市的人口都将超过 2000 万：东京、孟买、德里、达卡、圣保罗、墨西哥城、纽约和加尔各答。对地球而言，这是个好消息，因为和乡村居民比起来，城市居民占用的空间较小，使用的能源更少，对自然生态系统的影响更小。世界城市容纳了全球半数人口，但它们的面积还不到全球陆地面积的 3%。美国的一些环保主义者兴许讨厌“城市扩张”，但全球范围内发生的事情跟他们愿望正好相反：村庄越来越空旷，人们住在越来越密集的水泥森林里。哈佛大学经济学家爱德华 · 格莱泽说道："梭罗错了。农村生活不是照料地球的正确方式。我们能为这个星球做的最大努力，就是修建更多的摩天大楼。"[388]

20 世纪 60 年代，生态学家保罗·埃尔利希在德里市中心的出租车上过了一个"热得臭烘烘"的晚上，有了一番感悟。[389]"有了人，街道似乎活泼起来。人们吃饭，人们洗涤，人们睡觉，人们游览、争吵和尖叫。人们朝着出租车车窗伸出手来，乞讨。人们拉，人们撒。人们挤在公交上。人们放牧牲畜。人，人，人，人。"就是这位埃尔利希，跟许多受了文化冲击的西方人一样，认为世界上"人太多了"（引自他书里的章节标题）。不管生活会变得多么美好，兴许最后都会因为人口的增长变成泡影。他说得对吗？该是时候理解陈旧的"马尔萨斯人口论"了。

第6章

逃离马尔萨斯的陷阱

1200年之后的人口

眼下的最大问题是，人类以后是会加速朝着如今无法想象的无限进步而去呢，还是陷入幸福与苦难的永恒动荡之中。

——马尔萨斯[390]
《人口论》

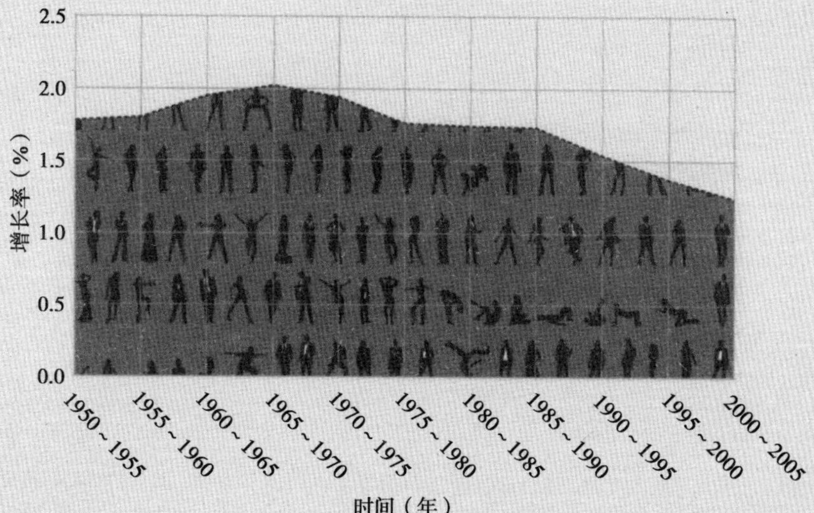

既然人类无非是一种动物，人口的故事理应很简单才对。要是我们有更多的食物，我们就会生育更多的婴儿，直到人口密度大到一定程度，饥荒、天敌和寄生虫搞得整个系统崩溃为止。人类历史的确也曾在某些时期发生过类似的事情。但很多时候，崩溃之后，人口密度仍然会停留在比从前更高的水平上。最低生活水平不规律却又势不可当地持续提高。从权力和相对财富的角度来看，现代埃及恐怕跟法老王时代没得比，但今天的人口比拉美西斯二世[⊖]统治时稠密得多。

还有一个奇怪的特点。请看上一页图：在人口增长的时候，丰富的食物鼓励一部分人专门从事种植粮食（或捕捉猎物）之外的某种工作，而其他人则生产食物专供出售，不光为了填饱自己的肚子。劳动分工增多了。但是，一旦粮食供应变得紧张，也就是靠近上一页的图顶部的部分，愿意出售粮食或把粮食盈余卖掉的人就变少了。他们会拿粮食养活自己的家人，放弃以前习惯于从别人那里购买的东西。本来不是农民的人，因为发

⊖ 古埃及第十九王朝法老，公元前 1304 至公元前 1237 年在位，其执政时期是埃及新王国最后的强盛时期。——译者注

现食物难得到手，自己的服务又找不到客户，所以只好放弃工作，回家自己种粮食吃。可见，人类群体劳动专业分工的情况，是存在涨落周期的。经济学家弗农 · 史密斯在自己的回忆录[392]里说，20 世纪 30 年代的大萧条时期，父亲没了机修师的工作之后，全家从堪萨斯的威奇托搬到了农场上，因为“我们至少能种出自己需要的大部分粮食，实践自给自足经济了”。人类历史上多次出现重返自给自足状态的事情。

在动物世界，这可是独此一家的。其他任何动物，个体都不会随着数量的增长而转入专业分工，个体专业分工的程度，也不会随着数量的多少有起有落。老实说，“个体专业分工”的概念在人类之外的物种中极其少见，就算某些物种真的存在专业分工（比如蚂蚁），它也不会以这种形式跌宕起伏。

这说明，由于人类有着交换和专业分工的习惯，传统的马尔萨斯人口限制论并不真正适用于人类。也就是说，人口数量远远超过食物供应的时候，人类不会死于饥荒和瘟疫，而是可以提高专业分工的程度，让有限的资源养活更多的人。反过来说，要是交换变得困难起来，他们会减少专业分工，这样一来，就算人口没有增加，也会出现人口危机。马尔萨斯式危机并不是人口增长的直接结果，而是专业分工削弱所致。[393]自给自足的情况增多，是文明处于压力中的显著标志，也是界定生活水平下降的标准。直到 1800 年，每一轮经济繁荣仍然是这样结束的：在上层精英的掠夺下，社会部分地倒退为自给自足，或是退缩回归农业。由于目前掌握的信息残缺不全，我们无法确定，公元前 1500 年的美索不达米亚和埃及，或者公元 500 年的印度和罗马是不是就曾出现过这样的局面，但我们很清楚，几百年后的中国和日本正是如此。正如格雷格 · 克拉克所说：“在工业时代之前的世界，零星分散的技术进步带来的只是人，而非财富。”[394]

中世纪的崩溃

罗伯特·马尔萨斯和大卫·李嘉图虽说是好朋友，观点不同的地方却很多。可在另一个方面，两人的意见是完全一致的：人口不受控制，必定会降低生活水平。

马尔萨斯：“有些国家，人口似乎已经逼得当地人习惯靠着最低限度的食物过活了……”[395]

李嘉图：“土地的数量有限制、素质有差异，资本每往土地上多投入一部分，生产率就会相应下降。”[396]

乍看起来，中世纪的英格兰为上述收益递减的论点提供了一个很好的例子。13 世纪，整个欧洲大陆的气候温和，人口持续增长，紧接着，之后一个世纪天气恶化，人口随即暴跌。13 世纪可谓中世纪的黄金期。宫廷富丽堂皇，修道院繁荣兴旺，大教堂的尖顶高高地指向天空，吟游诗人揣着诗作昂然走四方。英格兰各地都修起了水车、风车、桥梁和港口。市集激增，生机勃勃；1150～1300 年，商业活动出现了一波空前的发展浪潮。羊毛贸易推动了相当大的一部分商业活动。随着佛兰德斯商人找到越来越多的英格兰羊毛供应佛兰德斯地区的制衣商，他们也为船东、漂洗工和羊农们提供了生计。全国的羊群猛增到上千万头，每人头上能摊两头还多。英国人发现自己温和、湿润、适合种植牧草的气候在向欧洲供应衣服方面颇具相对优势——这是贸易带来的收获。专业分工和市场交换推动了人口的增长。

举例来说，1225 年，有人调查了达摩尔翰威尔特村的 124 名村民，其中 59 人拥有绵羊，总计养羊 1259 头。[397] 这意味着这些人并非自给自足过日子，而是变卖羊毛换取现金。他们大概把换回的钱用来买了面包师烘焙的面包，面包师又从磨坊主那里买面粉，磨坊主从其他农民那里买谷物，所以，人人都有了钱。这下子，所有人都不再靠自给自足了，而是参与市场，有了可支配收入。人们希望外出到索尔兹伯里附近的市场上去买东西，于是，马车夫的生意也很好做，索尔兹伯里的商人们过得也不错。1258 年，靠着羊毛带来的繁荣，教会用什一税和其他赋税抽来的钱着手在索尔兹伯里兴建了一座壮观的大教堂。你不妨设身处地，站在达摩尔翰威尔特村粮农的角度想一想。磨坊主想把你种出的粮食都包下来，所以，你鼓励两个儿子早早结婚，从你手里租上几亩地。马车夫、磨坊主、面包师、商人和牧羊人也都这么做：叫孩子接手自己的生意。13 世纪，新组成的家庭明显增多——这既是生物性决策，同样也是经济性决策。早婚人数多，结婚的频率又高，结果必然是生育力的大增。13 世纪，英格兰的人口好像翻了一倍，从 200 多万增长到了接近 500 万。

不可避免地，人口增长渐渐超过了经济生产力。租金涨起来，工资却缩了水；富人抬高地价，穷人却竞相压低薪水。到 1315 年，实际工资在 1 个世纪里减少了一半，只不过，由于家庭人数多，家庭收入兴许还不像个人薪资跌得那么快。比如，13 世纪 90 年代，埃塞克斯郡菲尔林有个碾磨工，东家新招了一名工人，他便答应薪资减半。[398] 新招的工人很可能是碾磨工的儿子，他们不过是全家人分享跟先前同样的收入罢了。不管怎么说，因为钱包缩水，人们对商家供应商品的需求开始下降。为了养活日益增长的人口，人们连贫瘠的土地也开垦了，播进地里的种子越来越多，收成却越来越少，收益递减占了上风，掠夺成性的教士和贵族们则袖手旁观。

没过多久，饥荒的危险就真的来了。1315～1317年多雨的夏季，整个北欧地区的小麦突然减产了一半以上。[399]庄稼烂在地里，一些人无奈吃起了自己的粮种，甚至出现了母亲遗弃婴儿的事情。还有传言说，有人把绞刑架上刚受处决的犯人尸体拖回家吃了。其后几年持续歉收，冬天异常寒冷，饥饿的牛群里流行起了致命的瘟疫，好些土地未得耕作，从而进一步加剧了粮食短缺问题。整整30年，人口增长陷入停滞，直到14世纪30年代黑死病来临，人类数量彻底崩溃。到了14世纪60年代，瘟疫再度袭来，收成愈发糟糕，之后又来了一轮瘟疫。到1450年，英格兰的人口已经减少到与13世纪大致相当的水平。

然而，无论是13世纪的繁荣，还是14世纪的败落，都不能用简单化的李嘉图或马尔萨斯理论概括。[400]李嘉图口里的技术变革没有大幅提高13世纪的土地承载能力，马尔萨斯所说的产量下跌在14世纪也表现得并不明显。真正出现变化的，不是土地的承载力，而是经济承载人口的能力。归根结底，黑死病并非人口过多所致，是细菌带来的。这里最为讽刺的是，瘟疫说不定倒是点燃文艺复兴的火花呢，因为劳动力短缺带来了收入转移，地主找不到佃户和员工，地租下跌，薪资走高。随着薪资上涨，存活下来的一部分农民买得起汉萨和伦巴第商人提供的东方奢侈品及精美布料了。金融创新猛然爆发：人们发明了信用证（目的是解决商品偿付问题，而无须运输白银穿过强盗国家）、复式记账和保险。意大利银行家的身影遍布整个大陆，给国王和战争提供资金援助，有时能赚钱，有时也亏得一塌糊涂。意大利贸易城镇聚集起来的财富，很快进入了学术界、艺术界或科学界。具体到达·芬奇这个特例上，赞助他的商人相当于来了个三管齐下。英格兰的人均收入在 1450 年达到历史高峰，该纪录一直被保持到了 1820 年。

关键就在这里。14 世纪，欧洲可能正处在转轨时期，而那恰好发生了一场收益递减的劳动密集型“勤劳”革命。还记得前文举的例子吗？13 世纪 90 年代，菲尔林的碾磨工愿意薪资减半，好跟儿子分享工作岗位。还有，1294 年，多佛城堡要新建一座风力磨坊，妇女们愿意只拿男工人一半的工资，送搅砂浆用的水到那儿去。[401] 毫无疑问，哪怕就挣这么一点钱，她们也很乐意有份差使可做。但由于劳动力实在太便宜了，雇主干脆连牛车都不买了。可到了 15 世纪，欧洲又一部分地转入了劳动集约型的“工业”轨道。这一模式到了寒冷又残忍的 17 世纪又重复了一遍，当时饥荒、瘟疫和战争再一次地使欧洲人口锐减：1692～1694 年，法国饿死了 15% 的人。不同于美索不达米亚、埃及、印度、墨西哥、秘鲁、中国和罗马，近代早期的欧洲最终走上了资本密集型道路，放弃了劳动密集型轨道。资本被用来让动物、河流和风力干活了，不再被用来驱使人了。用著名经济学家乔尔·莫基尔的话来说，欧洲“头一个建起了不再以人力作为经济基础的社会，不再踩在奴隶和苦力的背上”。[402]

勤劳革命

要是没有黑死病，欧洲会变成什么样子呢？不妨来想想 18 世纪日本的例子。17 世纪，日本是个相对繁荣和成熟的社会，人口跟法国和西班牙加起来差不多，制造业发达，尤其是纸制品、棉纺织品和武器——大部分都是用来出口的。1592 年，日本靠着数万支西班牙或自制仿制火绳枪，席卷了朝鲜。[403] 当时的日本，大致属于农业经济，有着数量庞大的绵羊、山羊，很多的猪、少量的牛、极少量的马。犁已经被普遍用于耕作，靠牛或者马拉。

可到了 19 世纪，日本国内的养殖牲畜基本上消失了。绵羊和山羊差不多没人认识，牛和马极为罕见，连猪也只有寥寥几头。1880 年，女探险家伊莎贝拉・伯德说："因为没有用于挤奶、运货或食用的牲口，当地没有牧场，乡村和农场呈现出一种沉默又了无生机的奇异样子。"[404] 马车、两轮推车（甚至独轮推车）都很稀少。运输所需的动力全靠人：肩膀挑担子，背上扛架子。水车少有使用——哪怕人们已经掌握这种技术很久了；水稻脱粒和碾磨用的是人推磨盘或是双脚踩踏的石头碾子。就算是在东京这样的大城市，也经常能听到舂米工人裹着条兜裆布卖力苦干的声音；灌溉稻田所需的水泵，往往是苦力用脚踩来带动的。最后，整个国家几乎没人晓得犁是什么了。耕田靠男人女人拿锄头刨。总之，欧洲采用牲畜、水力和风力的地方，日本全靠人力。[405]

看起来，1700～1800 年的某段时期，由于人力比牲畜还便宜，日本全国集体放弃了犁，改用锄头了。当时，靠着固氮蓝藻为水稻提供的天然肥料，不怎么需要施肥（不过日本人还是勤勉地收集人类粪便，妥善保存，辛苦地施进地里）粮食就实现了高产，人口迅速膨胀。因为食物丰富又讲究卫生，日本的人口增长到了令土地稀缺的程度，劳动力非常便宜。与其空出宝贵的土地放牧牛马来拉犁，倒不如用人力耕地更具经济性。于是，日本人奇迹般地放弃了技术和贸易，退回自给自足状态，减少了对商人的需求。各种技术的市场都萎缩了。他们甚至放弃了资本密集的火绳枪，改用劳动密集的长刀。[406]一把上等的日本刀，需要刀匠不懈地锤击钢铁，令刀身的钢质柔软有韧性，刀锋又尖利无比，一击致命。

18 世纪，欧洲差点就走上了跟日本相同的道路。跟 13 世纪一样，在本地贸易和东方贸易创造的财富及农业技术进步的帮助下，欧洲人口在 18 世纪蓬勃发展，虽说当时的民众常常以怀疑的眼光对待土豆等新作物（统治者们越大力劝说，民众就越发怀疑：玛丽 · 安托瓦内特亲自戴起土豆花，而法国人推迟了几十年才肯吃它），但它们却令爱尔兰等国出现人口大规模增长。种植土豆可以用铲子，不用犁；土豆又出奇高产（每英亩的卡路里含量是小麦或黑麦的 3 倍还多），营养也十分丰富，这就导致了人口的极度密集。1840 年，爱尔兰每英亩的土豆产量可达 6 吨，几乎相当于长江三角洲地区水稻的每英亩产量了。（1691 年，威廉 · 配第爵士[407]在声讨爱尔兰人懒惰时，就曾怪罪土豆："他们既然有土豆吃就满足了，还有什么必要劳动呢？要知道，一个人种土豆，就能养活 40 个人了。" 亚当 · 斯密的说法略有不同，他说伦敦有 "全不列颠最强壮的男人、最漂亮的女人"，功劳都在土豆上。[408]）当时，养活一名英国工人所需的面包和奶酪，需要 20 英亩土地才生产得出来。而哪怕到了 19 世纪，爱尔兰自给自足的农民仍不光主要依靠人力来种植和运输，而且彻底 "退出了市场"，因为缺乏可支配收入，消耗的制成品极少。（贪婪的英国地主再度袖手旁观。）由于每户家庭可耕作的土豆田面积萎缩，就算没有爆发 1845 年的土豆荒，爱尔兰距离马尔萨斯式灾难的距离也不远了。那场饥荒夺取了 100 万人的性命，还有 100 多万人逃亡到了美洲。苏格兰高地也是一样，18 世纪的人口增长令人们退回到了自给自足状态，当地的说法是 "佃农营生"。唯有一轮规模浩大又惨烈的强制 "清场" 降临，外加移民美国和澳大利亚（人们至今对它都充满怨恨），才缓解了马尔萨斯式的压力。

丹麦也曾有一段时间走上过日本的道路。面对 18 世纪日益加剧的生态限制，丹麦人采取了农业劳动力密集化的应对方式。为了保护未来燃料的供应，他们禁止牛群进入森林，结果提高了肥料的价格。为了保持土壤的肥力，他们极为辛苦地开沟挖渠、种植苜蓿、撒泥灰（费力地挖开土壤表层，把石灰和黏土撒进下面的土层，中和并释放沙地或酸性土壤里的营养成分），工作时间延长了 50% 以上。到 19 世纪，丹麦这个国家已经彻底沦入了自给自足状态。[409] 人民忙着务农，没人会有闲暇从事其他行业，也几乎没人消费得起制成品。生活水平停滞不前，尽管勉强停留在了一个相对体面的水平上。最终，到了 19 世纪末，几个邻国相继实现了工业化，为丹麦的农产品出口创造了市场，这才缓慢地提高了丹麦人的生活水平。

例外的英国

英国幸运地逃脱了日本、爱尔兰和丹麦掉进的准马尔萨斯陷阱里。原因有很多，也各有争议，但这里有一点值得注意的是人口因素。较之其他国家，英国在无意中以一种极其基本的方式为工业生活做好了准备。几百年来，相对富裕的人生育的孩子比穷人更多——贵族例外（他们留下的子嗣比较少，因为孩子们还没长大就跌下马摔死了）。平均来看，遗产里能留下 1000 英镑的英国商人能有 4 个活下来的孩子，只能留下 10 英镑的体力劳动者却只有两个。[410] 这个数据来自 1600 年前后，但其他时期的情况也相去不远。中国也存在类似的生育差距，只不过没这么明显。由于 1200～1700 年生活水平几乎没有太大的提高，富人的孩子生得多，意味着人口是持续向下流动的。格雷戈里 · 克拉克证明，从法律记录来看，穷人留下的姓氏远比富人留下的要少。

故此，到 1700 年，英国的大多数穷人其实是富人的后代。他们有可能把许多富人的习惯和风俗往下带到了劳工阶层：比如识字、算术，或许还有勤奋、理财精明等。近代早期英国识字率猛增，用这个理论是最好解释的，其他理论都说不清。它大概还能解释暴力事件的稳步下降。1250 年，英格兰凶杀案发生率是 0.3‰，1800 年就跌到了 0.02‰，你若早生几百年，被人杀死的概率要高整整 10 倍呢。虽说这种人口学上的发现颇有意思，但还不能完全解释工业革命。黄金时期的荷兰就不是这样。

1750 年之后的欧洲实现的是劳动分工的日益精密化，也就是说，每个人每年都可以生产更多的东西，消费更多的东西，创造需求，开展规模更大的生产（这在历史上是独一无二、出人意料的，完全是碰巧）。著名历史学家彭慕兰说，欧洲取得的成就要靠两件关键的东西：煤和美洲。英国经济起飞，而中国（还有荷兰、意大利、阿拉伯、罗马、印度、腓尼基和美索不达米亚）却没做到的最终原因在于，英国逃脱了马尔萨斯式的命运。他们自己种植玉米、棉花、食糖、茶叶和燃料所需的土地，不断从其他的地方冒了出来。以下是彭慕兰提供的数字：1830 年前后，英国有 1700 万英亩耕地，2500 万英亩牧场，不到 200 万英亩的森林。但它消耗的来自西印度的糖，提供了至少相当于 200 万英亩小麦的卡路里含量；来自加拿大的木材，相当于 100 万英亩的林地；来自美洲的棉花，相当于 2300 万英亩牧场上出产的羊毛；地下挖出来的煤，相当于 1500 万英亩森林。没有这些面积广大的“鬼田”[⊖]，英国的工业革命（直到1830年才开始改善民众的生活水平）恐怕早就因为缺乏卡路里、棉花或煤而半路夭折了。

美洲不光为英国运回了自己的农产品，还打开了移民这道安全阀，减缓了工业革命引发的人口爆炸带来的马尔萨斯式压力。这方面最突出的例子是德国。19世纪迅速实现工业化之后，该国出生率大幅提高，但因为移民们如洪水般涌向美国，土地不用再分给繁多的继承人，它逃过了200年前日本遭受的苦难，无须重返贫苦和自给自足状态。

20世纪早期亚洲出现人口爆炸时，它没有这道移民减压阀。事实上，因为害怕摊上“黄祸”，西方国家还故意紧紧地关上了大门。结果，马尔萨斯式的自给自足不约而至。到20世纪50年代，中国和印度挤满了自给自足的贫苦农民。

人口过渡

林登·约翰逊任总统期间，他的顾问约瑟夫·卡利法诺提议赶在英迪拉·甘地（时任印度总理）访美之前，宣布增加对印饥荒救济。约翰逊却回答说：“管不好自己人口问题的国家，才不给他们援助咧。”[411]生态学家加勒特·哈丁在他的著名论文《公地悲剧》[412]（近年来人们又想起了它，以为它讲的是集体行动，但其实它的论点是要强制性地实施人口控制）中说“自由繁殖是不可容忍的”，强制大有“必要”，“要保护和关照其他更

⊖ 指由其他国家进口的食品、木材、衣物、金属、原材料和制成品。——译者注

为宝贵的自由，我们唯一的办法就是放弃繁殖的自由，而且要快”。哈丁的观点在学术界内相当普遍。[413]“较之大多数非自愿节育的主张，往饮用水或主食里添加节育药物似乎很吓人，”1977 年，约翰·霍尔德伦（曾任美国总统奥巴马的科学顾问）和保罗·埃尔利希夫妇写道，“可以断定，倘若人口危机的严重程度足以危害社会，现行宪法能够接受强制性人口控制法，甚至强制堕胎法。”[414]所有思维正常的人都同意（他们一贯如此），有必要采取自上而下的政府行动：必须命令人们，或至少收买人们，让他们接受绝育措施，不这么做的人要加以惩罚。

当年的政府也确实这么做了。在西方政府和国际计划生育基金会等施压团体的挑唆下，20 世纪 70 年代，亚洲很多地方都采取了强制绝育措施。在美国吃了安全官司的“盾形宫内节育器”，由联邦政府批量购买，运到亚洲。在世界银行（当时的行长是罗伯特·麦克纳马拉）的欢呼下，印度总理英迪拉·甘地的儿子，桑贾伊·甘地发起了一场声势浩大的运动，半是奖励、半是强制[415]地迫使 800 万印度穷人接受了输精管切除术。历史学家马修·康纳利曾经详细讲述过一件事：警察包围了乌塔沃村，凡是符合条件的男性都做了绝育手术。消息传出之后，相邻的皮普利村聚起了反抗的人们，警方朝人群开了火，打死 4 人。政府官员毫无歉意。在这场对抗“人口污染”的战争中，动武是情有可原的：“如果出现了一些过激行为，那不能怪我……不管你喜欢不喜欢，总要死几个人。”事实证明，桑贾伊·甘地的政策极不得人心，1977 年，他母亲在选举中一败涂地，打那以后的很多年，人们都对计划生育深表怀疑。

但更为悲剧的是，这种自上而下的强制做法不光没有成效，而且毫无必要。20 世纪 70 年代，整个亚洲大陆的出生率都自发地迅速下降。它们跌得和当初强制节育时一样快，直到今天仍在继续下跌。一旦感受到了贸易带来的繁荣，亚洲就跟此前的欧洲一样，实现了完全相同的低出生率转折。

孟加拉国如今是全世界人口密度最大的国家，每平方英里生活着2000多人；它的人口比俄罗斯还多，但全国总面积却比美国的佛罗里达州还小。1955年，该国每名妇女平均要生6.8个孩子。[416]50年后的今天，这个数字减少了一半多，每名妇女仅生2.7个孩子。按照目前的趋势，孟加拉国的人口很快就会完全停止增长。邻国印度的出生率也出现了类似的萎缩，从每名妇女5.9个孩子降到了2.6个。巴基斯坦的人口出生率是从20世纪80年代中期才开始下降的，但跌幅已经赶上了邻国：短短20年，它的出生率就减半到了每名妇女生育3.2个孩子。这3个国家的人口占了全世界的1/4。要不是它们的出生率下降速度如此之快，世界人口铁定爆炸得震天响了。

可不光它们是这样，世界各地的出生率都在下降。如今，没有哪个国家的出生率比20世纪60年代要高，从整体来看，较不发达地区的出生率降了将近一半。2002年之前，联合国预测未来世界人口密度的时候，依照的都是大多数国家每名妇女生产不低于2.1个孩子的假设：这是一个最基本的“更替率”，也即妇女生育的孩子足以替代自己及其丈夫，多出来的0.1个孩子，是为了弥补儿童死亡的情况及男孩略占多数的性别比例。但到2002年，联合国改变了这一假设，因为事情变得很清楚：一个接一个的国家里，儿童出生率径直跌到了2.1个以下，而且还在继续下跌。倘若再加上家庭规模变小的复合效应，下降速度还将变快。现在全世界有一半的地方生育率都低于2.1了。斯里兰卡的人口出生率是1.9，远远低于更替水平。俄罗斯的人口下降更快，到 2050 年，它的全国人口会比 20 世纪 90 年代初的最高峰期整整少 1/3。

看到这些统计数字，你吃惊了吗？人人都知道世界人口正在增加。但知道以下这一点的人似乎就不多了：世界人口增长率自 20 世纪 60 年代初就一直在下降，每年新增的人口数从 20 世纪 80 年代末也开始下跌。正如环保人士斯图尔特 · 布兰德所说："大多数环保人士尚未意识到，就世界范围内，出生率的下降速度有如自由落体运动……每一块大陆的每一个角落上，每一种文化里，人口出生率都在猛降。它们降到了更替水平，之后仍在下降。"[417] 人口出生率下降是一个铁板上钉钉的事实，哪怕由于人们寿命更长，世界人口膨胀的势头还将持续更长一段时间，儿童死亡率也不像 20 世纪初那样高。即便死亡率下降，人口增长仍在放缓。

坦率地说，这真是非同寻常的好运气。要是人类继续像之前的数千年那样，把财富变成更多的孩子，总有一天要遭遇不幸的。当世界人口貌似即将在 2050 年达到 150 亿，而且之后还将继续上升的时候，要给这么多人提供粮食和水源就出现真正的危机了，至少，依靠自然栖息地是维持不下去的。但现在，就算按联合国的最大估计，一旦达到 2075 年 92 亿的巅峰，世界人口很可能就开始下降了，这样的话，养活全世界绝对没问题。毕竟，地球上已经有了 68 亿人，每隔 10 年，日子还越过越好。离 92 亿，就差 24 亿了。

这么想吧。1804 年（这是一个跟实际情况相去不远的估算年份），世界人口首次达到 10 亿之后，人们又过了 123 年才想出怎么养活另外 10 亿人：1927 年，人口突破了 20 亿的里程碑。接下来，达到 30 亿用了 33 年；40 亿，14 年；50 亿，13 年；60 亿，12 年。可尽管人口增长的步伐越来越快，按人均卡路里来算，世界粮食供应却得到了显著改善。而现在，再增长 10 亿人口的速度慢了下来。2013 年，世界人口才会达到 70 亿，用时 14 年；再隔 15 年，人口才会达到 80 亿；再过 26 年，人口达到 90 亿。至于 100 亿，按目前的官方预测，永远也不会到来。

用行内人的话来说，整个世界正经历着从高出生率高生育率到低生育率低死亡率这一“人口过渡”的下半段。[418] 这是一个许多国家都已出现的过程，最初始于 18 世纪末的法国，之后蔓延到 19 世纪的斯堪的纳维亚和英国，20 世纪又扩散到欧洲的其余地方。20 世纪 60 年代，亚洲逐渐走上相同的道路，70 年代，轮到拉丁美洲，80 年代，连非洲的大部分地方也是这样了。出生率下降现在是一个世界性现象：除了哈萨克斯坦，再没有任何国家的出生率继续维持在高水平上，且持续上涨。各国模式全都一样，先是死亡率下降，造成人口膨胀，过了几十年，出生率突然极其迅速地下降。一般只要 15 年，出生率就会下降 40%。就连也门，20 世纪 70 年代的大多数年头出生率都为全世界最高，妇女人均生育 9 个孩子，如今这数字也减了半。一旦国家的人口过渡拉开了序幕，同一时期社会各个阶层都是如此。

不是所有人都看出了即将降临的人口转型，但的确有人做出了这样的预见。1973 年，记者约翰·马多克斯写了一本书，提出人口过渡业已放缓亚洲的出生率，却挨了保罗·埃尔利希和约翰·霍尔德伦居高临下的一番批评。[419]

马多克斯在人口问题上犯下的一个最严重错误，是误以为“人口过渡”会缓解亚洲、非洲和拉丁美洲的人口增长。他预计，这些国家的出生率会像发达国家在工业革命之后那样下降。但由于最不发达的国家出现工业革命的可能性极低，这种说法似乎太过乐观了。但即便上述国家真的走上了工业革命的道路，而且是立刻就开始，其人口增长也会持续 1 个世纪以上——令世界人口在 2100 年达到 200 亿。

话音还没落，这段话就被事实给否定了。

费解的现象

有意思的是，没人真正明白该如何解释这一可以预见的神秘现象。人口过渡理论完全是一个让人费解的领域。[420] 出生率的崩溃基本上是自下而上的，因文化演进而出现，靠口口相授而蔓延，但又并不受上述因素控制。不管是政府还是教会，在这件事上都邀不了功。毕竟，欧洲的人口过渡发生在 19 世纪，官方并无鼓励，连相应的知识也尚未到位。就法国来看，它甚至是在官方鼓励生育的当口出现的。同样，在当代，很多国家没有提出计划生育政策，却仍然出现了人口过渡，拉丁美洲尤其如此。1955 年之后㊀，中国固然是靠计划生育（独生子女政策）让出生率下跌的（从 5.59 降到 1.73，跌幅达 69%），但同一时期，斯里兰卡的出生率下跌却纯属自愿（从 5.70 降到 1.88，跌幅达 67%）。再来看宗教：就在教皇的后院，意大利的出生率猛降（现为妇女人均生育 1.3 个孩子），在非天主教徒的眼里，这是个有趣的现象㊁。当然，宣传计划生育显然对这一趋势起了推动

㊀ 原书如此，疑为数据有误。——译者注

㊁ 这里是指天主教反对人工节育，更反对堕胎。——译者注

作用，并加速了亚洲部分国家的人口过渡进程，但总体来看，它不过是廉价又方便地帮助妇女们实现了自己本来就想做的事情。英国的人口过渡始于 19 世纪 70 年代，正好碰上安妮·贝森特和查尔斯·布拉德洛写的避孕小册子变成了畅销书——但谁说得清，哪个是因，哪个是果呢？

那么人类生育力大幅下降，到底会是哪些原因造成的呢？很奇怪，排在榜首的原因，居然是儿童死亡率的下降。婴儿死亡的概率越高，家长生得就越多。只有当妇女认为自己的孩子能够平安活下来时，他们才会控制家庭规模，不再继续生下去。这个值得注意的事实似乎很少有人知道。大多数受过教育的西方人都觉得（当然也合乎情理），贫穷国家的孩子活下来的越多，只会越发恶化人口问题……呃，言外之意就不用说了吧。著名经济学家杰弗里·萨克斯回忆，“数不清有多少次”，演讲结束之后，好多听众跑来对他“小声说”，“要是我们救活了所有的孩子，他们长大之后不会挨饿吗？”[421] 答：不会。如果我们把孩子救活，人们会缩小家庭的规模。在如今的尼日尔或阿富汗，1 岁儿童的死亡率在 15% 以上，妇女一辈子平均要生育 7 个孩子；而在尼泊尔和纳米比亚，儿童死亡率不到 5%，妇女平均只生育 3 个孩子。但有时候两者也不必然相关。举例来说，缅甸的婴儿死亡率是危地马拉的 2 倍，生育率却只及后者的一半。

另一个原因是财富。收入更高，意味着你能养活更多的孩子，但它同样也意味着你能负担更多的奢侈品，让你远离不断生育。儿童也是消费品，但较之汽车来说，孩子更耗时间。每当国家走向富裕，人口过渡就出现了，但出现在什么收入水平上并无定数，而且，在同一个国家里，不管是富人还是穷人，生育率都是同时下降的。当然，还是有例外：也门的人均收入是老挝的 2 倍，出生率也是 2 倍。

这跟女性解放有关系吗？当然有。女性普遍接受教育和低生育率存在紧密的相关性，许多阿拉伯国家的生育率高，部分地反映了女性对自己的人生相对缺乏控制。迄今为止，减少人口的最佳政策，恐怕就是鼓励女性接受教育。[422] 从进化上来看这也有一定的道理：在人类这一物种当中，女性希望生育较少的孩子，高质量地抚育他们；而男性则希望生一大堆孩子，对抚养质量不怎么关心。故此，通过教育赋予妇女权利，节育的愿望就能占上风。但这里还是有例外：肯尼亚 90% 的女孩都能完成小学教育，但生育率却是摩洛哥的 2 倍，摩洛哥女童完成小学教育的比例只有 72%。

这和城市化有关系吗？当然有。人们住在农村的时候，孩子能下田帮忙，可一旦人们离开农村进了城，住房昂贵，工作在家外面，大家庭就碍手碍脚了。大多数城市的死亡率都超过出生率——从来如此。它们是靠移民来维持人口的。可还是没法一概而论：尼日利亚的城市化程度是孟加拉国的两倍，出生率也是后者的 2 倍。

换言之，对于人口过渡，我们最多能肯定地说，随着各国变得更富裕、更健康、教育程度更高、城市化率更高、自由度更高，出生率会降低。典型的妇女或许是这样考虑的：现在我知道自己的孩子不会死于疾病，我不需要生育那么多；现在我可以找到工作养活孩子们，我不希望频频打断自己的事业生涯；现在我受过教育，能挣回薪水支票，我可以主动避孕；现在的教育能让我的孩子们从事非农业工作，我必须负担我生下的孩子们上学才行，生太多了我供养不起；现在我可以购买消费品，我应该小心控制，别让家庭规模太大，收入太分散才好；现在我住在城市里，应该对家庭有个规划。或者诸如此类的想法互有结合。她还会受其他人及节育诊所榜样的鼓励。

说人口过渡是一种神秘的渐进式自然现象，而非政府政策取得的成功，并不是说政府的政策没在背后出力。倘若非洲人口出生率缓慢的下降速度能加快些，恐怕能带来巨大的福利回报。倘若靠慈善机构或者政府援助开展一个大胆的项目，降低尼日尔等国的儿童死亡率（而不仅仅限于宣传节育），从而减小家庭规模，并把计划生育的消息传到农村，那么，到了 2050 年，非洲说不定能少喂整整 3 亿张嘴巴。[423]

消费和商业是控制人口的战友，人们以消费者身份“进入市场”之后就会控制家庭规模，这一类的观点，知识分子是不乐意接受的。患了市场恐惧症、倡导反资本主义“克己复礼”禁欲观的教授们才不想听这些呢。可两者的关系不仅存在，而且还很强。赛斯·诺顿发现，经济自由度低的国家跟经济自由度高的国家相比，前者的出生率（妇女人均生育 4.27 个孩子）是后者（妇女人均生育 1.82 个孩子）的 2 倍还多。[424] 此外，还有一个独特的例子能证明这一规则。北美洲的再洗礼教派，也即哈特人和阿米什人，基本上顶住了人口过渡带来的变化。[425] 这也就是说，他们的家庭规模很大。尽管（说是“因为”更恰当）他们禁欲般地强调家庭角色（所以反对培养任何耗费时间的爱好，包括接受高等教育，也反对使用各种昂贵的新工具），仍然实现了这样的成就。

好个欢快的结论。当劳动分工达到所有个体都彼此交换商品和服务的程度，不再依靠自给自足，人类这个物种的数量大爆炸就停止了。我们越是彼此依存，越是生活富足，人口就越是趋于稳定，靠地球的资源足够养活。罗恩·贝利发表了一通跟加勒特·哈丁完全不同的看法：“采取强制性人口控制措施是完全没必要的，经济自由实际上造就了一双无形而又仁慈的人口控制之手。”[426]

较之人口爆炸，大多数经济学家现在更关心人口萎缩造成的后果。出生率极低的国家，劳动力迅速走向老龄化。这意味着靠储蓄吃饭的老人越来越多，处在工作年龄的纳税人却越来越少。这样的担忧虽然不无道理，但说末日将至也未免言过其实，毕竟，今天 40 岁的中年人到了 70 岁肯定还能高高兴兴地继续操作电脑，而现在 70 岁的老人继续操作机械工具就太困难了。理性的乐观主义者又一次为我们带来了宽慰。最新的研究发现了第二波人口过渡：非常富裕的国家一旦达到某个繁荣程度之后，出生率便略有增加。以美国为例，它的生育率在 1976 年触底，妇女人均生育 1.74 个孩子，而今这个数字已增加到 2.05。24 个人类发展指数高于 0.94 的国家里，有 18 个的出生率都出现了回涨。当然也有令人费解的例外情况：日本和韩国的出生率持续下降。宾夕法尼亚州的汉斯 – 彼得 · 科勒跟人合作开展了一次新研究，他认为，这两个国家在富裕以后，没能给妇女提供更好的机会去达成工作与生活的平衡，所以才会这样。[427]

总之，最重要的一点在于，有关全球人口的消息实在是好得不能再好了，当然要是进步来得更快些还会更好。人口爆炸逐渐销声匿迹，人口萎缩也有望止跌回稳。人们越是自由，越是过得繁荣兴旺，出生率就越是有望稳定在每名妇女生育两个孩子左右，完全不需要强制。这还不算好消息吗？

第 7 章

奴隶的解放

1700 年后的能源

有了煤，什么样的壮举都能完成，甚至能轻松完成；没有煤，我们就会被抛回早前时代的艰辛贫困当中。[428]

——英国早期经济学家斯坦利·杰文斯
《煤炭问题》

金属价格和美国工资对比[429]（以 1990 年美元计）

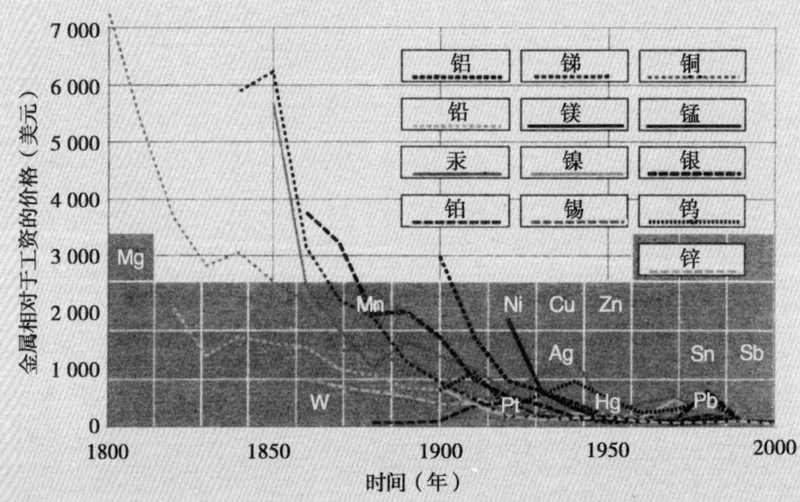

1807年，伦敦的议会正准备最终通过威廉·威尔伯福斯的废除奴隶贸易法案，全世界最大的工厂建筑群也在曼彻斯特的安科茨开张了。默里的磨坊靠蒸汽提供动力，靠煤气照明（两者均来自煤炭燃烧），这些现代化的机械引得英国各地甚至国外的好奇游客赞叹不已。这两件事情之间是有联系的。兰开夏的棉花工业正迅速从水力驱动改为煤炭驱动。世界很快跟上了这一步调，到20世纪末，人类使用的所有能源，有85%都来自化石燃料。而正是有了化石燃料，奴隶劳动力（还有牲畜力、木柴力、风力和水力）最终变得不具经济性了。没有化石燃料，威尔伯福斯的雄心是很难实现的。“历史证明了这一真理，”经济学家唐·布德罗写道，“资本主义消灭了奴隶制。”[430]

能源的故事很简单。很久很久以前，所有的工作都是人们靠自己的肌肉干完的。接下来的时代，有些人让其他人为自己干活，结果是少数人拥有了金字塔和大把的闲暇时间，大多数人则筋疲力尽地干苦工。接下来，能量来源出现了渐进的变化：从人力转向牲畜力，又转向水力和风力，最后来到化石燃料。每一次改变，单个人能为其他人完成的工作量，都靠着动物或机器放大了。罗马帝国主要是靠人类的肌肉力量（具体的表现形式是奴隶）建成的。是斯巴达克斯和他的朋友们修建了道路和房屋，耕田犁地，踩踏葡萄酿美酒。当然，马匹、锻造车间和远航的船舶也出了力，但在罗马帝国，输出功率的主要来源仍然是人。罗马帝国之后的时代，尤其是在欧洲，动物肌肉的力量普遍取代了人类肌肉的力量。欧洲中世纪之初是牛的时代。干草的发明令北欧农民整个冬天都能喂牛了。牲畜取代了奴隶，当然，这不是出于同情，更多的是出于实用性。牛吃的东西简单，不发牢骚，力量比奴隶大。牛需要放牧，所以，这种文明必然要以农村为依托，城市靠边站。后来发明了马项圈，牛就让位给了马，马耕地的速度是牛的 2 倍，所以人的生产效率也翻了倍，每个农民能养活更多的人，也有了更多的时间可以消耗其他人的工作。在英格兰，1086 年时马只占耕畜的 20%，1574 年就增加到了 60%。[431]

很快，牛和马就被无生命的动力取代了。罗马人很早就知道水车，但用得却相对较少，而在中世纪的黑暗时代，水车变得极为普遍，到英国 1806 年编撰“最终税册”㊀的时候，英格兰南部每 50 人就拥有一座水车了。[432] 200 年以后，水车数量又翻了 1 倍。14 世纪，巴黎塞纳河上 1 英里的水道上就有 68 座水车，其他架在驳船上的尚未计算在内。

西多会的修道士们把水车技术发挥到了极致，不光改进完善了它，还采取法律行动主动地压制以牲畜为动力的竞争磨坊。靠着齿轮、凸轮和杵锤，他们利用水力完成了多重任务。比方说，在克莱尔沃，河里的水先带动磨坊的转盘碾碎粮食，接着晃动米糠，把谷壳和面粉分离开来，之后装满大桶酿造啤酒，带动漂洗工的大锤反复敲打粗布，再缓缓地流进制革

㊀ 这里指英国国王威廉一世下令编制全国调查清册。该税册上列明一切僧俗封建主的土地占有状况、每个庄园的面积和牲畜头数、各类农民的人数等，以便据以课税。——译者注

场，用到能洗脏东西的地方。[433]

风车最早出现于 12 世纪，很快就在低地国家⊖普及开来，因为当地使用水力不太现实。但荷兰在 17 世纪成了世界工场，靠的不是风力，而是泥炭。从刚排干了水的沼泽地大规模地挖掘泥炭，为制砖、陶瓷、啤酒、肥皂、制盐和制糖等行业提供燃料。荷兰的哈伦市为整个德国漂白亚麻布。当时，木材稀缺而又价格昂贵，泥炭给了荷兰人大好的机会。[434]

干草、水和风都是利用太阳能的途径：阳光为庄稼、雨水和风提供了动力。木材靠的是过去几十年里存储下来的阳光能源——还是太阳能。泥炭存储的则是更古老的阳光——过去几千年的太阳能。煤炭存储的是更加古老的阳光，基本上来自 3 亿年前，它蕴涵的高能量令英国超过了荷兰。工业革命的奥妙，就在于从使用当前的太阳能，转而使用存储起来的古老太阳能。倒不是说人类的肌肉力量就此消失：在俄罗斯、加勒比和美洲，还有很多其他地方，奴隶制度仍在延续。但渐渐地，人们制造的商品越来越多地都依靠化石燃料制造了。

化石燃料并不能解释工业革命的开始，但它们能解释为什么这场革命不曾无疾而终。一旦化石燃料参与了进来，经济发展就真正插上了翅膀，并带着无限的潜力冲破“马尔萨斯天花板”，提高人民生活水平。直到工业革命开始，发展才真真切切地变成了“可持续的”。惊人的讽刺再度出现。我要提出这样的观点：经济发展居然是在开始依靠非再生、不环保、不清洁动力之后才变成了可持续下去的事情。历史上的每一轮经济繁荣，从乌鲁克文化算起，无不是因为可再生能源用光了而衰落下来：木材、农田、牧场、劳动力、水、泥炭，全都是能自我再生的，可速度太慢，一旦

⊖ 指荷兰、比利时和卢森堡，这几个国家海拔很低。——译者注

人口膨胀，很容易就耗个干净。可煤炭不管怎么用都没用完，而且，随着时间的流逝，它反而更便宜了，更丰富了。反过来看，用木炭超过某个界限之后，总是会变得更为昂贵，原因也很简单：人们必须到更远的地方去寻找木材了。倘若英格兰不曾使用煤炭，它仍然可以实现各种工业奇迹，因为它可以使用水力驱动磨坊和织布机，把兰开夏变成世界棉花之都。水力尽管可以再生，但却非常有限，等扩张到了头，没办法再加大产能之后，英国的工业繁荣也会衰落下去，人口压力重占上风，工资下跌，压抑需求。

这并不是说不可再生能源无穷无尽——当然不是。大西洋并不是没有尽头，可要是你驾着一条小船从爱尔兰的港口出发，你肯定不用担心会撞上纽芬兰。有些东西数量有限但异常庞大；有些东西可以无尽再生，但极为有限。像煤炭这样的不可再生能源丰富得足够承受经济活动和人口的双重爆炸，直到它们为地球上的所有人创造出可持续财富，同时又不撞上“马尔萨斯天花板”，之后再把接力棒传递给其他形式的能源。这一认识令我茅塞顿开：我们可以建设一种让人人都过上“太阳王”（指法国国王路易十四）般生活的文明，因为人人都有上千名仆从的服侍（人人也都要服侍上千人），所有人的服务都靠着数量惊人的无生命能源被放大了千百倍，同时，服侍人的人也过着如同“太阳王”般的生活。之后的章节，我将一一探讨许多悲观的环保认识提出的反对意见，比如大气吸收二氧化碳的能力不可再生等问题。

富裕了还要更富裕

化石燃料靠着驱动活塞和发电机，令现代的生活水平成为可能。但在论述这一点之前，我要跑个题，先谈谈生活水平。工业化有没有真正改善生活水平呢？至今仍然有人（包括那些为孩子们编写教科书的人）相信，工业革命降低了大多数人的生活水平，把无忧无虑的庄稼汉赶进地狱般的工厂和肮脏邋遢的出租房，让他们卖命干活，直到累垮了身体，咳嗽吐血，早早就没了命。真的有必要特意指出来吗：贫困、不平等、童工、疾病和污染，是工厂存在之前就有的东西。说到贫困，1700 年的乡下穷人比 1850 年的城市贫民过得糟糕得多，人数也多得多。1688 年，统计学家格雷戈里 · 金调查了英国的人口，120 万劳动者一年的收入只有 4 英镑，130 万佃农的年收入更是只有两英镑。[435] 这也就是说，英国超过一半的人生活在赤贫当中，不靠慈善救济的话就会饿死。工业革命期间仍然存在大量的贫困现象，可完全没有这么严重。工业革命的时候就连农村劳动者的收入也提高了。[436] 至于不平等，从身高和子女存活数量这两个角度来看，工业革命期间最富裕人口和最贫穷人口之间的差距缩小了。如果说经济不平等加剧，那么绝对不可能出现这样的结果。再说童工：1678 年（离动力磨坊的时代还早得很），有人为手摇亚麻纺纱机申请了专利，[437] 骄傲地吹嘘说："（这台机器能叫）三四岁的孩子做得跟七八岁的孩子一样多。"疾病方面：贯穿整个工业革命时期，传染病的死亡率都在稳步下降。还有污染：工业城市的烟尘毫无疑问增多了，可塞缪尔 · 佩皮斯（英国 17 世纪政治家）时代的伦敦，街道上满是污水，比 1850 年的曼彻斯特脏多了。

事实一望而知：工业革命带来的机械化生产提高了各个阶层的收入。英国人的平均收入之前 3 个世纪呈明显的停滞状态，到 1800 年前后开始上升，[438] 到 1850 年就比 1750 年高了 50%，而同期人口翻了 3 倍。非熟练工的收入提高最快，熟练建筑工的薪资溢价稳步下降。收入不平等差距缩小，性别不平等亦然。国民收入里靠劳动获得的比例提高了，而靠土地获得的比例下降了：如今英国1英亩农田的地租能买到的东西跟1760年相当，而现在1小时劳动的实际工资则能买到多得多的东西。整个19世纪，实际工资的增长速度比实际产出还要快，也就是说，廉价商品的好处主要落到了身为消费者的工人们手里，而不是落在了老板或地主手里。换言之，生产制成品的人也越来越消费得起制成品了。

毋庸置疑，以现代标准视之，19世纪英格兰工厂和磨坊里干活的工人，小小年纪就要忍受充满危险、噪声和粉尘的劳动环境，工作时间长得不人道，还要穿过肮脏的大街，回到人挤人的肮脏居所，工作保障、饮食、健康和教育条件都极差，但同样不可否认的是，他们的生活比自己在农场里卖力的爷爷、纺织羊毛的奶奶都要好。这就是为什么他们会从农村蜂拥而至并涌进工厂——而且，这一幕还反反复复地重演：19世纪70年代的北美新英格兰地区是这样，20世纪初的南美洲是这样，20世纪20年代的日本是这样，20世纪60年代的中国台湾是这样，20世纪70年代的中国香港是这样，现在的中国大陆仍然是这样。这解释了为什么新英格兰的工厂会拒绝接受爱尔兰人，北卡罗来纳州的工厂拒绝接受黑人。

这里有3个小故事，[439]可以说明工厂的工作比农场更合人心意。有个名叫威廉·特恩布尔的农场工人，1870年出生，他告诉我奶奶，他打13岁就开始干活，每天只挣6便士，每星期干6天活，从早晨6点干到晚上6点，不管什么季节，都在户外劳动，耶稣受难日、圣诞节和新年第一天是他每年仅有的假期，元旦那天还只放半天假。到了赶集的日子，他提着灯笼，在半夜一两点钟的时候，赶着绵羊或牛群到城里。20世纪20年代北卡罗来纳州有个摘棉花的工人对一位历史学家解释，为什么工厂比农场好得多："我们从农场搬到这里，进工厂干活以后，我们买得起的衣服和食物都比从前务农时多了。我们还有了更好的房子。真的，来工厂之后，生活容易了许多。"20 世纪 90 年代，中国有个叫梁英（音译）的姑娘，高高兴兴地离开了自家在南方的橡胶场（在橡胶场里，她每天早晨天没亮就要起来，摸黑割开几百棵橡胶树的树皮），到深圳的纺织厂找了份工作。她说："如果你是我，你会选哪样，工厂还是农场？"经济学家皮翠拉·瑞沃莉在《一件 T 恤的全球经济之旅》里写道："血汗工厂的共同经历——受控制、受剥削、过度劳累、报酬过低，把来自欧洲、美洲和亚洲的几代制衣女工绑在了一起；把她们绑在一起的，还有另一件毫无疑问的事情：工厂生活彻彻底底地击败了农村生活。大洋两岸是这样，时空相隔几百年，同样是这样。"

工业革命初期英格兰的贫困之所以会如此强烈地触动我们，是因为作家和政治家们有史以来第一次正视它，并努力采取措施解决它，而不是因为它从前不存在。从前的时代没有盖斯凯尔夫人㊀和狄更斯先生，从前的时代也负担不起工厂法案和童工限制法。有了工业革命，人类创造财富的能力大大超过了自身繁殖能力，从而也增加了人们的慈悲心，并主要通过慈善机构和政府的举措表现出来。

金属腹地

18 世纪末英国突然出现的创新大爆炸，既是机械化的起因，也是它

㊀ 指 Elizabeth Gaskell，维多利亚时代的英国小说家，当时以哥特式的灵异小说闻名，后世评论家则更推崇她对工业革命时期社会生活的描述。——译者注

带来的结果。机械化通过机械和燃料，放大了人的劳动。英国是个蕞尔小国，1750年只有800万人口。同一时期的法国社会结构更为复制，有2500万人口；日本的人口也多，有3100万；生产效率高得多的中国，人口干脆达到了2.7亿。可最终却是英国实现了经济大扩张，不到一个世纪，就成了全世界的头号强国。1750～1850年，英国男人（有些是移民）发明了数量惊人的设备来节省劳力、放大劳力。靠着这些设备，他们生产得更多、销售得更多、收入更多、花销更多、住得更好，存活下了更多的孩子。有幅很出名的版画，题为“1807～1808年大不列颠的杰出科学家”[440]（1807年也是英国议会废除奴隶贸易的那一年），囊括了当时尚在人世的51位优秀工程师和科学家——就好像画家把他们全都召集在了英国皇家学会图书馆里一样。他们中有修运河的（托马斯·特尔福德）、修隧道的（马克·布鲁内尔）、造蒸汽机的（詹姆斯·瓦特）、造火车头的（理查·特里维西克）、造火箭的（威廉·康格里夫）、造液压机（约瑟夫·布拉默）、发明机床的（亨利·莫兹利）、发明动力织机的（埃德蒙·卡特莱特）、发明工厂的（马修·博尔顿）、发明矿灯的（汉弗莱·戴维），还有发明天花疫苗的（爱德华·詹纳）。他们中有天文学家内维尔·马斯基林和威廉·赫歇尔、物理学家亨利·卡文迪许和朗福德伯爵、化学家约翰·道尔顿和威廉·亨利、植物学家约瑟夫·班克斯，还有涉猎广博的多面手托马斯·杨[⊖]，等等。看到这样的图画，你忍不住会想：“同

⊖ 英国医生、物理学家，光的波动说的奠基人之一。他不仅在物理学领域领袖群英、名享世界，而且涉猎甚广，光波学、声波学、流体动力学、造船工程、潮汐理论、毛细作用、用摆测量引力、虹的理论……力学、数学、光学、声学、语言学、动物学、埃及学……他对艺术还颇有兴趣，热爱美术，几乎会演奏当时的所有乐器，并且会制造天文器材，还研究了保险经济问题。托马斯·杨擅长骑马，并且会耍杂技走钢丝。——译者注

一个国家怎么会同时拥有这么多的天才？”

可这么想其实并不对，确切地说，应该是那个特定时间和地点的氛围吸引了这么多的天才（布鲁内尔就是从法国来的，朗福德则是从美国来的）。从天分上看，任何一个国家在任何一个时代，都有无数的瓦特、戴维、詹纳和杨在闪光。可要把他们像这样大规模地聚拢到一起，非得有足够的资本、自由、教育、文化和机遇不可。过上两个世纪，有人也可以为硅谷的天才们画张像，他们的后代则会惊讶地想，像戈登·摩尔㊀、罗伯特·诺伊斯㊁、史蒂夫·乔布斯、谢尔盖·布林㊂、斯坦利·博耶㊃、勒罗伊·胡德㊄这样的巨人，[441] 怎么全都生活在同一个时代、同一个地方啊！

就跟如今的加利福尼亚一样，较之欧洲大陆和亚洲的同行，18 世纪的英国制造业企业家享受着非同一般的自由，可以搞发明、搞投资、扩大企业规模，并斩获利润。庞大的首都也罕见地掌握在商人手里，政府不占上风，而且它一直都是这样。同样，多亏英国的船只定期往返于回归线，英国拥有了一个世界性的市场。农村腹地则挤满了能够自由出卖劳动力的人，谁出价最高就卖给谁。欧洲的大部分地区，仍然由抗拒变革的地主和佃农把持，而这两种人，谁都没有动机提高生产效率。在中欧和东欧，17 世纪打完仗、闹完饥荒之后，农奴制在 18 世纪再度兴起。农民的大多数劳动和产品都归封建领主所有（此外还要缴纳教会的什一税），他们几乎

㊀ Gordon Moore，也即“摩尔定律”的提出者。——译者注
㊁ Robert Noyce，硅谷之父。——译者注
㊂ Sergey Brin，谷歌联合创始人。——译者注
㊃ Stanley Boyer，生物工程之父。——译者注
㊄ Leroy Hood，系统生物学创始人。——译者注

没有迁徙自由，所以没什么动力提高生产效率，走经商之道。与此同时，要是君主想施行改革，释放农奴，领主们无不激烈抵抗。“地主把佃农看成耕作自家土地的必要工具，”匈牙利的一位自由党人解释说，“是从父母那儿继承来的奴隶，要不就是买来的东西、赢来的奖品。”[442]

就连贸易自由并实现了繁荣的地方（图卢兹、西里西亚、波西米亚等地）也有着众多制定规则、强行索贿的人，此外，频繁的战争不断蹂躏着贸易。在利穆赞山谷（位于现在的法国），16 个联盟要收取 17 道捐税。法国的人口是英格兰的 3 倍，却“被内部的海关壁垒分成了三大贸易区，[443]又被非正式的惯例、陈旧的捐税和费用，还有极不方便的交通，弄成了诸多半自给自足的细胞体，像马赛克一样拼拼凑凑”。内部的走私异常猖獗。西班牙“就像是一处群岛，上百种内部关税把小岛们彼此分割开来，每个岛屿都各有各的生产和消费”。[444]相比之下，英国人却没必要搭理小气的官僚和讨厌的税吏。对此，他们得感谢前一个世纪发生的动乱，先是打了一场内战，接着是反对詹姆斯二世独裁政府的“光荣革命”[445]。后一件事可不光是国王的交替，它实际上是荷兰的风险资本家们对整个英国来了个管理层半恶意融资收购，令其政策效法荷兰，宪法也随之大规模换血，把权力授予了由商人组成的议会。这掀起了荷兰资本投资英国的高潮，英国也朝对外贸易倾斜了过去。为了保住王位，威廉三世必须尊重人民的财产权。再加上英国不维持常备军，海岸线又呈紧密的锯齿状，海上贸易可到达国家的大部分地区，国家的行政首都恰好也是商业首都，事情变得很清楚：在 18 世纪开办或扩大买卖，这可是个不错的地方。[446]“没有任何其他地方，”哈佛大学历史学家大卫·兰德斯说，“农村里到处都是制造业；也没有其他任何地方，变革的压力和动力一步步走强，传统的势力却一步步走弱。”[447]

英国小镇伯明翰没有限制性行会，也没有城市特许状，自 17 世纪初就成了金属加工贸易中心，蓬勃地发展起来。到 1683 年，当地已经有超过 200 家生产铁的冶炼厂在使用煤炭了。技术和企业自由结合起来，造就了所谓“玩具贸易”这一产业的兴旺发达，尽管它制造的产品主要是纽扣、别针、钉子、小器具，而非玩具本身。18 世纪，伯明翰颁发的专利比除了伦敦之外的任何英国城市还要多，只不过很少有几项称得上是什么重大“发明”：它基本上是对铁、铜、镀锡铁皮和铜等已有物品的渐进式探索。所有的工作都是在小作坊里完成的，全新发明的机器不多，但熟练的专门化贸易将之分割开来，并按照日益成熟的线路加以组织。每一家企业里都如雨后春笋般涌现出独立开业的制造商，跟 20 世纪 80 年代旧金山海湾地区出现的情形一模一样。

有需求就有供给

除非存在消费者的需求，人是不会开办企业的。英格兰奇迹的一个根本原因在于，多亏了兴旺的贸易，18 世纪之后英国出现了足够多的富裕民众购买制造商提供的产品和服务，所以制造商们有了资金走到外面去，寻找生产效率更高的技术，而在这么做的过程中，他们偶然发现了一种类似经济永动机的东西。“18 世纪最不寻常的一点事实是消费阶级的扩大。”经济学家罗伯特 · 弗里德尔说[448]。“18 世纪的英格兰出现了一场消费者革命，”尼尔 · 麦肯德里克写道，“人类历史上数量空前的男女享受到了获取物质财富的体验。”[449] 英国人穿羊毛布，吃牛肉和白麦面包，而欧洲大陆的人则穿亚麻布，吃奶酪和黑麦面包。在丹尼尔·笛福（这是他1728年写的话）看来，来自大众的低端需求比来自少数人的富裕需求重要得多。[450]

> 穷苦人、计件工、劳动和承受痛苦的人……这些才是完成你消费总量的人。正是为了这些人，你的市场要一直开到星期六的深夜里……他们的人数不是几千几万，也不是几十万，而是上百万。我以为，正是因为他们的庞大数量，所有的贸易车轮才都隆隆地转动起来，海上陆上的农产品和制成品都整装待发，瞄准了海外市场；正是因为他们的庞大需求量，他们才得到了供给；正是因为他们人数的众多，整个国家才得到了维持。

起初，奢侈品的成本跌得最快。如果你只买得起粮食、燃料和衣服，你的日子过得并不比中世纪的祖先们好太多；但要是你能买得起香料、红酒、丝绸、书籍、食糖、蜡烛、纽扣等，那么，你就比他们过得好上3倍，倒不是因为你收入提高了，而是因为靠着东印度公司一类的商户，这些商品的价格下降了。有一阵子，英国人狂热地爱上了印度的棉花和中国的瓷器，于是企业家们就靠着山寨东方进口货上了路。[451]例如，从技术上看，约西亚·韦奇伍德做的陶瓷制品并不比其他人更好，但他超级擅长让普通民众买得起这些产品，他使用的方法是在熟练工之间进行劳动分工，并在生产过程中运用蒸汽动力。他还非常擅长向消费阶层营销瓷器，把瓷器造得既时髦又廉价——打那以后，这两点就成了市场营销的万用灵药。

不过，更精彩的还要数棉花的故事。17世纪，英国人穿羊毛、亚麻和丝绸（当然，穿丝绸的人得很有钱才行）。虽说有些从荷兰安特卫普逃出来的难民㊀定居在诺里奇从事棉花纺织行业，但大部分英国人是从没听说过棉布的。但对印贸易为英国带来了越来越多的“白棉布”，因为它轻便、柔软、耐洗，还能印染上各种颜色，这引发了富裕阶层的需求。羊毛和丝绸纺织工痛恨这异军突起的对手，向议会施加压力，要求获得行业保护。1699 年，政府要求所有法官和学生都穿羊毛袍子；1700 年，所有的尸体都得用羊毛寿衣包裹；1701 年政府颁布法令，规定“不得穿着……各类着色、染色、印花的白洋布”。所以，时髦的贵妇人买来纯麻纱染上色。城市爆发骚乱，丝绸或羊毛纺织工们甚至会成群结队地攻击穿着棉布的妇女。穿棉布成了不爱国的表现。到 1722 年，议会屈服于纺织工们的愿望，当年圣诞节，《白洋布法案》生效，穿任何形式的棉布都成了非法行为，连摆在家里当装饰都不行。[452] 生产者的狭隘利益又一次以贸易保护的形式战胜了更广泛的消费者利益（当然，这绝不会是最后一次）。

自然，保护主义又一次遭到了失败，甚至还起到了适得其反的作用（这同样不会是最后一次）。为了规避法律，东印度公司的商人开始进口原棉，企业家们则开始把棉花“外包”到乡下纺织工的小屋里，要他们把棉花织造成布匹以供出口，甚至还在棉布里混上一些亚麻或羊毛，好叫它合乎法律（1774 年，《白洋布法案》最终被废除），用于国内销售。他们这么“外包”羊毛已经几十年了，抢在了低地国家之前，因为低地国家的手工业行会势力强大，靠着砸烂乡下农户的织布机阻碍了“外包”。“外包”的发包方大多是放高利贷的布匹商人，他们向在家干活的纺织工人提供羊毛原料，等收购成品布之后再付工钱，当然，要减去贷款的利息。农民的

㊀ 这里指 16 世纪初，尼德兰地区成为西班牙的属地，西班牙国王信奉天主教，对当地的新教徒大肆进行宗教迫害。——译者注

妻子和女儿（有些季节，连男人们也来帮忙）其实很乐意像出卖农产品那样出卖劳动，增加家庭收入。有时候，农民们还会欠下债务，因为他们从高利贷那儿借钱给自己添置装备。

你可以把这些人看成是被圈地运动从公用土地上驱逐出去的绝望受薪奴隶（1550～1800年，把公用土地划给私人的风潮席卷了英格兰的大部分地区），但这么想其实存在误导。更准确地说，农村纺织工人主动向生产和消费（专业化和交换）的阶梯迈出了第一步。他们逃离了自给自足，进入了现金经济。没错，有些人的生计给圈地运动剥夺了，但圈地运动实际上为农业劳动者增加了受薪就业的工作机会，[453] 故此，它无非是从低级的自给自足状态转到了略微进步的生产与消费状态。此外，除了英格兰本土移民，爱尔兰、苏格兰的移民也如潮水般涌向纺织地区，加入这些行业。这些人为了获取跻身现金经济的机会，哪怕薪资低、工作累，也毅然放弃了当农民的苦差事。人们结婚年龄提前，于是生下了更多的孩子。

这样一来，以工人身份参与到棉布行业的农民们，很快就成了这个行业的客户。突然之间，英国工人不断提高的平均收入跟棉布不断下跌的成本搭上了线，人人都买得起棉布内衣了。历史学家爱德华·伯恩斯在1835年指出，“棉制品出奇的廉价”造福了“广大群众”：“19世纪乡下茅舍里展示的漂亮衣服，说不定跟18世纪的会客厅里一样多。”[454] 按一个世纪以后奥地利经济学家约瑟夫·熊彼特的说法，资本主义的成就“不见得是要为皇后们提供更多的丝袜，而是让工厂女工也负担得起丝袜，同时，她们为了换取丝袜所付出的劳动量还稳步减少”。[455]

但增加供应并不容易，因为哪怕是最偏远的本宁山谷和威尔士边界也都密密麻麻到处布满了纺织工的农舍，运输非常昂贵，有些工人收入好得都可以周末放大假了，偶尔还能拿着薪水猛喝酒，直喝到星期一晚上，把额外的收入给用个精光。正如 20 世纪的经济学家柯林 · 克拉克所说："哪怕对非常穷困的人来说，休闲也具有真正的价值。"[456]

所以，激增的需求和拖沓的供给卡得"外包"发包商和供货商进退两难，一旦出现任何能够提高生产力的发明，他们都热烈欢迎。有了这样的激励，发明家们义不容辞地出马了。约翰 · 凯的飞梭、詹姆斯 · 哈格里夫斯的珍妮纺纱机、理查德 · 阿克莱特的水纺机、塞缪尔 · 克朗普顿的走锭纺纱机（又称纺骡）——全都是生产效率渐进式改良道路上的里程碑。珍妮纺纱机的工作速度最高可达纺车的 20 倍，而且能纺出更均匀的纱，但它仍然完全靠人的肌肉力量操作。到 1800 年，珍妮纺纱机就过时了，[457]因为水纺机的速度是它的几百倍。水纺机主要是靠水车带动的。10 年之后的"纺骡"，结合了珍妮纺纱机和水纺机两者的特点，在数量上击败了水纺机，两者的纱锭数之比达到了 10∶1。很快，纺骡就采用了蒸汽动力。结果是棉布数量暴增，织布的价格直线下跌。18 世纪 80 年代，英国的棉织品出口量翻了 5 倍，到 90 年代又翻 5 倍。1 磅精纺棉纱的价格，从 1786 年的 38 先令，降到了 1832 年的 3 先令。[458]

截至 1800 年，英格兰纺织的大部分原棉均来自亚洲。但中国和印度的棉花种植户，要么是没办法增加产量，要么就是不愿意增加产量。他们没有新鲜的土地可供开拓，也没有增产的动力：生产效率提高带来的收益，都会给地主或者帝国的官僚拿走。于是，美国南部各州把机会抢了过去。1790 年，美国生产的棉花数量还微不足道，可到 19 世纪 20 年代，它就成了全世界最大的棉花生产国，到 1860 年，它种植的棉花占了全世界的 2/3。1815～1860 年，棉花占了美国所有出口货值的一半。[459]

干活的是奴隶。棉花是劳动力密集作物，一个男性壮劳力只能为 18 英亩棉田播种、除草（数次）、收获和清理，规模经济可忽略不计。在土地广袤、人口稀少的美国，要扩大生产的唯一办法就是把劳动力市场整个扼杀掉：强迫工人们不拿工资干活。诚如经济学家皮翠拉·瑞沃莉所说：奴隶制度注定是要走向灭亡的，原因不在于劳动力市场有什么危险，而在于市场受到了抑制。[460] 英国工人阶级买得起棉布，是靠买卖抓来的非洲人实现的。

煤炭是王道

到目前为止，化石燃料只扮演了一个小小的配角。现在想象一下，要是英国没有可供使用的煤炭储量，接下来会发生些什么。世界各地都存在煤炭，但英国的一些煤田接近地表，也跟通航的水路靠近，能展开廉价运输。陆上运输煤田的成本一直很高，铁路出现之后才有所下降。倒不是说煤炭这种动力来源比其他动力来源更加廉价（煤田跟水力在工厂里打了整整一个世纪的价格战），可它的有效供给接近无限。水力在本宁山谷达到饱和点之后，很快就出现了收益递减。其他任何一种可再生能源也满足不了当时的需求。18 世纪上半叶，由于木材砍伐，岛上的木炭燃料匮乏，连规模相对较小的英国钢铁工业也濒临死亡边缘了。英格兰南部的木材是用来满足造船需求的，这就抬高了它的价格。所以，为了寻找木炭装填自己的冶炼厂，铁匠们离开了苏塞克斯威尔德，搬到了中西部，接着又搬到了威尔士边界、南约克郡，最后是坎伯兰。从森林资源丰富的瑞典和俄罗斯进口熟铁，满足了纺织工业机械化不断增长的需求，但肯定不能满足工业革命的需求。只有煤炭能办到这一点。英格兰永远不可能拥有足够的风、水或者木材为工厂提供动力，要想它们全都出现在合适的地方，就更别指望了。[461]

中国的情况就是这样。1700 年，它也曾有过充满活力的纺织业，说不定，在机械化成熟度上也跟英国不相上下。但中国的煤田都在很偏远的地方，国内的钢铁业完全依赖于木炭，随着森林日渐稀少，木炭价格持续上涨。还有一部分问题在于，1100 年之后的 300 年间，出产煤炭的山西和内蒙古因为少数民族入侵和瘟疫的折磨，几乎成了无人地带，国家的人口和经济重心这才南迁到了长江流域。[462] 由于所有的煤炭储备区都跟通航的水路离得太远，中国的钢铁工业放弃了使用化石燃料的最初尝试。中国的铁价上涨，发明家们没法把它用在机械上。于是，中国的工业活动出现了收益递减，随着人口的增长，人们消费和发明的动力越来越少了。此外，帝国的官僚制度又怎么可能允许独立企业家不受管制地在农村“外包”工作，甚至修建工厂呢？

从煤炭行业的效率本身来看，它对 19 世纪英国生产力的显著提高贡献并不太大。英国工业化中生产力的发展，棉花的贡献是煤炭的 34 倍。18 世纪 40 年代 ~19 世纪 60 年代，纽卡斯尔矿坑里每吨煤炭的成本小幅上涨，[463] 可由于税收走低，运输成本下降，伦敦市场上的煤炭价格反而下跌了。除了矿工的安全灯，煤矿在使用蒸汽驱动泵之后就没增加什么新技术。进入 20 世纪颇长一段时间之后，矿工使用的典型设备无非就是一盏灯、一把鹤嘴锄、木质的矿用支柱，外加一头矮种马。煤炭消费量大幅增加（18 世纪达到 5 倍，19 世纪达到 14 倍），主要是投资增多的原因，生产效率提高并不多。反观钢铁行业，冶炼1吨生铁，再把生铁炼成熟铁所需的煤炭量，每隔30年就减少一半。1900年开采1吨煤炭要用的人体肌肉力量，跟1800年几乎没什么两样。一直到20世纪下半叶出现露天挖掘，每名矿工的产量才真正有了急剧提升。

煤炭行业和此前此后的所有采矿行业一样，尽管工作条件可怕，却仍然得到了人们的容忍，原因之一就在于采矿能获得比农场更高的薪资。矿上的工资的确较高，至少最初阶段是这样，要不然，19世纪苏格兰和爱尔兰人也不会蜂拥到煤矿小城泰恩赛德去了。当时，英格兰东北部的煤矿工人工资比农场工人高两倍，工资的增长速度也是后者的两倍。[464]

没有煤炭的话，英国纺织、钢铁和运输行业的发明创造在1800年后必然会被迫陷入停滞，而当时所有这些发明，几乎对人们的生活水平没什么影响。历史学家托尼·里格利说："几乎到19世纪中叶，还很有理由担心英格兰最终遭遇像荷兰那样的命运。当时，古典经济学家所预言的停滞状态显得很突出。"[465]里格利认为，正是因为从靠燃料自然生长的有机经济过渡到了靠开采的矿产经济，英国才得以摆脱停滞。煤炭给了工业革命第二轮惊人的东风，维持了磨坊、锻造炉和机车的运转，并最终推动了19世纪60年代的第二次工业革命，让电力、化工和电报给欧洲带来了前所未有的繁荣和全球性势力。煤炭带给英国的燃料，相当于额外有了1500万英亩森林可供燃烧，几乎等于苏格兰的总面积了。到1870年，英国煤炭燃烧放出的热量，可供8.5亿劳动力消耗。这就如同每名工人有了20个可供使唤的佣人。光是英国蒸汽引擎的性能，就相当于600万头马匹或者4000万名壮劳力，而不管是马还是人，得吃掉全国收获小麦的3倍才能养活。这就是劳动分工所利用的能量。不靠化石燃料，英国19世纪创造的奇迹根本就是一件不可完成的任务。

这下，兰开夏能以质量和价格击败全世界了。1750 年，各地的纺织工都羡慕印度的纱布和白洋布。一个世纪之后，哪怕工资比印度高四五倍，兰开夏都能够以廉价的棉布冲击印度了，有些棉布还是用往返了 13 000 英里的印度产原棉制成的。这完全要归功于兰开夏机械化工厂的生产力。这就是化石燃料创造的奇迹。不管印度纺织工的工资有多低，都没法跟曼彻斯特蒸汽驱动的“纺骡”操作工竞争。到 1900 年，全世界 40% 的棉制品都是曼彻斯特周边 30 英里以内的地方制造的。[466]

工业化一发不可收拾地传染开来：纺织厂日益提高的生产力推动了对化工行业和印刷行业的需求，于是化工行业发明了氯漂白技术，印刷行业则改以滚筒技术来给带颜色的棉布印刷。棉花价格的降低，使消费者可以节省下来开支用到其他商品上，这在客观上刺激了其他制造业的发明。当然，生产新机器需要高品质的铁，而廉价的煤炭使之成为可能。

煤炭最关键的地方在于，与森林、河流不同，它不存在收益递减、价格上涨的问题。19 世纪煤炭的价格或许没有下降太多，但哪怕消耗量大幅增长，它也没有涨价。1800 年，英国每年消耗的煤炭超过 12 万吨，是 1750 年时的 3 倍。煤炭仍然只有两个使用目的：国内供暖和一般制造业，在当时基本上意味着造砖、造玻璃、制盐和金属。到 1830 年，煤炭消费量翻了一倍，钢铁制造就占了 16%，煤炭开采本身也用了 5%。到 1860 年，英国的煤炭消费量已经达到 20 亿吨，并用来驱动机车的车轮、汽船的桨轮。到 1930 年，英国使用的煤炭是 1750 年的 68 倍，用它来发电、制造煤气。今天，大多数煤都被用于发电。[467]

发电机

电力对人类福利的贡献，再怎么夸张也不算多。到了我这一代人，电是一种沉闷的实用工具，就像水和空气一样随时随地都要用到，非常地常见。供电塔和电线长得又丑又怪，电器插头烦人，出了故障气人，冒出电火花又吓人，电费账单恼人，发电厂成了人为气候变化的巨型象征（美国前副总统阿尔·戈尔就说，飓风是发电站排放的温室气体太多所致）。但不妨也看看它的魔力吧。试着从一个从没见识过这种力量的人眼里来看它：电没有形状，也没有重量，可以通过一条细细的电线传输数英里，而且几乎什么事儿都能做——能照明、能烘烤、能推东西、能播放音乐。如今全世界还有 20 亿人从来没打开过电灯开关呢。

设想你置身于 1873 年的维也纳万国博览会。有一处展台展出的是比利时发明家格拉姆的精彩作品，操作它的人是格拉姆的生意伙伴，同样杰出的法国工程师方丹纳。他们的展品是格拉姆发电机，全世界头一台靠着手摇或蒸汽引擎带动产生平滑电流、稳定光源的发电机。其后的 5 年，他们的发电机会给巴黎遍布的数百台全新工业化照明装置供电。在维也纳博览会上，有名工人不小心犯了个错误。他把正在转动的发电机的电线偶然接到了闲置的发电机（这台是备用的，以免头一台机器出意外）上。备用发电机立刻自己转动起来，实际上变成了一台马达。方丹纳的脑筋也转动起来。他找来一根长达 250 米的电线，把两台发电机接起来。只要一接通，备用发电机就开始转动。很明显，电的动力传输距离，远远超过了皮带、链条或齿轮。

1878 年，马恩河（塞纳河的支流）的水流带动格拉姆发电机，把动力传到 3 英里外的另外两台格拉姆发电机上。这两台发电机变成了马达，通过电缆在巴黎附近梅尼耶村的地里拉起了犁。[468] 伦敦工程师学会的显贵们看得目瞪口呆。之后冒出了一连串的发明：威廉 · 西门子的电器化铁炉，约瑟夫 · 斯万和托马斯 · 爱迪生发明的改良电灯泡，乔治 · 威斯汀豪斯、尼古拉 · 特斯拉和塞巴斯蒂安 · 费兰梯的交流电，查尔斯 · 帕森斯的涡轮发电机。世界开始迈向电气化时代，尽管和电脑一样，它对生产效率的提高作用，用了几十年才显现出来，[469] 但它的胜利势不可当，而且有着深远的影响。130 年后的今天，一旦人们接通了电，生活无不得到改善：它为家庭提供了无色无味无重量的能源。根据菲律宾最近的一项研究 [470] 估计，每个家庭接入电网平均每月能获得 108 美元的好处——廉价的照明（37 美元）、廉价的广播和电视（19 美元）、更长期的教育（20 美元）、节省了时间（25 美元）、提高了生产效率（8 美元）。哎哟，它甚至还影响了生育率呢：有了电视，人们晚上就不再只有“造人”这一项娱乐活动啦。

地球接收到的阳光是 17.4 兆瓦，大约相当于人类使用化石燃料产出的 1 万倍。换一种说法，一块 5 码（约等于 4.5 米）见方的土地上接收到的阳光，就足够你展开现代高科技生活了。[471] 既然动力就在你身边，为什么还要付电费呢？因为，就算除去冬天、夜里、多云、树木遮挡带来的不便时间，持续不断照射的太阳光子也近乎全无用处。它的出现形式不是电，也不是汽车燃料或塑料。从物理做功的单位焦耳上看，木材比煤炭麻烦，煤炭比天然气麻烦，天然气比电麻烦，电比正在我移动电话里上下涌动的电流麻烦。要是有人愿意为我提供完善又好用的电，满足我的需求，我随时乐意给钱，就跟我愿意为牛排、T 恤掏腰包一样。

假设你来到 1800 年，跟一户人家一起坐在柴火堆前吃着炖骨头，你告诉他们，不到200年，他们的后代就不用砍柴挑水了，更不用把污水端出去倒了，因为水、天然气和一种叫作电的无形神力，会通过管道和线路接入房子。能拥有这样的房子，他们会高兴得跳起来；但他们说不定也会小心翼翼地问，自己怎么可能买得起呢？假设你又告诉他们，要赚回这样一处房子，他们只须保证父母两人每天到办公室去工作8个小时，搭乘一种不用马拉的车子单程行驶40分钟，孩子们完全不需要工作，只不过，为了20岁以后能找到同类的工作，他们必须去学校上学。他们会听得目瞪口呆，兴奋得发狂。他们会大叫道：你不是在骗我们吧？

热就是功，功就是热

能不能把工业革命套用到我的假设上呢，就像先前对旧石器时代、新石器时代、城市和商业革命上做的那样？多亏了新能源技术，1750年的一名纺织工用20分钟干的活，1850年1分钟就能干完。故此，他一天的工作要么可以供给20倍的人，要么能为每名客户供给20倍的布料，要么客户用在衣服上的钱能少花19/20。究其本质，这就是工业革命的后半段能叫英国致富的原因。它实现了这样一种状态：生产者越来越少，却能为越来越多的人提供越来越多的产品和服务——用亚当·斯密的话来说，就是“更少的劳动量产出了更多的工作量”。单个人可服务或供应的人数陡增，生产专业化和消费多样化实现了大突破。[472]有了煤炭，所有人都变成了小小“太阳王”。

今天，地球上每个人平均以2500瓦特的速度消耗功率，[473]换种说法，也就是每秒钟使用600卡路里，其中85%来自煤炭、石油和天然气的燃烧，剩下的来自核能和水能（风能、太阳能和生物能量所占的比例微不足道，因为它们提供的热量就是你所吃的食物）。一个健康的普通人踩踏健身自行车大概可以产生 50 瓦的功率，这也就意味着，要维持你目前的生活方式，需要 150 名奴隶，每人 8 小时轮班干活才行。[474]（美国人需要 660 名奴隶，法国人要 360 名，尼日利亚人只需 16 人。）下一回你再哀叹人类对化石燃料太过依赖时，不妨停下来想一想：你在大街上看到的每一个四口之家，背后都需要有 600 名无偿劳动的奴隶养活，所有这些奴隶全都生活在赤贫里。要是他们过得稍微好些，自己也就需要奴隶了。这可就接近一万亿人了。

你可以从两个方向运用这一归谬法。你可以懊恼于现代世界罪孽深重的挥霍浪费，这是常规的反应。你也可以得出结论，要不是有了化石燃料，99% 的人都得变成奴隶，才能叫剩下的人维持体面的生活。事实上，青铜时代的帝国正是如此。这不是想叫你喜欢上煤炭和石油，而是要你理解：你如同路易十四般的生活水平，全是靠替代了奴隶的能源发明实现的。请允许我在这里重复一个有趣的论断：许许多多的人都从煤炭开采中获取了利益，我是他们的后代，依然从煤炭开采中获取着利益。煤炭缺陷很多，它排放二氧化碳，含有放射性和有毒的汞；可我想说的关键是，它同样也为人类的繁荣做出了巨大的贡献。煤炭产生了电，照亮了你的房子，带动了你的洗衣机，冶炼出了你搭乘飞机所用的铝；石油为运输商品到超市的交通工具（船只、卡车和飞机）提供了燃料，制造了你孩子们玩具所用的塑料；天然气为你的房子供暖，烘出了面包，制造了种植粮食所需的肥料。这些就是你的奴隶。

但这能持续下去吗？总有人担心化石燃料很快就会耗尽，这种焦虑跟化石燃料的岁数一样古老。[475] 1865 年，经济学家斯坦利·杰文斯预测，随着需求扩大，供给短缺，煤炭的价格会大幅提高。“故此，做出以下推断是很容易的——我们无法再持续当前的进步速度，”他又说，“想办法用其他燃料替代煤炭是毫无作用的。”所以，他同时代的英国人“要么大批量地离开故土，要么留下来承受痛苦的压力和极度的贫困”。杰文斯对“煤炭使用达到峰值”所发出的哀叹在社会上造成了巨大的影响，引发了 1866 年的一轮“煤炭恐慌”（主要是报纸宣传带动的），以至于当时任首相的威廉·格拉斯顿在那一年的政府预算里承诺，要趁着煤炭还能持续，偿付国家债务，还成立了专门的煤炭供应皇家委员会。具有讽刺意味的是，就在那 10 年，世界各地均发现了极为庞大的煤炭储量，同时，高加索地区和北美也正式开始了石油钻探。

石油一直是 20 世纪的重大焦虑之因。1914 年，美国矿务局预测，本国的石油储量只能持续 10 年。1939 年，内政部说，美国的石油能持续 13 年。12 年之后，它说，石油还能再持续 13 年。20 世纪 70 年代，吉米·卡特总统宣布：“下一个 10 年结束的时候，我们会把全世界所有探明的石油储量用完。”1970 年，全世界的石油储量是 5500 亿桶，而在 1970～1990 年，全世界用掉了 6000 亿桶。所以，到 1990 年的时候，石油储量应该已经透支了 500 亿桶。可事实上，截至 1990 年，尚未开发的石油储量达 9000 亿桶——这还不包括加拿大阿尔伯塔省的亚达巴斯卡沥青砂、委内瑞拉的奥利诺科沥青页岩、落基山脉的油页岩。在它们当中，蕴涵着大约 6 万亿桶重油，相当于沙特阿拉伯已探明石油储量的 20 倍。这些重油储量开发起来很昂贵，但靠着细菌精炼法，它们说不定很快就能在“正常”价格上跟传统石油展开竞争。同样，过去几十年，天然气供应即将枯竭的预言也一次次落空。新近发现的页岩气，把美国的天然气资源翻了一番，差不多能用 300 年。

石油、煤炭和天然气的确是有限的，但它们能持续几十年甚至数百年，人们肯定会在用光之前找到替代品，使用任何一种动力源（如太阳能或核能），从水里就能合成燃料。只不过，目前这么做的成本还太高，可随着效率的提高、石油价格的上涨，均衡状态会出现变化。

此外，还有一个不容否认却又叫人惊讶的事实常常被我们忽视：化石燃料为工业化腾出了大量的土地。没有化石燃料的时候，能源是从地里长出来的，所以需要大量的土地来种植。在我住的地方，溪流免费；木材长在森林里，也在森林里腐烂；奶牛徜徉在牧场上，风车没有把天空遮挡得遍体鳞伤——如果不是因为有了化石燃料，这些土地都得种上作物，为人类生活提供能量。倘若美国要靠种植生物燃料来为所有交通工具提供燃料，那它需要的土地比现在种粮食所用的耕地还多 30%。[476] 这样的话，粮食又到哪儿去种呢？

为说明可再生替代能源有多么消耗土地，请看以下数据：为供应美国当前的 3 亿居民的功率需求（大致为每人 10 000 瓦特，约合每秒钟 2400 卡路里），需要——

- 总面积相当于西班牙的太阳能电池板；
- 总面积相当于哈萨克斯坦的风力发电厂；
- 总面积相当于印度和巴基斯坦的林地；
- 总面积相当于俄罗斯和加拿大的干草场喂养马匹；
- 相当于全世界七大洲加起来 1/3 强的水流量供水力发电。[477]

事实上，煤炭、核能发电站及几家炼油厂、几条天然气管线以几乎小得可笑的生态足迹供应了 3 亿美国人所需的几乎所有能源——哪怕把露天矿坑占用的土地考虑在内也一样。例如，露天采矿位于阿巴拉契亚产煤区，20 多年来，1200 万英亩土地受影响的部分仅为 7% 左右，也就是 2/3 个特拉华州的面积。这个地区并不小，可跟上面所列的数字毫无可比性。风力涡轮机每发 1 瓦电，所需的混凝土和钢材是核电厂的 510 倍，铺设道路和高空电缆方面就更不用说了。把可再生能源这头吞噬土地的怪兽说成是“环保”、干净、有益，我简直觉得太怪异了。如果你像我一样喜欢旷野，那你肯定不喜欢像中世纪那样，把周围的土地全部拿来制造能源。加利福尼亚阿尔塔芒特的一家风力发电厂每年要害死 24 头鹫鹰。[478] 要是哪家石油企业这么做，它早被告上法庭了。由于挡了油棕榈生物燃料种植园的道，每年有上百头猩猩被杀死。[479]“请别再祭拜那虚伪的假神了，”能源专家杰西·奥苏贝尔说，“高唱异教徒的圣歌吧，‘可再生并不意味着环保’。”[480]

老实说，就在人类开始越来越重地压迫土地和栖息地的时候，西欧碰上了惊人的好运，非但没有碰上巴比伦那样的生态灾难，反而在地底下发现了一种神奇的物质，部分地节省了土地。如今，你不必使用耕地来种植交通燃料（石油取代了马匹所需的干草）、取暖燃料（天然气取代了木材）、日用动力（煤炭取代了水）或照明设备（核能和煤炭取代了蜂蜡和油脂）。不过，你的衣服还得从土地里种出来，虽说现在的“摇粒绒”是从石油里来的。真可惜啊：要是质量相同的人工合成物质能够取代棉花，咸海⊖能

⊖ 中亚内陆海，位于里海东部。它曾是世界上最大的四个内陆海之一，但因为两大水源阿姆河及锡尔河改变了流向，正快速消失。——译者注

够得到恢复，印度和中国也有一部分土地能空出来让老虎容身了。只有一样东西，还没有人想出该怎么从使用煤炭或石油的工厂里制造出来，那就是食物（谢天谢地），可就算是这样，平均每餐伙食里也有一半的氮原子是靠天然气提供能源来固定的。

生物燃料的疯狂世界

这就是为什么乙醇和生物燃料等无用功会这么惹人生气。政客们说的荒谬观点，就连 18 世纪英国最著名的讽刺文学大师乔纳森 · 斯威夫特在讽刺小说里都不见得能写出来：在一个诸多物种濒临消失、10 多亿人口快要吃不起饭的世界里，把热带雨林砍了种植棕榈油，或者让种植粮食的耕地改种生物燃料，只为了让人们能在汽车里燃烧使用碳水化合物而非碳氢化合物的燃料，抬高穷人们的粮食价格——而这居然是为了对地球好！光说它荒唐可笑还不够，这根本是一场令人发指的罪行。我劝了自己很长时间才冷静下来，并翻阅了大量的数据，我把它们罗列在此，好引起读者们的注意。

2005 年，全世界制造了大约 100 亿吨乙醇，45% 来自巴西的甘蔗，45% 来自美国的玉米。此外，还有 10 亿吨生物柴油是用欧洲的油菜种子生产的。于是，全球 5% 拿来种粮食的耕地改种了燃料（20% 都在美国）。加上澳大利亚干旱，这成了 2008 年世界粮食供应低于需求的关键因素，也导致世界各地爆发粮食危机。2004～2007 年，世界玉米收成增加了 5100 万吨，[481] 但其中 5000 万吨变成了乙醇，而剩下的 100 万吨，对满足其他用途所需（3300 万吨）几乎起不了什么作用。故此价格上涨。请记住，穷人70%的收入都是花在粮食上的。这就相当于美国车主为了加满自己的油箱，从穷人的嘴里抢走了碳水化合物。[482]

倘若生物燃料对环境有着极大的益处，又或者它能为美国消费者节省大笔金钱，好叫他们能买得起更多来自贫穷国家的商品或服务，帮助后者摆脱贫困，倒也可以接受。可由于美国人实际上是被征了三次税来给乙醇行业买单（他们为种玉米提供补贴，为制造乙醇提供补贴，还在买食物上出了更高的价），所以，乙醇其实反倒伤害了美国消费者对制成品的需求能力。与此同时，生物燃料的环境益处不光是虚幻的，更是负面的。较之燃烧碳氢化合物，碳水化合物的发酵是一门低效的产业。每一亩玉米或甘蔗，都需要拖拉机燃料、肥料、农药、卡车燃料和蒸馏燃料——这些全都是燃料。问题来了：种植燃料到底需要多少燃料呢？答案是投入和产出量基本上相同。[483] 2002年，美国农业部估计，种植玉米乙醇投入的每一单位能量，能得到1.34个单位的产出量，但这得把干玉米酒糟（这是生产过程里的一种副产品，能够用来喂牛）的能量也算进去。不算它的话，收益只有9%。其他研究计算出的结论没这么积极。有一项研究甚至估计整个生产过程里能量要损失29%。相比之下，开采和提炼石油，能让你用出去的能量获得600%的回报。哪种投资听起来更可取？

就算你保证乙醇能带来净能量收益（巴西的甘蔗在这方面要好许多，但那完全是因为它是靠拿低薪的人类劳动力来种的），这也不能转化为环境效益。利用石油驱动车辆会排放温室气体二氧化碳。使用拖拉机种植农作物同样会从土壤里释放氮氧化物，而这种温室气体的增温潜力差不多是二氧化碳的300倍。生物燃料行业导致的粮食价格的每一点增加，都意味着对热带雨林施加更大的压力，而砍伐热带雨林是增加大气二氧化碳含量最简单的做法。大自然保护协会的约瑟夫·法尔焦内说，“这些生物燃料取代化石燃料的确能减排一部分温室气体”，可把巴西种咖啡的土地改成种大豆柴油，或者把马来西亚的泥炭地改成棕榈油柴油，释放出的“二氧化碳却是每年减排量的 17 ～ 420 倍”。[484] 换一种说法，从气候的角度说，这笔投资要几十年甚至几个世纪才能收得回来。如果你真的希望减少大气里的二氧化碳，得把森林和从前的农田重新种出来。

此外，仅仅 1 加仑的玉米乙醇，就需要 130 加仑的水来种植，5 加仑的水来蒸馏（假设只有 15% 的作物得到灌溉）。相比之下，1 加仑的汽油，只需要不到 3 加仑的水来开采，2 加仑的水来炼制。为满足美国每年种植 35 亿加仑乙醇的指定目标，每年需要消耗相当于加利福尼亚所有人口需要用的水。毫无疑问，生物燃料不光对经济没好处，对地球更没好处。[485] 它之所以能成为架在美国政客脖子上的枷锁，无非是靠了大公司的政治游说和资金捐助。

现在，考虑到我对未来有着十足的信心，我不敢贸然排斥第一代生物燃料。也许会出现更合适的作物，它们兴许有能力消除自己的生态足迹。热带甜菜依靠较少的水就能实现巨大的产量；经过基因工程改良后，麻风树等植物甚至还能从垃圾场获取燃料。还有，水里生长的藻类说不定完全无须灌溉，而产量又超过其他所有的作物。

但别忘了生物燃料存在一个重要的问题，它们能把环境搞得更糟糕的症结就在这里——它们需要土地。对未来可能生活在地球上的 90 亿人口来说，所谓可持续发展的未来，就是要用尽量少的土地满足每个人的需求。如果土地的粮食产量继续以目前的速度提高，目前的耕地面积刚刚够养活 2050 年的世界，所以，种植生物燃料的额外土地必然要来自热带雨林和其他野生栖息地。我们还可以引用生态学家E. O. 威尔逊的话，借用环境保护主义者的一句常用哀叹来表述同一论点，人类已经“通过有机物质捕获了20%～40%的太阳能”。[486] 为什么你希望提高这一比例，让其他物种能用的份额更少呢？为了向文明提供燃料而破坏栖息地、山河风光，毁灭现有的物种，是中世纪犯下的错误，我们后人有了煤层、沥青页岩和核反应堆，完全没必要重走这条老路。

你大概能找到一个很好的理由来回答：那气候变化是怎么回事？我会在第10章解释这个问题。眼下，你只须注意一点：要不是有了气候变化这个论点，你根本没法断言，可再生能源环保，而化石燃料却不绿色。

效率和需求

文明和生活本身一样，总要跟获取能量挂上钩。这就是说，正如成功的物种就是能以比其他物种更迅速地把太阳能转换成后代的物种，国家的情况也一样。随着亿万年的过去，生活这个整体已经逐渐能够越来越高效地这么做，甚至部分侥幸逃过了热力学第二定律。当今主宰地球的动物和植物，比寒武纪（那时候地球上还根本没有植物）的祖先们都更擅长让更多的太阳能穿过自己的身体。同样的道理，人类历史也就是一个逐渐发现、转移太阳能来维持人类生活方式的故事。驯化的作物为最初种植它们的农夫捕获了更多的太阳能；家畜为提高人类生活水平输入了更多的植物能量；水车利用太阳的蒸发动力，丰富了中世纪僧侣们的生活。“文明，就和生活一样，是一段飞离混乱的旅程，它充满苦难，永无尽头，”彼得·休伯和马克·米尔斯说，“混乱最终会占据上风，但我们的使命就是要尽可能地推迟它，用尽一切的聪明才智和决心把事情朝着相反的方向推。能源不是问题。能源是解决途径。”[487]

早期纽科门蒸汽机的工作效率是 1%——也就是说，它只能把煤炭燃烧产生热的 1% 转换成有用功。瓦特蒸汽机的效率是 10%，旋转速度也要快得多。奥托内燃机的效率约为 20%，转速更快。现代联合循环发电机组[488]利用天然气的发电效率是 60%，每分钟转速是 1000 转。故此，现代文明从每吨化石燃料里得到的功越来越多。你大概认为，效率的提高会逐渐减少对煤炭、石油和天然气的需求。可随着一个国家经历工业革命，越来越多的人加入化石燃料系统当中（也就是说，开始在工作和家庭中使用化石燃料），这样，最初的使用量也越来越大。“能源密集度”（每美元 GDP 耗用的瓦特数）其实提高了。举例来说，20 世纪 90 年代的中国就出现了这种情况。过了一阵子，等大多数人都处在系统中了，效率就上去了，能源密集度逐渐回落。今天的印度就是这样。如今的美国，每单位 GDP 使用的能源仅为 1950 年的一半。全世界每一美元的 GDP 发展，年年都少用 1.6% 的能源。那么，当前的能源使用量最终也会开始下降吧？

我本来也是这么想的，直到有一天，我想拿手机跟人闲聊，而旁边的人正用着吹叶机。哪怕人人都不忙着装修自己的阁楼，改用紧凑型节能灯泡，扔掉露台取暖机，接入效率更高的发电站，丢掉钢铁厂的工作，到呼叫中心找了新职业，经济中降低的能源密集度也会被新的财富带来的使用能源的新方式所抵消。灯泡便宜了，人们自然会点亮更多的灯泡来获取光明。硅芯片使用的能量少，结果到处都是，从总量上说，它们产生的效用可不小。搜索引擎使用的能源可能比蒸汽机要少，但大量搜索引擎使用的能源就多了。长久以来，能源效率都在提高，可能源消耗也随之增加。这就是所谓的“杰文斯悖论”，最早提出的人是维多利亚时代的经济学家斯坦利·杰文斯，他这么说道：“节约使用燃料，就等于消耗的减少，这完全是混淆了概念。真实情况正好相反。新的经济模式会增加燃料消耗，这是规律。”[489]

我倒不是说化石燃料不可替代。我轻轻松松就能想象出，到2050年，相较于其他能源形势，化石燃料的重要性已经减弱。我能想象，用插头充电的混合动力汽车，最初20英里都用的是廉价的非高峰时段电力（核电）；我能想象阿尔及利亚或亚利桑那州阳光炽热的沙漠里修建起了巨大的太阳能发电站；我能想象干热岩的地热厂；最重要的，我还能预见随处可见的建于卵石床上的被动安全式的模块化核反应堆。我甚至能想象风力、潮汐、波浪和生物能量也做出了一部分贡献，尽管这些应该是无路可走时的绝望之举，因为它们非常昂贵，对环境也极具破坏性。但我知道，我们总归需要从什么地方搞到功率，它们是我们的奴隶。托马斯·爱迪生说得好：“我家和商店附近很多事情都是靠动物（我的意思是说人类）完成的，这真叫我羞愧。这些事情本来都该由没有任何疲劳感和痛苦感的发动机来完成。未来，发动机必然会完成所有的烦琐杂事。”[490]

第 8 章

发明中的发明

1800 年后的收益递增

我将思想传授他人，他人之所得，无损于我之所有；犹如一人以我之烛火点烛，光亮与他同在，我亦不因此身处黑暗。[491]

——托马斯·杰斐逊

《致艾萨克·麦弗逊的信》

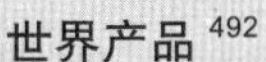

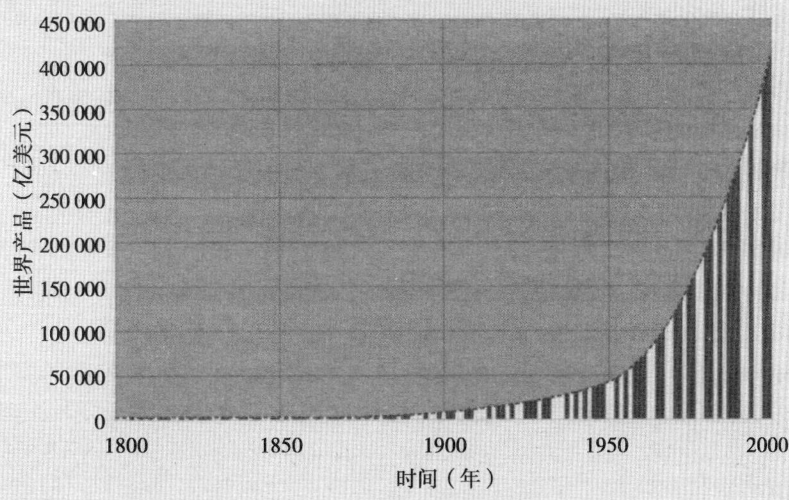

“收益递减”的说法实在是句老生常谈，人们脱口而出，很少多想。从一碗盐渍干果里找山核桃（嗯，我最爱吃这个），就符合收益递减规律：碗里的山核桃越来越少，个头也越来越小。手指头不断在杏仁、榛子、腰果，甚至巴西坚果里扒拉。渐渐地，这碗干果就像一座奄奄一息的金矿，不再能给出体面的山核桃产量了。现在，假想一碗有着截然相反特点的干果。你拿的山核桃越多，碗里的山核桃还越来越大、越来越多。难以置信，我承认。可这正是10万年前人类经历的一切。不管取用了多少，地球干果碗里仍然长出越来越多的山核桃。到了1万年前的农业革命，回报的步伐陡然加速。接着，到了1800年，又来了一轮大提速，而且一直持续到20世纪。1800年以来现代世界最基本的特征（比飞行、无线电、核武器或网站更显著，比科学、健康或物质福利更深远）是不断发现“收益递增”的速度如此之快以至于比人口爆炸还惊人。

你越是繁荣，你就越是能够繁荣。你越是发明创造，就越是能冒出更多的发明创造。这是怎么一回事呢？实体世界（不管是山核桃的世界还是发电站的世界）经常出现收益递减，但思想的世界就不一样了。你产生的知识越多，就越能产生知识。现代世界推动繁荣的引擎，就是可用知识的加速产生。比方说，自行车就是一种实体上的东西，符合收益递减规律。一辆自行车固然非常有用，但拥有两辆自行车并不能带来更多额外的收益，三辆就更不必说了。但“自行车”这个概念的价值并不会递减。不管你告诉别人多少次怎样制造或骑自行车，这个概念也不会变得陈旧，不会没有用处，不会出现边际磨损。它就像托马斯·杰斐逊的烛火一样，给出去也不会有损失。实际情况甚至刚好相反。你把自行车的知识告诉的人越多，就会有越多的人设计出新的东西，比如自行车挡泥板、更轻巧的车身、比赛轮胎、儿童座椅、电动马达，等等。传播有用的知识，会带来更多有用的知识，孕育出更多有用的知识。

没人事先预料到这一点。政治经济学的先驱们全都以为世界最终会陷入停滞。亚当·斯密、大卫·李嘉图和罗伯特·马尔萨斯全都预测，收益递减最终会占上风，生活水平慢慢地将再无改善。“发明发现及找到机械的有益用途，总能为国家的净产出带来增长，尽管隔上一段时间之后，它恐怕就不能也不会再让净产出的价值增加了。”李嘉图说。[493] 各种趋势都朝着他所谓的“静止状态”发展。约翰·穆勒虽然承认 19 世纪 40 年代没有出现任何递减的迹象，但他认为这是一个奇迹，他说，创新是外部因素，是经济发展的原因而非结果，是说不清道不明的好运气。而且，后来者并未接受穆勒的乐观看法。随着发明发现放慢速度，在一个日益完善的市场里，竞争会把企业的利润一步步地挤干，直到只剩下寻租和垄断。新古典经济学家们悲观地预测，靠着斯密无形之手的指导，无限的市场参与者会掌握最充分的信息，达到一种无利可图的均衡状态，回报消失，经济发展走向终结。[494]

这描述的是一个完全虚构出来的世界。“最终稳定状态”是一个哲学意义上的抽象概念，把它运用到像经济这样的动态系统上是完全错误的，它根本就是“帕累托最蠢”。正如经济学家埃蒙·巴特勒所说：“完美的市场不光是一个抽象概念，它压根就是蠢……只要你在教科书里看到‘均衡’两个字，就请把它画上叉。”[495] 它是错的，因为它假设了完全的竞争、充分的信息和完全的理性，而这些全都是不存在或者不可能存在的东西。只有计划经济才需要完善的知识，市场不需要。

新知识不断冒出来，世界就不可能达成稳定状态。总会有某个地方的某个人提出新的想法，发明一种新的原子组合方式，创造或者利用市场的不完善。诚如哈耶克所说，知识分散在整个社会，因为人人都有特殊的视角。知识永远不可能聚集在单独的一个地方，它是集体性质，不是个人性质。特定市场跟完美市场理论不吻合，并不叫“市场失灵”[496]，正如一段婚姻跟完美婚姻假设不吻合，并不叫“婚姻失败”。

长久以来，生态科学上有一种完全类似的谬论，说自然世界存在某种完美的平衡状态，生态系统受到干扰之后，会恢复到这种平衡状态。[497] 这种对“自然平衡”的痴迷贯穿了自亚里士多德以来的整个西方科学界，诸如“生态极峰相”及“只要某个地区长期空置，自然植被就会恢复”等概念，就是它新近的表达方式。但这些全是无稽之谈。以我正在坐着的地方举例好了。据说，它的生态极峰是橡树森林，但橡树是几千年才到来的，它取代了松树、桦树及更早的苔原。仅仅 1.8 万年前，我坐的地方还覆盖着 1 英里厚的冰层，而 12 万年前，它是冒着热气的沼泽地，到处都是河马。哪一种是它的“自然”状态呢？此外，就算气候达到了一种不变的稳定状态（实际上它从来没这样过），橡树苗也不可能在橡树底下长出来（因为吃橡子儿的害虫会像潮水一般地扑上去），所以，橡树森林繁荣几千年过后，总会让位给别的什么东西。维多利亚湖 1.5 万年前完全是片干旱地，大堡礁则是两万年前冒出来的沿海丘陵的一部分，亚马孙雨林更是处在持续的混乱状态：树木倒下，发洪灾，发火灾……它的多样性要求它不断地变化。自然界里没有均衡状态，只有持续的动荡。古希腊哲学家赫拉克利特说得好："万物皆消逝，变幻是永恒。"

创新像野火

那么，为了解释现代全球经济，你就必须解释这台创新永动机到底是哪儿来的。是什么启动了收益递增的引擎？它们不是计划、指导或命令出来的，而是从专业分工和交换自上而下成形演变出来的。在技术的推动下，思想和人的交流加速，令财富也加速增长，这是过去一个世纪的特点。创新打来的浪头上，政治家、资本家和官员都成了河流上游漂浮的残渣。

即便如此，新的有用知识也绝非以常规、统一、稳定或连续的方式产生。尽管从整体上看，人类经历了不断的变化，单个的民族实现的进步却相当飘忽不定、断断续续，因为这种变化出现的步伐和地方，本身也总在变化。创新就像一团野火，只能璀璨地燃烧很短一段时间，之后渐渐熄灭，再过一阵子，又从其他地方烧起来。50 000 年前，创新最大的热点区域是西亚（炉灶、弓和箭），10 000 年前在新月沃地（农耕、陶器），5000 年前在美索不达米亚（金属、城市），2000 年前在印度（纺织、数字"0"），1000 年前在中国（瓷器、印刷），500 年前在意大利（复式记账、达·芬奇），400

年前在低地国家（阿姆斯特丹汇兑银行），300 年前在法国（南运河），200 年前在英格兰（蒸汽），100 年前在德国（化肥），75 年前在美国（批量生产），50 年前在加利福尼亚（信用卡），25 年前在日本（随身听）。就创造知识而言，没有一个国家能长久地保持领先。[498]

既然创新有可能带来收益递增（乍一看这种情况很奇怪），为什么创新的火炬非要传到其他地方不可呢？正如前面三章所述，答案藏在两种现象里：制度和人口。从前，社会靠创新填肚子，很快就会生出大堆的孩子，超出国家土地的承载能力，减少发明家需要的闲暇时间、财富和市场（事实上，商人的儿子很快就又变成了苦苦挣扎的农民）。要不然，就是官僚制定了太多的规章制度，统治者耗费了大量金钱用于战争，僧侣们修建了太多的庙宇（事实上，商人的儿子也会变成士兵、纨绔子弟或僧侣）。他们也可能沉溺于金钱，变成放高利贷吃利息的寄生虫。乔尔·莫基尔就说过："繁荣和成功带来了各种各样的天敌，养鹅人最终把能下金蛋的鹅给杀死了。"[499] 创新的火焰一次次地燃起又熄灭——直到从其他的地方再冒出来。好消息是，总有一把新的火炬燃起来。到目前为止是这样。

正如创新的野火会在不同的时间、从世界的不同地方冒出来一样，它也不停地在技术上跳跃着。跟 500 年前的印刷革命时期一样，今天，通信技术带来的收益递增熊熊燃烧，而交通运输却气急败坏地转入了收益递减状态。这就是说，汽车和飞机的速度与效率改进得非常缓慢，每一次改进的成本都越来越昂贵。不管什么交通工具，为了从 1 加仑汽油里挤出更多的里程数，人们付出的努力越来越大，与此同时，额外 1 兆比特的成本却越来越低。最佳创新行业的发展历程大致如下：1800 年，纺织业；1830 年，铁路；1860 年，化工业；1890 年，电力；1920 年，汽车；1950 年，飞机；1980 年，计算机；2010 年，网络。19 世纪冒出了大量运输人的新途径（铁路、自行车、汽车、轮船），20 世纪则冒出了传输信息的新途径（电话、广播、电视、卫星、传真、互联网、手机）。诚然，电报的出现年代比飞机早很多，可这跟我的论点并行不悖。卫星这项技术，本来是交通运输项目的副产品（太空旅行），结果，它却在通信上找到了更合适的用途。看起来，如果创新家们不能每隔 30 年就掀起一轮新浪潮，收益递增就消失了。

请注意，技术最初发明之后，收益递增的最大一轮冲击波要隔很久才出现，那就是技术大众化、普及化的时候。古登堡印刷机出现几十年后才激发了宗教改革。今天的集装箱货轮，速度上并不比 19 世纪的蒸汽船快多少；今天的互联网发送的电子脉冲波也并不比 19 世纪的电报快，但人人都在用它，而不光是富人。喷气机飞行的速度跟 20 世纪 70 年代时完全一样，但廉价航空却是全新的东西。早在 1944 年，有人就厌倦了世界不断缩小（据说这是现代化带来的）的发展趋势。[500]他们看完了一批所谓“乐观肤浅的‘进步论’书籍”，惊讶于当时的好些时髦词汇 1914 年前就走红过。这些词汇包括“消灭距离”“国界的消失”。

但是他们的怀疑态度并没有切中要害。重要的不是速度，而是成本（按付出多少工时来计算）。消灭距离或许并不是什么新东西，但它让人人都负担得起了。速度一度是奢侈品。在他们的时代，只有最富裕或者政治上最有权势的人，才负担得起飞机出行，使用进口商品，打国际电话。而现在，几乎人人都负担得起集装箱货轮运来的廉价商品，几乎人人都负担得起互联网，几乎人人都负担得起乘飞机出行。我年轻时，打一通横越大西洋的电话贵得离谱；而现在，发一封横越太平洋的电子邮件却便宜得离谱。20 世纪的故事，是一个人人都得以享用富人特权的故事，人们不光变得更富裕了，服务也变得更便宜了。

同样的道理，20 世纪 60 年代信用卡在加利福尼亚州美洲银行约瑟夫・威廉姆斯的推动下腾飞的时候，靠信用赊买并不是什么新鲜事。[501] 信用赊买的历史跟巴比伦一样古老。签账卡也没什么新鲜的。20 世纪 50 年代初，大来俱乐部（又作“就餐者俱乐部”）就为了方便就餐者发行签账卡了，百货公司这么做的历史更长。美洲银行做到的，是把信贷加以大众化，尤其是 20 世纪 60 年代末 Visa 从一片混乱中突围出来之后。靠着信用卡的电子化，你可以使用它在全国各地甚至世界各地购买东西，这成了 20 世纪末经济中专业分工和交换的有力润滑剂。只要消费者觉得可行，就会做出预支自己未来收益的选择。诚然，这里头存在不负责任的行为，但信用卡并未导致知识精英们担心的金融混乱。20 世纪 70 年代初，信用卡还是新生事物，形形色色的政客们说，它不合理、不安全、充满掠夺性，就连使用信用卡的人也普遍存在这种认识。经济学家刘易斯・曼德尔就发现，美国人乐意使用信用卡，却不乐意赞许它们。[502]

这很好地抓住了现代世界的吊诡：人们一方面拥抱技术变革，另一方面却又痛恨它们。“人不喜欢变化，”迈克尔・克莱顿有一回对我说，“只有很小的一部分人才真正为技术的概念感到兴奋，其余人都被变化弄得很沮丧、很懊恼。”[503] 发明家之伤就是这样。他们是社会致富的源头，可没人喜欢他们做的事。“最初公布一项新发明的时候，”1679 年，古典经济学创始人威廉・配第说，“一开始人人都拒绝它，怒气劈头盖脸地砸向贫困的发明家。”[504]

什么才是推动了现代世界的创新永动机的飞轮呢？为什么创新成了惯

例，它又是怎样应了阿弗烈 · 诺夫 · 怀海德[⊖]的这句话呢："19 世纪最伟大的发明，就是发明方法的发明。"能把它归结到科学的扩展、货币的应用、知识产权的授予上吗？还是归结到其他某种更加由下至上的东西上？[505]

受科学所驱动吗

虽说我热爱科学，可我觉得很难说发现一定先于发明，也很难说大部分全新的实践性应用工具都是从自然哲学家的深奥见解里涌出来的。弗朗西斯 · 培根最先提出，发明家把发现家的成果付诸实践，科学是发明之父。而根据科学家特伦斯 · 基莱的观察，现代政治家们都给培根束缚住了。[506] 他们觉得制造新概念的办法很简单：把公众的钱投进科学里，科学符合公众的利益，因为如果纳税人不买单，就没人会为下一代新想法买单，之后，就等着瞧新技术从科学管道的下游冒出来吧。麻烦的是，这里存在两个错误的前提：第一，与其说科学是技术之母，倒不如说它是技术之女；第二，从它推导不出来"只有纳税人该为科学思想买单"这一说。

欧洲 17 世纪的科学革命释放了受教育阶层的理性好奇心，新技术将理论付诸应用，反过来推动了生活水平的提高——这一度是个很流行的观点。依照这种理论，中国缺乏这种打开科学好奇心的飞跃，也没有确立起哲学这一学科，所以没能保持技术领先的地位，走进现代社会，但历史证明，这是一种事后倒推出来的观点。工业革命中出现的发明，几乎跟科学理论不相干。

⊖ 英国数学家、哲学家。——译者注

诚然，17 世纪末英国出现了一轮科学革命，尤以哈维、胡克、哈雷、波义耳、配第和牛顿等人为代表，但他们对其后一个世纪英格兰制造业的影响可谓微乎其微。牛顿对伏尔泰的影响力恐怕超过了他对珍妮纺纱机发明者詹姆斯·哈格里夫斯的影响力。最先发生变化、变化规模也最大的棉花纺织行业，对科学家们兴趣不大，反过来说，科学家们对棉花纺织行业也没什么兴趣。革新棉纺工作的珍妮纺纱机、轧棉机、水纺机和走锭纺纱机，全都是修修补补的商人靠"榆木脑袋和灵巧手指"发明的，并非什么深思熟虑的科学工作者。据说，他们的设计非常简单，没什么东西能难得住古希腊时代的阿基米德。

同样，对蒸汽机做出最大改进的 4 个人[507]（托马斯·纽科门、詹姆斯·瓦特、理查德·特里维西克和乔治·史蒂芬孙）里，有 3 个完全不懂任何科学理论，至于最后一个，也即瓦特，是否受过理论的影响，历史学家们至今莫衷一是。靠着他们的努力，真空理论和热力学定律才有可能出现，而不是反过来。他们的法国先驱丹尼斯·帕潘是科学家，但他是从设计发动机里得来的认识，并不是有了认识再去设计发动机。18 世纪的科学家们费尽心机想要证明纽科门的主要设想得自帕潘的理论，但这番努力完全失败了。[508]

贯穿工业革命，与其说科学家们给新技术造了什么恩惠，倒不如说他们受了新技术莫大的益处。就算在著名的科学精英团体"月光社"[509]里，喜欢跟伊拉斯谟斯·达尔文和约瑟夫·普利斯特列等自然哲学家勾肩搭背的工业企业家乔舒亚·威基伍德，也是从同行的工厂老板马修·博尔顿那儿迸发出自己最聪明的点子（转向车床）的。此外，思维活跃的本杰明·富兰克林根据科学原理做出了许多发明，如避雷针和双焦点眼镜，但它们并不曾开创一种行业。

故此，自下而上的科学在工业革命初期发挥的作用并不大。更重要的是，英国的科学技艺到了关键时刻还枯竭了。你举得出来 18 世纪上半叶英语世界有什么重大发明吗？对自然哲学家而言，这是一个极其贫瘠的时期，哪怕是在英国。不，工业革命不是靠科学一星半点的灵光乍现给点燃的。之后，科学的确为加快创新步伐做出了贡献，临近 19 世纪，发明和创造之间的界限日益模糊。故此，只有当电子传播的原理得到了理解，电报才完善起来；矿工弄懂了地质分层的连续性，才更确切地知道了怎样开新矿；明白了苯的环状结构，制造商们才能设计染料，不再单纯地靠碰运气。诸如此类。但用乔尔 · 莫基尔的话来说，即便如此，这基本上仍然是"心灵手巧的专业人士们凭借模糊但逐渐变得清晰起来的概念，半定向地、跌跌撞撞地摸索试错的过程"。[510] 不过，把这一类的事情全叫成科学还是有点夸张，[511] 它类似如今硅谷的车库和咖啡馆里发生的事情，但跟斯坦福大学实验室里做的项目并不太一样。

20 世纪同样充斥着各种不欠哲学、大学人情的技术：航空、固态电子和软件。你认为手机、搜索引擎或者博客归功于哪位科学家合适？2007 年，剑桥大学物理学家理查德 · 弗伦德爵士在一篇论述意外发现的讲演中，引用了高温超导电性的案例——它是人们在 20 世纪 80 年代偶然发现的，之后才有了理论上的解释。他承认，就算是在今天，科学家们的真正工作仍然是跟上技术修补匠们的脚步，在他们发现了什么新鲜东西之后提出解释。

大多数技术变革来自对现有技术的改进尝试，这是不可回避的事实。车间里的学徒和机械师会做这种事，办公室里电脑程序的用户也会做这种事，只有很少一部分技术变革来自应用和转换象牙塔里的知识。这并不是说科学没有用。17 世纪发现的万有引力和血液循环，同样辉煌地为人类知识库做了补充。但就提高生活水平方面，它们的贡献不如轧棉机和蒸汽机。即便是工业革命的后期阶段，也有很多无视运作原理而设计出技术的例子。生物学世界尤其如此。人们用阿司匹林治疗头痛 100 多年了，对它何以如此仍然令人摸不着头脑。青霉素的杀菌能力到了细菌都对它有了抗体时人们才终于搞清楚。在发明维生素 C 之前，人们用柠檬酸来预防维生素 C 缺乏病。食物用罐头保存的历史十分悠久，哪怕没人掌握微生物理论来解释它。

是资本的功劳吗

对于是什么推动了创新引擎这个问题，金钱或许是答案。就像硅谷风险投资家们说的那样，激励创新的办法，就是把资本和人才拉到一起。在历史的大多数时期，人类对维持自身所长都是挺拿手的。发明家们总能找到钱来支持自己。18 世纪英国的一大优势就在于，它积累了一笔通过对外贸易创造的集体财富，又建立了比较有效的资本市场来把资金分配给创新家。[512] 具体而言，工业革命需要对很难清偿的资本设备（主要是工厂和机器）进行长期投资。18 世纪的时候，英国的资本市场所处的位置能比其他国家更好地提供这种投资。伦敦设法从阿姆斯特丹贷款，在 18 世纪就培育出了股份制度、有限责任公司、债券和股票流通市场及有能力提供信贷的银行体系。这些底层结构有助于向发明家提供必要资金，把概念转化为产品。与此相对，法国的资本市场饱受约翰·劳滥发纸币带来的困扰，[513]银行则因为路易十四欠债不还而叫苦连天，企业法则因为对纳税农民的任意勒索而千疮百孔。

硅谷奇怪地重复了相同的模式：新创造的大爆炸主要都归功于沙山路㊀上的风险投资家。没有 KPCB 公司㊁，哪儿会有亚马孙、康柏、基因科技㊂、谷歌、网景和升阳呢？20 世纪 70 年代中期，美国国会准许养老基金和非营利组织把部分资产投资到风险基金之后，技术行业便出现大发展，两者并非巧合。加利福尼亚并不是企业家们诞生的地方，而是他们创业的地方：1980～2000 年，加利福尼亚州飞黄腾达的创业公司里，足足有 1/3 拥有印裔或华裔的创办人。[514]

在罗马帝国，毫无疑问，有无数寂寂无闻的奴隶都知道如何制造更好的榨橄榄机、更好的水车和更好的羊毛纺织机，也有无数的财阀知道怎样储蓄、投资与消费。但这两群人住的地方相隔数里之遥，靠金钱讨生活的中间人丝毫无意将他们拉到一起。好几个罗马作家都讲过一件有关玻璃的轶事，[515]它很好地说明了这一点。有个人向皇帝提庇留展示了他发明的一种打不碎的玻璃，希望得到奖赏。提庇留问，还有没有其他人知道这种玻璃的奥妙，那人保证说绝对没有。于是提庇留砍掉了那人的脑袋，好避免新材料降低黄金与泥巴的相对价值。不管故事是真还是假，它的寓意不光是罗马发明家们会因为自己的辛勤劳动得到负面的报酬，还说明罗马的风险投资家太过稀少，要想让新的想法得到资助，只能去找皇帝。其他古代国家也释放出强烈的信号，阻止人去发明挑战现状的东西。曾有个去远

㊀ Sandhill Road，硅谷一地名，此处聚集了上百家知名风险投资企业。——译者注

㊁ 美国最大的风险投资商。——译者注

㊂ Genentech，全球第一家生物技术公司，生物技术产业巨擘。——译者注

东传教的基督教教士写道："只要一想到自己的努力会带来惩罚而非奖励，什么样的天才也都立刻动弹不得了。"[516]

20世纪时，为创新提供资金的任务逐渐转到了企业内部。私营企业一方面深为熊彼特式忧虑所折磨，担心创新会抢走自己的整个市场，另一方面又为能够通过创新抢走对手整个市场的梦想而兴奋，逐渐学会把创新融入自己的文化当中，并为它划拨出预算。企业调研和开发预算只不到100年的历史，但一直保持着稳定发展的态势。过去半个世纪，美国企业的研究和开发预算在GDP中所占比例翻了一番，[517]达到近3%。这也就难怪发明和应用出现相应的增长了。

不过，再深挖一下表面上的统计数据，情况就变了。企业一次又一次地发现，自己根本没法把钱投入创新和发展，内部的官僚愈发保守和自满，扣下研发预算放到风险低的沉闷项目上，结果忽视了巨大的新机遇，这些新的机遇反过来变成了企业的心腹大患。制药企业屡次努力要把激进思想注入研发部门，现在却基本上放弃了这种无用的尝试，改为收购酝酿出大点子的小公司。计算机行业的历史里也有很多的例子，行业霸主错过了大好的机会，快速成长起来的新对手很快就向它们发起了挑战——IBM、迪吉多㊀、苹果、微软都有过相似的经历。恐怕就连谷歌日后也逃不掉这样的命运。卓越的创新家仍然以大公司的局外人为主。

虽说最开始的时候，它们可能怀着满腔的创业热情，可一旦企业或官僚势力发展壮大，也会变得极度厌恶风险。风险投资先驱人物乔治·多里奥特说过，企业一辈子最危险的时候，是它实现成功的那一刻，因为那时

㊀ Digital Equipment Corporation，数字设备公司，简称"DEC"，这是一家成立于1957年的老牌电脑公司，发明了Alpha微处理器，后于1998年被康柏电脑收购。——译者注

候它就停止创新了。[518]“这种电话缺点太多，没法看成通信手段。该设备在本质上对我们毫无价值。”1876 年，西联汇款在内部备忘录里这么说。这也是为什么完善个人电脑的是苹果，不是 IBM；为什么发明动力飞行的是莱特兄弟，不是法国军队；为什么发明脊髓灰质炎疫苗是乔纳斯 · 索尔克，不是英国国民健康服务；为什么发明在线一键下订单的是亚马逊，不是美国邮政局；为什么全球移动电话的领军企业是芬兰的一家木材供应商，而非国有电信公司。

解决办法之一，是公司允许员工像创业家一样自由行事。20 世纪 90 年代，索尼发现旗下出名前卫的技术人员纷纷陷入一种“这儿不是搞发明的”心态，便果断地采取了这种举措。杰克 · 韦尔奇治下的通用电气公司把自己分成了规模较小的竞争单位，设法维持了一阵新气象。1980 年，3M 公司的员工亚特 · 富莱想在自己的教会赞美诗曲谱上做标记，冒出了弱黏性便签条（即时贴）的主意，3M 公司随之大获成功。此后，公司便告诉技术人员，可以把 15% 的工作时间用在个人项目上，还可以收集客户的想法。

另一种办法是把问题外包出去，承诺给予奖金，让有效的发明家市场来解决它。18 世纪，英国政府解决海上测量经度问题用的就是这一招。近年来，互联网把这种可能性发扬光大了。公司可以登入 InnoCentive 和 yet2.com 一类的网站，把自己解决不了的问题发布出来，许诺解决者能获得奖金；公司还可以公布自己发明的技术，让有识之士提出应用这种技术的设想和方案。有了这样的网站，退休的工程师就能靠着自己的智慧自由执业，美美地赚上一笔。内部研发的传统模式必将迅速让位给这种创新市场或“创意市集”——后一种名称，是唐 · 泰普史考特和安东尼 · 威廉姆斯这两位商业思想家提出的。[519]

金钱在推动创新方面肯定很重要，但它绝对不是最重要的那一点。就算是在最具创业精神的经济体中，国民储蓄也很难找到途径投给创新家。维多利亚时代，也就是英国发明家所生活的时代，政府有相当部分的支出都花在了偿付利息上，这实际上发出了一种信号：富人最安全的投资之道，就是从贸易税里收租。今天，大笔的金钱被浪费在了没成形的研究上，很多发明发现都没有用太多钱就做了出来。2004 年，哈佛学生马克・扎克伯格发明 Facebook 的时候，他只需要极少的研发开支。就算后来网站扩展成了一档生意，他的第一笔投资也仅有 50 万美元，是从 PayPal 创始人彼得・泰尔那儿借的。这笔钱，跟蒸汽或铁路时代创业家所需的资金相比，简直微不足道。

是知识产权的作用吗

兴许答案在产权上。除非发明家至少能留下自己发明带来的部分收益，要不然，他们就不会搞发明。毕竟，要是指望不上丰收，没法留下收益，人是不会浪费时间和精力到地里耕作庄稼的——搞过集体农庄的国家（如罗伯特・穆加贝治下的津巴布韦）通过惨痛的教训学到了这一课。故此，要是没法至少留下一部分的奖励，也肯定没人会挪出时间和精力开发新工具，创造新的组织类型。

可知识产权又跟真正的产权有着极大的区别，因为要是你把它自己留着，它就毫无用处。抽象概念可以无限共享。这就给那些试图鼓励发明家的人造成了显而易见的困境。人能靠着兜售东西（和服务）致富，但兜售思想却不成。制造最好骑的自行车，你能赚到丰厚的利润；可提出自行车的概念，你什么也得不到，因为人们很快就会竞相仿效。如果创新家指的是提出想法而非制造东西的人，他们要怎样才能从中获利呢？难道说，社会需要设计一种保护新想法的特殊机制，让它们变成像房子和田地一样吗？如果真是这样，思想又如何传播呢？

把想法变成财产有几种方式。

首先，你可以把配方保密，这是 1886 年约翰 · 彭伯顿对可口可乐的做法。要是竞争对手没法靠着拆解你的产品，把你的秘密用“逆向工程”破译出来，这种方法就很管用。相比之下，机械就太容易泄露自己的秘密了。英国纺织制造业的开拓先锋们，就基本上没法靠保密法来保护自己。尽管有海关人员搜查外国人的行李，防止他们夹带机械图样出境，可弗朗西斯 · 卡伯特 · 洛厄尔一类的新英格兰人却跑到兰开夏和苏格兰的工厂闲逛，表面上是出于身体健康的原因，暗地里却狠命记下卡特莱特动力纺织机的细节，回到马萨诸塞州后立刻复制。19 世纪 60 年代前，染料行业还主要依靠保密法，[520] 可那之后的分析化学却发展到了能叫竞争对手找出染料制造方法的水平，于是它只好改为申请专利保护。

其次，你可以像沃尔玛创办人山姆 · 沃尔顿那样，掌握先发优势。哪怕零售行业的竞争对手奋力追赶，他仍然靠着新的削减成本策略昂首前进。英特尔在微处理芯片上的龙头地位、3M 公司在多元化科技产业上的主导优势，主要都不是靠保护发明创造，而是靠比竞争对手更快做出改进。发明了数据包交换技术，互联网才有了实现的可能，但没有人靠数据包交换获得版税。如果你是迈克尔 · 戴尔（戴尔公司的创办人）、史蒂夫 · 乔布斯或者比尔 · 盖茨，要想留住客户，你得一次次地主动淘汰自己的产品。

最后，从发明中得利的方法是专利、版权或商标。在食谱这个无法无天、竞争激烈的世界里，知识产权的各种机制发出了奇异的共鸣。法国大厨会为自己的餐厅设计食谱。食谱得不到法律保护，它们没法申请专利、版权或商标。但要是你想在巴黎开一家新餐馆，又想从对手那里窃取最棒的食谱，你很快就会发现，这可不是公共土地。经济学家埃马努埃莱·福沙尔曾经采访过巴黎附近开餐馆的 10 位大厨[521]（其中 7 家餐馆都在《米其林美食指南》上评了星级），他发现，高级烹饪的世界是根据三项规范运作的，尽管这三项规范不成文，也没有法律的强制执行，但比起真正的法律毫不逊色。第一，大厨不得照搬其他大厨的食谱；第二，如果某大厨把食谱告诉了另一位大厨，第二位大厨未经许可不得将之外传；第三，大厨必须把荣誉归于技术或创意的最初发明人。这些规范其实跟专利、商业秘密契约和版权是一一对应的。

然而，要说专利推动了发明家搞发明创造，证据很少。[522]大多数创新从没申请过专利。19 世纪下半叶的荷兰或瑞士都没有专利制度，但两个国家都兴旺繁荣，很能吸引发明家。20 世纪从没申请专利的发明项目多得数不清，[523]这其中有自动变速箱、防火电木、圆珠笔、玻璃纸、回旋加速器、陀螺罗盘、喷气发动机、磁记录、动力转向、安全剃须刀和拉链。相比之下，莱特兄弟积极地捍卫自己 1906 年申请的动力飞行器专利，为美国初生的飞机制造业奠定了基础。[524]1920 年，收音机制造行业陷入僵局，因为 4 家公司（美国无线电公司、通用电气公司、AT&T 公司和西屋公司）分别把持了重要专利，[525]结果每家公司都没办法制造出最好的收音机。

20 世纪 90 年代，美国专利局曾经突发奇想，允许对可用来查找基因是否存在缺陷的基因片段、基因序列片段申请专利。要是这事儿真的成了，人类基因组序列就成了一座永远没法创新的空中楼阁了。即便如此，现代生物技术公司在为新疾病开发治疗手段时，还是经常碰到卡尔·夏皮罗所谓的“专利密林”。倘若创新之路的每一步都受专利保护，(医疗）发明家还没开始检验自己的想法就要迈上艰难的谈判之路，那么发明带来的所有奖励都会在谈判中消失殆尽。此外，最后一位持有专利的人会把最大的潜在回报给吞掉。

移动电话行业也发生了类似的事情，但凡想给市场上带来任何一点创新，大手机厂商都要费力地从“专利密林”里杀出一条路来。这些公司随时随地都在打一大堆官司，不是原告，就是被告，再不然就是涉及利害的第三方。一位观察家说，这种情况的结果是“较之创新或投资，用游说和诉讼的方式来求赢取市场份额更有利可图”。如今，美国体制下申请新专利最多的人，是所谓的“专利倒爷”[526]——这指的是一些专门收购不太可靠专利的小企业，它们并不想通过专利制造产品，而是通过打官司控告侵权者来赚钱。生产黑莓手机的加拿大公司 RIM，就向一家名为 NTP 的“专利倒爷”支付了 6 亿美元，这家小公司并不制造产品，而是收购有争议的专利，完全依靠打侵权官司来谋利。[527]

迈克尔·赫勒把“专利倒爷”现象跟神圣罗马帝国势力衰落、现代民族国家出现时期，莱茵河上的情况做了比较。[528] 当时莱茵河两岸修起了上百座城堡，每隔几英里就有一座，每座都由地方上的强盗贵族把持，靠着向通行的商船抽取苛捐杂税逍遥快活地过日子。结果，莱茵河流域的贸易遭到扼杀。商人们多次尝试结成联盟，减轻贸易税负，造福所有人，可每一次的尝试都落空了。20 世纪航空业起步的最初阶段，曾有可能出现这样的情形：每一户土地所有者都可以向飞越自己土地上空的每一架航班收取通行费，就跟莱茵河两岸的强盗贵族一样。只是这一回理性占了上风，法院迅速地否定了这种空中所有权。

当代专利制度尽管也在尝试改革，但很多时候仍然像是层层叠叠的幻影收费亭，凡是经过的发明家都要被抽成，故此，跟损害贸易的真正过路费关卡一样，它必然给创业精神造成损害。当然了，某些知识产权还是有帮助的，尤其在小企业努力打入受巨头垄断的市场的时候，专利简直是天赐的恩物。以制药行业为例，政府出于安全考虑，规定产品推出之前必须进行安全性和有效性测试，这种测试是极为昂贵的。没有一定形式的专利制度，根本不可能创新。有人曾对来自 130 个不同行业的 650 名研发主管做了调查，[529] 只有来自化学和制药行业的研发主管认为专利制度能够有效刺激创新。可即便在这一行业，问题仍然存在。哪怕这些公司把专利得来的收益花在研究上，而不是花在营销上榨取短暂的垄断利润，大部分的钱也都投给了治疗西方人疾病的跟风药品。[530]

版权法同样也正朝着荆棘林的方向发展，尤其是在音乐和电影行业，法律执行得太严格，人们越来越难以共享和借鉴，甚至连根据一小段作品搞一搞衍生创作都不行。一丁点儿的歌曲片段也受版权保护，美国法院还试图将著作权延长到作者过世后的 70 年（目前为 50 年）。可在 18 世纪，作曲家没有曲子的版权，莫扎特也并不气馁，而在唯一对音乐提供版权保护的英国，[531] 作曲家反倒越来越少了。正如报纸通过版权许可得来的收入极少却仍然能够存活，[532] 音乐和电影进入数字时代也能够想出办法向人们收费。

创新刚出现的时候，知识产权是创新的重要组成部分，但要解释为什么某些时代、某些地方涌现了比其他时代、其他地方更多的创新，它的作用实在有限。

是政府出力吗

从核武器到互联网，从雷达到卫星导航，很多大型创新背后都有政府的功劳。可政府误解技术变革的本事也是众所周知的。20 世纪 80 年代，我是个记者，欧洲的政府机构整天对我夸夸其谈，说他们最近又在支持计算机产业上采取了哪些行动。这些项目都有着朗朗上口的名字，比如“阿尔韦”计划、“思捷”计划、“第五代”运算等，它们将推动欧洲工业进入领先地位。它们大多仿效日本通产省（当时很时髦但又笨手笨脚的一个部门）一些不成熟的想法，而且无一例外地挑中失败者，鼓励公司往死胡同里钻。移动电话和搜索引擎都没有朝它们预计的方向发展。

同一时期，美国也打着“半导体制造技术战略联盟”的旗号，在政府的主导下来了一轮惊天动地的白痴举动。政府以为未来把握在制造内存芯片（但在亚洲制造的内存芯片越来越多）的大企业手里，于是向芯片制造商投入了 1 亿美元，要它们停止竞争，专心待在一个飞速日用品化的行业里。为了实现这一目的，美国还修订了 1890 年的《反托拉斯法》。迟至 1988 年，国家计划部门仍然批评硅谷各自为政的公司“创业太慢”，不能够长期投资。而这时候，正是微软、苹果、英特尔及（之后的）戴尔、思科、雅虎、谷歌、Facebook 等公司（全都是慢慢创业的[533]）在自家的车库和卧室里起步的阶段，它们淘汰掉了国家计划部门赞美的大企业，为各自的全球霸业奠定了基础。[534]

结果政府丝毫没有汲取教训。20 世纪 90 年代，各国政府都把精力投入到高清电视标准、互动电视、远程办公和虚拟现实等死胡同里，而技术却无声无息地开始探索无线宽带、宽带和移动电话的未知空间。创新不是一个能预测的产业，它可不太爱听从政府官员的吩咐。

所以，虽说政府可以出钱要人们去发现新技术（卫星导航系统和互联网都是其他项目的副产品），但它并不是大多数创新的源头。20 世纪末，一方面，公司把创新融入自身文化，产业巨头亦屡次被后起之秀超越；另一方面，绝大多数公立机构却还像从前一样，小车不倒只管推，既不曾努力变得特别擅长创新，也不肯主动退出，为自己的改良版本让出路来。政府机构担心自己的使命给另一个政府机构抢走，这样的念头怪异得叫人无法想象。倘若二战之后英国的食品零售业给“国家食品服务局”一类的机构管理起来，那恐怕如今的超市不会有眼下这般琳琅满目的选择，只会以较高的价格卖稍微好一点点的肉罐头吧。

当然，有些事情，比如大型强子对撞机和登月计划，没有哪家公司的股东会允许企业这样做，但我们真的能言之凿凿地说，要不是它们早就由纳税人埋单了，就没有个把巴菲特、盖茨或者米塔尔（钢铁大王，身价名列世界第三，仅次于前面两位）来追逐这样的梦想吗？难道你从不曾想过，要是没有了美国国家航空航天局（NASA），就没有哪个富豪把自己的财产花在登月计划上，只为了过一把出名的瘾？公共经费把这些可能性都给抹杀了。经济合作与发展组织搞过一次大型研究，得出这样的结论：虽说各国政府一往情深地相信，科研开支能推动经济发展，但是事实上，它对经济并没有太明显的提升作用。[535] 事实上，它还“排挤了私营领域（包括私人研发）本来可以利用的资源”。可这个相当惊人的结论，政府却差不多完全忽视了。

是交换的威力

驱动现代经济的创新永动机能问世，主要不靠科学（相反，科学倒是受了创新永动机不少恩惠），不靠金钱（金钱并不总是限制因素），不靠专利（专利经常挡了创新的路），不靠政府（政府才不擅长创新呢）。它完全不是一种自上而下的过程。现在，我想要说服你接受如下观点：只要一个词就能解释这道难题——交换。思想观念日益频繁的交换带来了现代世界速度日益加快的创新。

回到“溢出效应”上来。新的知识内容，不管它属于实用范畴还是理论范畴，不管它涉及的是技术还是社会，其典型特征都一样：你把它给出去，却仍然能留下它。你可以用杰斐逊的蜡烛点燃你的蜡烛，却不会让他那儿变得漆黑一片。你不能把自行车送人，却仍然骑着它，但你可以传播自行车的设想，同时仍然留着它。经济学家保罗·罗默认为，人类的进步很大程度上要归功于人们积累了重新搭配原子、提高生活水平的配方。自行车的配方概略地说来或许是这样：从泥土里开采一些铁、铬和铝矿石，从热带树上采集一些汁液，从地底下弄一些石油，再从牛身上弄些兽皮来。把矿石冶炼成金属，铸成不同的形状。把树汁硫化成橡胶，压成中空的圆环。分馏石油，制成塑料和模具。将它们放到一边冷却。把兽皮制成座位的形状。把上述各种组件组装成自行车的形状，再加上一点有违直觉的惊人发现：原来轮子转起来的时候自行车并不容易跌倒，再之后，你就骑上去吧。

故此，创新家从事的其实是“分享”这档子买卖。分享，是他们所做的最重要的事情，他们要不把自己的创新分享出来，创新对他们自己，或者对其他任何人，都没有半点好处。1800 年之后，分享变得容易了许多，近年来更是变得出奇的容易。交通和通信技术更快、更远地传播了信息。报纸、期刊和电报传播起思想来，就跟传谣一样快。有人调查了 46 项重大发明，[536] 1895 年的时候，其他人根据原始发明制造出第一台可以媲美的仿制品要花 33 年时间，到 1975 年，却只需 3 年时间了。

公元 1 世纪，希腊人亚历山大港的希罗发明“汽转球”（或者说是蒸汽发动机）并把它用来开启寺庙大门的时候，很有可能，有关这项发明的消息传播得太慢，知道的人太少，根本就没能传到马车设计师的耳朵里。托勒密时代的天文学灵敏而精确，但它从来没有被用到航海上，因为天文学家和水手们没能相会。现代世界的奥妙就在于它实现了规模极其庞大的相互联系。思想跟来自全球各地的其他思想交汇，“血统”变得越来越繁杂。电话跟计算机搭上线之后，催生了互联网。第一辆汽车看起来就像是“自行车跟马车车厢生出的杂种”。[537] 塑料的概念源自摄影化学。摄像药丸是胃肠病学家和导弹设计师聊天时冒出的点子。几乎所有的技术都是混血儿。

正是在这个领域，文化演进较之基因演进存在着极大的优势。出于不可逾越的现实原因（与减数分裂中的染色体配对有关），不同种属的动物不可能交叉受孕。（但不同种的细菌则可以，平均而言，细菌 80% 的基因都是从其他物种借来的，[538] 这也是细菌特别擅长进化出耐药性的原因之一。）一旦两个物种的动物存在实质上的分歧，它们就只能产下不能生育的后代（如骡子），[539] 甚至根本就无法繁殖。而这一点，也正好对“物种”做了定义。

技术源自把现有技术会聚成一个大于部分和的整体。[540] 亨利 · 福特曾经坦率地承认，他根本没有发明什么新东西，“只是把数百年来其他人的发明组装成了一辆车”。[541] 所以，光从设计上看，就知道一种物体是从其他哪种物体来的：观念催生了其他的观念。5000 年前的第一把铜斧头，跟早就使用的磨制石器有着相同的形状。之后，等到人们更深刻地理解了金属的性质后，铜斧才变得更纤细了。约瑟夫 · 亨利的第一台电动马达跟瓦特的旋转式蒸汽机长得一模一样。20 世纪 40 年代最初问世的晶体管收音机是 19 世纪 70 年代费迪南德 · 布劳恩发明的晶体整流器的直系后裔，一直到 20 世纪初，无线电接收器上都还长着“猫胡子”。这种现象在技术史上不见得总是这么明显，因为发明家们喜欢否认自己的祖先，夸大自己作品的革命意义和史无前例色彩，好把功劳全戴在自己头上（有时也是为了让专利全归自己）。所以，才有近年来英国人庆祝迈克尔 · 法拉第天才地发明了电动马达和发电机（有一阵子，连钞票上都有他的头像），却全忘了他有一半的概念都是从丹麦电学家汉斯 · 克里斯蒂安 · 奥斯特那儿借来的。美国人以为爱迪生是凭空把白炽灯发明出来的，但实际上，还有两位在商业上搞得不那么得心应手的前辈，英国的约瑟夫 · 斯万和俄国的亚历山大 · 洛地均至少应该分上一半甚至更多的功劳。塞缪尔 · 莫尔斯在为电报申请专利的时候，按历史学家乔治 · 巴萨拉的说法，“不老实地坚决否认”自己从约瑟夫 · 亨利那儿学到过任何东西。[542] 技术会繁衍，而且还是通过交叉混血来繁衍的。

故此，“溢出”（也就是其他人“窃取”你的点子）并非偶然，对发明家来说，也不是什么令人讨厌的坏事。“溢出”是这一活动的全部意义所在。靠着“溢出”，一项创新跟其他创新相遇，进行融合。现代世界的历史，就是一部思想相遇、融合、交配和变异的历史。过去两百年里经济加速增长，也正是因为思想实现了前所未有的大混血。结果辉煌得出人意料。20 世纪 50 年代，查尔斯·汤斯发明激光的时候，人们嘲笑说：“这项发明可真是没有用武之地。”[543] 而今，激光的用武之地范围大得没人想得到，它既可以把电话信息发送到玻璃纤维光缆上，也可以从光盘上读取音乐，既可以打印文件，还可以治疗近视。

最终用户也加入这场轰轰烈烈的融合里来了。亚当·斯密讲过一个小男孩的故事，他的工作是开关蒸汽引擎的阀门，为了节省时间，他研究出了一种设备替自己干活。毫无疑问，他没把自己的想法告诉别人就进了坟墓，要不是这个故事给斯密这位苏格兰大贤者记录下来，也早就化为了泡影；但如今，他可以上聊天网站和志同道合的其他人分享自己设计的这个“补丁包”。今天，开源软件产业凭借诸如 Linux 和 Apache 这类产品，正顺着一股巨大的无私浪潮蓬勃发展：程序员们自由自在地分享各自对软件所做的改进。就连微软也无奈接受了开源体系和“云计算”（在网上分享），模糊了自由软件和专利软件之间的界限。毕竟，在勇敢探索新观念的边界这件事上，哪怕是最聪明的内部程序员也不可能比得上一万个用户的集体智慧。维基百科是靠那些从不曾指望以此谋利的人写出来的。计算机游戏行业正一步步为游戏玩家们所接管。随着越来越多的产品登录互联网，埃里克·冯·希佩尔所称的“自愿找漏式前瞻用户”开始推动创新：这些用户乐意向制造商提出渐进式改良的建议，也愿意说出自己在新产品上发现了哪些出人意料的事情。前瞻用户乐于主动帮厂商找漏洞，因为他们喜欢享受同道们的敬仰。[544]（顺便说一下，冯·希佩尔对自己倡导的实践身体力行，你可以到他的网站免费阅读他的书。）

不光软件如此。一名叫拉里·斯坦利的冲浪者最初更改冲浪板，是为了不跟冲浪板脱离就迎风跳起来，他从来没有想过要把这个点子卖掉，但他把怎么做的办法告诉了所有人，包括冲浪板的制造商，如今，人人购买新式冲浪板时，都购买到了他的创意。最了不起的前瞻用户创新大概要算万维网了，1991 年由蒂姆·伯纳斯－李爵士设计，本意是想解决计算机之间共享粒子物理学数据的问题。附带再说一句，还没有人提出过软件和冲浪板的研究必须由政府资助呢，也没有人认为不靠政府津贴，这些行业就没法创新。

换句话说，我们兴许很快就会生活在后资本主义、后公司的世界了，个人可以自由地临时聚到一起分享、协作和创新，网站帮助人们在世界各地寻找雇主、员工、消费者和委托人。同样，正如杰弗里·米勒对我们的提醒，这个世界会让"无限的生产力为人们无限的贪欲、暴食、懒惰、愤怒、贪婪、嫉妒和骄傲之心效劳"。[545]不过，精英们最初面对汽车、棉花工厂时差不多也是这么说的，照我猜，他们最早看到小麦和手斧时还是这么说的。世界再次转向了自下而上的模式，自上而下的年代即将结束。

无限的可能性

要不是有了这条不知疲倦流淌的发明与创造之河来灌溉人类福利这亩脆弱的庄稼，生活水平的发展无疑会陷入停滞。就算人口停止增长，化石燃料得到开采，也能够自由贸易，但倘若知识不再发展，人类很快就会发现增长到了极限。贸易能让人各展所长，交换能尽量扩大劳动分工，燃料能放大每一名工人的劳动成果，可最终，发展会放缓。凶险的均衡状态日渐逼近。从这个意义上说，李嘉图和穆勒是对的。但只要能从一个国家跳到另一个国家，从一个行业跳入另一个行业，发明就是一场快速连锁反应，创新是反馈回路，发明是能自圆其说的预言。故此，一个自由交换的世界可以避免均衡状态和停滞，确切地说，它也根本不可能变成那样。

纵观历史，尽管生活水平有起有落，人口有增有减，知识却表现出了始终如一的进步态势。取火，一旦人们发明了它，就永远未曾忘记。轮子出现之后，就再不曾离开。弓箭虽说已经过时得只存在于体育活动里，仍然不用再重新发明一次——它还变得比从前更好了。如何冲泡咖啡，胰岛素为什么能治愈糖尿病，大陆漂移是否真的发生过——我敢打赌，只要地球上还存在人类，总有人会知道这些事情，或能够打听到。一路走来，我们或许忘记了一些事情：没人知道该怎样使用阿舍利手斧了；不久以前，也没人知道如何修造一座中世纪时代的攻城投石车。（20 世纪 80 年代，英国什罗普的一位乡绅最终靠着不断试错，制造出一台全尺寸的投石车，能够把钢琴抛出 150 多码；[546] 从那以后，摇滚乐队把它派上了一个有利可图的用场。）但比起知识的增长，这些遗忘无关紧要。我们积累的知识比我们忘记的要多得多。就算是最坚定的悲观主义者，都没法否认：年复一年，他所属的物种一起朝着人类知识库里贡献了越来越多的内容。

知识跟物质财富是不同的东西。制造新的知识，却于繁荣毫无助益，这完全有可能。从掌握如何把人送到月球上的知识到现在，已经诞生将近两代人了，对人类起到的富足作用尚且不多（当然，不粘锅的都市神话倒是流传得挺广了）。费马大定理的知识一点也不假，类星体也的确是遥远的星系，可它们恐怕永远也不会增加 GDP，不过，钻研这些知识，兴许可以提高某个人的生活质量。不为人类知识库增添内容也完全有可能致富，这一点，不少独裁者或者金融诈骗犯都可以为你证实。

另外，人类经济福祉的每一次前进，背后都藏着一些新的知识：正是因为人们知道电子可以指定携带能量和信息，才实现了我所做的几乎每一件事，不管是用电烧开一壶水，还是用手机发送一条短信。包装凉拌生菜的知识，为所有人节省了时间；预防脊髓灰质炎的知识，让大量的儿童免于瘫痪；杀虫剂浸渍蚊帐的知识预防了疟疾；咖啡馆里不同大小纸杯仍然可以使用相同杯盖的知识为厂商节省了成本，为商店减少了麻烦——上亿页这类的知识，构成了人类繁荣这本皇皇巨著。

20 世纪 90 年代，保罗 · 罗默实现了一项伟大成就，他把经济学从一条因为没能融入创新而无奈走了一个世纪之久的死胡同里拯救了出来。[547] 每隔一阵，就有经济学家试着闯到收益递增定理的天地去——19 世纪 40 年代的穆勒，20 世纪 20 年代的阿林 · 杨格，40 年代的约瑟夫 · 熊彼特，50 年代的罗伯特 · 索洛。但直到 20 世纪 90 年代罗默提出“新增长理论”，经济学才彻底回到了现实世界：在这个世界里，凡是能通过新产品或新服务满足需求的人，创新永动机就会让他通过暂时垄断，实现短期的利润爆炸，同时，其他所有最终得以分享“溢出”概念的人，则实现爆发式长期增长。罗伯特 · 索洛得出结论，凡是无法通过劳动力、土地或资本增加解释的发展，都是创新的功劳；但他认为创新是一种外部力量，是某些经济体比其他地方多出来的一点点侥幸——这跟穆勒的理论有着异曲同工之妙。诸如气候、地理和政治制度等东西，决定了创新的速度（地处热带的非洲内陆国家可走了厄运了），而这些东西，人们改变不了太多。罗默认为，创新本身就是投资项目，新的应用知识就是产品。所以，只要愿意花钱尝试寻找新思想的人在传递知识之前能从中获利，就有可能实现收益递增。

知识最美好的一点在于，它是真正无穷无尽的。哪怕从理论上说，也不可能耗尽思想、发明和发现的供给量。我持乐观态度最根本的原因就在这里。信息系统远比物理系统更为浩瀚，这是它的一个很美妙的特点：概念的宇宙辽阔无边，让物质宇宙相形见绌。正如保罗·罗默所说，一块1G容量的硬盘能装下不同软件程序的数量，比宇宙原子的数量多2700万倍。[548] 这就好比，你从100种化学元素里任意挑选4种，并按从1到10的不同比例将之组合成不同的混合物，从理论上说，你可以得到3300亿种化合物和合金，就算研究人员每天检验1000种，也足足要忙活100万年才能检验完毕。

那么，既然创新无穷无尽，为什么所有人对未来都感到这么悲观呢？

第9章

转　折　点

1900年以后的悲观主义

据我的观察，众人怀有希望时他却心怀绝望的，会被一大群人赞美成贤者。众人绝望时他却心怀希望的，反倒享受不了这个待遇。[549]

——约翰·斯图亚特·穆勒

《论“完美性”之讲演》

美国空气污染物排放情况[550]

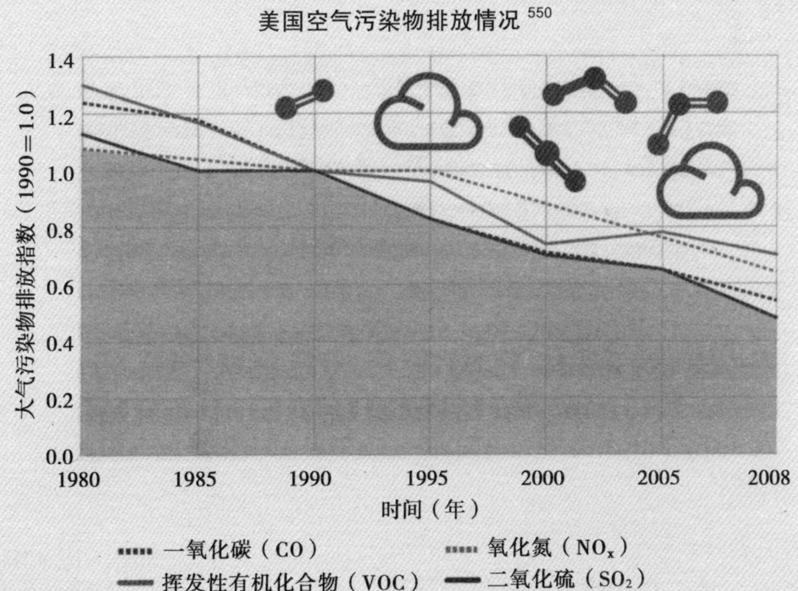

连续不断的悲观鼓声，总是盖过我在本书里高唱的这首胜利之歌。要是你说世界正越变越好，人们会嘲笑你天真而麻木。如果你说世界未来还会越变越好，大家恐怕更觉得你疯了呢。20 世纪 90 年代，经济学家朱利安·西蒙这么试了一回，[551] 结果被扣上了各种帽子：蠢蛋、罪犯、老顽固、异想天开。可西蒙的书里不存在任何重大错误。21 世纪初，丹麦教授比约恩·隆伯格又试了一回，[552] 丹麦国家科学院竟依照《科学美国人》杂志上一篇错漏百出的评论，临时"认定"他在科学上不诚实，可科学院既没举出任何实质性的例子，也没给他机会自我辩白。隆伯格的书里也不存在任何重大错误。哈耶克说得好："对进步的善行怀有信心，逐渐成了心灵浅薄的标志。"[553]

另外，如果你说大难将至，说不定能得到麦克阿瑟天才奖，甚至诺贝尔和平奖呢。书店被悲观主义的通灵塔压得呻吟不止，电波里充斥着末日的宣言。打从长大成人以后，我听过各种各样固执的预言：贫困日益加剧，饥荒就要到来，沙漠不停扩大，瘟疫迫在眉睫，水源战争即将打响，石油枯竭不可避免，矿产短缺，精子数量下降，臭氧层变薄，雨水酸化，核冬天，疯牛病蔓延，Y2K 计算机漏洞，杀人蜂，变性鱼，全球变暖，海洋酸化，甚至小行星撞击……它们要把眼下这支愉快的发展小曲狠狠地结束掉。每一回，这样那样的大恐慌无不得到了沉着稳重、受人尊敬、铁面无私的精英们庄严附和，并被媒体歇斯底里地疯狂转发。每一回，我都记得有人急迫地规劝我：不赶快放弃经济发展的愚蠢目标，世界上就没人能生存了。

尽管悲观主义盛行的理由各不相同，但悲观主义却一如既往存在。20 世纪 60 年代，排在大难榜首的是人口爆炸和全球饥荒，70 年代是资源枯竭，80 年代是酸雨，90 年代是瘟疫，21 世纪初是全球变暖。这些恐慌（除了最后一个）全都来了又走了。我们只是运气太好吗？从前有个老段子：有个人从摩天大楼跌了下来，已经落到了二楼，马上就要摔在地上了，他却想着："到目前为止很好！"我们是跟这人一样，还是悲观主义本来就不切实际？

我们姑且先承认悲观主义者所说的，倘若世界继续像这样下去，大难必将终结全人类。他们说得没错。倘若所有的运输都依赖石油，石油耗尽了，运输也就中断了。倘若农业继续依靠灌溉，等地球的蓄水层枯竭了，饥荒就会出现。但请注意这里的前提条件："倘若"。世界不会继续像这样下去。这是人类进步的所有意义，文化演进的一切信息，动态变化的重中之重——也是本书尝试传达的核心观点。真正的危险来自变化放缓。我以为，人类已经成了一台集体的问题解决机，它通过不断变化来解决问题。它靠着市场驱动的发明创造来实现这一结果：一样东西稀缺，价格就提高，价格提高鼓励人们开发替代品，提高这样东西的使用效率。历史上经常发生这一幕。鲸鱼变少之后，人们就不再使用鱼油来点灯，而改用了石油。（沃伦·迈耶说过，绿色和平组织的每一家办事处，都该挂一张石油大亨约翰·洛克菲勒的画像。[554]）悲观主义者错用了外推法：他们以为未来无非就是规模和范围更为庞大的过去。赫布·斯坦从前说过："要是某件事情不能永远持续下去，那它就不会。"

举例来说，2008 年，环保人士莱斯特·布朗对未来表示悲观。

比方说吧，每个中国人以美国目前的速度消耗纸张，那么到 2030 年时，14.6 亿的中国人需要使用如今世界纸张年产量的 2 倍。这样一来，全世界的森林就没了。如果我们假设 2030 年时中国每 4 个人拥有 3 辆汽车，就跟现在的美国一样，那么中国需要 11 亿辆汽车。全世界现在才只有 8.6 亿辆汽车。为提供必要的道路、高速公路和停车场，中国要给相当于眼下全国水稻田总面积的土地铺上水泥。到 2030 年，中国每天需要 9800 万桶石油。世界目前的石油产量是每天 8500 万桶，这个产量恐怕永远也不可能再提高了。所以，全世界的石油储备也就没了。[555]

布朗和他的推论完全正确，但从前那个预测 1950 年时伦敦街头将堆满高达 10 英尺马粪的人同样正确（当然，此事恐为谬传）。1943 年，IBM 公司创始人托马斯·沃森说，全世界总共只需要 5 台电脑，他说得对；1977 年，迪吉多数字设备公司创始人肯·奥尔森说"总没理由什么人都想在家里拥有一台电脑吧"，他同样说得对。在这两人发表上述言论的时代，电脑重达 1 吨，昂贵得匪夷所思，他们的话千真万确。就连英国皇家天文学家和英国政府太空顾问也说，太空旅行是"胡言乱语"，是"彻头彻脑的疯话"（那时，苏联的斯普特尼号人造卫星马上就要上天了），他们也都没有错；只不过，话刚说完，世界就变了。同样道理，莱斯

特 · 布朗那样的预言也不可能成真。到 2030 年，人们会更加节省地使用纸张和石油，要不然，就是有别的什么东西取代它们，土地也会提高使用效率。要不然怎么办？不让中国走向繁荣？问题不该是“我们还能不能继续像这样下去”，因为答案很明显是“不能”。我们要问的是，如何才能鼓励、推动必要的变革洪流，让中国人、印度人甚至非洲人，都过得欣欣向荣。

坏消息简史

有人倾向于认为眼下的悲观情绪是新出现的，是自广岛挨了核弹、切尔诺贝利核电站发生事故之后，人类对技术和进步产生的消化不良。历史却否认了这种看法。悲观主义者从来就无处不在，而且总能得到人们的盛情赞美。[556]“自从某几本书籍和小册子出版以来，时间已经过去了将近 5 年，”亚当 · 斯密在工业革命刚开始的时候写道，“它们佯装要说明国家的财富正飞速衰退、人口减少、农业萧条、制造溃败、贸易破灭。”[557]

以 1830 年为例。这一年，北欧和北美人民过着前所未有的富裕生活。整整一代人，首次享受到了 10 年以上的和平岁月，新颖的发明、发现和技术（“technology”，也就是技术这个词，就是这一年刚刚造出来的）层出不穷：蒸汽船、棉花织布机、吊桥、伊利运河、波特兰水泥、电动马达、摄影术、傅立叶分析。以今之眼光回望，那是一个孕育着各种可能性、正准备爆发进入现代化的世界。要是你出生在那时，你会过上越来越富裕、越来越健康、越来越智慧、越来越安全的生活。

可 1830 年洋溢着乐观的基调吗？不，它跟今天一样：悲观态度大行其道。打着"摇摆舰长"旗号的活动家们对待1830年脱粒机的方式方法，跟20世纪90年代对待转基因作物一模一样：使劲破坏。数不尽的人喧嚣着抗议当年刚修通的从利物浦到曼彻斯特的铁路，认为火车经过会令怀孕的马匹流产。还有人嘲笑火车的速度："说火车头速度能比马车快2倍，还有什么样的设想能比这更荒唐可笑呢！"《季度评论》叫嚷道："我们相信，国会会把铁路的速度限制在每小时8～9英里。"[558]（英国教育家阿诺德博士对第一台蒸汽火车的态度比较开明："我很高兴看到它，我认为，封建时代一去不复返了。"[559]）

1830年这一年，英国桂冠诗人罗伯特·骚塞刚刚出版了一本书，名叫《对话论》[560]。在书里，他想象另一个自己陪伴都铎王朝《乌托邦》一书作者托马斯·莫尔的鬼魂，环行英格兰湖区。骚塞借由莫尔的鬼魂之口，怒斥英格兰人民的现实选择，尤其是那些离开了带着玫瑰花色彩的乡间农舍、跑到工业化城市沉闷的公寓房和工厂的人。他抱怨这些人的生活条件比亨利八世甚至恺撒和亚瑟王时代还糟糕：

> 例如，看看城镇和乡村里的平民大众吧——在整个社会里占有庞大的比例！他们的身体欲望得到更好、更轻松的补给了吗？他们少遭受天灾人祸了吗？跟圈地运动没开始、全国一半的地方都是森林时相比，他们的童年、青年和成年时代更快乐了吗？他们老年时过得更舒服了吗？得到更妥帖的照料了吗？……他们的生活条件大大恶化……过去一千年来的改变，（他们）失去的比得到的多啊。

骚塞不光贬低当前，还痛斥未来。他（借助自己虚构的莫尔鬼魂）预测即将发生的苦难、饥荒、文艺和宗教的衰落。回想起来，这篇声讨文字的发表时机是相当令人欢欣的，不光技术，还有生活水平，都拉开了非凡的大突破序幕，实现了持续整整两百年的空前爆炸。有史以来第一次，民众的预期寿命飞速提高，儿童死亡率急剧下降，购买力暴增，选择范围越来越大。接下来的几十年里，贫穷的非熟练技术工人生活水平大幅改善。英国工人阶级的实际收入在30年里大致翻了一番，这可是一件前所未有的事情。世界各国都羡慕地看着英国说："我也想要那样。"但在反动、保守又怀旧的罗伯特·骚塞看来，未来只会越来越糟糕。他一定会冲在当代环保运动的最前列，哀叹世界贸易，责难消费主义，为技术感到绝望，渴望回到可爱英格兰的黄金时代，那时候，人们吃着本地产的有机蔬菜，跳着圆舞曲，自己剪羊毛，去度假时不会堵在通往机场的路上。现代哲学家约翰·格雷就跟骚塞的意见一样，他说开放式的经济增长是"摆在受苦受难的人类面前最庸俗的理想"[561]。

托马斯·巴宾顿·麦考莱是一位诗人，写过《霍雷修斯》及其他一些著名小品。[562] 1830年1月，他在《爱丁堡评论》上语气委婉地对骚塞的作品提出了批评。他说，乡下农民的生活没什么诗情画意，反倒贫穷得可怕；工厂城镇的日子好过许多，这就是为什么人们会蜂拥而去。苏塞克斯农村的贫困率是20%，工业化的西约克郡这一数字却只有5%。他批评道：

说到制造体系对身体健康的影响，请务必允许我们使用一种在充满想象力的骚塞先生看来过分庸俗和粗鲁的标准来衡量它：也就是出生率和死亡率。我们知道，在这套残忍体系的发展期间，用骚塞先生的话来说，也就是这种新的苦难和新的暴行里，这可怕时代的诞生之际，这但凡心灵尚未干枯、理解力未遭蒙蔽者都无法赞许的祸害当中，死亡率却大幅降低，而且，工业化城镇死亡率降得比别处都要快。

说到过去的生活更好这一主题，麦考莱激动了起来：

倘若 1720 年有任何人告诉在大崩溃之后陷入困惑和恐怖的议会说，等到了 1830 年，英格兰的财富将超过他们最狂野的梦想……死亡率会降到当时的一半……公共马车 24 小时里就能从伦敦跑到约克，人习惯了船只没有风也能航海，不靠马拉也可搭乘车辆，我们的祖先一定会以嘲弄的态度对待这个预言，就像他们嘲笑《格列佛游记》那样。可这个预言却成了真。

25 年之后，他又在自己所著的《英国史》[563] 里继续说：

我们，也会轮到被超越的时候，那时，心怀嫉妒的可就是我们了。到了 20 世纪，多塞特郡的农民或许认为自己一星期挣 20 先令很可怜；格林尼治的木匠一天能收到 10 个先令；体力工人吃饭没肉就不习惯，而现在他们吃的是黑麦面包；公共卫生监督和医学发明或许又为人类增加了好几年的平均寿命；每一个勤奋节俭的工人都能享受大量现在闻所未闻的舒适和奢华。

麦考莱的预言最特别的地方不在于它太过乐观，而在于它简直太谨慎了。我搭乘“公共马车”（就是火车啦），两个小时就从伦敦到达约克郡，根本不用 24 小时；我吃了一份上车前在火车站买的芒果加小龙虾外卖（用了 3.6 英镑）。此前，我不靠风力，用了 7 个小时从伦敦远行（搭乘飞机）到了纽约，一路上都在看丹尼尔·戴 – 刘易斯演的电影《血色将至》，看他在油田里打滚。今天，我驾驶着我信赖的丰田汽车（不用马拉），听着舒伯特的歌曲，15 分钟赶了 10 英里的路。多塞特的农民要是一周只挣 20 先令（按今天的币值，相当于 70 英镑），的确会认为自己过得糟糕透顶。卫生和医疗并未像麦考莱贸然预言那样给人类添了几年的平均寿命，而是让它翻了一番。至于说舒适和奢华嘛，哪怕懒惰又挥霍无度的工人，也拥有电视和冰箱，更不用说勤劳节俭的工人了。

转折点迷恋征

麦考莱在 1830 年说："我们没法斩钉截铁地证明，那些说我们的社会已经到达转折点、我们好日子已经到头了的人错了。但此前所有这么说的人，全都明明白白地错了。"[564] 所以，也可以说，那以后这么说的人也都错了。每一代的悲观主义者似乎都碰到了决定性时刻、引爆点、阈值和极点。每 10 年总有一轮新的悲观主义者冒出来兴风作浪，面不改色地断言说，自己站在了历史杠杆的平衡点上。1875～1925 年这整整 50 年里，欧洲人生活水平飙升至从前难以想象的水平，电力、汽车、打字机和电影、互助协会和大学、室内厕所和疫苗纷纷朝着民众的生活施加改良的影响力，知识分子却仍然沉迷于衰退、堕落和灾难。就像麦考莱说的那样，他们一次次地哭诉，社会到了转折点了，我们的好日子到头了。

19 世纪 90 年代，有一本超级畅销书《堕落》，作者是德国人马克斯·诺尔道，它描绘了一幅犯罪、移民和城市化令社会道德崩溃的场景："我们置身于瘟疫当中，一种堕落和歇斯底里的黑死病。"[565] 1901 年的美国畅销书是查尔斯·瓦格纳的《简单生活》，书中认为，人们已经受够了物质主义，很快就要迁徙回农场了。1914 年，英国的罗伯特·特莱塞尔在遗著《穿破裤子的慈善家》中把自己的祖国说成是“一个无知、愚钝、半饥半饱、精神堕落的颓废者之国”。1900 年以后，优生学狂热地席卷全球，同时受到左翼和右翼的热情拥抱，不光独裁统治下的德国，就连美国这样的民主国家，也接受了“穷人和智力低下者的过度繁殖会导致血统堕落”的假设前提，通过了大量偏执而残忍的法律。“今天采用严厉的措施，可以避免未来的大灾难。”（听起来耳熟吗？）围绕这一想法，学术界达成了极大的共识。“低能者的繁殖，”1910 年，温斯顿·丘吉尔在致首相的一份备忘录里写道，“对人种造成了非常可怕的威胁。”[566] 西奥多·罗斯福说得更直白：“我很希望可以彻底阻止错误的人生育和繁殖，一旦这些人的邪恶本性大白天下，就应该这么做。应当给罪犯做绝育手术，禁止智力低下者留下后代。”[567] 最终，优生学给人类成员造成的伤害，远远多过了它意图打击的邪恶。诚如以赛亚·伯林所说：“为了追求统治者声称是自己责任的某个遥远社会目标，无视如今尚在人间的诸多个体的偏好和利益，是历代人民苦难的共同根源。”[568]

在璀璨的爱德华㊀时代临近尾声时，知识分子说，他们需要更多的政府管制，世界大战微不足道。那以后，通货膨胀、失业、大萧条、法西斯主义接踵而至，两次世界大战之间悲观主义的借口更多了。1918 年，亨利·亚当斯在《亨利·亚当斯的教育》一书里，用圣母玛利亚的灵性能量对比博览会上看到的巨大发电机产生的物质能量，预言文明“最终要降临一场规模浩大的崩溃”。这下子，悲观知识分子的哀叹构成了一曲嗡

㊀ 爱德华是第一次世界大战前的英国国王。——译者注

嗡作响、连续不断的背景音乐：从 T. S. 艾略特、詹姆斯·乔伊斯、艾兹拉·庞德、叶芝到奥尔德斯·赫胥黎㊀。他们基本上全看错了方向——把金钱和技术视为威胁，却忽视了理想主义和民族主义的泛滥成灾。1923年，奥斯瓦尔德·斯宾格勒在饱受争议的畅销书《西方的没落》里对着整整一代受自己神秘文章吸引的读者说："乐观主义是懦弱之举。"[569] 西方浮士德式的世界，也会跟巴比伦和罗马一样，逐步衰落，独裁的"专制政治"最终会掌权，鲜血将战胜金钱。意大利、德国和西班牙的资本主义废墟上的确升起了专制政治，正着手谋杀数以千万计的民众。到 1940 年，只有 12 个国家维持着民主制度。可是，1914～1945 年的两次世界大战诚然可怕，却并未阻碍幸存者寿命和健康的改善步伐。1950 年之前的半个世纪里，尽管打了仗，欧洲人寿命、财富和健康仍然以超乎从前的速度飞快进步着。

糟了，还要更糟

第二次世界大战后，在康拉德·阿登纳任总理的西德带领下，欧洲人热情洋溢地追随美国人，走上了自由企业之路。1950 年之后，一个和平（大多数时候）、繁荣（很多国家）、休闲（年轻人）和进步（表现为技术变化速度加快）的黄金时代曙光乍现。悲观主义者消失了吗？人人都高兴吗？唉，他们还是老样子。20 世纪后半叶悲观预言的洪流就跟同期的所有东西一样，达到了前所未有的规模。厄运预言一个接着一个：核战争、污

㊀ 英国作家，著有反乌托邦小说《美丽新世界》。——译者注

染、人口过多、饥荒、疾病、暴力、灰雾、技术报复人类——计算机不能处理2000年（即“千年虫”事件），文明的混乱必将到达顶峰。还记得这些吗？

不妨想想《21世纪议程》的开场白[570]，这是1992年里约热内卢召开的联合国大会上，各国领导人签署的一份长达600页的末世挽歌：“人类站在了历史的关键时刻。各国内部和各国之间的差距持续存在，贫困、饥饿、健康和文盲状况恶化，我们福祉所赖的地球生态系统亦持续退化。”之后的10年，贫穷、饥饿、疾病和文盲急剧减少，其速度之快，在人类历史上是没有先例的。20世纪90年代，不管从绝对数量还是相对数量来看，贫困人口都在下降。可即便在20世纪90年代，用查尔斯·利德比特的话来说，“发达自由社会里知识分子的自我怀疑甚至自我厌恶”[571]也蔚然成风。利德比特认为，在反动派和激进派之间，在怀旧的贵族、宗教保守派、生态原教旨主义者和愤怒的无政府主义者之间，形成了一个心照不宣的联盟，立志要劝人们保持焦虑和警醒的态度。他们的共同主题是，个人主义、技术和全球化正迅速把我们带向地狱。“几十年来一直塑造着西方时代精神、渴望停滞的社会批评家们”（语出弗吉尼亚·波斯特莱尔）震惊于世界的飞速变化，又痛感知识分子的崇高地位给鲁莽的商人败坏，不断抨击新生事物，急盼稳定。“要保持不同社会和生态系统的完整与稳定性，必须要有一定的限制。正是因为现代人没能发现这一点，才造成了这些系统的分裂和不稳定。”富裕的环保运动家爱德华·戈德史密斯说。[572]威尔士亲王说，[573]繁荣的代价“就是逐渐损失与自然世界脉搏和节奏保持一致的和谐性”。

今天，喧嚣的鼓声已经变成了刺耳的杂音。现在这一代人享受着比以往任何时代都要多的和平、自由、闲暇时间、教育、医疗、旅游、电影、手机和按摩，却随时随地可能被悲观主义当头来上一棒。在机场的一家书店，我的目光扫过书架上“时事政治”栏，继续朝下看，那儿摆着诺姆·乔姆斯基、芭芭拉·埃伦莱克、阿尔·弗兰肯、阿尔·戈尔、约翰·格雷、娜奥米·克莱恩、乔治·蒙比尔特和迈克尔·摩尔等人的书。这些人的观点，多多少少都带有悲观主义色彩：世界是个可怕的地方；它正越变越糟；这主要是商业的罪过；转折点业已到来。我没看到任何一本乐观向上的书。

就连好消息也被打扮成坏消息的样子。反动派和极端分子认为，“选择太多”是一种迫在眉睫的重大危险——超市里陈列着成千上万的产品，每一件产品都在提醒你，你的预算太有限，你根本没法满足自己的需求。这让人堕落，让人感到困惑。“相对琐碎的选择把消费者淹没了。”一位心理学教授说。[574] 这个概念可以追溯到赫伯特·马尔库塞。[575] 马克思曾经认为，资本主义稳步降低工人阶级的生活水平，“使之陷入贫困”。马尔库塞否认了这种观点，相反，他提出，资本主义强迫工人阶级过度消费。这个看法在学术讲座上引起共鸣，众人皆点头附和，但在现实世界，这是个纯粹的垃圾说法。每当我走进超市，从来没见过有人会因为无法做出选择而痛苦不堪。我看到的是，人们不停地挑挑选选。

一部分问题出在怀旧上。就算回到公元前 8 世纪的黄金时代，希腊诗人赫西奥德也在怀念逝去的黄金时代，[576] 那时的人们“惬意而和平地栖居在大地上，拥有许多美好东西”。打从旧石器时代以来，恐怕就没有哪一代人不曾抱怨下一代软弱无能，不曾沉浸在对过去的美好回忆里。现代人对短信和电子邮件分散了注意力的无尽抱怨，其实可以追溯回柏拉图时代：那时候，柏拉图谴责写作摧毁了人们的记忆力。[577]“今天的青年”肤浅、自私、娇生惯养、好吃懒做、疯狂自恋、注意力太过涣散，一位评论家说道。他们在网上的虚拟空间花了太多时间，另一位评论家说，他们大脑里的灰质“被一种认知上的毒药[578]给灼伤、剥落了，他们丧失了道德心和想象力，他们根本意识不到自己所作所为的后果”。真是废话。显然，每一代人里都有废柴和怪物，但今天的青年跟过去的任何一代人一样，志愿投身慈善活动、创办企业、照料亲人、投身工作。大多数时候，他们眼睛盯着屏幕的时候，其实在沉溺于活跃的社会交际。电脑游戏《模拟人生 2》2004 年刚上市的时候，短短 10 天就卖出了 100 万份拷贝。在这个游戏里，玩家（多为女孩）以虚拟的身份生活在复杂、逼真、高度社会化的虚拟空间，之后，他们会跟朋友们聊起这个来，没有太多的灼伤和剥落。精神分析学家亚当·菲利普斯相信：“对越来越多的英美人而言，‘企业文化’意味着过度劳累、焦虑和孤独的生活。竞争把持着至高无上的地位，哪怕小孩子都被逼互相竞争，最终因此生了病。”[579]我有些话想对他说：在工业革命期间，在封建时代，在农业社会，在新石器或狩猎采集的过去，小孩子的工作量都比自由市场的眼下繁重得多，得病的也更多。

“自然的终结”又怎么样呢？比尔·麦吉本 1989 年的那本畅销书《自然的终结》[580]中坚持认为转折点已经近在咫尺：“我相信，在不知不觉间，我们已经迈过了这一转变的极限，我们已经来到了自然的终结。”

或者“迫近的混乱”？ 1994 年，罗伯特·卡普兰在《大西洋月刊》一篇引起广泛讨论的文章（后来成了一本畅销书）里告诉世界[581]，转折点已经来了，“资源稀缺、犯罪、人口过多、部落主义和疾病正迅速摧毁着地球的社会结构”。他这篇文章的证据基本上就是他发现城市化的西部非洲是一个无法无天、贫穷、不健康，而且相当危险的地方。

或者《我们失窃的未来》[582]？1996 年，一本起着这个名字的书声称，男性精子数量在下降，乳腺癌患者在增多，大脑变得异常，鱼的性别改变了，这全都是因为合成化学物“干扰了内分泌”，改变了身体的激素平衡。还是老样子，事实证明，这套吓唬人的说法太夸张了：精子数量没有下降，目前也没有发现内分泌受干扰给人类健康造成过什么重大影响。

1995 年，本来很杰出的科学家兼作家贾德 · 戴蒙中了时髦悲观主义的咒语，做出预言：“等到我小儿子迈入退休年龄的时候，世界上半数的物种都将灭绝，空气中充满放射物，海洋被石油污染。”[583] 对此，我可以宽慰一下他的儿子们：物种灭绝诚然可怕，但远远不曾到这预言里说的那么严重的地步。就算你采用的是生物学家 E. O. 威尔森最为悲观的猜测数据，权当每年有 27 000 个物种消亡，100 年里才能达到 2.7% 的灭绝率(地球上至少有 1000 万个物种)，离 60 年就灭绝了一半差得远着呢。至于戴蒙担心的其他事情，整体趋势是越来越好，而非越来越糟：他儿子们今天受到的来自武器试验和核事故的放射性威胁，比其父辈所处的 20 世纪 60 年代初期少了 90%，不到自然环境辐射的 1%。早在小戴蒙们还没出生的时候，海洋里泄漏的石油量就在稳步减少了，自 1980 年以来减少了 90%。

有一个支持末世天启的独创论点靠的是统计学。马丁 · 里斯在《我们的最后世纪》[584] 中引用了理查德 · 戈特的推论：考虑到我是生活在这个星球上 60 亿人里的一分子，那么，我或许有理由相信，这个物种长达

100 万年的演进征途差不多已经走了一半了，而不是处在好戏刚刚开演的阶段。如果你从一口瓮里掏出一个数字，上面写着“60”，你大概可以得出结论：这个瓮里有 100 个数字的可能性比有 1000 个数字的可能性更大，所以，我们的厄运是注定了的。不过，我不打算用我在数学类推法上的强项来打击悲观主义者。毕竟，这个星球上不管是有 60 亿人口，还是有 600 万人口，悲观主义者们都可以提出完全一样的说辞来。

悲观主义论调一直是票房大热门。格雷格·伊斯特布鲁克称，[585] 这种心态叫“集体性地拒不相信生活会越变越好”。有趣的是，人们并不把这种心态用到自己的生活上：他们往往认为自己会比事实上活得更长，把幸福婚姻维持得更久，更多地外出旅行。[586] 大约有 19% 的美国人认为自己排得进占全国人口 1% 的最高收入群体。可调查结果始终表明，人对自己乐观，对社会却悲观。戴恩·斯坦格勒称，[587] “这是我们全体都具有的一种无意识认知失调”。关于社会和人类物种的未来，人天然地觉得前途黯淡。与之伴随的是人类对风险的厌恶性：大量文献都证实，人们对输掉一笔钱的厌恶感远远比赢得同一笔钱的欣喜感要强烈。[588] 悲观基因似乎比乐观基因更常见。[589] 只有 20% 的人具有显性的羟色胺转运体长基因，具有这种基因的人，往往天生就爱往光明的一面看。（可能跟乐观性格相关的承担风险意愿也有来自遗传的成分：20% 愿意在财务上冒险的男性，都具有 7 次重复的 DRD4 基因。[590] 这一基因在大多数国民均为移民后代的国家更为常见。）

随着国家人口的平均年龄增加，人变得越来越悲观、越来越害怕新生事物。悲观主义里蕴涵着巨大的利益啊。要是慈善机构说情况越变越好，它肯定筹不到钱。要是记者跟编辑说，自己打算写一篇文章，谈一谈灾难发生的可能性不大，这文章肯定上不了头版。好消息不是新闻，所以媒体扩音器对任何政治家都不看好，记者和活动家们也都振振有词地警告大难即将来临。故此，施压团体及其媒体客户竭尽全力寻找哪怕是最只鳞片爪的厄运统计资料。就在我为这段话写下初稿的时候，英国广播公司早间新闻便报道说，[591] 有研究发现英国青年及中年女性心脏病发病率“不再下降了”。请注意这条新闻背后藏着的信息：就在不久之前，各年龄阶段的女性心脏病发病率都在急剧下降，男性心脏病发病率直到现在仍在猛跌，即便在老年女性群体里，发病率跌落之后也不曾上升。可所有的讨论却都围绕着这个“坏”消息展开。或者，再来看看这个例子：本来，全球气温10年来未曾上升，应该是个好消息，可《纽约时报》2009年时是怎么报道的呢？它说：“气温升势趋缓为达成一致解决方案增加了难度。”[592]

“末世论者”（这个词出自加里·亚历山大，他自称“再生末世论者”）利用人类本性里的悲观主义（每个人内心的反动派），并以此谋利。两百年来，头条新闻全都给悲观主义者把持了，但乐观主义者说对的时候却多得多。唱悲歌的人得到赞美，沐浴在荣誉当中，极少遭到质疑，更不用说正视他们过去的错误了。

你应该听悲观主义者的话吗？当然该听。以20世纪90年代初流行过的臭氧层空洞大恐慌事件为例：全面禁止使用氟利昂（氯氟烃），对人类自己和地球环境应该都是一件好事，尽管从南极地区臭氧层透过的过量紫外线还不到热带地区普通人正常接触到的紫外线水平的1/500，而且，之后提出的新理论认为，导致南极臭氧层空洞的更大原因是宇宙射线。[593] 不过，我还是别再吹毛求疵了：一句话，把氟从大气里剔除出去是明智之举，人类福利为此付出的代价很小，虽说还没达到可以忽略不计的程度。

当然，有些东西毫无疑问变得糟糕了。交通拥堵和肥胖症就是很突出的两点，但这两者都是物质丰富的产物，要是你告诉祖先如今的食物竟然丰富到了这样的程度，如今的交通居然成了一件坏事，祖先肯定会嘲笑你是个疯子。还有很多地方，人们忽视了悲观主义者发出的警告。随手举几个例子吧：他们对希特勒、对基地组织、对次级抵押贷款都曾表示过焦虑，却很少有人听。但悲观主义也不是没有代价。如果你告诉孩子事情会越变越糟糕，他们便不愿努力去改变命运。20 世纪 70 年代我还是个英国少年，每份报纸都告诉我石油要用完了，化学癌症流行病来了，食物越来越稀缺了，冰河时代逼近了，而且，我祖国的相对经济衰退不可避免，绝对衰落亦有可能。可到了 20 世纪 80 年代和 90 年代，英国突然来了一轮大繁荣，经济加速增长，健康、寿命和环境也全都有了长足进展，叫我大吃一惊。21 岁时，我意识到，说到人类未来，从来没人对我提过什么乐观的东西——没有哪一本书、哪一部电影这么做过，就连去酒吧里也听不见什么好话。可其后的 10 年，就业率（尤其是妇女就业率）提高，健康改善，水獭和鲑鱼都回到了河里，空气质量进步，当地机场就有直飞意大利的廉价航班，电话进化成了手机，超市里摆放起了越来越多便宜又好的食物。没人告诉过我世界会越变越好，我觉得挺生气：从某种意义上来说，人们教给我的就是绝望——跟今天的孩子们一样。

癌症

迄今为止，这一代人总觉得自己会给化学品导致的癌症害死。从 20 世纪 50 年代末开始，晚辈们就听到警告：合成化学物会让癌症泛滥猖獗。

美国国家癌症研究所的首席环境癌症研究专家威廉·休珀就深信，暴露在化学合成品的细微尘埃里，是致癌的重要原因，他甚至不相信吸烟会致癌——他认为肺癌是污染所致。蕾切尔·卡森受了休珀的影响，在1962年出版的《寂静的春天》一书里吓唬自己也恐吓读者说，[594]合成化学品，尤其是杀虫剂DDT正威胁着人类的健康。她写道，儿童癌症本来在医学上极其罕见，"可今天，美国学龄儿童死于癌症的比死于其他疾病的更多"。这其实是在耍统计花招；这个说法没错，但并不是因为患癌症的儿童多了（事实上并没有），而是因为导致儿童死亡的其他原因下降得太快。[595]她预计DDT会让人类（以及其他动物）大量患癌症，人类寿命也随之缩短。

毫不夸张地说，整整一代西方人在成长过程中，都以为自己会死于卡森所说的癌症流行病。我就是其中之一：自从在学校里知道自己要生病，小命长不了，我真的害怕得要死。受卡森及其追随者的影响，我着手搞了一个生物学项目。我打算去乡间走一走，看到有鸟儿死掉就捡起来，诊断它们是否死于癌症，并公布结果。我的进展不大顺利，我只找到了一只触电而死的天鹅。"1945年以后出生的人，"环保专家保罗·埃尔利希1971年写道，"出生以后就暴露在DDT底下，预期寿命很可能会缩短。但要等这一代人四五十岁的时候，我们才能确定这一点。"[596]后来他说得更为具体："到1980年，因为癌症泛滥，美国的预期寿命会降到42岁。"[597]

实际情况是这样：除了肺癌之外，其他癌症的发病率和死亡率都稳步下降，[598]1950～1997年减少了16%，之后的下跌速度还进一步加快；后来，随着吸烟人数的减少，连肺癌也加入了这首大合唱。1945年后出生的人平均寿命创下了新纪录。20世纪60年代以来，许多科学家怀着满腔热情，孜孜不倦地寻找合成化学物导致癌症大面积爆发的情况，他们的努力全都落了空。到 20 世纪 80 年代，流行病学家理查德·多尔和理查德·皮托通过研究得出结论：综合年龄因素考虑，癌症发病率在下降，[599] 癌症主要是吸烟、感染、内分泌失调、饮食不均衡所致——化学污染导致的癌症只占了不到 2% 的比例。事实证明，环保活动赖以立足基础的前提（清理污染可预防癌症）是错的。20 世纪 90 年代末，布鲁斯·埃姆斯做过一次绝佳的阐释：白菜天然就含有 49% 的杀虫剂，其中半数以上都是致癌物质。[600] 喝一杯咖啡让你遇到的致癌化学物，比你一年里接触到的粮食农药残留量还多。这并不是说咖啡很危险，或受了污染；咖啡种植园里的致癌物质，几乎全来自天然的化学物，它们的剂量极低，不足以让人得病，而农药残留物也一样。埃姆斯说："我们给癌症故事的棺材上钉了一百根钉子，可它还是阴魂不散地要回来。"[601]

DDT 有着阻止疟疾和伤寒流行的神奇能力，20 世纪五六十年代，它拯救了大约 5 亿人的性命（数据出自美国国家科学院），它对人体健康的功劳远远大于其负面影响。停用 DDT，令斯里兰卡、马达加斯加共和国和其他许多国家的疟疾死灰复燃。当然，DDT 确实应该用得比从前更谨慎，尽管它对鸟类的毒性比从前很多以砷为基础的农药低得多，但它积累在动物的肝脏里，的确会产生破坏作用，灭绝了处于食物链顶端的食肉动物（如老鹰、猎鹰和水獭等）种群。改用持久性较低的化学品之后，几十年来都罕见的水獭、秃鹫和游隼数量反弹至相对充足的水平。幸运的是，接替 DDT 的现代合成除虫菊酯不会长久积留。此外，将 DDT 少量又定点地用于导致疟疾的蚊子（比如喷在室内的墙上），不会对野生动物造成任何威胁。[602]

核战末日

冷战期间人们有很充分的理由做个核弹悲观论者：核武器大量集结，柏林和古巴频现军事冲突，一些军方将领卖力地叫嚣。考虑到大多数军备竞赛都是以打一场恶战来结束的，冷战转热（非常非常热）似乎只是一个时间问题。如果你当时说，你认为核弹头能让交战双方玉石俱焚，所以超级大国之间不会直接发生战争，冷战必将结束，苏联会解体，全球军事支出会下降30%，3/4的核弹头都将拆除，人们会嘲笑你是个傻瓜。“历史学家们认为，削减核武器简直是一项不可思议的成就，”格雷格·伊斯特布鲁克说，“回想起来，这件事成真时居然没什么人注意到，倒也真是怪异。”[603]兴许一切不过是走运，危险也远远还没消失（尤其对韩国和巴基斯坦而言），但不管怎么说，整个局面并未恶化，而是在变好。

饥荒

悲观主义者对人类命运不看好的很大一个原因，是担心粮食会吃完。1974年，著名的生态悲观主义者莱斯特·布朗预言，[604]转折点业已到达，农民恐怕“无法再跟上不断增长的需求”。但农民们做到了。1981年，布朗说：“全球粮食不安全性提高。”事实不然。1984年，他宣称：“粮食生产对人口增长的细微优势继续缩小。”又错了。1989年，他说：“人口增长超过了农民跟随的步伐。”非也。1994年，他说：“随着粮食和人口之间不平衡性愈加明显，世界还很少面临过这样一次规模庞大的危机”“粮食收益连续创了40年的纪录之后，人均产量出现了意料之外的突然逆转。”（转折点又来了。）可他的话才说完，粮食就来了一次大丰收，小麦价格降到了历史最低水平，而且足足保持了10年。而后，由于中国崛起、澳大利亚干旱、环境保护主义施加压力鼓励种植生物燃料、美国政客为讨好选民而大肆补贴乙醇生产商等诸多因素纠结到了一起，2007年，小麦价格陡增1倍。这下子，莱斯特·布朗重新成了媒体的宠儿，而他的悲观情绪则像33年前一样坚不可摧。“廉价的食物如今恐怕已成过去。”他说。转折点来啦。可又一次，粮食又创下丰收纪录，小麦价格缩水一半。

全球大饥荒的预言有着悠久历史，但1967年和1968年它折腾出的噪声恐怕可算登峰造极了。当时出了两本畅销书。一本是威廉·帕多克和保罗·帕多克的《1975大饥荒》[605]。该书第1章的标题就是“人口和粮食的矛盾不可避免；它命中注定”。两位帕多克先生甚至进而提出，诸如海地、埃及和印度等国根本拯救不了，理当让它们挨饿；世界应当依照战时检伤分类原则㊀，把精力放在情况不那么危急的地方。到1975年，因为世界还没有陷入挨饿的境地，威廉·帕多克竟然呼吁，[606]暂停在人口增长率高的国家搞粮食增产项目——就好像他故意要叫自己的预言成真似的。

1976年又出版了一本更畅销的书，语气更加愤世嫉俗。没什么名望的蝴蝶生态学家保罗·埃尔利希凭借《人口炸弹》[607]，一举化身成了环保运动的祖师爷，夺下了麦克阿瑟天才奖。“20世纪70年代到80年代，”

㊀ 战时检伤分类原则是指，倘若战斗激烈，士兵出现大量伤亡，则在医疗处置时，对经过处理才能存活的伤病员给予最优先的处理，而对不经过处理也可存活的伤病员和即使处理也要死亡的伤病员则不给予优先处理。虽然这不符合公平性原则，但能使有限的战场医疗资源得到更充分、有效的利用，能提高整个伤员群体的救治水平和效率，有效降低伤残率和伤死率，切实保障部队战斗力。——译者注

他预言那时就是转折点，“哪怕现在就着手搞应急预案，仍会有上亿人挨饿而死。时间已经太晚了，什么也阻止不了世界死亡率猛增了。”埃尔利希认为，不光大规模死亡不可避免，人类数量还将跌到 20 亿，穷人会越来越穷，而且，那些发现人口增长速度放缓的人，蠢得就像是在 12 月里碰到稍微不怎么冻手冻脚的一天就以为春天快要来了。在后来出的修订版里，他又补充说，当时正在扭转亚洲农业局面的绿色革命“最多只能给我们争取 10～20 年的时间”。40 年后，埃尔利希汲取了教训，不再给出具体的日期了：2008 年，他和妻子合著了《优势动物》[608] 一书，再次预言“死亡率将不幸提高”，这一回再也没有时间表啦。他一句话也没有解释为什么自己从前有关大规模饿死和大规模癌症的预言落了空，仍然信心满满地认为人类的幸福市场到了头。“整个世界似乎逐渐意识到，”他遗憾地说，“我们的长期演进故事，因为我们无意识的行动而走到了转折点。”

饥荒基本上已经成为过去时，这一点，我在第 4 章已经做了解释。有些地方的确仍有饥荒发生，比如达尔富尔、津巴布韦，但这是政府政策的失误，并非人口压力所致。

资源

世界历史里充斥着资源灭绝或濒临灭绝的例子：猛犸象、鲸鱼、青鱼、旅鸽、白松林、黎巴嫩雪松、鸟粪。请注意，它们都是“可再生”资源。与此形成鲜明对比的是，没有哪一种不可再生的资源给真正用完过：煤是这样，石油是这样，天然气是这样，铜、铁、铀、硅和石头，全都是这样。正如老话所说：“石器时代结束可不是因为石头用完了。”“这个预言是最靠得住的，”1943 年，经济学家约瑟夫·熊彼特说，“在可计算的未来，我们的粮食和原材料都将丰富得变成累赘，总生产量将全面爆炸。矿产资源同样如此。”[609] 这儿还有另一个最靠得住的预言：总会有人警告我们自然资源即将耗尽。

例子是现成的：20 世纪 70 年代初，有个叫“世界 3”的计算机模型做出的预言惨遭失败。“世界 3”企图预测地球资源的承载能力，它在一份叫《发展的极限》[610]㊀的报告（报告的作者是庄严的“罗马俱乐部”㊁）中得出结论：到 1992 年，由于使用量呈指数倍增长，全世界已知的锌、金、锡、铜、石油和天然气资源都将耗尽，随后的一个世纪里，文明和人口都将陷入崩溃。这份报告影响力极大，连学校的教科书都很快重复起它的预言来（不过，把大难临头的警告给去掉了）。[611]“一些科学家估计，全世界已知的石油、锡、铜、铝资源，在你这一辈子里就会给用光。”某本教科书说。“政府必须通过法律，限制化石燃料使用，以便节约资源。”另一本教科书写着。说这是误导，主要是因为，“世界 3”模型及它的设计师杰伊·福雷斯特就跟马尔萨斯一样，低估了技术变革（也就是排列世界的新配方）的发展速度和程度。1990 年，经济学家朱利安·西蒙赢了跟环保专家保罗·埃尔利希打赌的 576.07 美元。[612] 西蒙跟埃尔利希打赌，20 世纪 80 年代 5 种金属（这 5 种金属由埃尔利希任选）的价格都将下降，埃尔利希“趁着其他贪婪的人还没来得及出手，立马答应了下来”（不过后来他却说西蒙是个蠢货，自己是给“忽悠上套”的）。

㊀ 此书中文版已由机械工业出版社出版。——译者注

㊁ 罗马俱乐部是 1968 年创办于罗马的一家国际性咨询机构，由五大洲的企业家、经济学家、科学家、现任和前任国家元首等所组成，会员人数限制为 100 人，就粮食、人口、产业、环境等全球性问题定期发表报告和预测。——译者注

石油剩余下的储量，世界耕地种植粮食的产能，甚至生物圈的恢复能力……这些数字都不是固定的，而是靠着人类智慧与大自然局限性不断谈判出来的动态变量。投入动态的变化意味着打开你的心灵，相信后代们不光能阻止世界变得更糟，还能够把它变得更加美好。20 世纪 60 年代的时候我们不知道，可现在知道了：地球上居住着 60 多亿人，健康问题、食品安全和预期寿命都改善提高了，同时，空气更清洁了，森林覆盖率提高了，大象种群也逐渐复苏了。1960 年的资源和技术或许不足以维持 60 亿人口，但技术在变化，资源也在变化。转折点是 60 亿？还是 70 亿？80 亿？如今的时代，玻璃纤维代替了铜电缆，电子化正取代纸张，软件业的从业人员超过了硬件业，只有想象力最呆板的人才会守着老念头不变。

净化空气

1970 年，《生活》杂志向读者言之凿凿地说，[613] 科学家们“有了可靠的实验和理论证据”“10 年之内，城市居民恐怕必须戴上防毒面具才能在受了污染的空气里生活……到 1985 年，空气污染会让照射到地面的阳光量减半”。城市烟雾和其他空气污染形式却拒绝照着剧本演出，技术和法律规章迅速改善了空气质量。于是，到 20 世纪 80 年代主角换成了酸雨。探讨一下这段时期的历史很有必要，因为它相当于全球变暖的预演和彩排：同样是大气，同样是全球性问题，同样是化石燃料这个凶手。在孩子们的教科书里，你读到的传统故事如下：燃煤发电厂排放烟雾，在空气中形成了硫酸、硝酸，而后落在加拿大、德国和瑞典的湖泊和森林上并摧毁了它们，但好在政府及时通过了限制排放的法律，生态系统慢慢恢复了。

当然，20 世纪 80 年代中期，科学家贡献的“权威认可”加上环保活动家贡献的“事业捐助”，带来了一些世界末日的预言。1984 年，德国杂志《明星》报道说，德国 1/3 的森林已经死亡或濒临死亡，专家相信，到 1990 年，所有的针叶林都将消失，联邦内政部甚至预测，2002 年所有的森林都将消失。是的，所有！贝恩德·乌尔里希教授说，德国的森林时日不多了，“救不了”。[614] 大西洋彼岸也做出了类似的末日预言。据说，东海岸的森林将以恐怖的速度百分之百地消失。“蓝矮山的山顶会变成树木的坟场。”一位植物病理学教授说。一半的湖泊都危险地遭受了酸化。《纽约时报》公布了“一项科学界的共识”[615]：到了采取行动的时候了，别再做进一步研究了。

结果怎么样了呢？历史表明，20 世纪 80 年代，也就是科学家认为无限制的酸雨在残害森林，减排法律也尚未通过的时候，欧洲森林的总面积其实在增加，90 年代继续增加。瑞典政府最终承认，硝酸（一种化肥）提高了森林的总体增长速度。欧洲的森林不光没有死亡，反而茁壮成长。至于北美嘛，700 名政府赞助的科学家历经 10 年，耗费了 5 亿美元，完成了大量的实验，结果发现：“没有证据说明美国或加拿大的森林因酸雨出现整体性或异常性的减少”“目前尚未发现以酸沉降为主要原因的森林减少案例。”有人问报告的一位作者，他态度这么乐观，是不是因为承受了什么压力。作者说，恰好相反，压力全是他的乐观态度给招来的。[616]“没错，的确是有政治压力。不管事实怎么说，酸雨都必须是一场环境灾难才行。既然我们不支持这一主张……（环境保护机构）就想方设法地不让我们把报告提交给国会。”实情是：20 世纪 80 年代，的确有小面积的森林遭到了破坏，但原因是害虫，是自然衰老或自然竞争及其他一些地方性污染。没有森林因为酸雨而大面积暴毙。完全没有。

由此得出结论说反酸雨法一点好处都没有，这倒也不对。高山湖泊由于遥远的发电站排放而酸化，是一个确然存在的现象（尽管比较罕见），而立法也的确逆转了这一现象。但在这场辩论当中，人们极度夸大了这一危害：官方的研究表明，受影响的湖泊远远不到 50%，而是 4%。由于周围岩石的化学性质，一些湖泊在清理过后仍然是酸性的。事实上，要是你仔细考察该时期的历史就明白，酸雨只是一种轻微的地方性损害，可以相对轻易地解决，而不是一场威胁全球的大范围灾难。超悲观主义者搞错了。

基因

人类遗传学和生殖医学上的每一次进步，总会招来科学怪人末日式的预言。20 世纪 70 年代细菌基因工程上的首次尝试，马上就给叫停又遭了禁。活动家杰里米 · 里夫金说，[617] 生物技术预示着“一种毁灭的形式，每一点上都跟核浩劫一样致命”。可由此带来的结果却是为糖尿病患者和血友病患者找到了治疗方法。不久后，试管授精的先驱，罗伯特 · 爱德华兹和帕特里克 · 斯特普托，因为这项实验据说很危险，惨遭各方污蔑，连自己的医生同行也不例外。1978 年，第一例试管婴儿路易斯 · 布朗出生，梵蒂冈称之为“一起有可能对人类造成可怕后果的事件”。可这项发明并未导致优生学的滥用，而是为数百万不育的夫妻带来了幸福的结晶。

2000 年人类基因组序列排出，悲观论调很快占了上风。一些人哀叹，人们会摆弄自己孩子的基因：说得没错，如此可以避免像黑蒙性痴呆、亨廷顿氏症等可怕的遗传疾病。另有一些人抱怨，能预测疾病的话，医疗保险就没法维持了：可医疗保险费这么高，正是因为没办法预测谁会得病，故此预测和预防能减少一部分的成本。还有人叹息，疾病诊断遥遥领先于治疗，于是人知道了自己的命运却不知道该怎么诊治。实际上，只有极少数疾病是诊断过后采取预防性干涉解决不了的，再说，愿不愿意知道自己容易得什么病，全看人有没有这个打算。不过，最糟糕的一点还要算这个：短短几年里，悲观论者们改了口风，全在抱怨基因科学来得怎么这么迟了！

瘟疫

到 20 世纪 90 年代末，厄运的流行原因是传染病死灰复燃。先是出现了艾滋病这种无法治愈的全新性传播疾病；接着，医院里的细菌对抗生素的耐药性越来越好。这些都是引起恐慌的原因，但它还掀起了一股寻找致命瘟疫的热潮。大敲警钟的书出了一本又一本：《热区》㊀、《大爆发》《X 病毒》《逼近的瘟疫》耸人听闻的论调也自然不绝于耳。数以亿计的人将要死去；传染病马上就要到来，它是地球在报复人类对环境的掠夺；人类马上就要给“抹掉”了。一些更为厌世的作家，操着清教徒牧师的语气，甚至做出对这样的结果感到满意的样子。可围绕埃博拉病毒、拉沙热、汉坦病毒和 SARS 的轮番悲观预言又一次被证明是言过其实了。20 世纪 90 年代有好几次，刚果爆发了埃博拉疫情，[618] 患者周身溃烂，有时

㊀ 1994 年的畅销书，涉及埃博拉病毒和青猴症。——译者注

候甚至夺去全村人的性命。但科学证明，这是一种极为地方化的疾病，很容易控制，一部分也是人为所致。也就是说，这种偶然由带菌蝙蝠传染的疾病之所以会演变成席卷当地的大灾难，是因为好心的修女使用可重复性注射器给病人注射了奎宁。就连艾滋病（在非洲尤其可怕）也不像 20 世纪 80 年代末提出的可怕预言那样，造成什么世界性的恶果。10 多年来，全球范围内的艾滋病毒 / 艾滋病感染者的人数一直在下降，从 2005 年起，艾滋病导致的死亡人数也开始下降。感染艾滋病的人口比例持续走低，[619] 就连南部非洲也不例外。当然，这一流行病还远远没到落幕的时候，也还有更多的工作可以做，但慢慢地，好消息逐渐多了起来。

还记得疯牛病吗？1980～1996 年，英国有大约 75 万头感染了破坏脑部的朊病毒（名为 vCJD）的牛进入了人类食物链。1996 年，一些人因为吃了受感染的牛肉，染上同一病毒死去。可以理解，末日预言又竞相出炉了。在这场比赛里获胜的是一位叫休 · 彭宁顿[620] 的细菌学教授，他的观点在电视上反复播出："我们要做好心理准备，未来可能会出现几千几万甚至几十万的 vCJD 病例。"就连"官方"模型也警告说，受害者的实际数字恐怕有 13.6 万人之多。事实上，截至本书撰写之时，因疯牛病而死的患者是 166 人，[621] 2008 年只有一人，2009 年有两人。另外，只有 4 名还存活着的患者明确地染上了 vCJD（或有极大可能染上）。对这些染病或身故的患者来说，疯牛病的确是一场悲剧，但对全人类来说，它算不上一场威胁。

（这些数字跟切尔诺贝利事故发生后所得的数字有着惊人的类似。最初的报告冷酷地说，至少会有 50 万人死于核事故，还会生出许多带有缺陷的婴儿。新近的估计则为，因为切尔诺贝利事故致癌而死的人不到

4000 人，与此相比，受辐射的人口里倒有 10 万例是自然患了癌症而死的。婴儿出生缺陷率也没有异常。[622] 此外，事故当中死了 56 人。受灾后撤离的地区，野生动物活跃到了惊人的地步，[623] 着重研究的啮齿类动物里也并未出现任何反常的基因变异。）

21 世纪初的流感也被证明是一头纸老虎。H5N1（禽流感）从养殖场自由放养的鸭子跳到人类身上，2005 年，联合国预测会有 500 万到 1.5 亿人死于禽流感。然而，与你读到的资料相反，事实证明，H5N1 真的感染人类之后，毒性并不特别强，传染性也不怎么大。迄今为止，全世界因它而死的患者不到 300 人。一位评论家得出结论："一场因为禽流感疫情导致的歇斯底里，对胆小如鼠的媒体、作家、雄心勃勃的卫生官员、制药公司都是非常有好处的……可即便兜售恐慌的贩子们声音小了下来，歇斯底里的痕迹却依然存在——本来该分配给更严重健康问题的几十亿美元就这么给白白地用错了地方。最糟糕的是，散播末日预言的人却没有一个为自己造成的损害负责。"[624]

我想这话说得也挺过分，毕竟，流感确实有可能发展成一种严重的流行病，但 2009 年始于墨西哥的 H1N1（猪流感）同样走上了新流感病毒惯常的道路，朝着低毒性发展——每 1000～10 000 例感染者大概有 1 人死亡。这没什么好奇怪的。进化生物学家保罗·埃瓦尔德很早就提出，病毒找到新的宿主物种之后，不光会变异，也会出现自然选择。流感这一类偶然传染的病毒，要是只引起宿主轻微疾病的话，繁殖得会更为成功，因为宿主会不断行动，遇到更多的人。对病毒来说，独自躺在黑乎乎房间里的患者不如咳嗽着还坚持上班的患者有用。大量出行也有相当大个人空间的现代生活方式，更适合毒性温和的偶然接触式病毒，这种病毒需要患者觉得自己足够健康、短暂地去接触新目标。现代人（当代世界饱受病毒利用的终极载体）要受两百多种流感病毒的折磨，绝非事出偶然。

既然如此，为什么1918年猪流感害死了差不多5000万人呢？埃瓦尔德和其他学者认为，原因出在一战的战壕上。大量的伤员躺在如此拥挤的环境里，为病毒提供了产生致命后果的理想栖息地：人奄奄一息时也可以传播病毒。如今，跟感冒严重得只能躺在家里的人比起来，患了轻微感冒但仍能去上班的人更容易把病毒传染给你。[625]反过来看，伤寒、霍乱、黄热病、斑疹和疟疾等水媒或虫媒疾病，毒性要大得多，这也不是偶然，因为它们能靠着动弹不得的患者来传播。要是患者在黑屋子里躺着不动，成了蚊子的诱饵，疟疾传播起来就轻松多了。可在大多数现代世界里，人们离污水和昆虫越来越远，所以，能害死患者的致命疾病也随之退散。

最重要的是，医生军械库里的武器变得越来越精良了。我童年时常见的疾病，如麻疹、腮腺炎和风疹，现在打一针疫苗就能预防。从前人们了解艾滋病的人体免疫缺损病毒花了10多年，而现在，给SARS冠状病毒的全基因组排序并着手寻找它的弱点，却只用了3个星期。到了2009年，制药公司只用了几个月就生产出了大剂量的猪流感疫苗。

彻底根除许多疾病现在已经具备了现实的前景，只看时机了。尽管如今距离消灭天花已经过去了40多年，把脊髓灰质炎彻底送进坟墓的希望屡次破灭，然而，在世界许多地区，传染病杀手真的大撤退了。脊髓灰质炎仅存于印度和西非的少量地区，疟疾在欧洲、北美和几乎整个加勒比地区都没了踪影；麻疹早在几十年前，就减少到一个极低的发病概率；昏睡病、丝虫病和盘尾丝虫病也在一个接着一个国家里稳步走向销声匿迹。

未来世纪肯定会出现新的人类疾病，可既致命、传染性又强的恐怕很少，治疗和预防它们的措施也会出现得越来越快。

撤退的声音

当今许多极端环保分子不仅坚持认为世界业已到达“拐点”（完全没意识到在两百多年的时间里，自己的前辈们早就针对许多不同的问题做出同样的宣告了），还坚持认为唯一可持续的解决办法就是撤退，放弃发展经济，进入持续的经济衰退状态。要不然，他们发起一项名为“美国去发达”的运动是什么意思呢？（这是美国前总统奥巴马科学顾问约翰·霍尔德伦的话。[626]）用联合国环境规划署第一任执行主任莫里斯·斯特朗的话来说：“工业化文明的崩溃，难道不是地球的唯一希望吗？实现它，难道不是我们的责任吗？”[627]又或者，用记者乔治·蒙贝尔特的话来说：“从结构上有序地缩减全球经济的规模。”[628]这些，到底是什么意思呢？蒙贝尔特说，大撤退必须靠“政治克制”来实现。这就是说，不光增加你公司的销量是罪过，没能减少销量同样是罪过；不光出行超出了你的个人配给量是罪过，每年没能减少外出里程也是罪过；不光发明一项新的小工具不合法，不肯放弃使用现有技术也是犯罪；不光每亩地种出了更多粮食是重罪，连没能减产也是大错——因为这些全都是经济发展的构成因素。

难题在于：这样的未来，跟封建制度下的过去雷同得可怕。明朝的皇帝们就制定规则，限制企业的发展；不经批准，不得外出；惩处创新；限制家庭规模。悲观主义者倒是没这么说，可他们嘴里的“撤退”[629]不可避免地会朝着这个方向发展。

第 10 章

当今时代的两大悲观源头

非洲和 2010 年后的气候

有理由相信，所有的过去都只是开始的开始，所有这一切都无非是黎明前的曙光。[630]

——H. G. 威尔斯

《发现未来》

格陵兰冰核上的冰盖温度[631]

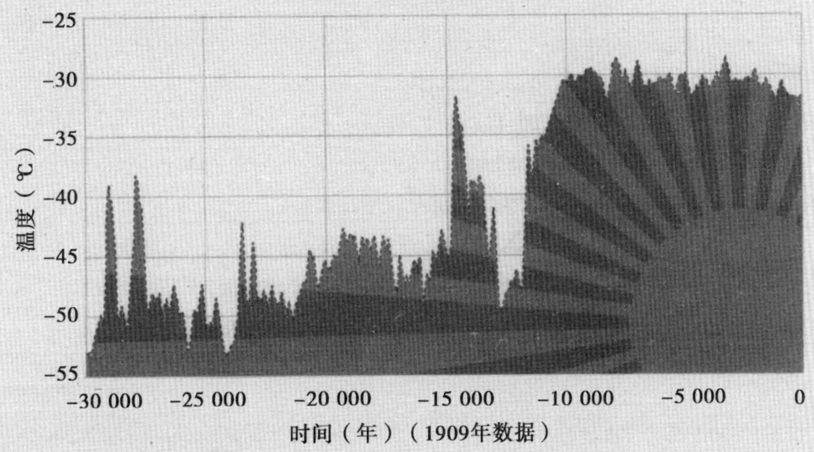

或迟或早，无处不在的悲观派一定会向理性乐观派拿出自己的两张制胜王牌：非洲和气候。悲观派会说，亚洲摆脱了贫困，这很好，拉丁美洲或许也行，但很难想象非洲也能走上这条路。“情况一清二楚，”环保人士乔纳森·波里特说，“非洲大部分地区完全不可持续式的人口增长，会让它永永远远绝望地陷入最深、最黑暗的贫困里。”[632]

悲观派继续说，不管怎么说，非洲压根就没有繁荣的希望，因为下一个世纪的气候变化会趁着非洲还没繁荣起来之前就把它摧毁。撰写本书之时，全球变暖是眼下最时髦的悲观论调了。地球大气层在变暖，人类持续 10 万年的进步试验似乎马上要面对海平面上升、冰盖融化、干旱、风暴、饥荒、流行病和洪水的考验了。这种变化很大程度上是人类活动造成的，尤其是燃烧化石燃料所致。全世界总共 70 亿人口，相当一部分人的生活水平提高都是化石燃料的功劳。所以，在新的世纪里，人类要面临一个极为难堪的困境：是继续享受碳排放推动的繁荣，直到全球变暖带来的灾难将它活生生地拦下来；还是限制碳的使用，却又因为缺乏足够便宜的替代能源，冒生活水平陡然降低的风险呢？这两种前景，哪一种都不是什么好事。

故此，至少可以这么说，非洲和气候这两个问题向理性乐观派提出了挑战。尤其我花了大量的篇幅，论述人类成就的光明一面，一路上提出人口爆炸将要停止，能源不会很快耗尽，只要人类能够继续自由地交换商品、服务和思想，污染、疾病、饥饿、战争和贫困便有望持续减少——对像我这样的人来说，非洲的贫困和全球气候迅速变暖问题，的确是相当尖锐的挑战。

此外，这两个问题还互有关联，因为预测全球快速变暖的模型是假设世界将会继续蓬勃发展，地球上最贫困的国家（大部分都在非洲）到了 21 世纪末将比现在富裕 9 倍。倘若它们未曾做到这一点，那么，二氧化碳排放量就不足以引起气候迅速变暖。眼下，除非允许非洲人大大地提高人均化石燃料消耗量，还没有其他办法叫他们变得跟亚洲人一样富裕。所以，非洲面临着一个尤为严峻的局面：要么，靠燃烧更多的碳来致富，承受糟糕的气候局面；要么，与全世界其他地区携手采取行动对抗气候变化，继续在贫困中挣扎。

传统智慧就是这么看的。我认为这是一种错误的假设，要是根据事实进行诚实评估的话，结论应该是这样：截至目前，未来 90 年最可能出现的结果是，非洲变得富裕了，灾难性的气候变化也并未发生。

垫底的 10 亿非洲人

诚然，不是所有的贫困都常驻非洲。我很清楚，全世界其他许多地方都存在着可怕的贫穷，比如海地、阿富汗、玻利维亚、柬埔寨、加尔各答和圣保罗，甚至，连英国的格拉斯哥和美国的底特律也有。但跟上一代相比，靠着进步的功劳，贫困前所未有地给集中在了非洲大陆上。近年来经济繁荣残存的“垫底的10亿人”——这是保罗·科利尔的话，[633]其中有6000万都是非洲人。非洲人平均每天只有1美元可度日。拯救非洲既是理想主义者的目标所在，也是悲观主义者的绝望所在。非洲不光未能和亚洲一起实现自20世纪90年代以来的经济繁荣，反而陷入了停滞，甚至还倒退了。1980～2000年，非洲贫困人口翻了一番。大陆的西边在打仗，东边有种族灭绝，南方艾滋病蔓延，北方闹饥荒，中间有独裁者，各地的人口都在暴涨：没有一个地方逃脱恐怖之手。苏丹、埃塞俄比亚、索马里、肯尼亚、乌干达、卢旺达、刚果、津巴布韦、安哥拉、利比里亚、塞拉利昂——这些国家的名字，每一个从西方新闻播报员嘴里冒出来都是混乱的同义词。

此外，非洲的人口转变尽管业已拉开序幕，但距人口增长放缓还有很长的路要走。尼日利亚的人口出生率可能减少了一半，但它仍然比“更替率”高2倍。非洲的“鬼田”、移民的减压阀，或者工业革命，要从哪里来呢?

倒有些可喜的例外国家，如马里、加纳、毛里求斯和南非，已经实现了一定程度上的自由、经济进步与和平。整个大陆近年来的经济逐渐回升，在肯尼亚、乌干达、坦桑尼亚、马拉维、赞比亚和博茨瓦纳，艾滋病的运数似乎到了头（南非和莫桑比克尚未有此迹象），连预期寿命也飞快提高。[634]说所有非洲人一辈子都在逃避贫困、腐败、暴力和疾病，这是西方人错误的老套认识。但的确有很多非洲人如此，而且，年复一年地，非洲的现状跟亚洲大部分地区的发展形成了鲜明的对比。过去25年，非洲的人均收入一动不动，亚洲却翻了 3 倍。更凄凉的是，21 世纪头几年，非洲经济良好的发展势头，被信贷紧缩给卡死了。

据说，有些西方人认为，经济增长不是关键，非洲需要的是在人类发展指数上朝着“新千年发展目标”的方向有所改善，无须提高收入而消除苦难，或者说，它需要一种可持续发展的新形式。保罗 · 科利尔和他世界银行的同事们发布了一份名为“经济增长对穷人有益”的研究报告，却遭遇了一场由非政府组织发起的抗议风暴。[635] 这种对经济增长的怀疑情绪，其实是只有富裕的西方人才能尽情享受的奢侈品。非洲人需要的是更好的生活水平，而更好的生活水平，主要来自经济发展。

经济援助的检验

非洲的一些最紧迫的需求，当然可以靠富裕国家增加援助来满足。援助可以拯救生命，减少饥饿，提供药物、蚊帐、饭食，或者铺设公路。但统计数据、历史掌故和现实案例都表明，有一件事情靠援助是做不到的，那就是启动或加速经济增长。20 世纪 80 年代，对非援助占非洲 GDP 的比例翻了 1 倍，同期经济发展速度却从 2% 跌到了 0%。赞比亚自 20 世纪 60 年代以来收到的援助，倘若另外投资到有着合理回报率的资产上，如今已经能让赞比亚的人均收入达到葡萄牙的水平，[636] 也即人均 20 000 美元，而不是事实上的 500 美元。21 世纪初曾有一些研究找到了证据，证明某些时候，某种类型的援助能够触发制定了某种经济政策的国家的经济发展，但 2005 年，国际货币基金组织的拉古拉迈 · 拉詹和阿文德 · 萨勃拉曼尼亚提出了否定看法。[637] 他们找不到证据能说明援助为任何国家带来了经济增长。一个都没找到。

现实情况比这还要糟。大部分援助是政府对政府的行为。故此，它有可能成为腐败的源头，打消创业精神。有些援助落进了独裁者在瑞士的银行户头；有些变成了造价数十亿美元却完全没法运转的钢铁厂；有些援助附有条件，要从西方国家进口某些商品才给；有些捐助，不管是捐助方还是接收方，都没有进行过独立的效力评估。一些非洲领导人对政府援助早已不抱幻想，甚至接受了赞比亚经济学家达姆比萨·莫约的建议[638]。莫约得出的结论是极为苍凉的："援助不管用，也不会管用……它不属于有效的解决方案，相反，它是问题的一部分。确切地说，援助就是问题所在。"

此外，近年来大部分援助都有进行自由市场经济改革的条件，可自由市场经济改革非但不能启动经济增长的势头，更多的时候反而破坏了地方传统，切掉了让富裕到来的机制。威廉·伊斯特利就曾批评休克疗法对苏联和非洲国家都起了坏作用，他说："你不能计划出市场来。"[639]自上而下地规定一套自下而上的制度，这种尝试注定要失败。

伊斯特利举了经杀虫剂处理的蚊帐为例[640]，这是一种廉价又可靠的预防疟疾法。一张蚊帐的净成本大概是4美元。2005年，戈登·布朗、波诺（Bono，U2乐队的主唱）和莎朗·斯通在达沃斯世界经济论坛向公众发起急风暴雨般的宣传，蚊帐很快成了援助一行的时尚标志。遗憾的是，经慈善机构免费派发之后，它们却成了华而不实的东西，会给拿到黑市上换婚纱，要么就是改制成渔网。它们打消了当地商家销售蚊帐赚钱的念头。美国的一家慈善机构"国际人口服务"想出了一个更好的主意，它以50美分的价格将蚊帐卖给到马拉维诊所去做产前检查的准妈妈们，而卖给较为富裕的马拉维城市居民价格则是 5 美元，这样一来，后者就对前者做了补贴。贫困的母亲们用半天工资才买到这种蚊帐，肯定会正确地使用它。4 年的时间里，5 岁以下的儿童睡这种蚊帐的比例，从 8% 提高到了 55%。

伊斯特利说，要想减少伤害多做好事，援助业务可以转型成更为透明的市场模式，让捐款彼此竞争来找项目资助，同时，又让项目彼此竞争来吸引捐款。幸运的是，互联网首次令这种设想有了成真的机会。例如，Globalgiving.com 就允许捐赠者来竞标捐助项目。在我写下这段文字的那个星期，该网站已经录入了各种需要资金的项目：向埃塞俄比亚难民提供粮食，为一头原来用于教育南非贫困儿童环境保护重要性的宠物豹修建养老住所的围栏。

在这样的论坛上，援助更加民主化了，它脱离了低效的国际官僚和腐败的控制，摆脱了理想主义的自由市场休眠疗法，切断了跟武器交易的关系，从大型工业项目里独立出来，疏远了倨傲的行善者，变成了个人对个人的行为。富裕国家可以让做了适当捐赠的纳税人减税。要是有人说，这会带来一些不协调、无规划的产业，我会说：没错。放眼历史，宏伟目标和集中规划曾经给政治造成过深重的灾难，对援助也一样。工业革命是没人规划的。自下而上的演进式解决途径里没有规划者的位置。

注定要失败吗

非洲国家未能实现经济发展，原因有一大串，大多数经济学家也表示同意。好些非洲国家多多少少都地处内陆，跟世界贸易切断了联系。它们的城市相距遥远，公路少得可怜，路面状况又日益恶化。它们有着爆炸式的出生率。它们受各种疾病的折磨：疟疾、艾滋病、昏睡症、线虫病。它们的国家制度从来没有从奴隶贸易造成的崩溃里完全恢复。它们是从前的殖民地，这意味着极少数的统治者没有兴趣让创业家阶层发展起来。“感谢”欧洲的殖民者、非洲本土激进的独立运动领导者和货币至上的援助机构，大多数非洲国家丧失了许多非正式的社会传统和制度，于是，公平与正义沦为专制，人们缺乏安全感。价格管控和城市精英强加的官僚市场机构扼杀了非洲最有前途的产业——农业，欧洲各国和美国的贸易壁垒与补贴又阻碍着它，至于山羊过度放牧、数量激增造成的破坏就更加不用说了。维持一党统治的最大部落之间种族冲突严重，竞争对手又彼此嫌恶，败坏着国家政治。更荒唐的是，非洲国家又经常受到丰富的矿产资源（如石油或钻石）下的诅咒。这些资源只会叫民主政客变得腐败，强化独裁者的势力，给企业家造成困扰，破坏出口商的贸易条件，助长鲁莽的国家借贷。

但是，博茨瓦纳没有失败。相反，它的成功令人瞩目。独立之后的30年来，该国人均GDP的平均增长速度（近8%）比全世界任何国家都要快——比同期的日本、中国、韩国和美国都快。它的人均收入翻了12倍，普通国民比泰国人、保加利亚人或秘鲁人都要富裕。它没有发生政变，没有打内战，没有独裁者。它没有遭遇通货膨胀，也不曾拖欠债务。它没有让国内的大象灭绝。最近几十年来，它一直是全世界最成功的经济体。[641]

诚然，博茨瓦纳人口较少，民族上也趋于同质化，跟其他许多非洲国家不太一样。但它有一项最大的优势，其他非洲国家很容易分享：良好的制度。尤其是，博茨瓦纳有着便于执行的可靠产权，它的覆盖相当广泛，也得到了相当的尊重。达龙 · 阿塞莫格鲁和同事们比较了世界各地的经济发展与产权，发现了一个惊人的现象：产权可以解释 3/4 的经济发展现象，而博茨瓦纳并非例外情况：它能蓬勃发展的原因在于，该国人民拥有产权，不像非洲其他地区那样，害怕被酋长或匪徒们强行征用。这个解释基本上也能说明，为什么英格兰享受了一个美好的 18 世纪。

这样说的话，赋予非洲其他地方良好的产权制度，之后就可以放手坐等创业精神来发挥魔力了吗？真有这么容易那就好了。良好的制度很难从上至下地强行植入，因为这是互相矛盾的，它们彼此从底层演进出来。况且，事实证明，博茨瓦纳的制度有着很深的进化渊源。18 世纪，征服了土生科伊桑部落的茨瓦纳人有着一套突出的民主政治制度。牛为私人所有，土地却是集体所有。理论上可以分配土地和放牧权的酋长，必须履行一项义务：召开集会，进行咨询（也叫“郭特拉”）。茨瓦纳人包容性很强，乐于把其他部落纳入自己的制度，这样一来，他们 1852 年反抗荷兰裔的土生白种人布尔人，双方展开迪马威之战时，就有了一支占优势的集体军队。

这是一个良好的开端，而在之后到来的殖民时代，博茨瓦纳也好运连连。大英帝国三心二意、疏忽怠慢地把它“纳进”了版图，几乎没怎么费心进行殖民统治。英国人接手博茨瓦纳，主要是为了不让德国人或者布尔人得到它。1885 年，英国政府在政策中明确表示：“尽可能少做行政或安置工作。”博茨瓦纳“落单”了，就跟之后纷纷崛起的亚洲国家一样（如泰国、日本、韩国等），它没怎么直接受过欧洲的帝国主义统治。1895 年，三名茨瓦纳酋长前往英国，成功地说服了维多利亚女王，躲过了大殖民者塞西尔·罗德斯[1]的魔爪；20 世纪 30 年代，又有两名酋长上了英国法庭，想要再一次阻止更深入的殖民统治，尽管这一回他们失败了，但随即爆发的战争把跋扈的殖民委员会给挡住了。“没人理睬”的良好状态持续了下来。

独立之后，博茨瓦纳的第一任总统、大酋长之一的塞雷茨·卡马，跟大部分非洲国家领导者一样，着手建立了一个强大的国家，剥夺了其他酋长的公民权，赢得了后来的历次选举（到目前为止，他所属党派的两位继任者同样保持了连赢的势头）。这一点，再加上整个国家极端贫困，极大地依赖外国援助和外国劳动力市场（南非），博茨瓦纳又把采矿权卖给了戴·比尔斯——一切全都是不祥的兆头。然而，博茨瓦纳谨慎地把牛群出口的收入做了投资，又把从钻石矿上发的横财用来建设国家经济的其他部分，竟然变得越来越富强了。这期间只有一场毁灭性的艾滋病疫情给它蒙上了阴影，于 1992～2002 年降低了该国人民的预期寿命，但如今，疫情业已消退。

世界尽在掌握

这并不是说非洲需要发明“创业精神”：非洲城市的大街小巷上挤满了擅长做买卖的创业家，可由于制度的封锁，他们没法发展自己的企业。内罗毕和拉各斯的贫民窟诚然可怕，但主要的错误出在政府身上，政府设置了各种官僚障碍，不让创业家为民众修建负担得起的房屋。因为没法从

[1] 英国政治家、商人。——译者注

管理规划的法律迷宫里谈判出一条出路，开发商们只好让穷人们在法律管不了的地方，自己一砖一瓦地修建贫民窟，[642]之后等着政府的推土机到来。在开罗，要想获取一块国家所有的土地并登记用来修房子，你得走完 31 个政府机构制定的 77 个官僚流程，有可能要耗掉 14 年的时间。这也就难怪有近 500 万埃及人打算非法兴建住宅了。一般而言，开罗的房主会在自己的房子顶上非法搭建三层空间，[643]然后租给亲戚住。

这对房主的确有好处。不过，西方的创业家们在开办企业时，通常靠的都是把房子抵押出去贷款融资，非法建筑可没法获得抵押贷款。秘鲁经济学家赫尔南多·德·索托估计，非洲人拥有高达 1 万亿美元的“死资本”——无法用作担保的储蓄，因为它们投资在了有着不良记录的产业上。他举了美国建国之初的一个同类案例：19 世纪初，非正式的“占屋者权利”㊀带来了日益混乱的局面，正式的成文法律与之发生了正面冲突。越来越多的州开始容忍占屋者的“优先购买权”(居住在一块无主的土地上，并对其加以改良，则获得这块土地的所有权)，甚至认为这种行为合法。最后，让步的居然是法律而不是占地的人，换言之，法律顺应了自下而上的演进，而不是按照自上而下的规划做调整。1862 年的《宅地法》正式承认民间延续了多年的做法，标志着“精英法律跟大规模移民及开放、可持续社会的需求做了一场艰苦卓绝的漫长斗争，而这场争斗最终落下了帷幕”。[644]结果社会实现了拥有产业的民主，几乎所有人都拥有了“活”资本，开办企业的时候可以用来当成抵押品。此前，圈地运动在英国也发挥了类似的作用，只不过，因为英国没人占据的土地太少，最终

㊀ 指倘若土地长期空置，则抢先进驻者对其享有权利。——译者注

结局远远够不上公平。法国大革命则以更为血腥的手段为穷人们争取到了产权。

正当权利的重要性甚至可以在实验室里得到证明。巴特·威尔逊和他的同事们在电脑上建立了一块有三座村庄的空间，找来真正的大学生们入住，[645] 让他们扮演商人和生产者，生产并需求红色、蓝色、粉色这三种不同的虚拟单位。任何一座村庄都没法同时生产所有的三种单位，故此，受试者们只能在彼此之间开展贸易。与之前比较简单的那种实验不同，这一回，实验里的贸易变得具有了人情味，跟真正的市场交换差不多。可要是参与者们长时间得不到产权（即可以从其他人的储备里偷取虚拟单位），贸易就繁荣不起来，实验结束的时候大学生们会很穷；要是产权明晰，情况就好得多。而这种局面，正是德·索托和道格拉斯·诺斯等经济学家一直以来对现实世界的看法。

（顺便说一下，现在有压倒性的证据说明，健全而良好的产权也是保护野生动物和大自然的关键。[646] 不管是冰岛的鱼 [647]、纳米比亚的纰角鹿、墨西哥的美洲豹、尼日尔的森林、玻利维亚的蜜蜂，还是科罗拉多州的水资源，都适用相同的教训。赋予当地人民以可持续的方式拥有、利用自然资源，并从中获得利润的权力，大多数时候，他们都会保护并珍惜这些资源。要是野生动物资源受高高在上的政府控制（不是“保护”），对当地人没有好处，他们就会忽视它、破坏它、浪费它。这才是公地悲剧带来的真正教训。）

产权不是万用良药。在某些国家，形成产权的过程造就了一个食利者阶层。1978 年以来，中国曾有相当长的一段时期并未确定明晰的产权，却仍然实现了创业大爆发。但它的确相对地减少了民众开办企业的烦琐官僚手续，所以，德·索托提出了一项建议：放松对创业的管制。德·索托的助手发现，在美国或欧洲办一家公司，步骤非常简单，而在坦桑尼亚想做这事儿，要花上 379 天，[648] 花费 5506 美元。更糟糕的是，要想在坦桑尼亚从事 50 年的正常商业活动，你必须在政府部门耗费 1000 多天来获取这样那样的许可，并为之花掉 18 万美元。

这就难怪坦桑尼亚 98% 的企业都是法外经营的了。但这并不意味着它们不受规矩限制——远非如此。德·索托的研究发现，为了证明所有权、记录贷款、落实合同、解决纠纷，人们使用了上千种的文件。手写的文件有时用指纹落了款，在全国各地起草出来，受人见证，盖上印章，修修改改，归入档案，接受裁决。在正式法律逐渐将本地惯例“国家化”之前，坦桑尼亚人也跟欧洲人一样，演进出一套自我组织的复杂系统，跟陌生人和邻居做生意。比方说，一份手写的单页文件就是两个人之间的商业贷款契约，它规定了贷款金额、利息、偿还期限和担保（债务人的房子），它由双方签字认可，并找来本地长老做证人并盖章。

但这些习俗，这种民间的法律，只是一幅尚且支离破碎的拼图。它们能很好地为小型社区里的单个交易者服务，但对地方民众和地方性规则的依赖性极强，倘若企业家想要大展宏图，扩张到本地社区之外的地方，它们就帮不上忙了。跟几百年前的欧洲和美国一样，坦桑尼亚需要做的不是强制执行那些它根本无力负担的正式法律制度，而是鼓励这种自下而上的非正式法律，扩大它们的适用范围，把它们变得更为规范。德索托的研究小组找出了阻碍穷人利用法律制度创造财富的 67 种瓶颈。

这种制度改革对提高非洲人民生活水平所做的贡献，最终会比水坝、工厂、援助或人口控制大得多。20 世纪 30 年代，田纳西州的纳什维尔从贫困里挣扎出来，靠的不是田纳西河流域管理局修建的巨型水坝，而是音乐企业家们利用良好的本地版权法开始录制的具有地方特色的音乐。同样，只要有了合适的版权法和创业精神，马里的巴马科也能因自己强大的音乐传统而崛起。[649]

自下而上改变有个很精彩的例子：西方好些人曾以为移动电话是一种奢侈的技术，要到更高的发展阶段才用得上，可出乎他们的意料，整个非洲的穷苦人都兴致勃勃地接受了手机。肯尼亚的固定电话全由国家控制，但到了2000年以后，全国1/4的人口拥有了手机。肯尼亚农民会给不同的市场打电话询问最好的价格，然后再出售自己的农产品，生活处境得到了明显改善。在博茨瓦纳农村进行的研究发现，拥有手机的人比没有手机的人得到了更多的非农业就业机会。手机不仅帮人们找到了工作，还可以用来偿付服务——手机话费竟然成了一种非正式的银行和支付系统。在加纳，T恤制造商可以通过手机话费收到美国买家的货款。如今，小额信贷银行、移动电话和互联网已经融合到了生产体系当中，[650]西方人能靠它（通过Kiva等网站）向非洲的企业家提供小额贷款，而非洲的企业家则能利用手机话费接收货款，支付账单，不用非等着银行开门，也不必经手脆弱的现金了。这些新发展为非洲的穷人提供了上一代亚洲穷人享受不到的机会。[651]这也是非洲有望在21世纪末赶上亚洲小虎们经济发展水平的原因之一。

还有另外一个例子能很好地说明手机在帮助穷人致富方面所扮演的角色，它来自一份对印度南部喀拉拉邦的沙丁鱼渔民的研究报告[652]。（不过，现在整个非洲到处都有类似的例子。）经济学家罗伯特·詹森是这样记录的：1997年1月14日是个平常日子，巴达喀拉村的11名渔民捕鱼收成很好，却发现没有了买家：本地市场过分饱和，新鲜沙丁鱼的价格降到了 0 卢比。而同一天早晨，离海岸 10 英里以外的地方，楚姆巴拉和奎兰蒂村却有 27 名买家两手空空地离开了市场，因为他们找不到沙丁鱼可买，哪怕他们每千克沙丁鱼愿意多出 10 卢比。要是巴达喀拉村的渔民知道这个消息，他们可以转移到后两个地方的市场去，哪怕除掉汽油成本，每人平均仍可赚到 3400 卢比。当年晚些时候，借助新安装的移动电话网（出海 12 英里仍能收到手机信号），喀拉拉邦的渔民开始这么做了：他们提前就打听好到哪儿出售自己捕捞的鱼最划算。结果，渔民的利润增加了 8%，沙丁鱼面向买家的售价跌了 4%，沙丁鱼的损耗量从 5% 以上降到了几近于 0%。人人都得了利（除了沙丁鱼）。罗伯特 · 詹森评论道："总的来说，捕鱼业从若干基本上互不相干的市场进入了一种接近完美的空间套利的状态。"

凭借此类技术，非洲也可以走上跟世界其余地区一样的繁荣之路：专业分工，相互交换。一旦两个人找到方法进行劳动分工，双方都能受益。非洲的未来藏在贸易里——销售茶叶、咖啡、糖、大米、牛肉、腰果、棉花、石油、铝土矿、铬、黄金、钻石、鲜花、四季豆、芒果等，但处在非正规经济下的穷苦非洲人是不可能参与这种国际贸易并展开创业活动的。坦桑尼亚的两个人之间进行交易靠手写契约或许可行，但要是想借钱来从事向伦敦的超市供应鲜花的业务，它就没什么帮助了。

当然，所有这些都不可能轻轻松松、顺顺利利地实现，但面对只需要一支钢笔画上几笔就能争取到的机会，面对法外领域蓬勃的创业活力，我拒绝接受对非洲的悲观看法。此外，随着人口增长率下降，非洲有望收获"人口红利"[653]：处于工作年龄的人口相对于需要赡养的老人和小孩所占比例大。亚洲实现经济发展奇迹，此种人口红利因素大概有1/3的功劳。对非洲的重要政策应该是废除欧洲和美国的农业补贴、配额与进口关税，规范化和简化管理企业的法律，削弱专制，鼓励自由贸易城市的发展。因此，经济学家保罗·罗默说，为什么不继续套用这个公式呢？利用西方的援助，在非洲找一块无人居住的土地，建立一个全新的“特区”，[654]跟全世界其他地方开展自由贸易，允许它从周边国家吸引人口。它会跟3000年前的提尔、300年前的阿姆斯特丹、30年前的中国香港一样起作用的。它能为当今的非洲出力。哦，对了，我是说，倘若气候不掺进来搅和的话。

气候

20世纪70年代中期，记者当中曾经有过一股短暂的风潮——写一篇有关全球变冷的惊悚报道，当成不折不扣的噩耗传递给公众。如今他们当中流行的是写全球变暖的恐怖报道，同样当成不折不扣的噩耗传递给公众。以下有两段引文，出自同一本杂志，只是隔了30年。你能分辨出哪篇写的是地球变冷，哪篇写的是变暖吗？

天气总是反复无常，[655]但去年给这个词赋予了新的含义。洪水、飓风、干旱——就差没闹地震了。这种极端的模式吻合科学家对世界气候走向的预测。

气象学家对气候变化的成因和程度持不同意见，[656]对它给地方气候条件造成的具体影响也尚未达成一致见解，但他们几乎全都认为，在20

世纪剩下的时间，这种趋势将降低农业生产力……倘若预测的结果变成严峻的现实，规划者拖延的时间越长，就越是难以应付气候变化。

这里，我并不是想说哪个预测错了，而在于它们的着眼点都放在了情况悲观的那一半上。它们分别预测变冷和变暖将带来灾难性的后果，暗示只有现存的温度才最完美。可气候随时都在变化；认为唯有最近的气候才完美，无非是一种特殊的自我陶醉罢了。（顺便呈上答案：前一则报道是警告新近的气候变暖趋势；后一则报道是 30 年前警告气候变冷——均出自《新闻周刊》。）

我大可以一头栽进科学辩论中，试着说服你也说服我自己：近年来关于气候变暖的喧嚣跟之前的优生学、酸雨、精子数量、癌症等悲观预测一样，全都太过夸张；22 世纪的全球变暖，很可能是一个温和的过程，并没有什么灾难性后果；过去 30 年相对缓慢的平均温度变化，更适合套用温室效应的低敏感度模型，跟高敏感度模型不那么兼容；[657] 水蒸气固然能放大变暖效应，云层也可减缓它；[658] 20 年来，甲烷的增加速度都在（不规律地）放慢；[659] 地球在中古时代出现过几次温暖期，6000 年前也出现过，但并未加速，或到达“引爆点”；[660] 冰河时代，人类和自然在气候变暖时复苏的速度，比 21 世纪提出的任何预测都要快得多。所有这些论点，都有可观的科学论据支持——当然，对某些例子而言，也有可观的科学论据做了反驳。但这并不是一本关于气候的书，而是一本谈人类及其应变能力的书。此外，就算事实证明眼下的警告太夸张，但毫无疑问，这个星球的气候过去一直受自然的影响而产生波动。哪怕最近 8200 年来气候一直没有出现大幅波动，但一些文明还是因为轻微的气候干扰走向了毁灭——吴哥窟和奇琴伊察[⊖]的遗址均可作证。故此，哪怕只是出于假设，我们也有必要问一问：倘若气候按联合国政府间气候变化工作小组（IPCC）科学家们达成共识的速度发生变化（也就是地球在21世纪内将变暖3℃），人类文明能否存活下来呢？

不过，这只是一个中点数值。2007年，IPCC使用了6种假设的“排放场景”，从化石燃料密集型的百年全球经济繁荣到某种听起来更具可持续性的保守状况，来计算21世纪的温度会增加多少。根据预测，到21世纪末，平均温度会比1990年的水平高1.8～4℃。倘若把95%的置信区间包括在内，那么温度增幅则为1～6℃。由于“城市热岛效应”，部分城市还会变得更热。另外，所有的专家一致认为，气候变暖会不成比例地发生在夜晚、冬季和寒冷地区，故此，冬天寒冷的地方变得不那么寒冷的情形更多，而炎热的地方变得更炎热的情形较少。

至于2100年后会发生什么情况，2006年英国政府任命了一名公务员尼古拉斯·斯特恩，计算将来极端气候变化的潜在成本。在他算出的答案里，这成本高得简直没法形容，现在付出任何代价来缓解它都值得。但他计算的方法有点问题：先是采用了超高的损害估计值，之后又用了一个低得不同寻常的贴现率来衡量将来损失的现值。荷兰经济学家理查德·托尔[661]估计成本“有可能远远小于”每吨二氧化碳14美元，斯特恩却把这个数值翻了1倍，达到每吨29美元。这也难怪托尔说斯特恩的报告危言耸听、荒唐可笑了。至于贴现率，斯特恩使用的是21世纪2.1%，22世纪1.9%，之后的几个世纪是1.4%，而一般通行的贴现率是6%。他

⊖ 奇琴伊察由玛雅文明所建，坐落在今墨西哥境内的犹加敦半岛北部，也是世界新七大奇迹之一。——译者注

用的贴现率这么低，把 22 世纪的伤害成本给夸大了近 100 倍。换言之，他的意见是，从 2200 年发生的沿海洪灾里拯救一条性命，跟如今从艾滋病或疟疾手里拯救一条性命，有着同等的急迫性。成群的经济学家，包括鼎鼎大名的威廉·诺德豪斯，立刻指出这不合常理。它意味着你贫穷的曾曾曾祖父，尽管生活水平大致相当于当今的赞比亚人，仍应该把大部分的收入拿来帮如今的你偿付账单。倘若使用较高的贴现率，斯特恩的论点就不攻自破了，[662] 因为，从成本上看，哪怕碰上最坏的情形，22 世纪气候变化所造成的损失也远远不如当今采取缓和气候的措施所造成的损失。尼吉尔·劳森合情合理地问道："要当今的一代人（尤其是发展中国家的这代人）做出牺牲，免得 100 年以后发展中国家的人民居然没比现在富裕 9.5 倍，而只富裕了 8.5 倍，这真的合理吗？真的现实吗？"[663]

你的孙子一辈会很富裕。就算你不相信我，看看这个：IPCC 假设的所有 6 种场景中，世界经济都会出现极大的发展，2100 年在世的人平均会比如今的我们富裕 4 ～ 18 倍。[664] 这些场景假设，整个世界的中等生活水平介于今天的葡萄牙和卢森堡之间，就连发展中国家的公民，收入也介于如今的马来西亚和挪威之间。在气温最高的场景里，贫穷国家的人均收入从今天的 1000 美元增长到了 2100 年的 66 000 美元（已按通货膨胀做了调整）。[665] 未来的子孙们比今天富裕得惊人，连非洲也一样——就一个提醒我们将来恐怖至极的警告而言，这样的假设起点着实有趣。请注意，就算按斯特恩计算的数据，哪怕气候变化让 2100 年的财富缩水了 20%，仍然意味着世界比现在富裕 2～10 倍。[666] 2009 年威尔士亲王发表演说，[667] 宣称人类"只剩 100 个月来采取必要措施，避免气候和生态系统不可逆转地崩溃"，接着又在同一次演说中说，到 2050 年，全球会有 90 亿人口，大部分的消费水平都能达到如今西方人的标准，这是何其矛盾呀。

这些假设对财富如此乐观，原因在于，世界会变得那么热，只可能是因为通过排放大量二氧化碳来走向富裕。许多经济学家认为，这一类的未来假设，听起来尽管美好，但并不现实。IPCC 预测的未来之一是，2100 年，世界人口达到 150 亿，比人口统计学家预计的翻了将近一番。另一类未来是，最贫穷的国家人均收入增长了 4 倍，致富的速度就跟 20 世纪的日本一样快。所有这些未来假设使用的都是市场汇率而非 GDP 购买力平价，进一步夸大了气候变暖的程度。[668] 换句话说，这些预测使用了相当大胆的假设值，所以，除非人类真正实现了那么惊人的繁荣昌盛，要不然，气温升高 4℃根本不可能，6℃就更不用说了。而倘若地球真的变得那么繁荣，气候变暖也就不可能一直造成那么大的经济损失。

为此，一些经济学家，如马丁·魏茨曼回答说，哪怕大灾难的风险微乎其微，但其成本极其庞大，无法套用经济学的一般规则：只要真的存在发生大灾难的可能性，世界就应该采取一切措施来避免它。这种推理方法的问题在于，所有的风险都可以这么说，不光是气候变化。[669] 地球跟一颗巨大的小行星相撞（比如灭绝了恐龙的那一回），概率大约是 1000 亿分之一。考虑到这一事件会极大地损害人类繁荣，每年花上 400 万美元跟踪这类小行星显得相当便宜。那为什么不花大量资金在城市里储备粮食，好在万一发生导弹袭击、机器人暴乱、外星人入侵、核战争、流行病、超级火山爆发的时候，方便人们存活呢？按魏茨曼的看法，这些事件发生的概率都很低，但潜在危害却非常大，就算在上面耗费无限的资源也值得，而对眼下现存的苦难却可置之不理。

总而言之，出现极端气候的可能性非常低，而且，就算依照如此疯狂的假设，也完全无损我的乐观态度。如果未来 100 年，全世界的穷人靠着继续排放二氧化碳，有 99% 的可能性变得更加富裕，那凭什么该剥夺他们的机会？毕竟，他们越是富裕，对天候的依赖性越少，他们会找到办法适应气候变化，让经济变得更具可持续性。

热而富，抑或冷而穷

外在风险就先说到这儿。现在来想想 IPCC 提出的可能性更大的情况：2100 年时升高 3℃。（我说可能性更大，但请注意，要达到这一水平，温度的提高速度必须比 20 世纪八九十年代的速度翻倍才行，但目前升温的速度业已放慢，并未加速。）让我们从海平面、水资源、风暴、健康、食物、物种和生态系统的角度，看看额外的温度给我们带来的成本和收益。

以目前来看，海平面是最叫人担心的问题，因为当前的海平面的确处在最合适的高度——任何变化，不管是升高还是降低，都会令一部分港口无法使用。IPCC 预测，海平面平均每年上升 2～6 毫米，而现在的速度是每年 3.2 毫米（或每百年 1 英尺）。按照这样的速度，尽管某些沿海的地方发洪水的次数会增多（在很多地区，地面增高令海平面下降），但也有一些国家将继续获得更多的淤积土地，这些土地的面积会大于因土壤侵蚀损失的面积。[670] 格陵兰陆地冰盖的边缘会继续融化——20 世纪最后几十年，格陵兰好些冰川都消失了，但就算按最快融化速度来计算，[671] 它每百年损失的面积也不到 1%。到公元 12 000 年，它才会彻底消失。当然了，倘若温度继续升高，格陵兰和南极西部的冰盖都会瓦解，但按 IPCC

预测的场景，21 世纪是不可能达到那么高的温度的。

至于说淡水，有证据表明，倘若其他因素不变，气候变暖本身会减少面临水资源短缺的总人口。[672] 要我再说一遍？没错，是减少。全球气候变暖会增加平均降雨量，因为海洋的蒸发量也会更多；此前的气候温暖期，[673] 如全新世（当时的北冰洋夏天几乎完全没冰）、埃及、罗马和中世纪都是这样。改变历史的大干旱在西亚曾经发生过，而且正如理论所预测，是在气候变冷的时期：8200 年前及 4200 年前。如果你依照 IPCC 的假设，计算一下住在降水增加区域的人和降水减少区域的人，那么，你能明显看出，到 2100 年，所有假设场景里面临水资源短缺的净人口都将减少。[674] 尽管水资源将继续引来各方争夺，继续受到污染，继续枯竭，河流和水井会因为过度使用而干涸，可在更寒冷的世界，情况也一样。随着气候带来的转变，澳大利亚南部和西班牙北部可能会变得更为干燥，但非洲中北部的萨赫勒地区和澳大利亚北部则会延续当前的多雨趋势。经常有人说，气候多雨时波动性会更大，可没有任何证据支持这一说法。冰核证明，当地球从冰河时代转暖，气候波动性年复一年地明显减缓。当然，碰上最极端的暴雨，降雨量会有所增加，从而招来更多的洪水，但这里有一点事实：人们越是富裕，被淹死的可能性就越低，故此，世界越是暖和越是富裕，结果会越好。

暴风也是一样。20 世纪气候变暖的过程中，大西洋飓风登陆的次数并没有变多，最大风速也没有加快。[675] 就全球而言，热带气旋的强度在 2008 年创下了 30 年来的最低点。飓风造成的损失的确大大增加，但这是因为沿海建筑的修建和保险费用越来越贵，而不是因为暴风的强度变大或频率变高。从 20 世纪 20 年代开始，全球每年因气候自然灾害死亡的人数比例显著减少了 99%，[676] 从 20 年代的每百万人口死亡 242 人，降到了 21 世纪初的每百万人死亡 3 人。飓风的杀伤力更多地取决于财富水平和天气预报，跟风速的关系不大。2007 年，5 级飓风“迪安”袭击了戒备森严的墨西哥尤卡坦半岛，一个人也没有死于风灾。次年，类似强度的飓风袭击了贫困又缺乏准备的缅甸，害死了 20 万人。如果缅甸人能自由地实现繁荣，到了 2100 年，未来的该国公民就有能力负担起风灾的预防、救援和保险费用了。

从健康的角度看，放眼全球，因天气变冷而导致的死亡人数增幅远远超过因天气变热而导致的死亡人数增幅，[677] 在欧洲大部分地区，约为 5∶1。就算是 2003 年最大的一轮热浪袭击欧洲，导致的死亡人数增幅也跟大多数冬天相去甚远。再说，人们很快就会适应更热的天气，就跟如今一样。人们高高兴兴地从伦敦搬到中国香港，从波士顿搬到迈阿密，没有活生生地热死，那么，就算他们家乡的温度慢慢地升高几度，又怎么会把人热死呢？（实际上，由于城市热岛效应，好些地方的温度已经升高了。）

疟疾又如何呢？连一些杰出的科学家也说，在更暖和的世界里，疟疾会向北蔓延，向高地蔓延。但 19 世纪和 20 世纪初，疟疾曾经肆虐欧洲、北美，甚至靠近北极，当时的世界可比现在要冷差不多 1℃呢。随着气候变暖，它消失了，因为人们把牛关进了谷仓（为蚊子提供了另一种晚餐），晚上住进窗户紧闭的屋子里。蚊子活动的范围也缩小了，因为沼泽地排干了，杀虫剂也得到了普遍使用。今天，疟疾不再受气候的限制，[678] 很多地方，疟疾可以横行，但事实上却并没有。疟疾的山区局限性同样如此。非洲有 2% 的地方海拔过高，理论上来说，传播疟疾的蚊子无法生存。但在过去的一个世纪里，这些高原地区，如肯尼亚和新几内亚，却成了疟疾的重灾区，原因是人类的迁徙和栖息地的变化，而跟气候变化无关。“疟疾在各个海拔上都越演越烈，没有证据说明气候变化在其中扮演了什么角色。”疟疾专家保罗·瑞特[679]说。难道我们不应该采取些措施来避免每年上百万人死于可以预防的疟疾，却要担心全球变暖会让这个数字再多上3万[680]（充其量能达到这个程度）吗？同样，1990年前后，东欧的蜱虫病发病率猛增，[681]起初人们归咎于气候变化，过了几年才发现这是冷战后东欧失了业的人们花了更多时间到森林里去采蘑菇造成的。

不少评论家找到了世界卫生组织2002年给出的估计数据，说每年将有15万人死于气候变化。这一算法武断地假设死于腹泻的人里有2.4%是因为温暖的天气导致的细菌额外滋生，因疟疾而死的人里也有一定比例是因为额外的降雨带来了更多的蚊子，等等。但就算你接受这些猜测，世界卫生组织的数字同时也表明，跟缺铁、高胆固醇、不安全性行为、吸烟、交通意外和其他致死原因比起来，因气候变化死亡的人数是很少的；跟“普通”的腹泻和疟疾比起来，因气候变化死亡的人数就更算不上什么了。同一报告说，就连死于肥胖症的人数也比死于气候变化的人数多一倍。反过来再看，死于气候变化的人数相较于排放二氧化碳拯救的人数，两者更不在一个数量级上。比方说，向一个从前没有电、做饭使用明火、室内空气污染严重、卫生状况堪忧的村庄供了电；又比如，利用天然气制造的肥料提高了农业生产效率，让村民避免死于营养不良症。2009年，联合国前秘书长安南召开的全球人道主义论坛把因气候变化致死的人数翻了一番，达到每年31.5万人，[682]但他完全忽略了上面提到的相关因素，只是随随便便地把因气候变暖而死于腹泻的人数给乘了个2，又加上了一些荒唐可笑的假设，比如气候变化要为“索马里发生的部落间冲突”负责，要为卡特里娜飓风和其他自然灾害负责。要记住，全球每年有 5000 万～6000 万人死亡，就算按全球人道主义论坛的数据，死于气候变化的也不到这个数的 1%。

如果气温升高达 3℃，全球粮食供应有望增加。变暖不光能提高寒冷地区的粮食产量，为干旱土地带来更多的降雨量，增多的二氧化碳本身也能提高干旱地区的产量。例如，小麦的生长速度在二氧化碳浓度达 600ppm 的条件下比在 295ppm 时快 15%～40%。[683]（玻璃温室里常使用二氧化碳浓度达 1000ppm 的空气来促进植物生长。）这种效应，再加上更大的降雨量和新技术，意味着在一个更温暖的世界里，动植物栖息地开垦成农田的面积会有所减少。事实上，在 IPCC 气候最温暖的假设场景里，大量土地可以恢复为旷野，到 2100 年，全世界只有 5% 的土地用于农耕，而今天的这一比例为 11.6%，[684] 可以抛荒的面积相当大。在最富裕、最暖和的未来设想里，饥荒最少，[685] 开垦来养活人类的土地面积最小。[686] 这些数据并非出自疯狂的讽刺家，而来自 IPCC 报告的主要执笔人。而且，这还没把人类社会适应气候变化的能力考虑在内呢。

在贫穷国家造成意外死亡人数最多的人类“天启”㊀四杀手，好多年从没变过：饥饿，每分钟害死 7 人；脏水，每分钟害死 3 人；室内烟雾，每分钟 3 人；疟疾，每分钟 2 人。[687] 如果你想帮助自己的同胞，就要花精力去对抗这些东西，让人们实现繁荣，为迎接气候挑战做好准备。经济学家估计，在缓解气候变化上花 1 美元，能带来 90 美分的收益；[688] 而在

㊀ “天启”指末日启示录。——译者注

医疗保健上花 1 美元，能带来 20 美元的收益；在缓解饥饿上花 1 美元，能带来 16 美元收益。就算能把气候保持在 1990 年的水平上（假如做得到的话），导致人类死亡的原因也还剩下 90% 不曾触及。

拯救生态系统

啊，那不过是对人类而言。其他物种会怎么样呢？变暖会导致物种大规模灭绝吗？也许，但并不一定。到目前为止，除了 20 世纪的两轮爆炸式变暖之外，还没有证据说明哪一个物种完全败给了全球气候变化的趋势。有人曾提出哥斯达黎加的金蟾蜍是第一批受害的，但它的灭绝，既有可能是因为一种真菌疾病，也有可能是因为海拔较低的地区大规模砍伐树木，致使潮湿的森林变得干燥所致：两者都不是全球性因素，而是地方性因素。北极熊，直至本书撰写时仍欣欣向荣（13 个种群里有 11 种的数量都保持稳定或略有增长），[689] 但盛夏时，北极地区海面上的冰层融化，会给它们造成一定的威胁。它们可以继续北进，缩小活动范围；但在哈德逊湾，它们已经靠着在陆地上禁食的方式适应了夏天没有冰的时段（等到海面重新结冰再开禁）；此外，北格陵兰有充分的证据说明，大约 5500 年前，地球经历了一个比现在还要暖和的时期，北冰洋的夏天几乎完全没有冰。可以这么说，加里曼丹的猩猩因可再生能源而受到的威胁（当地大规模砍伐森林，将之改为棕榈油生物燃料种植园）要比北极熊因全球变暖所受到的威胁大很多呢。

请别误会，我并不是要否认发生过物种灭绝这档事。我坚定地相信，应当拯救受到威胁的物种，不让它们灭绝，我自己也曾参与过两次拯救濒危物种的项目——一次是彩雉，一次是小鸨。但对物种造成威胁的东西其实很寻常：生态“天启”四杀手依然一如既往——丧失栖息地、受到污染、出现外来竞争者和狩猎。突然之间，许多大型环保组织为了追逐气候稳定的幻象，对这些切切实实的威胁丧失了兴趣，只可惜，放眼过去，气候从来就没稳定过。这就像是近年来对气候变化的关注，把环保运动需要的氧气给抽走了。环保管理论者过去半个世纪里为保护、恢复野生生态环境做出了大量贡献，鼓励各地民众支持、珍视环境，现在却要冒着给新型政治气候活动家出卖的风险。这些政治气候活动家鼓吹的可再生能源，正吞噬着野生生态环境，他们甚至还从最需要保护的地方挪走环保基金。

以珊瑚礁为例。污染、淤泥、养分流失和捕鱼（尤其是捕捞那些能保持珊瑚礁清洁而不让海藻沾染它们的草食性鱼类），正给珊瑚造成可怕的威胁。然而，环保运动家们一般会把气候变化说成是一种远大于此的威胁，还编造出类似之前在森林、酸雨问题上搞错了的那种末日声明。澳大利亚海洋生物学家查理 · 贝隆说：“我们现在辨识出的所有珊瑚种类，没有任何希望能存活到 21 世纪中期。”伦敦动物学会的亚历克斯 · 罗杰斯[690]斩钉截铁地说：“绝对会灭绝。”一副毫无回旋余地的样子。诚然，海水迅速变热几度就能“漂白”珊瑚的共生海藻，彻底摧毁珊瑚礁，尤其是 1998 年的厄尔尼诺现象，破坏了许多珊瑚礁。但“漂白”主要是因为变化速度快，绝对温度值反在其次。因为地球上没有任何一个地方的海水温度高得无法容下珊瑚礁，就连温度高达 35℃的波斯湾里也有珊瑚礁。[691]反过来说，很多地方的海水温度太冷，珊瑚才无法生存，比如加拉帕戈斯海域就是这样。而且，“漂白”时期过后，珊瑚会迅速反弹，停止生长的珊瑚礁短短几年就能重新生长出来，在上一轮冰河时代末期的温暖季，它们大概就是这么存活下来的。新近的研究也明确指出，珊瑚经历的突然变暖次数越多，适应能力越强。[692] 倘若 21 世纪世界迅速升温，很可能有一部分珊瑚礁会停止生长，但其他处在较为寒冷地区的珊瑚礁则可能扩大增多。[693] 地域性威胁远比气候变化来得紧迫。

海洋酸化很像是环境施压团体为气候未能“如期”变暖所预留的“B计划”：仍然是对化石燃料的声讨。海洋是碱性的，pH 值平均约为 8.1 左右，远高于中性值（7）。它们也非常容易受中和。倘若二氧化碳的含量极高，就可以把这个数字降下来，到 2050 年达到 7.95 左右，仍呈高度碱性，而且，比过去 1 亿年里的大部分时段都更偏碱性。有人认为，平均碱性的略微下降有可能让动植物骨骼里的碳酸钙难以沉积下来。化学实验否定了这种猜想：酸度增加的原因在于溶解的碳酸盐也在增加——而碳酸盐浓度增加，生物体用钙沉积碳酸盐会变得更容易。就算碳酸盐浓度翻 3 倍，珊瑚的光合作用和钙化作用也在持续增强。这一点得到了大量实验的证明：碳酸的增多，对钙质浮游生物、乌贼幼体和颗石藻的生长没有负面影响，甚至还有助益。[694]

毫无疑问，二氧化碳带来了全球变暖的挑战，但它并未影响我总体的乐观情绪。哪怕世界真的像舆论说的那样变暖了，较之现在就搞预防措施所造成的真正损害，变暖的净损害反而很小；就算地球真的变暖太多，那也是因为更多的人变得富裕了，而富裕起来的人们自然有能力采取补救措施。与通常一样，在这场辩论里，乐观情绪遭到了打压。喜欢被恐慌报道填满的媒体嘲笑乐观派愚蠢，却把悲观派视为贤者。乐观派当然不见得是对的，可悲观派过去所做的预言基本上没一个成真的，总该有所反省吧。

毕竟，那些预言，我们可是一次次地亲眼看着它们落空的呀。“我想要强调，这轮挑战是极为紧迫的，”比尔·克林顿曾经说，“它可不是暑假档期放的恐怖电影，看到可怕的镜头你可以闭上眼睛置之不理。”[695] 他说的并不是气候变化，而是“千年虫”：据说，到了 1999 年 12 月 31 日午夜，所有的计算机都会崩溃掉。

经济“去碳化”

简而言之，热而富裕的世界恐怕比冷而贫穷的世界更能改善人类及生态系统的福祉。诚如英杜尔·郭克拉尼所说：“不管是站在公共健康还是生态因素的基础上，气候变化恐怕都不是 21 世纪地球面临的最重要问题。”[696] 有人根据目前达成共识的全球变暖量对气候变化做了 13 种经济分析，得出的结论是，[697] 它最多能增减 21 世纪下半叶大约一年的全球经济发展量。批评这一观点的人大多认为，发展和减碳并不是非此即彼的，穷人受气候变化的影响最大。没错，但这一点对论战双方都是成立的：受昂贵能源成本影响最大的同样是穷人。倘若管理不善，减缓气候变化很可能跟气候变化一样，会破坏人类福祉。倘若农村因为无法使用化石燃料供应的电力，令孩子死于室内烟尘，这跟孩子死于气候变化带来的洪灾又有什么区别呢？两者同样都是悲剧。森林被用不上化石燃料的人给砍伐掉，或被气候变化给破坏掉，这两者也没什么区别。要是事实证明气候只不过是略有变化，而削减二氧化碳则造成了真正的痛苦，我们可就搬起石头砸了自己的脚了。

削减碳排放量意味着使用更昂贵的能源——IPCC 是这么说的。如果我接受 IPCC 所估算的温度升高值，那么，我也应该接受它所估算的定量供应碳的成本：2050 年时将占 GDP 的 5.5%。就连这个数，都是借助了一种极不现实的假定条件算出来的（引自 IPCC2007 年的报告[698]）："市场透明，没有交易成本，政策措施在整个 21 世纪得到了完善的执行，各地普遍采用了具有成本效益的缓解举措，如碳税和通行的'总量管制及交易'规划。"

倘若世界经济不靠奴隶来维持，就需要充裕的能量，到目前为止，最廉价的能量来源就是燃烧碳氢化合物。每千美元的经济活动，要排放大约 600 千克二氧化碳。物理学家大卫·麦凯说，[699]没有一个国家能"大幅"削减这个数字。做倒是做得到，但要付出巨大的成本。而这成本，不光是经济上的，也包括环境上的。以"一般富裕"的英国为例。要维持英国的生活水平，每人每天需要 125 千瓦时的功率，[700]燃烧碳氢化合物则提供了其中的 106 千瓦时。不借助化石燃料，英国该怎么为自己提供动力呢？假设有一套大胆又昂贵的方案，靠着热泵、垃圾焚烧和屋顶绝缘等手段减少了 25 千瓦时的功率需求，那么每天还需要另找 100 千瓦时。假如由核电站、太阳能、风能分别供应 25 千瓦时，再由生物燃料、木材、潮汐和氢能分别供应 5 千瓦时，让我们来看看英国会变成什么样子。

沿海地区要建起 60 座核电站，10% 的国土（或是海面的一大部分）上伫立着风电场，太阳能电池板要覆盖跟林肯郡一样大的面积，种植生物燃料的面积相当于 18 个大伦敦，种植速成林的面积相当于 47 个新福里斯特区，海岸线上有延绵数百英里的波峰发电机，塞文河口和斯特兰福德湖全建起巨大的潮汐拦河坝，河面上的水坝将是今天的 25 倍。真是叫人倒胃口的前景啊：整个国家都像是一座大电站，山顶上排满高高的电塔，公路上是成群的卡车运送木材。停电会很频繁：想象一下，寒冷多雾的一月，晚上塞文河口没涨潮，太阳能电池板和风力涡轮机一团死寂，偏偏却遇上了供电需求的高峰。没有了入海口，没有了空旷的乡村，河流因为大坝的拦截断断续续，野生动物们受难了。用这类可再生能源为世界提供动力，绝对会给环境造成破坏。（诚然，开采煤炭、钻探石油同样会破坏环境，但跟大多数可再生能源相比，它们产生能量的生态足迹⊖小得惊人。）

此外，大部分可再生能源尚未出现价格走低的迹象。多年来，风力发电的成本一直是煤电的 3 倍。为了在电力市场找到一席立足之地，风力发电从为普通劳动人民供电，倒退为向富有的寻租地主和企业供电：风力涡轮机在拉取补贴方面的价值，比它在发电方面的价值更大。就算是在拥有 6000 台风力涡轮机的丹麦，也并没有降低碳排放量，因为风力断断续续，必须以化石燃料为备用（丹麦的风力发电出口到挪威和瑞典，一旦丹麦的风电停摆，后两国就迅速把自己用水力发的电往丹麦供）。与此同时，西班牙的一项研究证明，风力发电补贴会摧毁就业岗位，[701] 每当有一名工人从传统发电方式转到可再生能源发电方式，“经济体的其他地方就必须放弃两个同等薪酬的岗位，要不然，就没法补助可再生能源发电的额外成本了”。尽管绿色活动家经常争论说，提高能源成本是件好事，但从定义上看，它减少了其他领域的投资，故此必然会破坏就业。“在贵得出奇的新能源上大手大脚地花钱能把我们拉出经济低迷的泥潭，这样的建议太荒谬了。”彼得 · 休伯写道。[702]

⊖ 指能够持续地提供资源或消纳废物的、具有生物生产力的地域空间。——译者注

但现状就是这样。未来或许会找到全无上述劣势的无碳能源。这的确是可能的，尽管可能性很低。这就包括了地热发电、海上风能、波浪和潮汐，甚至利用深海和海面的温度差进行海洋热能转换。兴许还包括利用藻类咸水湖制造更好的生物燃料，不过，就个人而言，我宁愿选择核电站，这样咸水湖还可以用来养鱼，或作为自然保护区。过不了多久，工程师们还可能利用太阳光，以钌染料为催化剂，直接从水里制造氢气，[703] 其实也就是复制光合作用。如果（这个“如果”的虚拟语气可是很强的！）能把成本降下来的话，清洁煤（排出的二氧化碳重新注入岩石）大概也能发挥部分作用。

很大一部分贡献必将来自太阳能，它是可再生能源里对土地需求量最小的了。倘若太阳能电池板可按每平方米 200 美元的价格大规模生产，能量转换效率达到 12%，那么，它产生的能量就相当于一桶 30 美元的石油。[704] 这样一来，人们就不会去抢购 40 美元的石油，而是竞相在屋顶上安装太阳能电池板了。阿尔及利亚和亚利桑那州的大部分地区都会使用廉价的太阳能。亚利桑那州的大部分地区每天每平方米可以获得 6 千瓦时的日照，假设转换效率是 12%，只需 1/3 个亚利桑那州就能为全体美国人提供能量：消耗的土地面积仍然很大，但并非不可想象。除了成本，太阳能还有一个大问题：它跟风一样，是断断续续的，比方到了夜里就没法用了。

但要走低碳道路，核能其实是最显而易见的选择。核电厂已经以较小的生态足迹发了更多的电，而且致命事故和污染都少于其他任何能源技术。它们产生的核废料也不是什么无法解决的问题。它体积微小（一罐可乐大小的核废料，就足够提供一个人用一辈子的能量），容易保存，时间越久越安全（跟其他所有有毒物质都不一样）——它的放射性在 200 年里就能跌到初始水平的 20 亿分之一。而且随着时间的推移，这些优势还在不断加大。未来的新型核电厂会使用寿命有限的小型一次性核电池，在有限的时期内对单个城镇供电，安全的石墨球床快速增殖反应堆能提取铀 99% 的能量，而不是目前的 1%，与此同时，产生的核废料数量更少、存在时间更短。现代核反应堆早就跟切尔诺贝利时代不稳定、不可控的反应堆不一样了，前者类似喷气式客机，后者类似老式的双翼飞机。说不定哪一天还会出现核聚变反应堆呢，你可别太吃惊。

意大利工程师塞萨雷 · 马尔凯蒂画过一张图，描述了过去 150 年里，人类使用的能源从木材逐渐改为煤炭、石油和天然气。[705] 在每一次变化当中，碳原子与氢原子之比都有所下降，木材是 10∶1，煤炭是 1∶1，石油是 0.5∶1，甲烷是 0.25∶1。1800 年时，碳原子占了燃烧 90% 的成分，到 1935 年，碳原子和氢原子各占一半，到 2100 年，90% 的燃烧大概都来自氢原子——它最有可能是靠核电来实现的。杰西 · 奥苏贝尔预测："要是让能源系统照着自己的那一套来，大部分碳到 2060 年或 2070 年就用光了。"[706]

未来会变成怎样，如今只有工程师们能勉强看到一些模糊的轮廓——比如在太空架设装备，驾驭太阳风；比如利用地球的自转能量；比如在太阳和地球之间的拉格朗日点㊀上放镜子，遮罩地球，减缓地球的变暖趋势。我是怎么知道的？因为在如今这个大规模联网的世界，创造力前所未有地爆发，靠着偶然的探究而非刻意规划，创新的速度越来越快。1893

㊀ 指地球和太阳之间的引力平衡点。——译者注

年芝加哥世界博览会上曾有人问，20 世纪影响最大的发明会是什么。那时没人提到汽车，更没人提到移动电话。所以，如今的你更加无法想象 2100 年时会出现什么样卓越不凡而又随手可及的技术。

到了那时，人们说不定并不直接处理人为的碳排放，而是把它纳入自然循环当中。每年，有 2000 多亿吨的碳靠着植物和浮游生物从大气里消除掉，也有 2000 多吨的碳通过腐烂、消化和呼吸作用又回到大气里。人类活动仅为这一循环增加了不到 100 亿吨的碳，占 5%。21 世纪的人类肯定能想出办法，让自然循环把这 5% 给消化掉：比如往荒凉的海域抛洒铁或磷肥，促进一种名为“樽海鞘”㊀的富含碳的海洋生物[707]生长，把它沉到海底；又或者掩埋“生物炭”，将农作物制成的木炭磨成粉。

至于采纳最合适技术的途径，大概会是执行一种重额碳税，同时按相应的水平削减工资税（英国国民保险）。这将鼓励就业，阻止二氧化碳排放。选择风能和生物燃料这类失败技术，鼓励碳排放权的投机活动，以法规、制度、补贴、曲解和腐败给经济增加负担，则会妨碍这一进程。每次考察减排政策的时候，我的乐观情绪总会有所动摇。2009 年 12 月召开的哥本哈根会议几乎要达成一种碳定量配给制度，这种制度既没有作用，又容易滋生腐败，令人极度焦虑。它会伤害穷人，破坏生态系统，鼓励走私活动和独裁行为。

请记住，我在这里并不是想解决气候争论，也不是说灾难没可能出现。我只是在用事实检验我的乐观态度，我发现，气候迅速恶化的可能性很小，出现概率最大的气候变化造成的净损害很小，找不到适应办法的概

㊀ 一种类似海蜇的动物，能将零散的碳聚集到一起，加速其沉降，阻止碳重新进入大气。——译者注

率很低，长期都找不到新型低碳能源技术的概率很低。把所有这些小概率乘在一起，21 世纪繁荣昌盛的概率就很大了。你尽可以争辩这个概率到底是多大，也可以争辩该在预防措施上花多少钱，但根据 IPCC 提出的数据，你只可能得出这样的结论：21 世纪，世界会变得比如今更美好。

而且，我们完全有理由相信，非洲能够分享到这一繁荣局面。尽管战争、疾病和独裁者连绵不绝，但其人口却日复一日地趋于稳定。它的城市将蓬勃发展，出口会增长，农场能兴旺，荒野会延续，人民将实现和平。在冰河时代的特大旱灾期间，非洲能负担起少量以狩猎采集为生的原始人，那么，在温暖而湿润的间冰期，它也能养活得起 10 亿以交换和专业分工为生的现代城市人。

第 11 章

结　　语

对 2100 年的理性乐观态度

我聆听婴儿啼哭，我凝视孩童成长。[708]
他们所学必将远超我所知。
我自忖道：好个美妙世界。

——鲍勃·蒂勒及乔治·魏斯
《美丽新世界》

IPCC 预测世界人均 GDP[709]

在这本书里，我试图以亚当·斯密和查尔斯·达尔文作为我的立论依据：人类社会是一段漫长历史的产物，它通过对有别于遗传变异的文化变异进行自然选择而演进出来（也就是哲学家丹·德内特所谓的“泡沫式”演进），是靠着个体交换的无形之手生成的突变次序，而不是自上而下的决定论产物。我想要说明的是，正如性行为积累了生物演进，交换也积累了文化演进、形成了集体智慧，故此，隐藏在混乱行为底下的男女关系其实蕴涵着一股必然的潮流。它是迎头向前的涨潮，而非势如山倒的退潮。

10 多万年前，非洲某个地方出现了一种以前从未有过的全新现象。有一个物种开始一代代地增加习惯，却没有（太多地）改变自己的基因。这是靠着交换来实现的，也就是个体之间互换东西和服务。这样一来，该物种就拥有了外在的集体智力，比它体积超群的大脑能容下的内容还要庞杂得多。有了交换，哪怕单独的个体只知道如何制造一种工具，两个个体碰到一起就拥有了两种工具（或两种概念），就算每个个体只能理解一件事，10 个个体也能明白 10 件事。通过这样的方式，交换鼓励了专业分工，专业分工进一步增加了该物种不同习惯的数量，同时又减少了每个个体必须知道的事情的数量。随之生产日益专业化，消费得以日益多元化。起初，该物种的文化渐进扩张十分缓慢，因为它要受规模的限制。隔离在岛屿上，或者受到饥荒的蹂躏，都会令物种的数量减少，削弱集体智慧。但一点一滴地，物种的数量越来越多，繁荣程度越来越高。获取的习惯越多，它能占据的适宜生境就越大，能养活的个体也就越多。养活的个体越多，它能获取的习惯越多；获取的习惯越多，它创造的适宜生境也越多。

该物种的文化进步也曾遇到过障碍。数量过多是一个经常出现的问题：一旦当地环境维持其规模的能力受到损害，个体就开始从专业分工和交换撤退到防御式的自给自足状态，拓宽生产，限制消费。这减少了它们可以依赖的集体智慧，它们占据的适宜生境的面积随之缩小，并随之向其规模施加了更多的压力。由此可能出现崩溃，甚至地方性灭绝。也有可能，该物种在数量上极大地扩张，生活水平却停滞不前。不过，它一次次地找到了通过新型交换和专业分工复苏的方法，重新走上发展之路。

还有一些障碍则是该物种本身造成的。它们的动物祖先赋予了它们雄心和嫉妒，个体经常受到引诱，攫取、占有自己同胞的生产力——只拿却不给。它们杀害、奴役、勒索自己的同胞。几千几万年过去，这个问题依然没有得到解决。由于寄生群体致命的贪婪，该物种在生活水平和人口上的扩张偶尔会出现停滞和倒退。当然，不是所有食客都是坏东西：靠商人和生产者为生的统治者和公务员也会履行正义，保卫国家，修建道路、运河、学校和医院，让从事专业分工和交换的人民生活更轻松惬意。与其说这类行为是寄生，倒不如说是共生（毕竟，政府也能做好事）。不过，该物种在数量和习惯上能够发展，还是因为寄生虫从来不曾完全搞垮自己赖以为生的体系。

大约 10 000 年前，气候突然转入稳定，该物种得以驾驭其他的物种，让后者演变成交换和专业分工的好伙伴，创造服务交换自身所需，于是该物种的进步速度大大提高。这下，多亏了农业耕作，个体不光有本物种的其他成员为自己效力，还有了诸如奶牛和玉米等其他物种的成员为自己效力。大约 200 年前，由于该物种获得了利用灭绝物种为自己服务的新能力，也即开采化石燃料，释放能量，产生更多的服务，变化的步伐再度加快。到了这时，该物种成了地球上占主导地位的大型动物，又由于出生率的下降，生活水平极大地改善。寄生虫仍然折磨着它，它们发动战争、勒令服从、建设官僚机构、欺诈、鼓吹分裂——但交换和专业分工得以继续，物种的集体智慧达到了前所未有的高度。整个世界几乎都靠着一张网络联结起来，各地的思想得以相遇并交融。前进的步伐再次加快。该物种的未来一片光明，尽管它们或许并不自知。

前进，前进

我已经罗列了保持乐观态度的理由。我认为，现在的世界网络化了，思想比从前任何时代都更混杂地彼此交融着，创新的步伐会翻倍，经济发展会把 21 世纪的生活水平提高到难以想象的高度，帮助哪怕是全世界最贫穷的人满足自己的需求和欲望。我以为，尽管这种乐观情绪明显不合潮流，但历史表明，它其实比末日将至的悲观态度更为现实。“这是过去的谎言，让我们绝望长升。”H. G. 威尔斯说。[710]

这些是违背了传统智慧的大罪。更糟糕的是，面对 10 亿人没有足够的食物、10 亿人无法使用干净的水源、10 亿人仍然是文盲的现实，乐观态度甚至给人留下了一种无情冷漠的印象。但并非如此。正是因为这世界上的痛苦和匮乏远远超过了我和任何善良人的愿望，才有必要在道德上保持抱负远大的乐观情绪。哪怕过去50年贫困人口迅速减少，这世界上仍然有几亿人因为日常饮食里缺乏维生素A而失明，有几亿人眼睁睁地看着自己的孩子因为蛋白质不足而腹部胀大，有几亿人因为接触不干净的水得了痢疾，因为室内取火的烟尘患了肺炎而咳嗽，因为可以治愈的艾滋病消耗生命，因为本可预防的疟疾瑟瑟颤抖。这世界上仍然有人住在泥巴窝棚里，住在铁皮贫民窟里，住在没有灵魂的水泥森林里（包括西方国家内部的"非洲"），有人从没读过书，没看过医生。这世界上有背着机枪的少年，有出卖肉体的少女。如果2100年，我的曾孙女能读到本书，我希望她知道，我很明白我所居住的世界是多么的不平等：我担心自己的体重，餐馆老板抱怨冬天从肯尼亚空运来绿豆是何等的不公正；可在达尔富尔，孩子皱缩的小脸上盖满苍蝇；在索马里，妇女给石头活活砸死；在阿富汗，一位孤独的美国企业家在修学校，他的政府却朝地面扔着炸弹。

正是这些"本来可以避免"的苦难，对经济进步、创新和变革提出了迫切的要求，要改善受苦人民的生活水平，为他们带去福祉，这是唯一的道路。正是因为有这么多的贫困、饥饿和疾病，全世界必须非常谨慎，不要挡了那些业已改善了很多人生活的东西（专业分工和交换的贸易、技术及信任工具）的道。正是因为还有那么漫长的道路要走，那些倡导绝望的人，那些呼吁在迫近的环境灾难前放慢脚步的人，恐怕不光在事实上犯了错，还在道义上犯了错。

在假定技术不发生变化的前提下预测未来，是一种常见的伎俩，它叫人觉得未来非常可怕。这没错。倘若发明和创造停止了，未来的确非常可怕。正如保罗 · 罗默所说："每一代人都觉得，要是发现不了新食谱、提不出新想法，有限的资源和不良的副作用就会为发展设下限制。可每一代人也都低估了找到新食谱、提出新想法的潜力。我们从来无法弄清，到底还有多少新的想法有待发现。"[711] 到目前为止，对人类来说最危险、最不可持续的事情，就是关掉创新的出水口。不发明，不采纳新想法，本身就既危险又不道德。

到底会有多好

对未来的设想，与其说是关于未来，倒不如说是关于自己身处的时代。H. G. 威尔斯让未来显得像是爱德华国王治下的英格兰，只是有很多的机器；赫胥黎让未来显得像是 20 世纪 20 年代的新墨西哥州，只是嗑了药；乔治 · 奥威尔让未来显得像是 40 年代的苏联，只是有了电视机。即便是最有远见的阿瑟 · 克拉克和艾萨克 · 阿西莫夫，也沉浸在着迷于交通运输的 20 世纪 50 年代，而不是着迷于通信的 21 世纪。所以，描述 2100 年的时候，我的这些说辞听起来肯定像是沉浸在 21 世纪初，犯了很多可笑的外推错误。"预测很难啊，"棒球手尤吉 · 贝拉开玩笑地说，"尤其是预测未来。" 2100 年，我根本没法想象的技术会司空见惯，我根本不知道人类需要的习惯居然会变成例行公事。说不定，机器已经足够聪明，能够自我设计了，届时，经济增长速度会变得跟工业革命之初一样快——世界经济几个月甚至几个星期就翻 1 倍，[712] 并加速朝着变化速度近乎无限的技术"奇点"[713] 前进。

但我多多少少还是得尝试一下。我预测，21 世纪将表现出一种不断扩展的“交易秩序”——这是哈耶克创造的一个词，用来形容交换和专业分工带来的自发秩序。智慧越来越走向集体化；创新和秩序越来越自下而上；工作越来越专业，休闲越来越多元。在大型企业中，政党力量和政府官僚机构分崩离析，就像此前的中央计划机构一样。2008 年的信贷危机扫除了几家银行巨头，短命而分散的对冲基金和精品服务从它们原本的位置冒了出来。2009 年底特律大车厂倒闭，换来了一群创业公司负责下一代汽车和引擎。单个的庞然大物，不管是私营还是国有，面对这一轮的“小人国攻击”，都变得前所未有的脆弱。小企业及短暂聚散的人的集合体，正把大公司一步步地逼到绝境。大公司要想存活下来，必须改造自己，采取自下而上的演进。谷歌依靠 Adwords 的数百万次瞬时拍卖来增加收入。“（谷歌）本身就是经济，就是一间沸腾的实验室。”斯蒂芬·利维说。[714] 但较之未来的发展，谷歌仍然显得太庞大了。

自下而上的世界会成为 21 世纪最重要的主题。医生们正无奈地习惯着消息灵通、自己研究病情的患者。记者正逐渐适应着按需选择、组合新闻的读者和观众。广播公司正在学习让观众自主选择娱乐人才。工程师们靠着分享问题，寻找解决办法。制造商回应着按需订购产品的消费者。基因工程逐渐开源，由人而不是公司来决定自己想要什么样的基因组合。舆论的浪潮越来越让政客们颠簸起伏。独裁者们渐渐懂得，人民可以靠着短消息组织起义。“人人都登场了。”作家克莱·舍基说。[715]

人们将越来越自由地寻找办法，用专业化的生产交换多元化的消费，网上已经约略可以瞥见这个世界：一群自由中介互相交换自己的想法和工作成品，毫不关心交换是否带来了“真正的”钱。互联网催生的思想自由交流，却产生了让所有人惊讶的利益大爆炸。“网民有着难以置信的分享意愿。”凯文 · 凯利说。[716]“同侪生产者”创造东西不是为了钱，而是“信誉、地位、名声、快乐、满足和经验”。人们愿意在 Flickr 上分享照片，在微博上分享点子，在 Facebook 上分享朋友，在维基百科上分享知识，在 Linux 上分享软件补丁，在 GlobalGiving 上分享捐款，在 Crigslist 上分享社区新闻，在 Ancestry.com 上分享家谱，在 23andMe 上分享基因组，甚至在 PatientsLikeMe 上分享医疗记录。多亏有了互联网，人人都能基于自己的能力给予人人、满足人人的需求了。在一定程度上，这简直达到马克思主义的境界。

这种偶合秩序不会一帆风顺、毫无阻力地到来，自然和非自然灾害仍会发生。政府会解救大企业和大官僚机构，把补贴、排碳配额等特别的优惠发给它们，制定对它们有利的规章制度，设计准入壁垒、减缓创造性破坏等。酋长、祭司、窃贼、金融家、咨询师一类人总会冒出来，靠着交换和专业分工产生的盈余养活自己，把偶合秩序的生命之血转移到自己的反动命脉里。这些，过去早已发生过。帝国以创造寄生法庭为代价，买来政权的稳定；一神论的宗教以造就寄生的僧侣阶层为代价，买来社会的凝聚力；民族主义以创造寄生的军队为代价，买来权力；资本主义以寄生金融家为代价，买来效率。网络世界也会引来寄生虫：监管机构、网络罪犯、黑客和剽窃犯。一些寄生虫甚至有可能暂时扼住慷慨寄主的喉咙。

未来的一个世纪里，天敌和寄生虫最终取胜，野心勃勃的思想管家成功地关闭了偶合秩序，把世界带回了工业革命前的贫困状态——的确是有这样的可能。这种悲观态度甚至还找到了新理由：世界走向一体化，意味着一个愚蠢的想法说不定很快就能俘虏整个世界，而从前，它最多能俘虏一个国家，再幸运点儿也不过是俘虏一个帝国。(连伟大的宗教也全都需要在帝国内部蓬勃发展，最终变得强大起来：如佛教在孔雀王朝、基督教在罗马帝国、伊斯兰教在阿拉伯帝国。）

让我们以公元 12 世纪为例，说明世界曾经怎样与偶合秩序擦身而过。1100 ～ 1150 年这短短 50 年中，三个伟大的国家突然断绝了创新、创业和自由。在巴格达，宗教导师安萨里几乎是单枪匹马地破坏了阿拉伯世界理性探究的传统，把它带回了不能容忍新思考的神秘论。在中国，宋朝天文学家苏颂造出当时最复杂最先进的机械装置——天文时钟“水运仪象台”，却毁于一个怀疑新颖与理性的政客之手，为中国在其后数百年里固守传统、退回自给自足状态的命运打下了基调。在巴黎，圣伯尔纳铎迫害学者彼得·阿贝拉尔德，批评以巴黎大学为中心的理性复兴，支持十字军第二次东征的灾难性宗教盲信。幸运的是，自由思想、理性和偶合秩序的火焰仍在燃烧——尤其是在意大利和北非。但想想没有它们会怎么样。设想那时的整个世界都抛弃了偶合秩序，设想 21 世纪全球化的世界彻底背离了理性——这样的念头叫人担忧。不合时宜的酋长、教士和窃贼仍然能够扼杀地球未来的繁荣。[717] 贵族们已破坏了转基因作物，总统们打算阻止干细胞研究，首相们用反恐的借口践踏人身权利，各方官僚们代表反动施压团体干涉创新，迷信的神创论者抗议学校讲授先进的科学，没头脑的名人抗议自由贸易，虔诚的主教慨叹贸易使得世风日下。到目前为止，他们的影响还仅限于局部地区，对人类这一物种幸福迈向进步起到的阻挠作用十分有限，但这其中有没有谁的影响会蔓延到全世界呢？

我对此表示怀疑。扑灭创新的火焰很难，因为在网络化的世界里，它是一种自下而上的演进现象。不管欧洲、伊斯兰世界，甚至美国会变得怎样的反动和谨慎，如今的中国和印度肯定会让偶合秩序的火炬熊熊燃烧，说不定还包括巴西及大量的自由小城市和小国家。到 2050 年，中国的经济规模很有可能是美国的 2 倍。实验会继续下去。只要人类的交换和专业分工得以在某个地方繁荣兴旺，那么，不管领导者是助它一臂之力还是倒行逆施，文化都将演进，结果是繁荣蔓延、技术进步、贫困减少、疾病退却、生育下降、幸福增长、暴力萎缩、自由发展、知识活跃、环境改善、荒野扩大。麦考利勋爵说过："我们可以在人类历史的几乎每一个角落里看到，个体行业如何拼命对抗战争、税收、饥荒、火灾、有害的禁令、更有害的保护制度，如何赶在政府挥霍之前飞快地进行创造，如何恢复被侵略者破坏的一切。"[718]

人类的本性不会改变。侵略和上瘾、迷恋与教化、魅力和伤害，这些老一套总会登场，可未来的世界却将更加繁荣。在桑顿 · 怀尔德的剧作《九死一生》[719] 里，安特罗比斯家庭（代表人类）努力在冰河时代、洪水和世界大战里求生存，但他们的本性并没有改变。怀尔德认为，历史本身并不是圆圈，而是螺旋向上的，好坏双方的能力都不断增长，并通过永不改变的个人性格展现出来。故此，尽管会出现许多挫折，尽管个体的不变本性也在演进，可人类这一物种却会继续扩展并丰富自身的文化。21 世纪会是值得活一次的宏伟时代。

大胆做个乐观派吧。

致　谢

多亏了交换和专业分工的发明，人类智力呈现出一大特点：它是集体性的，不是个体性的。这是本书的中心论点之一。本书提到的诸多概念同样如此。我所做的工作，无非是打开心灵，让其他人的想法自由地涌进去，展开交换，并希望它们在我自己的大脑皮层上疯狂地交配。所以，写这本书，其实就是跟朋友、专家、导师和陌生的人们持续不断地对话，有些是当面讨论，有些是通过电子邮件，还有些是通过当面或在电话里交流论文和参考文献。互联网真是献给写作者们的大礼，它提供了无穷无尽的知识来源，完全就是一座规模无限、速度无限的虚拟图书馆（尽管质量良莠不齐）。

我感谢所有准许我以这样那样方式与之交谈的人，所有人都给了我无偿的帮助和建议。我尤其感谢 Jan Witkowski、Gerry Ohrstrom 和 Julian Morris，他们为我在冷泉港组织了一次有关“撤离理性”的聚会；还有 Terry Anderson 和 Monika Cheney，他俩在加利福尼亚州纳帕为我安排了一场研讨会，让我在为期两天的时间里，为本书初稿向一些能人异士征求意见。

这里，我按字母顺序，向诸位思想和观点对我帮助最大的人士致敬。他们慷慨大度而又目光敏锐，实在令我震惊。他们是：Bruce Ames、Terry Anderson、June Arunga、Ron Bailey、Nick Barton、Roger

Bate、Eric Beinhocker、Alex Bentley、Carl Bergstrom、Roger Bingham、Doug Bird、Rebecca Bliege Bird、Norman Borlaug、Rob Boyd、Kent Bradford、Stewart Brand、Sarah Brosnan、John Browning、Erwin Bulte、Bruce Charlton、Monika Cheney、Patricia Churchland、Greg Clark、John Clippinger、Daniel Cole、Greg Conko、Jack Crawford、Michael Crichton、Helena Cronin、Clive Crook、Tony Curzon Price、Richard Dawkins、Tracey Day、Dan Dennett、Hernando de Soto、Frans de Waal、John Dickhaut、Anna Dreber、Susan Dudley、Emma Duncan、Martin Durkin、David Eagleman、Niall Ferguson、Alvaro Fischer、Tim Fitzgerald、David Fletcher、Rob Foley、Richard Gardner、Katya Georgieva、Gordon Getty、Jeanne Giaccia、Urs Glasser、Indur Goklany、Allen Good、Oliver Goodenough、Johnny Grimond、Monica Guenther、Robin Hanson、Joe Henrich、Dominic Hobson、Jack Horner、Sarah Hrdy、Nick Humphrey、Anya Hurlbert、Anula Jayasuriya、Elliot Justin、Anne Kandler、Ximena Katz、Terence Kealey、Eric Kimbrough、Kari Kohn、Meir Kohn、Steve Kuhn、Marta Lahr、Nigel Lawson、Don Leal、Gary Libecap、Brink Lindsey、Robert Litan、Bjorn Lomborg、Marcus Lovell-Smith、Qing Lu、Barnaby Marsh、Richard Maudslay、Sally McBrearty、Kevin McCabe、Bobby McCormick、Ian McEwan、Al McHughen、Warren Meyer、Henry Miller、Alberto Mingardi、Graeme Mitchison、Julian Morris、Oliver Morton、Richard Moxon、Daniel Nettle、Johann Norberg、Jesse Norman、Haim Ofek、Gerry Ohrstrom、Kendra Okonski、Svante Paabo、Mark Pagel、Richard Peto、Ryan Phelan、Steven Pinker、

Kenneth Pomeranz、David Porter、Virginia Postrel、C. S. Prakash、Chris Pywell、Sarah Randolph、Trey Ratcliff、Paul Reiter、Eric Rey、Pete Richerson、Luke Ridley、Russell Roberts、Paul Romer、David Sands、Rashid Shaikh、Stephen Shennan、Michael Shermer、Lee Silver、Dane Stangler、James Steele、Chris Stringer、Ashley Summerfield、Ray Tallis、Dick Taverne、Janice Taverne、John Tooby、Nigel Vinson、Nicholas Wade、Ian Wallace、Jim Watson、Troy Wear、Franz Weissing、David Wengrow、Tim White、David Willetts、Bart Wilson、Jan Witkowski、Richard Wrangham、Bob Wright。最后一位是 Paul Zak，他曾雇我为他当了一天实验室里穿白大褂的助手。

我的经纪人 Felicity Bryan，一如既往的是本书的教母：她总在合适的时候献上鼓励和安慰。她和 Peter Ginsberg 一直支持本项目。此外，还有我的编辑 Terry Karten、Mitzi Angel、Louise Haines 及 4th Estate 和 HarperCollins 出版社的其他朋友，尤其是 Elizabeth Woabank。感谢 Kendra Okonski 的宝贵援手，把 rationaloptimist.com 变成了现实，谢谢 Luke Ridley 在研究工作上提供的帮助。本书每一章开头的图出自 Roger Harmar、Sarah Hyndman 和 MacGuru Ltd。

我最亏欠的是家人，在他们的帮助下，我才找到了写作的空间和时间。Anya 的灵感、洞察力和支持，对我来说价值不可估量。在跟我讨论本书、核对事实的过程中，我儿子表现出了不留情面的敏锐态度，我感到极为欣喜。他帮我准备了大部分的图。还有我女儿，在巴黎的一天晚上，是她带我去了一座桥，听 Dick Miller 和他的乐队演唱《多么美妙的世界》。

译者后记　技术改变世界

如果你是21世纪的中国人，想必对“悲观”这个词的意思再明白不过了。我说的不是全球变暖和环境污染。不，不，我们不怎么担心这么长远的事，我们担心的全是切身的利害。

过去30多年里，中国的面貌发生了天翻地覆的变化，较之已经进入了相对成熟期的西方发达国家，整个社会充满了太多的变化和不确定因素。急剧的发展让每一个人都感到自己是无根的浮萍，找不到依靠，无所适从。人人都知道，现状不可能长久持续，但新的未来会是怎样，谁的心里也没有把握。过去并不美好，现状也差强人意。这样一来，我们尤其容易陷入悲观情绪。

所以，能够经手翻译这样一本书，不能不说是我的幸运。它不是励志读物，而是科普读物。它不故弄玄虚，只讲科学证据。它不重“管理”，而强调“演进”。它用大量考古证据和历史事实指出，过去的几万年，依靠物质和思想的交流，世界越变越好；未来，只要交流的道路保持畅通，世界没有道理走向倒退。只有思想隔绝、封闭起来，才是人类的大难来临之际。

这是一本带给我们信心的书。就像海明威所说：世界并不完美，却仍值得奋斗。

本书原文通俗晓畅，我已尽量努力再现它的风貌。但如果译文有让读者摸不着头脑的地方，那一定是译者失职所致。我的电子信箱是herstory@163.net，欢迎各位来信批评指正。

闾　佳

2021 年 7 月末

后　记

1755 年，里斯本爆发了一场可怕的地震。城市的大部分地区遭到破坏，到处是熊熊大火，海啸吞没了残存的地方。死亡人数高达 60 000 人。但里斯本地震这场人类悲剧，却跟“乐观主义”哲学是对着干的。

“乐观主义”是个相当新的词，出现于 1737 年，那时候，它的意思跟现在不一样，并不指对未来充满希望的看法。它的意思几乎截然相反，它认为世界处在“最佳状态”，处在所有可能性里最好的一种，好得不能再好了。这个聪明的概念，是哲学家戈特弗里德·莱布尼茨在自己的神义论哲学里提出来的，他认为上帝是仁慈的神，即便发生不好的事情，也必然是出于上帝良好的用心。没有什么能比这个世界更美好。

故此，里斯本死了那么多人，必定是件好事，不是坏事。里斯本是因为它的罪孽受惩罚的，世界会因为它的覆灭而纯洁。而对法国剧作家和哲学家伏尔泰来说，这太过分了。他写了《咏里斯本灾难诗》，想知道上帝为什么要跟葡萄牙人过不去。

那么，覆灭的里斯本，罪孽真的比充斥着笙歌艳舞的巴黎更多吗？

注释及参考文献

序言

1. Ferguson, A. 1767. An Essay on the History of Civil Society.
2. 手斧和鼠标的照片经 John Watson 允许复制。
3. Kremer, M. 1993. Population growth and technical change, one million B. C. to 1990. Quarterly Journal of Economics 108:681-716.
4. Gilbert, D. 2007. Stumbling on Happiness. Harper Press.
5. Pagel, M. 2008. Rise of the digital machine. Nature 452:699.
6. Horner, V. and Whiten, A. 2005. Causal knowledge and imitation/emulation switching in chimpanzees (Pan troglodytes) and children (Homo sapiens). Animal Cognition 8:164-81.
7. Tarde, G. 1969/1888. On Communication and Social Influence. Chicago University Press.
8. Hayek, F. A. 1960. The Constitution of Liberty. Chicago University Press.
9. Dawkins, R. 1976. The Selfish Gene. Oxford University Press.
10. Nelson, R. R. and Winter, S. G. 1982. An Evolutionary Theory of Economic Change. Harvard University Press.
11. Richerson, P. and Boyd, R. 2005. Nor by Genes Alone. Chicago University Press. “往传统里增加一项又一项的创新，直至结果如同生物器官般完美之极。”
12. Jacob, F. 1977. Evolution and tinkering. Science 196:1163.
13. Smith, A. 1776. The Wealth of Nations.
14. 相关事例参见 Norberg, J. 2009. Financial Fiasco. Cato Institute。
15. Friedman, J. 2009. A crisis of politics, not economics: complexity, ignorance and policy failure. Critical Review 23 (introduction to special issue).

第 1 章

16. Macaulay, T. B. 1830. Review of Southey’s Colloquies on Society. Edinburgh Review, January 1830.

17. Maddison, A. 2006. The World Economy. OECD Publishing.
18. Kremer, M. 1993. Population growth and technical change, one million B. C. to 1990. Quarterly Journal of Economics 108:681-716. 参见 Brad De Long 的估计：http://econ161.berkeley.edu/TCEH/1998_ Draft/World GDP/Estimating_World_GDP.html.
19. Beinhocker, E. 2006. The Origin of Wealth. Harvard Business School Press.
20. 参见 McCloskey, D. 2006. The Bourgeois Virtues. Chicago University Press。“还是让我们富裕起来吧。莫要忘了那些充满烟尘的小屋。莫要忘了日本人曾因为法律和费用被困在同一个地方。莫要忘了美国的室外旱厕，覆盖着冰渣的水桶，又冷又湿又脏。莫要忘了在丹麦，10 个人挤在一间房里，牛和鸡在另一间房。莫要忘了在内布拉斯加，房子由草皮搭建，长久与世隔绝。”
21. Maddison, A. 2006. The World Economy. OECD Publishing.
22. Norberg, J. 2006. When Man Created the World. Published in Swedish as Ndr manniskan skapade varlden. Timbro.
23. Lai, D. 2006. Reviving the Invisible Hand. Princeton University Press. See also Bhalla, S. 2002. Imagine There's No Country. Institute of International Economics.
24. Chen, S. and Ravallion, M. 2007. Absolute poverty measures for the developing world, 1981-2004. Proceedings of the National Academy of Sciences USA (PNAS). 104: 16757-62.
25. Lomborg, B. 2001. The Sceptical Environmentalist. Cambridge University Press.
26. Galbraith, J. K. 1958. The Affluent Society. Houghton Mifflin.
27. Statistics from Lindsey, B. 2007. The Age of Abundance: How Prosperity Transformed America's Politics and Culture. Collins.
28. Pollution facts from Norberg, J. 2006. When Man Created the World. Published in Swedish as Ndr manniskan skapade varlden. Timbro.
29. Oeppen, J. and Vaupel, J. W. 2002. Demography. Broken limits to life expectancy. Science 296:1029-31.
30. Tallis, R. 2006. “Sense about Science” annual lecture. http://www.senseaboutscience.org.uk/pdf/Lecture2007Transcript.pdf.
31. Fogel, R. W. 2003. Changes in the Process of Aging during the Twentieth Century: Findings and Procedures of the Early Indicators Project. NBER Working Papers 9941, National Bureau of Economic Research.
32. 这一点，在汉斯·罗斯林生动的全球收入分配图上表现得极为明显，见 www.gapminder.com。顺便说一句，20 世纪 60 年代以后的生活个人化带来了个人自由，也减少了人对群体的忠诚度，这个过程在 2009 年美国投资银行滥发奖金的丑闻里显然达到了危机点，参见 Lindsey, B. 2009. Paul Krugman's Nostalgianomics: Economic Policy, Social Norms and Income Inequality. Cato Institute。

33. Hayek, F. A. 1960. The Constitution of Liberty. Chicago University Press.
34. Flynn, J. R. 2007. What Is Intelligence? Beyond the Flynn Effect. Cambridge University Press.
35. 参见 http://www.innocenceproject.org/know。
36. 对比长期的房价是非常困难的，因为房子各不相同，但皮特·艾科尔茨对近 400 年来阿姆斯特丹同一地区的房屋做了比较，算出了房价指数。Eichholtz, P. M. A. 2003. A long run house price index: The Herengracht Index, 1628-1973. Real Estate Economics 25:175-92.
37. Pearson, P. J. G. 2003. Energy History, Energy Services, Innovation and Sustainability. Report and Proceedings of the International Conference on Science and Technology for Sustainability 2003: Energy and Sustainability Science, Science Council of Japan, Tokyo.
38. Nordhaus, W. 1997. Do Real-Output and Real Wage Measures Capture Reality? The History of Lighting Suggests Not. Cowles Foundation Paper no. 957, Yale. 也可以反过来算，当代英国人的平均周薪是 479 英镑，每度电的价格是 0.09 英镑，只要工作 1/4 秒就能换回 18 度电，此外再加一点灯泡的钱。
39. Nordhaus, W. 1997. Do Real-Output and Real Wage Measures Capture Reality? The History of Lighting Suggests Not. Cowles Foundation Paper no. 957, Yale.
40. http://cafehayek.typepad.com/hayek/2006/08/were_much_wealt.html.
41. Fouquet, R., Pearson, P. J. G., Long run trends in energy services 1300-2000. Environmental and Resource Economists 3rd World Congress, via web, Kyoto.
42. Cox, W. M. and Aim, R. 1999. Myths of Rich and Poor - Why We Are Better off Than We Think. Basic Books. See also Easterbrook, G. 2003. The Progress Paradox. Random House.
43. Gordon, J. S. 2004. An Empire of Wealth: the Epic History of American Power. Harper Collins.
44. McCloskey, D. 2006. The Bourgeois Virtues. Chicago University Press.
45. Moore, S. and Simon, J. 2000. It's Getting Better All the Time. Cato Institute.
46. Shermer, M. 2007. The Mind of the Market. Times Books.
47. Norberg, J. 2006. When Man Created the World. Published in Swedish as Ndr manniskan skapade varlden. Timbro.
48. Cox, W. M. and Aim, R. 1999. Myths of Rich and Poor - Why We Are Better off Than

We Think. Basic Books.
49. Woods, T. E. 2009. Meltdown. Regnery Press.
50. Layard, R. 2005. Happiness: Lessons from a New Science. Penguin.
51. Oswald, Andrew. 2006. The hippies were right all along about happiness. Financial Times, 19 January 2006.
52. Easterlin, R. A. 1974. Does economic growth improve the human lot? in Paul A. David and Melvin W. Reder (eds). Nations and Households in Economic Growth: Essays in Honor of Moses Abramovitz. Academic Press.
53. Stevenson, B. and Wolfers, J. 2008. Economic Growth and Subjective Well-Being: Reassessing the Easterlin Paradox. NBER Working Papers 14282, National Bureau of Economic Research; Ingleheart, R., Foa, R., Peterson, C. and Welzel, C. 2008. Development, freedom and rising happiness: a global perspective, 1981-2007. Perspectives on Psychological Science 3:264-86.
54. Stevenson, B. and Justin Wolfers, J. 2008. Economic Growth and Subjective Well-Being: Reassessing the Easterlin Paradox. NBER Working Papers 14282, National Bureau of Economic Research.
55. Frank, R. H. 1999. Luxury Fever: Why Money Fails to Satisfy in an Era of Excess. The Free Press.
56. 记者格雷格·伊斯特布鲁克继续祷告说："多亏了你，我和其他 5 亿人才能住得安安稳稳、过得舒舒服服、吃得饱饱胀胀、自由而又不满足；要不然，我们恐怕会忍饥挨饿、可怜巴巴、被关在暴政底下，而且同样不满足。" Easterbrook, G. 2003. The Progress Paradox. Basic Books.
57. Gilbert, D. 2007. Stumbling on Happiness. Harper Press.
58. Ingleheart, R., Foa, R., Peterson, C. and Welzel, C. 2008. Development, freedom and rising happiness: a global perspective, 1981-2007. Perspectives on Psychological Science 3:264-86.
59. Veenhoven, R. 1999. Quality-of-life in individualistic society: A comparison of 43 nations in the early 1990's. Social Indicators Research 48:157-86.
60. Paarlberg, R. 2008. Starved for Science. Harvard University Press.
61. 罗恩·贝莉指出，大多数时候，预防原则可以归纳为如下一句话："绝不要做头一个吃螃蟹的人。" http://reason. com/archives/2003/ 07/02/making-the-future-safe.
62. Kaplan, H. E. and Robson, A. J. 2002. The emergence of humans: the co-evolution of intelligence and longevity with intergenerational transfers. PNAS 99:10221-6; see also Kaplan, H. and Gurven, M. 2005. The natural history of human food sharing

and cooperation: a review and a new multi-individual approach to the negotiation of norms. In Moral Sentiments and Material Interests (eds H. Gintis, S. Bowles, R. Boyd and E. Fehr). MIT Press.

63. Ferguson, N. 2008. The Ascent of Money. Allen Lane.
64. Findlay, R. and O'Rourke, K. H. 2007. Power and Plenty: Trade, War and the World Economy. Princeton University Press.
65. Nicholas, T. 2008. Innovation lessons from the 1930s. McKinsey Quarterly, December 2008.
66. http://www.arcadiabio.com/pr_0032.php.
67. Thoreau, H. D. 1854. Walden: Or Life in the Woods. Ticknor and Fields.
68. Cox, W. M. and Aim, R. 1999. Myths of Rich and Poor-Why We Are Better off Than We Think. Basic Books.
69. Mill, J. S. 1848. Principles of Political Economy.
70. http://www.the toasterproject.org.
71. http://www.wired.com/print/culture/design/news/2007/03/100milesuit0330.
72. Smith, A. 1776. The Wealth of Nations.
73. Read, L. E. 1958. 1, Pencil. The Freeman, December 1958. 当代也有人就同一主题写过类似的文章，参见 Roberts, R. 2008. The Price of Everything. Princeton University Press。
74. Hayek, F. A. 1945. The use of knowledge in society. American Economic Review 35:519-30.
75. Smith, A. 1776. The Wealth of Nations.
76. 数据来自美国劳动统计局 www.bls.org。
77. Clark, G. 2007. A Farewell to Alms. Princeton University Press.
78. CM. and Wodon, Q. 2006. Gender, Time Use and Poverty in SubSaharan Africa. World Bank.
79. http://allafrica.com/stories/200712260420.html.
80. 亚拉伯罕・马斯洛在需要层次理论中解释过需要和想要的区别：早在满足自己的基本需要之前，人就在进化中获得了雄心，开始极力夸大自己的社会地位或性别价值。见 Miller, G. 2009. Spent. Heinemann。
81. Bailey, R. 2008. The food miles mistake. Reason, 4 November 2008. http://www.reason. com/news/show/129855. html.
82. 见 https://statistics.defra.gov.uk/esg/reports/foodmiles/final.pdf。
83. Specter, M. 2008. Big foot. The New Yorker, 25 February 2008. http://www.new

yorker.com/reporting/2008/02/25/080225fa_fact_specter. 还可见 http://grownunderthesun.com.

84. Jordan, W. C. 1996. The Great Famine: Northern Europe in the Early Fourteenth Century. Princeton University Press.
85. 这段话中的统计数据来自 Angus Maddison (Phases of Capitalist Development), 引自 Kealey, T. 2008. Sex, Science and Profits. Heinemann。
86. Sahlins, M. 1968. Notes on the original affluent society. In Man the Hunter (eds R. B. Lee and I. DeVore). Aldine. Pages 85-9.
87. Caspari, R. and Lee, S. -H. 2006. Is human longevity a consequence of cultural change or modern biology? American Journal of Physical Anthropology 129:512-17.
88. Ofek, H. 2001. Second Nature: Economic Origins of Human Evolution. Cambridge University Press.
89. Miller, G. 2009. Spent. Heinemann.
90. Keeley, L. 1996. War Before Civilization. Oxford University Press.
91. Otterbein, K. F. 2004. How War Began. Texas A & M Press.
92. Miller, G. 2009. Spent. Heinemann.

第 2 章

93. McEwan, I 2005. Saturday. Jonathan Cape. 在小说里，洗澡的人是主角佩罗恩，外科医生。
94. World Bank Development Indicators.
95. Potts, M. and Roberts, M. 1998. Fairweather Eden. Arrow Books.
96. Klein R. G. and Edgar B. 2002. The Dawn of Human Culture. Wiley.
97. G. P. 2003. Brain size and encephalization in early to Mid-Pleistocene Homo. American Journal of Physical Anthropology 124: 109-23.
98. 为了简单一些，我把生活在 150 万年到 30 万年前的所有类人物种都称为“直立人”，这是这一时期类人物种确立时间最长、应用最为广泛的名称。这期间其实包括了 4 种人：最早期的非洲“匠人”、稍后的亚洲“直立人”、走出非洲进入欧洲的“海德堡人”、海德堡人的后裔“尼安德特人”。参见 Foley, R. A. and Lahr, M. M. 2003. On stony ground: Lithic technology, human evolution, and the emergence of culture. Evolutionary Anthropology: 12:109-22。
99. Richerson, P. and Boyd, R. 2005. Not by Genes Alone. Chicago University Press. “我们恐怕有必要考虑以下假设，即阿舍利双面手斧是一种天生的能力，而非完全文化性的，它们的式样永恒稳定，乃是来自基因遗传心理的某些部分。”

100. Aiello, L. C. and Wheeler, P. 1995. The expensive tissue hypothesis: the brain and the digestive system in human and primate evolution. Current Anthropology 36:199-221.

101. McBrearty, S. and Brooks, A. 2000. The revolution that wasn't: a new interpretation of the origin of modern human behavior. Journal of Human Evolution 39:453-563. Morgan, L. E. and Renne, P. R. 2008. Diachronous dawn of Africa's Middle Stone Age: New 40Ar/39Ar ages from the Ethiopian Rift. Geology 36:967-70.

102. White T. D. et al. 2003. Pleistocene Homo sapiens from Middle Awash, Ethiopia. Nature 423:742-7; Willoughby, P. R. 2007. The Evolution of Modern Humans in Africa: a Comprehensive Guide. Rowman AltaMira.

103. Marean, C. W. et al. 2007. Early human use of marine resources and pigment in South Africa during the Middle Pleistocene. Nature 449:905-8.

104. Stringer, C. and McKie, R. 1996. African Exodus. Jonathan Cape.

105. Bouzouggar, A. et al. 2007. 82 000-year-old shell beads from North Africa and implications for the origins of modern human behavior. PNAS 2007 104:9964-9; Barton R. N. E., et al. 2009. OSL dating of the Aterian levels at Dar es-Soltan I (Rabat, Morocco) and implications for the dispersal of modern Homo sapiens. Quaternary Science Reviews. doi:10. 1016/j. quascirev. 2009. 03. 010.

106. Negash, A., Shackley, M. S. and Alene, M. 2006. Source provenance of obsidian artefacts from the Early Stone Age (ESA) site of Melka Konture, Ethiopia. Journal of Archeological Science 33:1647-50; and Negash, A. and Shackley, M. S. 2006. Geochemical provenance of obsidian artefacts from the MSA site of Pore Epic, Ethiopia. Archaeometry 48:1-12.

107. Cohen, A. S. et al. 2007. Ecological consequences of early Late Pleistocene megadroughts in tropical Africa. PNAS 104:16422-7.

108. Atkinson, Q. D., Gray, R. D. and Drummond, A. J. 2009. Bayesian coalescent inference of major human mitochondrial DNA haplogroup expansions in Africa. Proceedings of the Royal Society B 276:367-73.

109. Dunbar, R. 2004. The Human Story. Faber and Faber.

110. Klein, R. G. and Edgar, B. 2002. The Dawn of Human Culture. John Wiley.

111. Fisher, S. E. and Scharff, C. 2009. FOXP2 as a molecular window into speech and language. Trends in Genetics 25:166-77. doi:10. 1016/j. tig. 2009. 03. 002 A.

112. Enard, W. et al. 2009. A humanized version of FOXP2 affects cortico-basal ganglia circuits in mice. Cell 137:961-71.

113. Krause, J. et al. 2007. The derived FOXP2 variant of modern humans was shared with Neandertals. Current Biology 17:1908-12.

114. Cosmides, L. and Tooby, J. 1992. Cognitive adaptations for social exchange. In The Adapted Mind (eds J. H. Barkow, L. Cosmides and J. Tooby). Oxford University Press.

115. Book 1, part 2, of The Wealth of Nations (1776).

116. Rowland and Warnier, quoted in Shennan, S. 2002. Genes, Memes and Human History. Thames & Hudson.

117. Brosnan, S. F., Grady, M. F., Lambeth, S. P., Schapiro, S. J. and Beran, M. J. 2008. Chimpanzee autarky. PLOS ONE 3(l):el518. doi:10. 1371/journal. pone. 0001518.

118. Chen, M. K. and Hauser, M. 2006. How basic are behavioral biases? Evidence from capuchin monkey trading behavior. Journal of Political Economy 114:517-37.

119. Wrangham, R. 2009. Catching Fire: How Cooking Made Us Human. Perseus Books.

120. Galdikas, B. 1995. Reflections of Eden. Little, Brown.

121. Ofek, H. 2001. Second Nature: Economic Origins of Human Evolution. Cambridge University Press.

122. Low, B. 2000. Why Sex Matters: a Darwinian Look at Human Behavior. Princeton University Press.

123. Kuhn, S. L. and Stiner, M. C. 2006. What's a mother to do? A hypothesis about the division of labour and modern human origins. Current Anthropology 47:953-80.

124. Kaplan, H. and Gurven, M. 2005. The natural history of human food sharing and cooperation: a review and a new multi-individual approach to the negotiation of norms. In Moral Sentiments and Material Interests (eds H. Gintis, S. Bowles, R. Boyd and E. Fehr). MIT Press.

125. Bliege Bird, R. 1999. Cooperation and conflict: the behavioural ecology of the sexual division of labour. Evolutionary Anthropology 8:65-75.

126. Biesele, M. 1993. Women Like Meat. Indiana University Press.

127. Stringer, C. 2006. Homo Britannicus. Penguin.

128. Bliege Bird, R. and Bird, D. 2008. Why women hunt: risk and contemporary foraging in a Western Desert Aboriginal community. Current Anthropology 49:655-93.

129. 我们有理由猜想，数十万年的劳动分工，也在当代男女的休闲活动上留下了些痕迹。买各种鞋子，就有点像采集——在大量的选项中选出最完美的东西；打高尔夫球有点像狩猎——在户外，将球状物体对准目标。还有一点值得注意，大部分男性比大部分女性都更爱吃肉。在西方，吃素的女性是男性的 2 倍多，而就算在不吃素的人里面，我们也经常发现，男性只往自己的盘子里挑一点点的蔬菜，而女性则只往自己的盘子里挑一点点的肉。当然了，我说过，在石器时代，男性为负责采集的女性供应肉类，女性则为负责打猎的男性供应蔬菜，所以，男女两性都是杂食的，但或许，到“工间休息吃午餐”的时候，女性会吃自己采集来的坚果，而男性则会烤乌龟，或是从刚打来的猎物上切一块肉下来。不过，我承认，这类猜测并不怎么科学。

130. 一天深夜，在印第安纳州的一间酒吧，乔·亨里奇第一次向我提出这一观点。
131. Bliege Bird, R. and Bird, D. 2008. Why women hunt: risk and contemporary foraging in a Western Desert Aboriginal community. Current Anthropology 49:655-93.
132. Hawkes, K. 1996. Foraging differences between men and women. In The Archaeology of Human Ancestry (eds James Steele and Stephen Shennan). Routledge.
133. Bliege Bird, R. 1999. Cooperation and conflict: the behavioural ecology of the sexual division of labour. Evolutionary Anthropology 8:65-75.
134. Kuhn, S. L. and Stiner, M. C. 2006. What's a mother to do? A hypothesis about the division of labour and modern human origins. Current Anthropology 47:953-80.
135. Isaac, G. L. and Isaac, B. 1989. The Archaeology of Human Origins: Papers by Glyn Isaac. Cambridge University Press.
136. Wells, H. G. 1902. ‘The Discovery of the Future’. Lecture at the Royal Institution, 24 January 1902, published in Nature 65:326-31. Reproduced with the permission of AP Watt Ltd on behalf of the Literary Executors of the Estate of H. G. Wells.
137. O'Connell, J. F. and Allen, J. 2007. Pre-LGM Sahul (Pleistocene Australia New Guinea) and the archaeology of Early Modern Humans. In Mellars, P., Boyle, K., Bar-Yosef, O. et al, Rethinking the Human Revolution, Cambridge: McDonald Institute for Archaeological Research, pp. 395-410.
138. Thangaraj, K. et al. 2005. Reconstructing the origin of Andaman Islanders. Science 308: 996; Macaulay, V. et al. 2005. Single, rapid coastal settlement of Asia revealed by analysis of complete mitochondrial genomes. Science 308:1034-6; Hudjashov et al. 2007. Revealing the prehistoric setdement of Australia by Y chromosome and mtDNA analysis. PNAS. 104: 8726-30.
139. Kingdon, J. 1996. Self-Made Man: Human Evolution from Eden to Extinction. John Wiley.
140. Faure, H., Walter, R. C. and Grant, D. E. 2002. The coastal oasis: Ice Age springs on emerged continental shelves. Global and Planetary Change 33:47-56.
141. Pennisi, E. 2004. Louse DNA suggests close contact between Early Humans.

Science 306:210.

142. Svante Paabo, personal communication. Evans, P. D. et al. 2006. Evidence that the adaptive allele of the brain size gene microcephalin introgressed into Homo sapiens from an archaic Homo lineage. PNAS 103:18178-83.

143. Stiner, M. C. and Kuhn, S. L. 2006. Changes in the “connectedness” and resilience of palaeolithic societies in Mediterranean ecosystems. Human Ecology 34:693-712.

144. http://www.scienceblog.eom/community/older/archives/E/usgs 398.html.

145. Stringer, C. and McKie, R. 1996. African Exodus. Jonathan Cape.

146. Conard, N. J., Maline, M. and Munzel, S. C. 2009. New flutes document the earliest musical tradition in southwestern Germany. Nature 46:737-740.

147. Ofek, H. 2001. Second Nature: Economic Origins of Human Evolution. Cambridge University Press.

148. Stringer. C. 2006. Homo Britannicus. Penguin. “尼安德特人的石头工具，原材料全都来自遗址 1 小时步行距离以内的地方，而克鲁马努人要么更为机动灵活，要么有着交换网络，因为他们的资源覆盖了数百英里的范围。”

149. Pagel, M. and Mace, R. 2004. The cultural wealth of nations. Nature 428:275-8.

150. Tattersall, 1. 1997. Becoming Human. Harcourt.

151. Horan, R. D., Bulte, E. H. and Shogren, J. F. 2005. How trade saved humanity from biological exclusion: the Neanderthal enigma revisited and revised. Journal of Economic Behavior and Organization 58:1-29.

152. Ricardo, D. 1817. The Principles of Political Economy and Taxation. John Murray.

153. 同样叫人吃惊的是，很多知识分子都难以把握它的要点。欲知这一概念有多少错误阐释，参见 Paul Krugman’s essay “Ricardo’s Difficult Idea”: http://web.mit.edu/krugman/www/ricardo.htm。

154. Holldobbler, B. and Wilson, E. O. 2008. The Superorganism. Norton.

155. Darwin, C. R. 1871. The Descent of Man. Ofek, H. 2001. Second Nature: Economic Origins of Human Evolution. Cambridge University Press.

156. Heinrich, J. 2004. Demography and cultural evolution: how adaptive cultural processes can produce maladaptive losses-the Tasmanian case. American Antiquity 69:197-214.

157. Heinrich, J. 2004. Demography and cultural evolution: how adaptive cultural processes can produce maladaptive losses-the Tasmanian case. American Antiquity 69:197-214.

158. Diamond, J. 1993. Ten thousand years of solitude. Discover, March 1993.

159. Heinrich, J. 2004. Demography and cultural evolution: how adaptive cultural processes can produce maladaptive losses-the Tasmanian case. American Antiquity 69:197-214.

160. Bowdler, S. 1995. Offshore island and maritime explorations in Australian prehistory. Antiquity 69:945-58.
161. Shennan, S. 2002. Genes, Memes and Human History. Thames & Hudson.
162. Balme, J. and Morse, K. 2006. Shell beads and social behavior in Pleistocene Australia. Antiquity 80: 799-811.
163. Flood, J. 2006. The Original Australians: the Story of the Aboriginal People. Allen & Unwin.
164. Heinrich, J. 2004. Demography and cultural evolution: how adaptive cultural processes can produce maladaptive losses-the Tasmanian case. American Antiquity 69:197-214.
165. 顺便说一下，贾雷德·戴蒙德在《崩溃》一书里雄辩地把格陵兰的挪威人及复活节岛上的故事阐释成生态灭绝的后果，但或许它们跟与世隔绝也有相当大的关系。在黑死病和气候恶化的双重作用下，格陵兰的挪威人与斯堪的纳维亚半岛隔绝开来，无法再维持其生活方式；与塔斯马尼亚人一样，他们忘记了如何捕鱼。而复活节岛的故事，戴蒙德或许是误读了：有人指出，尽管森林采伐殆尽，当地社会仍然欣欣向荣，直到 19 世纪 60 年代穷凶极恶的奴隶贸易商展开了大屠杀——参见 Peiser, B. 2005. From genocide to ecocide: the rape of Rapa Nui. Energy & Environment 16:513-39。
166. O'Connell, J. F. and Allen, J. 2007. Pre-LGM Sahul (Pleistocene Australia-New Guinea) and the archaeology of Early Modern Humans. In Mellars, P., Boyle, K., Bar-Yosef, O. et al. Rethinking the Human Revolution. Cambridge: McDonald Institute for Archaeological Research, pp. 395-410.
167. Richerson, P. J., Boyd, R. and Bettinger, R. L. 2009. Cultural innovations and demographic change. Human Biology 81:211-35; Powell, A., Shennan, S. and Thomas, M. G. 2009. Late Pleistocene demography and the appearance of modern human behaviour. Science 324:1298-1301.
168. The Ultimate Resource 2. Princeton University Press.
169. Flood, J. 2006. The Original Australians: the Story of the Aboriginal People. Allen 8c Unwin.

第 3 章

170. Ferguson, N. 2008. The Ascent of Money. Allen Lane.
171. Spierenburg, P. 2008. A History of Murder. Polity Press. See also Eisner, M. 2001. Modernization, Self-Control and Lethal Violence. The Long-term Dynamics

of European Homicide Rates in Theoretical Perspective The British Journal of Criminology 41:618-638.

172. Siegfried, T. 2006. A Beautiful Math: John Nash, Game Theory and the Modern Quest for a Code of Nature. Joseph Henry Press.
173. http://www.reason.com/news/show/34772.html.
174. Henrich, J. et al. 2005. Economic man. in cross-cultural perspective: Behavioral experiments in 15 small-scale societies. Behavioral and Brain Sciences 28:795-815.
175. Fehr, E. and Gachter, S. 2000. Cooperation and punishment in public goods experiments. American Economic Review, Journal of the American Economic Association 90: 980-94; Henrich, J. et al. 2006. Costly punishment across human societies. Science 312:1767-70.
176. Brosnan, S. 2008. Fairness and other-regarding preferences in nonhuman primates. In Zak, P. (ed.) 2008. Moral Markets. Princeton University Press.
177. Seabright, P. 2004. The Company of Strangers. Princeton University Press.
178. Hrdy, S. 2009. Mothers and Others. Belknap. De Waal, F. 2006. Our Inner Ape. Granta Books.
179. Pomeranz, K. and Topik, S. 2006. The World That Trade Created. M. E. Sharpe.
180. Ferguson, N. 2008. The Ascent of Money. Allen Lane.
181. Crockett, S., Wilson, B. and Smith, V. 2009. Exchange and specialization as a discovery process. Economic Journal 119: 1162-88.
182. Sharp, L. 1974. Steel axes for stone age Australians. In Cohen, Y. (ed.) 1974. Man in Adaptation. Aldine de Gruyter.
183. Darwin, C. R. 1839. The Voyage of the Beagle. John Murray.
184. Connolly, R. and Anderson, R. 1987. First Contact. Viking.
185. Baugh, T. E. and Ericson, J. E. 1994. Prehistoric Exchange Systems in North America. Springer.
186. Arnold, J. E. 2001. The Origins of a Pacific Coast Chiefdom: The Chumash of the Channel Islands. University of Utah Press.
187. Coase, R. H. 1995. Adam Smith's view of man. In Essays on Economics and Economists. University of Chicago Press.
188. Smith, A. 1759. The Theory of Moral Sentiments.
189. Smith, A. 1776. The Wealth of Nations.
190. Seabright, P. 2004. The Company of Strangers. Princeton University Press.
191. Solomon, R. C. 2008. Free enterprise, sympathy and virtue. In Zak, P. (ed.). 2008.

Moral Markets. Princeton University Press.

192. Noriuchi, M., Kikuchi, Y. and Senoo, A. 2008. The functional neuroanatomy of maternal love: mother's response to infant's attachment behaviors. Biological Psychiatry 63:415-23.
193. Zak, P. 2008. Values and value. In Zak, P. (ed.). 2008. Moral Markets. Princeton University Press.
194. Kosfeld, M., Henrichs, M., Zak, P. J., Fischbacher, U. and Fehr, E. 2005. Oxytocin increases trust in humans. Nature 435: 673-6.
195. Rilling, J. K., et al. 2007. Neural correlates of social cooperation and non-cooperation as a function of psychopathy. Biological Psychiatry 61:1260-71.
196. Frank, R. 2008. The status of moral emotions in consequentialist moral reasoning. In Zak, P. (ed.) 2008. Moral Markets. Princeton University Press.
197. Mealey, L., Daood, C. and Krage, M. 1996. Enhanced memory for faces of cheaters. Ethology and Sociobiology 17:119-28.
198. Brosnan, S. 2008. Fairness and other-regarding preferences in nonhuman primates. In Zak, P. (ed.) 2008. Moral Markets. Princeton University Press.
199. Zak, P. and Knack, S. 2001. Trust and growth. Economic Journal 111:295-321.
200. Clippinger, J. H. 2007. A Crowd of One. Public Affairs Books.
201. Wright, R. 2000. Non Zero: the Logic of Human Destiny. Pantheon.
202. Shermer, M. 2007. The Mind of the Market. Times Books.
203. O'Rourke, P. J. 2007. On The Wealth of Nations. Atlantic Monthly Press.
204. Spectator, 24 September. 2008.
205. Saunders, P. 2007. Why capitalism is good for the soul. Policy Magazine 23:3-9.
206. Lindsey, B. 2007. The Age of Abundance: How Prosperity Transformed America's Politics and Culture. Collins.
207. Phillips, A. and Taylor, B. 2009. On Kindness. Hamish Hamilton.
208. Phillips, A. and Taylor, B. 2009. On Kindness. Hamish Hamilton.
209. Lord Taverne, personal communication.
210. Described in Clippinger, J. H. 2007. A Crowd of One. Public Affairs Books.
211. 引自 Hirschman, A. 1977. The Passions and the Interests. Princeton University Press。
212. McFarlane, A. 2002. David Hume and the political economy of agrarian civilization. History of European Ideas 27:79-91.
213. Pinker, S. 2007. A history of violence. The New Republic, 19 March 2007.
214. Desmond, A. and Moore, J. 2009. Darwin's Sacred Cause. Allen Lane.

215. Butler, E. 2008. The Best . Book on the Market. Capstone.
216. Miller, G. 2009. Spent. Heinemann.
217. Shermer, M. 2007. The Mind of the Market. Times Books.
218. Eisner, M. 2001. Modernization, self-control and lethal violence. The long-term dynamics of European homicide rates in theoretical perspective. British Journal of Criminology 41:618-38.
219. Spierenburg, P. 2009. A History of Murder. Polity Press.
220. Yandle, B., Bhattarai, M. and Vijayaraghavan, M. 2004. Environmental Kuznets Curves. PERC.
221. Goklany, I. 2008. The Improving State of the World. Cato Institute.
222. Moore, S. and Simon, J. 2000. It's Getting Better All the Time. Cato Institute.
223. Anderson, C. 2006. The Long Tail: Why the Future of Business Is Selling Less of More. Hyperion.
224. 引自 1842 essay for The Nonconformist and 1853 essay for The Westminster Review。两处引文都出自 Nisbet, R. 1980. History of the Idea of Progress. Basic Books。
225. Lindsey, B. 2007. The Age of Abundance: How Prosperity Transformed America's Politics and Culture. Collins.
226. Friedman, B. 2005. The Moral Consequences of Economic Growth. Knopf.
227. McCloskey, D. 2006. The Bourgeois Virtues. Chicago University Press.
228. Lindsey, B. 2007. The Age of Abundance: How Prosperity Transformed America's Politics and Culture. Collins.
229. Norberg, J. 2008. The Klein Doctrine. Cato Institute briefing paper no. 102. 14 May 2008.
230. Klein, N. 2001. No Logo. Flamingo.
231. 绿色和平组织声称，Brent Spar 石油平台上蓄着 5500 吨石油，之后又承认，真实数字不过是 100 来吨。
232. 肯·莱野心很大，打算叫安然"成为全世界顶尖的可持续能源公司"，它大力游说为可持续能源提供津贴和优惠政策。参见 See http://masterresource.org/?p=3302#more-3302。
233. Micklethwait, J. and Wooldridge, A. 2003. The Company. Weidenfeld.
234. Beinhocker, E. 2006. The Origin of Wealth. Random House.
235. 20 世纪 50 年代集装箱的发展，让海船装货卸货的速度提高了差不多 20 倍，极大地降低了贸易成本，帮忙拉开了亚洲出口繁荣的序幕。今天，尽管无重量的信息时代到来，但世界商业船队的规模（总登记重量高达 5.5 亿吨）是 20 世纪

70 年代的 2 倍，20 年代的 10 倍。参见 Edgerton, D. 2006. The Shock of the Old: Technology and Global History since 1900. Profile Books。

236. Fishman, C. 2006. The Wal-Mart Effect. Penguin.

237. 传统胶卷相机消亡的显著特点，就在于胶卷公司完全忽视了数码相机的发展趋势。迟至 2003 年，它们还坚持认为，数码相机只会占据一部分市场，而胶卷将继续使用。

238. Kauffman Foundation estimates: cited in The Economist survey of business in America, by Robert Guest, 30 May 2009.

239. Harvard Business School case study 9-700-007.

240. Carden, A. and Hall, J. 2009. Why are some places rich while others are poor? The institutional necessity of economic freedom (29 July 2009). Available at SSRN: http://ssrn.com/abstract=1440786.

241. Bailey, R. 2007. The secrets of intangible wealth. Reason, 5 October 2007. http://reason.com/news/show/122854.html.

242. 我曾在《美德的起源》(1996) 一书中更详尽地探讨过这一点。

243. Shermer, M. 2007. The Mind of the Market. Times Books.

第 4 章

244. Swift, J. 1726. Gulliver's Travels.

245. FAOSTAT: http://faostat.fao.org.

246. 奥兹的来源始末，参见 http://www.mummytombs.com/otzi/scientific.htm。

247. Lee Silver, personal communication.

248. Smith, A. 1776. The Wealth of Nations.

249. Piperno, D. R., Weiss, E., Hoist, I. and Nadel, D. 2004. Processing of wild cereal grains in the Upper Palaeolithic revealed by starch grain analysis. Nature 430:670-3.

250. Johnson, A. W. and Earle, T. K. 2000. The Evolution of Human Societies: from Foraging Group to Agrarian State. Stanford University Press.

251. Rosen, A. M. 2007. Civilizing Climate: Social Responses to Climate Change in the Ancient Near East. Rowman AltaMira.

252. Shennan, S. 2002. Genes, Memes and Human History. Thames & Hudson.

253. Dillehay, T. D. et al. 2007. Preceramic adoption of peanut, squash, and cotton in northern Peru. Science 316:1890-3.

254. Richerson, P. J., Boyd, R. and Bettinger, R. L. 2001. Was agriculture impossible during the Pleistocene but mandatory during the Holocene? A climate change

hypothesis. American Antiquity 66:387-411.

255. Pohl, M. E. D. et al. 2007. Microfossil evidence for pre-Columbian maize dispersals in the neotropics from San Andres, Tabasco, Mexico. PNAS 104: 11874-81.
256. Denham, T. P., et al. 2003. Origins of agriculture at Kuk Swamp in the Highlands of New Guinea. Science 301:189-93.
257. 新近的研究把这巧合变得更加惊人。直到不久以前，人们还相信，秘鲁、墨西哥和新几内亚开始农耕的时间要晚得多。
258. Richerson, P. J., Boyd, R. and Bettinger, R. L. 2001. Was agriculture impossible during the Pleistocene but mandatory during the Holocene? A climate change hypothesis. American Antiquity 66(3): 387-411. 顺便说一下，上一次冰河时代末期农耕的突然出现以及最初的冰河时代（7.9 亿 ~ 6.3 亿年前的“雪球地球”期，当时，连赤道也时不时地覆盖着厚厚的冰层）结束后多细胞生命的突然出现，有着迷人的相似之处。有一种精巧的论点提出，“雪球地球”上颤抖的细菌难民躲在隔绝的矿穴里，完全是近亲繁殖，个体聚成“群体”，把繁殖任务委派给专业分工的繁殖细胞。参见 Boyle, R. A., Lenton, T. M., Williams, H. T. P. 2007. Neoproterozoic ‘ snowball Earth, glaciations and the evolution of altruism. Geobiology 5:337-49。
259. Lourandos, H. 1997. Continent of Hunter-Gatherers. Cambridge University Press.
260. Sherratt, A. 2005. The origins of farming in South-West Asia. ArchAtlas, January 2008, edition 3, http://www.archatlas.org/OriginsFarming/Farming.php, accessed 30 January 2008.
261. Jacobs, J. 1969. The Economy of Cities. Random House.
262. Perles, C. 2001. The Early Neolithic in Greece. Cambridge University Press.
263. Cavalli-Sforza, L. L. and Cavalli-Sforza, E. C. 1995. The Great Human Diasporas: the History of Diversity. Addison-Wesley.
264. Fagan, B. 2004. The Long Summer. Granta.
265. Eiberg H. et al. 2008. Blue eye color in humans may be caused by a perfectly associated founder mutation in a regulatory element located within the HERC2 gene inhibiting OCA2 expression. Human Genetics 123:177-87.
266. Ruddiman, W. F. and Ellis, E. C. 2009. Effect of per-capita land use changes on Holocene forest clearance and C02 emissions. Quaternary Science Reviews, (doi: 10. 1016/j. quascirev. 2009. 05. 022).
267. http://www.tell-halaf-projekt.de/de/tellhalaf/tellhalaf.htm.
268. Ofek, H. 2001. Second Nature: Economic Origins of Human Evolution. Cambridge

University Press.

269. Richerson, P. J. and Boyd, R. 2007. The evolution of free-enterprise values. In Zak, P. (ed.) 2008. Moral Markets Princeton University Press.
270. Pledger, T. 2003. A brief introduction to the Old Copper Complex of the Western Great Lakes: 4000-1000 bc. In Proceedings of the Twenty-seventh Annual Meeting of the Forest History Association of Wisconsinjnc. Oconto, Wisconsin, 5 October 2002, pp. 10-18. 参见 http://en.wikipedia.org/wiki/old_copper_complex。
271. Shennan, S. J. 1999. Cost, benefit and value in the organization of early European copper production. Antiquity 73:352-63.
272. Davis, J. 1992. Exchange. Open University Press.
273. Clark, C. 1970. Starvation or Plenty? Seeker and Warburg.
274. Shennan, S. J. 1999. Cost, benefit and value in the organization of early European copper production. Antiquity 73:352-63.
275. Davis, J. 1992. Exchange. Open University Press.
276. Diamond. J. 1987. The worst mistake in the history of the human race? Discover, May: 64-6.
277. Shennan, S. 2002. Genes, Memes and Human History. Thames & Hudson.
278. Bridges, E. L. 1951. The Uttermost Part of the Earth. Hodder & Stoughton.
279. Wood, J. W. et al. 1998. A theory of preindustrial population dynamics: demography, economy, and well-being in Malthusian systems. Current Anthropology 39:99-135.
280. LeBlanc, S. A. and Register, K. 2003. Constant Battles: Why We Fight. St Martin's Griffin.
281. Shennan, S. 2002. Genes, Memes and Human History. Thames 8c Hudson.
282. Bentley, R. A., Wahl, J., Price T. D. and Atkinson, T. C. 2008. Isotopic signatures and hereditary traits: snapshot of a Neolithic community in Germany. Antiquity 82:290-304.
283. Seabright, P. 2008. Warfare and the Multiple Adoption of Agriculture after the Last Ice Age, IDEI Working Paper no. 522, April 2008.
284. Brook, T. 2008. Vermeer's Hat. Profile Books.
285. 马尔萨斯的全名是托马斯·罗伯特·马尔萨斯，一般称为托马斯·马尔萨斯，这里用中间名来称呼之，仍为同一人，并非笔误。
286. Crookes, W. 1898. The Wheat Problem. Reissued by Ayers 1976.
287. Smil, V. 2001. Enriching the Earth. MIT Press.
288. Clark, C. 1970. Starvation or Plenty? Seeker and Warburg.

289. Easterbrook, G. 1997. Forgotten benefactor of humanity. The Atlantic Monthly.

290. Hesser, L. 2006. The Man Who Fed the World. Durban House. See Borlaug, N. E. 2000. Ending world hunger: the promise of biotechnology and the threat of antiscience zealotry. Plant Physiology 124:487-90. Also author's interview with N. Borlaug 2004.

291. Goklany I. 2001. Agriculture and the environment: the pros and cons of modern farming. PERC Reports 19:12-14.

292. 世界野生动物基金会估计，人类过度使用了地球的资源，但它能得出这个结论，是因为它为平衡每个人的碳排放量，把有待种植的庞大森林亩数计算在内了。

293. Haberl, H. et al. 2007. Quantifying and mapping the human appropriation of net primary production in earth's terrestrial ecosystems. Proceedings of the National Academy of Sciences 104:12942-7.

294. Haberl, H. et al. 2007. Quantifying and mapping the human appropriation of net primary production in earth's terrestrial ecosystems. Proceedings of the National Academy of Sciences 104:12942-7.

295. Dennis Avery of the Hudson Institute has written on this. 参见 http://www.hudson.org/index.cfm?fuseaction=publication_details 8cid=3988。

296. Clark, C. 1963. Agricultural productivity in relation to population. In Man and His Future, CIBA Foundation; also Clark, C. 1970. Starvation or Plenty? Seeker and Warburg.

297. 统计数据来自 FAO: www.faostat.fao.org。

298. Smil, V. 2001. Enriching the Earth. MIT Press. 参见 http://www.heartland.org/policybot/results/22792/Greenpeace_Farming_Plan_Would_Reap_Environmental_Havoc_around_the_World. html。Dennis Avery 请 Vaclav Smil 做的这一计算。

299. Brown, L. 2008. Plan B 3. 0: Mobilizing to Save Civilisation. Earth Policy Institute.

300. Morriss, A. P. 2006. Real people, real resources and real choices: the case for market valuation of water. Texas Tech Law Review 38.

301. 我在这里提到的教授和厨师分别是 Tim Lang 和 Gordon Ramsey。“为什么我们会从本来应该去喂养发展中国家的人手里购买粮食呢?”2008 年 3 月 4 日，可持续发展委员会的 Tim Lang 在 BBC 的“今日”节目上问道。“我可不想 12 月中旬了还在菜谱上看到芦笋的身影。我不想在 3 月中旬看到从肯尼亚进口来的草莓。我希望它们都是国内种的。”2008 年 5 月 9 日，Gordon Ramsey 说。除非增加碳排放量，要不然，就想象一下，要是真的照这些建议做了，英国的菜谱会有多么单调啊。没有咖啡和茶，没有香蕉和芒果，没有大米也没有咖喱粉，只有 6 月和 7

月才有草莓，冬天也没有生菜。你只能吃多得叫人恶心的土豆。富裕的人会自己加热温室，在里头种橘子树，或是到外国去，用行李箱偷运木瓜。肉会变成奢侈品，只有教授与跟他差不多富裕的人才买得起——因为要养出一条羊排，需要的土地比提供同等卡路里的面包多10倍。英国没有联合收割机厂，所以除非教授希望我们伪善地放弃进口面粉而进口收割机，要不然，8月的时候，我们得轮流拿着镰刀到田里收割庄稼。毫无疑问，这只是些小小的不方便，教授会找出些法律和食品政策解决的。真正的问题还在别的地方，也就是不在我们视线之内的发展中国家那里。咖啡、茶叶、香蕉、芒果、大米和姜黄的种植者们全都会受苦。他们只好放弃种植经济作物，转入更自给自足的状态。听起来倒是蛮有魅力，可自给自足就等于贫困。没办法出售经济作物，他们只好吃掉自己种植的东西。这样一来，北方的我们猛吃土豆，热带的他们只好“丧心病狂”地大吃芒果和姜黄。谢天谢地啊，现金经济让我能吃到芒果，让他们能吃到面包。

302. 又或者，用学术界的观点来说：“为了实现这一程度的生物能应用，每年额外需要收获4～7 Pg C，令目前的耕作面积翻番，从而给生态系统增加更大的压力。” Haberl, H. et al. 2007. Quantifying and mapping the human appropriation of net primary production in earth’s terrestrial ecosystems. Proceedings of the National Academy of Sciences 104:12942-7.
303. Smil, V. 2000. Feeding the World. MIT Press.
304. Avery, A. 2006. The Truth about Organic Foods. Henderson Communications. 参见 Goulding, K. W. T. and Trewavas, A. J. 2009. Can organic feed the world? AgBioview Special Paper 23 June 2009. http://www.agbioworld.org/newsletter_wm/index.php?caseid=archive&newsid=2894。
305. 有研究声称，有机土地的产量可以比使用传统耕作方式的土地更高，但它靠的是对统计数据精挑细选，偏向性极为严重。
306. Pollan, M. 2006 The Omnivore’s Dilemma: the Search for the Perfect Meal in a Fast Food World. Bloomsbury.
307. Ronald, P. and Adamchak, R. W. 2008. Tomorrow’s Table: Organic Farming, Genetics and the Future of Food. Oxford University Press.
308. ISAAA 2009. The Dawn of a New Era: Biotech Crops in India. ISAAA Brief 39, 2009: http://www.isaaa.org/resources/publications/downloads/The-Dawn-of-a-New-Era.pdf.
309. Marvier M., McCreedy, C, Regetz, J. and Kareiva, P. 2007. A meta-analysis of effects of Bt cotton and maize on nontarget invertebrates. Science 316:1475-7; Wu, K. -M. et al. 2008. Suppression of cotton bollworm in multiple crops in China in areas with Bt

Toxin-containing cotton. Science 321:1676-8 (doi: 10. 1126/science. 1 160550).

310. Ronald, P. C. and Adamchak, R. W. 2008. Tomorrow's Table: Genetics, and the Future of Food. Oxford University Press.
311. Miller, J. K. and Bradford, K. J. 2009. The pipeline of transgenic traits in specialty crops. Unpublished paper, Kent Bradford.
312. Hurst, B. 2009. The omnivore's delusion: against the agri-intellectuals. The American, journal of the American Enterprise Institute. 30 July 2009. http://www.american. com/archive/2009/july/the-omnivore2019s-delusion-against-the-agri-intellectuals.
313. Carson, R. 1962. Silent Spring. Houghton Mifflin.
314. Doebley, J. 2006. Unfallen grains: how ancient farmers turned weeds into crops. Science 312:1318-19.
315. Richardson, A. O. and Palmer, J. D. 2006. Horizontal gene transfer in plants. Journal of Experimental Botany 58:1-9.
316. Piskurek, O. and Okada, N. 2007. Poxviruses as possible vectors for horizontal transfer of retroposons from reptiles to mammals. PNAS 29:12046-51.
317. Brookes, G. and Barfoot, P. 2007. Global impact of GM crops: socio-economic and environmental effects in the first ten years of commercial use. AgBioForum 9:139-51.
318. Brand, S. 2009. Whole Earth Discipline. Penguin.
319. Paarlberg, R. 2008. Starved for Science. Harvard University Press.
320. Potrykus, I. 2006. Economic Times of India, 26 December 2005. Reprinted at http://www.fighting diseases.org/main/articles.php?articles_id=568.
321. Quoted in Brand, S. 2009. Whole Earth Discipline. Penguin.
322. Collier, P. 2008. The politics of hunger: how illusion and greed fan the food crisis. Foreign Affairs November/December 2008.
323. Muthaka, B. 2009. GM maize for local trials. Daily Nation (Nairobi), 17 June 2009.
324. Morris, C. E. and Sands, D. 2006. The breeder's dilemma: resolving the natural conflict between crop production and human nutrition. Nature Biotechnology 24: 1078-80.
325. Quoted in Avery, D. T. 2000. What do environmentalists have against golden rice? Center for Global Food Issues, http://www.cgfi.org/materials/articles/2000/mar_7_00.htm. 参见 www.goldenrice.org，上面还有更多反对这一人道项目的惊人故事。

第 5 章

326. O'Rourke, P. J. 2007. On The Wealth of Nations. Adantic Monthly Press.

327. Goklany, I. 2009. Electronic Journal of Sustainable Development, www.ejsd.org.

328. 每条面包用面粉半千克，每英亩产量是 3500 千克，每天收割 8 英亩 =560 000 条面包。这些数字是我的同事从我家农场上算出来的。

329. Stein, G. J. and Ozbal, R. 2006. A tale of two Oikumenai: variation in the expansionary dynamics of ' Ubaid. and Uruk Mesopotamia. Pp. 356-70 in Stone, E. C. (ed.) Settlement and Society: Ecology, Urbanism, Trade and Technology in Mesopotamia and Beyond (Robert McC. Adams Festschrift). Los Angeles, Cotsen Institute of Archaeology.

330. Stein, G. J. and Ozbal, R. 2006. A tale of two Oikumenai: variation in the expansionary dynamics of ' Ubaid. and Uruk Mesopotamia. Pp. 356-70 in: Stone, E. C. (ed.) Settlement and Society: Ecology, Urbanism, Trade and Technology in Mesopotamia and Beyond (Robert McC. Adams Festschrift). Los Angeles, Cotsen Institute of Archaeology.

331. Basu, S., Dickhaut, J. W., Hecht, G., Towry, K. L. and Waymire, G. B. 2007. Recordkeeping alters economic history by promoting reciprocity. PNAS 106:1009-14.

332. 我偶然想起一件怪事：有两个故事完全主导了我接受的教育：《圣经》故事和罗马故事。它们都是很令人失望的历史案例。前者讲的是一个暧昧、暴力且相当偏执的部落故事，它后来的继承者们围着神学导师呆呆凝视了几千年，而同一时期，这个部落的邻国，腓尼基人、非利士人、迦南人、吕底亚人和希腊人，却分别发明了航海贸易、铁、字母表、硬币和几何学。后者讲的是一个野蛮暴力的民族，创建了帝国，对善于经商的邻国加以制度化地掠夺，在长达 500 年的历史里，基本上什么东西都没有发明出来过，还在事实上降低了公民的生活水平，到帝国覆灭的时候，全国几乎都没有能识字的人了。我说得有点夸张，但历史上比耶稣基督或者恺撒有趣的人物多的是啊。

333. Carneiro, R. L. 1970. A theory of the origin of the state. Science 169: 733-8.

334. Moore, K. and Lewis, D. 2000. Foundations of Corporate Empire. Financial Times/ Prentice Hall.

335. Sally Greene in 1981, introduction to illustrated edition of Man Makes Himself. Childe, V. Gordon. 1956. Pitman Publishing.

336. Ratnagar, S. 2004. Trading Encounters: From the Euphrates to the Indus in the Bronze Age. Oxford University Press India.

337. Possehl, G. L. 2002. The Indus Civilization: A Contemporary Perspective. Rowman

AltaMira.

338. Haas, j. and Creamer, W. 2006. Crucible of Andean civilization: The Peruvian coast from 3000 to 1800 bc. Current Anthropology 47:745-75.

339. 这里没有探讨中国的例子，原因很简单，中华文明的关键时刻“龙山文化”，人们知道得还很少，对出现了多少贸易就更不清楚了。

340. Aubet, M. E. 2001. The Phoenicians and the West. 2nd edition. Cambridge University Press.

341. Childe, V. G. 1956/1981. Man Makes Himself. Moonraker Press.

342. Moore, K. and Lewis, D. 2000. Foundations of Corporate Empire. Pearson.

343. Chanda, N. 2007. Bound Together: How Traders, Preachers, Adventurers and Warriors Shaped Globalisation. Yale University Press.

344. Aubet, M. E. 2001. The Phoenicians and the West. 2nd edition. Cambridge University Press.

345. Hoist, S. 2006. Phoenicians: Lebanon's Epic Heritage. Sierra Sunrise Publishing.

346. Aubet, M. E. 2001. The Phoenicians and the West. 2nd edition. Cambridge University Press.

347. Aubet, M. E. 2001. The Phoenicians and the West. 2nd edition. Cambridge University Press.

348. Brook, T. 2008. Vermeer's Hat. Profile Books.

349. Bolyanatz, A. H. 2004. Pacific Romanticism: Tahiti and the European Imagination. Greenwood Publishing Group.

350. 这一观点最早可追溯回休谟的《大不列颠史》，诺斯做了阐释。

351. Cunliffe, B. 2001. The Extraordinary Voyage of Pytheas the Greek. Penguin.

352. Kealey, T. 2008. Sex, Science and Profits. Random House.

353. Khanna, V. S. 2005. The Economic History of the Corporate Form in Ancient India (1 November 2005). Social Sciences Research Network.

354. Maddison, A. 2006. The World Economy. OECD Publishing.

355. Carney, T. F. 1975. The Shape of the Past. Coronado Press.

356. Moore, K. and Lewis, D. 2000. Foundations of Corporate Empire. Pearson.

357. Chanda, N. 2007. Bound Together: How Traders, Preachers, Adventurers and Warriors Shaped Globalisation. Yale University Press.

358. Kohn, M. 2008. How and why economies develop and grow: lessons from preindustrial Europe and China. Unpublished manuscript.

359. Flecker, M. 2001. A 9th-century Arab or Indian shipwreck in Indonesian waters.

International Journal of Nautical Archaeology. 29:199-217.

360. Norberg, J. 2006. When Man Created the World. Published in Swedish as Nar mdnniskan skapade varlden. Timbro.
361. Greif, A. 2006. Institutions and the Path to the Modern Economy: Lessons from Medieval Trade. Cambridge University Press.
362. Ferguson, N. 2008. The Ascent of Money. Allen Lane.
363. Chanda, N. 2007. Bound Together: How Traders, Preachers, Adventurers and Warriors Shaped Globalisation. Yale University Press.
364. Maddison, A. 2006. The World Economy. OECD Publishing.
365. Kohn, M. 2008. How and why economies develop and grow: lessons from preindustrial Europe and China. Unpublished manuscript.
366. Maddison, A. 2006. The World Economy. OECD Publishing.
367. Baumol, W. 2002. The Free-market Innovation Machine. Princeton University Press.
368. Durand, J. 1960. The population statistics of China, A. D. 2-1953. Population Studies 13:209-56.
369. Findlay, R. and O'Rourke, K. H. 2007. Power and Plenty: Trade, War and the World Economy. Princeton University Press.
370. Turchin, P. 2003. Historical Dynamics. Princeton University Press.
371. 请注意，2008 年的金融危机也是这样：政府对住房政策、利率和汇率管理不当，就跟企业对风险管理不当时承受的责任一样大。我希望有更多篇幅来更详尽地讨论这一点，但读者可参见 Northcote Parkinson, Mancur Olson, Gordon Tullock 和 Deepak Lai 的相关作品。我感到奇怪的是，大多数人都认为公司不会十全十美（确实如此），但却以为政府机构是完美的（它们当然不是）。
372. Landes, D. 1998. The Wealth and Poverty of Nations. Little, Brown.
373. Balazs, E. Landes, D. 1998. The Wealth and Poverty of Nations. Little, Brown.
374. Brook, T. 1998. The Confusions of Pleasure: Commerce and Culture in Ming China. University of California Press.
375. Brook, T. 2008. Vermeer's Hat. Profile Books.
376. F. A. 1955. Roots of economic understanding. The Freeman vol. 5, issue 11. http://www.thefreemanonline.org/columns/roots-of-economic-understanding.
377. Gleason, J. 1998. The Arcanum. Bantam Press.
378. Blanning, T. 2007. The Pursuit of Glory. Penguin.
379. Edgerton, D. 2006. The Shock of the Old: Technology and Global History since 1900. Profile Books.

380. Findlay, R. and O'Rourke, K. H. 2007. Power and Plenty: Trade, War and the World Economy. Princeton University Press.
381. Lai, D. 2006. Reviving the Invisible Hand. Princeton University Press.
382. Moyo, D. 2009. Dead Aid. Allen Lane.
383. Ford, F. M. 1905. The Soul of London. Alston Rivers.
384. Mehta, S. Dirty, crowded, rich and wonderful. International Herald Tribune, 16 July 2007. Quoted in Williams, A. 2008. The Enemies of Progress. Societas.
385. Brand, S. 2009. Whole Earth Discipline. Penguin.
386. Harris, R. 2007. Let's ditch this nostalgia for mud. Spiked, 4 December 2007.
387. Jacobs, J. 2000. The Nature of Economies. Random House.
388. Glaeser, E. 2009. Green cities, brown suburbs. City Journal 19: http://www.city-journal.org/2009/19_1_green-cities.html.
389. Ehrlich, P. 1968. The Population Bomb. Ballantine Books.

第 6 章

390. Malthus, T. R. 1798. Essay on Population.
391. United Nations Population Division.
392. Smith, V. L. 2008. Discovery-a Memoir. Authorhouse.
393. 我这里的论点介于格雷格·克拉克等历史学家倡导的马尔萨斯式观点与乔治·格兰瑟姆的观点（认为前工业时代的经济体总能实现更大的生产力，可掠夺及其他内在因素阻止了它）之间。参见 Grantham, G. 2008. Explaining the industrial transition: a non-Malthusian perspective. European Review of Economic History 12:155-65。亦参见 Persson, K. -G. 2008. The Malthus delusion. European Review of Economic History 12: 165-73。
394. Clark, G. 2007. A Farewell to Alms. Princeton University Press.
395. Malthus, T. R. 1798. Essay on Population.
396. Ricardo, D. 1817. The Principles of Political Economy and Taxation.（亚当·斯密考察的是中国、印度和荷兰，持相同的看法。）
397. Langdon, J. and Masschaele, J. 2006. Commercial activity and population growth in medieval England. Past and Present 190:35-81.
398. Langdon, J. and Masschaele, J. 2006. Commercial activity and population growth in medieval England. Past and Present 190:35-81.
399. Jordan, W. C. 1996. The Great Famine: Northern Europe in the Early Fourteenth Century. Princeton University Press.

400. 参见 Meir Kohn's book How and Why Economies Develop and Grow at www.dartmouth.edu/~mkohn/Papers/lessons%201r3.pdf。

401. Langdon, J. and Masschaele, J. 2006. Commercial activity and population growth in medieval England. Past and Present 190:35-81.

402. Mokyr, J. 1990. Lever of Riches. Oxford University Press.

403. Perrin, N. 1988. Giving Up the Gun: Japan's Reversion to the Sword. Grodine.

404. Macfarlane, A. and Harrison, S. 2000. Technological evolution and involution: a preliminary comparison of Europe and Japan. In Ziman, J. (ed.) Technological Innovation as an Evolutionary Process. Cambridge University Press.

405. Macfarlane, A. and Harrison, S. 2000. Technological evolution and involution: a preliminary comparison of Europe and Japan. In Ziman, J. (ed.) Technological Innovation as an Evolutionary Process. Cambridge University Press.

406. Perrin, N. 1988. Giving Up the Gun: Japans Reversion to the Sword. Grodine.

407. Petty, W. 1691. Political Arithmetick.

408. The Wealth of Nations, quoted in Blanning, T. 2007. The Pursuit of Glory. Penguin.

409. Pomeranz, K. 2000. The Great Divergence. Princeton University Press.

410. Clark, G. 2007. A Farewell to Alms. Princeton University Press.

411. Epstein, H. 2008. The strange history of birth control. New York Review of Books, 18 August 2008.

412. Hardin, G. 1968. The tragedy of the commons. Science 162:1243-8.

413. 例外的是巴里·康芒纳，他在 1972 年斯德哥尔摩召开的联合国人口大会上提出，无须采用强制措施，人口过渡自然会解决人口增长问题。

414. Ehrlich, P., Ehrlich, A. and Holdren, J. F. 1977. Eco-science. W. H. Freeman.

415. Connelly, M. 2008. Fatal Misconception: the Struggle to Control World Population. Harvard University Press.

416. 测量出生率的标准方法是“总生育力”，即计算各个年龄段人口的平均家庭规模。这种做法并不完善，它混淆了生育率下降和家庭规模缩小，但它是目前最好的测量方法，因为暂时还没有其他更好的做法，本章我采用的就是它。

417. Brand, S. 2005. Environmental heresies. Technology Review, May 2005.

418. Caldwell, J. 2006. Demographic Transition Theory. Springer.

419. 马多克斯的书名为《世界末日症候群》(1973, McGraw-Hill)，约翰·蒂尔尼引用了埃尔利希和霍尔德伦的书评，参见 http://tierneylab.blogs.nytimes.com/2009/04/15/the-skeptical-prophet/。

420. 用学术界的话来说：“(在这个领域里）人们提出了各种互相抵触的理论框架，

继续进行着争论，没有一种理论得到了广泛的认同。” Hirschman, quoted in Bongaarts, J. and Watkins, S. C. 1996. Social interactions and contemporary fertility transitions. Population and Development Review 22:639-82.

421. Sachs, J. 2008. Common Wealth: Economics for a Crowded Planet. Allen Lane.
422. Connelly, M. 2008. Fatal Misconception: the Struggle to Control World Population. Harvard University Press.
423. Sachs, J. 2008. Common Wealth: Economics for a Crowded Planet. Allen Lane.
424. Population Growth, Economic Freedom and the Rule of Law. PERC Policy Series no. 24.
425. Richerson, P. and Boyd, R. 2005. Nor by Genes Alone. Chicago University Press.
426. The invisible hand of population control. Reason, 16 June 2009. http://www.reason.com/news/show/134136.html.
427. Myrskyla, M., Kohler, H. P. and Billari, F. C. 2009. Advances in development reverse fertility declines. Nature, 6 August 2009 (doi:10. 1038/nature 08230).

第 7 章

428. Jevons, W. S. 1865. The Coal Question: An Inquiry Concerning the Progress of the Nation, and the Probable Exhaustion of our Coal-mines. Macmillan.
429. Goklany, I. 2009. Electronic Journal of Sustainable Development, www. ejsd. org.
430. http://www.pittsburghlive.com/x/pittsburghtrib/opinion/columnists/boudreaux/s_304437.html.
431. Fouquet, R. and Pearson, P. J. G. 1998. A thousand years of energy use in the United Kingdom. Energy Journal 19:1-41.
432. Mokyr, J. 1990. Lever of Riches. Oxford University Press.
433. The abbot of Clairvaux is quoted in Gimpel, J. 1976. The Medieval Machine. Penguin.
434. De Zeeuw, J. W. 1978. Peat and the Dutch golden age. See http://www.peatandculture.org/documenten/Zeeuw.pdf.
435. Kealey, T. 2008. Sex, Science and Profits. William Heinemann.
436. Clark, G. 2007. A Farewell to Alms. Princeton University Press.
437. Friedel, R. 2007. A Culture of Improvement. MIT Press.
438. 此为克拉克的估计。其他人认为，由于食用白糖的价格迅速降低，18 世纪平均收入的购买力稳定增加。参见 Clark, G. 2007. A Farewell to Alms. Princeton University Press。

439. 第一个故事来自未发表的斯坦宁顿村落史，是我奶奶20世纪50年代跟其他人合写的。后两个故事引自 Rivoli, P. 2005. The Travels of a T-shirt in the Global Economy. John Wiley。
440. 这幅版画是跟威廉·沃克（William Walker）编撰并出版的一本书一起发行的，书名就叫《1807～1808年大不列颠的杰出科学家》。
441. 摩尔创办了英特尔，诺伊斯发明了微晶片，乔布斯创办了苹果，布林创办了谷歌，博耶创办了基因科技，胡德创办了应用生物技术。
442. Gergely Berzeviczy, quoted in Blanning, T. 2007. The Pursuit of Glory. Penguin.
443. Landes, D. S. 2003. The Unbound Prometheus: Technological Change and Industrial Development in Western Europe from 1750 to the Present. 2nd edition. Cambridge University Press.
444. John Lynch, quoted in Blanning, T. 2007. The Pursuit of Glory. Penguin.
445. Jardine, L. 2008. Going Dutch. Harper.
446. Baumol, W. 2002. The Free-market Innovation Machine. Princeton University Press.
447. Landes, D. S. 2003. The Unbound Prometheus: Technological Change and Industrial Development in Western Europe from 1750 to the Present. 2nd edition. Cambridge University Press.
448. Friedel, R. 2007. A Culture of Improvement. MIT Press.
449. Blanning, T. 2007. The Pursuit of Glory. Penguin.
450. 引自 Mokyr, J. 1990. Lever of Riches. Oxford University Press; Friedel, R. 2007. A Culture of Improvement. MIT Press。
451. Mokyr, J. 1990. Lever of Riches. Oxford University Press; Friedel, R. 2007. A Culture of Improvement. MIT Press.
452. Friedel, R. 2007. A Culture of Improvement. MIT Press; Rivoli, P. 2005. The Travels of a T-shirt in the Global Economy. John Wiley.
453. Landes, D. S. 2003. The Unbound Prometheus: Technological Change and Industrial Development in Western Europe from 1750 to the Present. 2nd edition. Cambridge University Press, pp. 114-15.
454. 原出处为 Baines, E. 1835. History of the Cotton Manufacture in Great Britain。引自 Rivoli, P. 2005. The Travels of a T-shirt in the Global Economy. John Wiley。
455. Schumpeter, J. A. 1943. Capitalism, Socialism, and Democracy. Allen & Unwin.
456. Clark, C. 1970. Starvation or Plenty? Seeker and Warburg.
457. Landes, D. S. 2003. The Unbound Prometheus: Technological Change and Industrial Development in Western Europe from 1750 to the Present. 2nd edition. Cambridge

University Press.
458. Friedel, R. 2007. A Culture of Improvement. MIT Press.
459. 美国南方的奴隶制度能提供廉价棉花，靠的不是削价，而是通过提高产品质量。实际上，19 世纪印度的棉花产量并未下降，反而增长得跟美国一样快。Fogel, RW. and Engerman, S. L. 1995. Time on the Cross: The Economics of American Negro Slavery. Reissue edition. W. W. Norton and Company.
460. Rivoli, P. 2005. The Travels of a T-shirt in the Global Economy. John Wiley.
461. Rolt, L. T. C. 1965. Tools for the Job. Batsford Press. 顺便提一句，英国早在 1709 年就用焦煤来造铁了（什罗普郡科尔布鲁克代尔的 Abraham Darby），只不过造的是劣质的生铁。
462. Pomeranz, K. 2000. The Great Divergence. Princeton University Press.
463. Clark, G. and Jacks, D. 2006. Coal and the Industrial Revolution, 1700-1869. Working Paper #06-15, Department of Economics, University of California, Davis.
464. Clark, G. and Jacks, D. 2006. Coal and the Industrial Revolution, 1700-1869. Working Paper #06-15, Department of Economics, University of California, Davis. 一位年轻的英国妇女（我祖上的人），她是法官的女儿，1841 年从贝德福德搬到北方的诺森伯兰，她写信对自己的母亲说："我在这儿看到的穷人越多，就越是觉得恐怕没办法帮助他们……较之我们米尔布鲁克人，他们工资很高，有大量的煤，非常富裕。" Ridley, U. 1958/1990. The Life and Letters of Cecilia Ridley 1819-1845. Spredden Press.
465. Wrigley, E. A. 1988. Continuity, Chance and Change: the Character of the Industrial Revolution in England. Cambridge University Press.
466. Clark, G. 2007. A Farewell to Alms. Princeton University Press.
467. Fouquet, R. and Pearson, P. J. G. 1998. A thousand years of energy use in the United Kingdom. Energy Journal 19:1-41.
468. Rolt, L. T. C. 1967. The Mechanicals. Heinemann.
469. David, PA. 1990. The dynamo and the computer: an historical perspective on the modern productivity paradox. American Economic Review 80:355-61.
470. Barnes, D. F. (ed.). 2007. The Challenge of Rural Electrification. Resources for the Future Press.
471. Huber, P. W. and Mills, M. P. 2005. The Bottomless Well: the Twilight of Fuel, the Virtue of Waste, and Why We Will Never Run Out of Energy. Basic Books.
472. The Wealth of Nations.
473. 1 瓦特即每秒 1 焦耳。1 卡路里是 4.184 焦耳。人均消耗的瓦特数据，来自国际能源机构（International Energy Agency）。参见 http://en.wikipedia.org/wiki/Image:Energy_consumption_versus_GDP.png。

474. 补充一下，把谷物转化成自行车拉货运动所浪费的能量，2 倍于把石油转化成卡车拉货运动所浪费的能量，16 倍于谷物直接以鸡肉的形式进入骑车人肚子里所浪费的能量。Huber, P. W. and Mills, M. P. 2005. The Bottomless Well: the Twilight of Fuel, the Virtue of Waste, and Why We Will Never Run Out of Energy. Basic Books.
475. Jevons, W. S. 1865. The Coal Question: An Inquiry Concerning the Progress of the Nation, and the Probable Exhaustion of our Coal-mines. Macmillan.
476. Dennis Avery, cited in Bryce, R. 2008. Gusher of Lies. Perseus Books.
477. 这些预测背后的假定并非保守的，反而是乐观积极的，也就是假设太阳能每平方米发 6 瓦电、风力 1.2 瓦、马匹 0.8 瓦（即 1 匹马每做功 700 瓦特，大致相当于 1 马力，需要 8 公顷的干草）、柴火发电 0.12 瓦、水力发电 0.012 瓦。美国消耗 3120 千瓦特。西班牙的面积是 50.4 万平方千米、哈萨克斯坦 270 万平方千米、印度和巴基斯坦为 400 万平方千米、俄罗斯和加拿大 2 700 万平方千米；所有大洲的陆地面积为 1.48 亿平方千米。这里所引的数据，除了马匹之外，都来自 Ausubel, J. 2007. Renewable and nuclear heresies. International Journal of Nuclear Governance, Economy and Ecology 1:229-43。
478. Bird risk behaviors and fatalities at the Altamont Pass wind resource area, by C. G. Thelander, K. S. Smallwood and L. Rugge of BioResource Consultants in Ojai, California, NREL/SR-500-33829, December 2003. 有人说，撞窗户死掉的鸟儿都比这多，没错，但那些鸟儿可不是珍稀的鹫鹰啊。你家温室的玻璃上几时撞死过鹫鹰？告发石油公司导致此类禽鸟死亡的例子，参见 Bryce, R. 2009. Windmills are killing our birds: one standard for oil companies, another for green energy sources. Wall Street Journal, 7 September 2009. http://online.wsj.com/article/SB10001424052970203706604574376543308399048.html?mod=googlenews_wsj。
479. http://www.telegraph.co.uk/earth/main.jhtml?xml=/earth/2007/08/14/eaorangll4.xml.
480. Ausubel, J. 2007. Renewable and nuclear heresies. International Journal of Nuclear Governance, Economy and Ecology 1:229-43.
481. Avery, D. T. 2008. The Massive Food and Land Costs of US Corn Ethanol: an Update. Competitive Enterprise Institute no. 144, 29 October 2008.
482. Mitchell, D. A. 2008. Note on Rising Food Prices. World Bank Policy Research Working Paper no. 4682. Available at SSRN: http://ssrn. com/abstract=1233058.
483. Bryce, R. 2008. Gusher of Lies. Perseus Books.

484. Fargione, J. et al. 2008. Land clearing the biofuel carbon debt. Science 319:1235-8.

485. Bryce, R. 2008. Gusher of Lies. Perseus Books.

486. Wilson. E. 0. 1999. The Diversity of Life. Penguin.

487. Huber, P. W. and Mills, M. P. 2005. The Bottomless Well: the Twilight of Fuel, the Virtue of Waste, and Why We Will Never Run Out of Energy. Basic Books.

488. 联合循环发电机组先是燃烧天然气，驱动一组涡轮，之后利用高温产生蒸汽，驱动另一组涡轮。

489. Jevons, S. 1865. The Coal Question: An Inquiry Concerning the Progress of the Nation, and the Probable Exhaustion of our Coal-mines. Macmillan, p. 103.

490. Edison in 1910, 引自 Collins, T. and Gitelman, L, Thomas Edison and Modern America. New York: Bedford/St Martin's, 2002, p. 60. Source: Bradley, R. J. 2004. Energy: the Master Resource. Kendall/Hunt。

第 8 章

491. Thomas Jefferson letter to Isaac McPherson, 13 August 1813. http://www.let.rug.n1/usa/P/tj3/writings/brf/jefl220.htm.

492. Maddison, A. 2006. The World Economy. OECD Publishing.

493. Ricardo, D. 1817. The Principles of Political Economy and Taxation.

494. Beinhocker, E. 2006. The Origin of Wealth. Random House.

495. Butler, E. 2008. The Best Book on the Market. Capstone.

496. 这一观点由布斯提出。P. 2008. Market failure: a failed paradigm. Economic Affairs 28:72-4.

497. Kricher, J. 2009. The Balance of Nature: Ecology's Enduring Myth. Princeton University Press. “依据过去几十年的研究，生物学家逐渐理解了生态系统的动态现实，基本上放弃了‘大自然存在某种有意义的天然平衡状态’这一概念。”

498. 事实上，创新为时短暂的规则是条铁律，甚至有了专门的名字“ Cardwell's Law”。参见 Mokyr, J. 2003. The Gifts of Athena. Princeton University Press。William Easterly 指出，从公元前 1000 年开始，世界上总会有某个地区站在技术和发展的最前沿。Comin, D., Easterly, W. and Gong, E. 2006. Was the Wealth of Nations Determined in 1000 BC? NBER Working Paper no. 12657.

499. Mokyr, J. 2003. The Gifts of Athena. Princeton.

500. Orwell, G. 1944. Tribune, 12 May 1944.

501. J. 1994. A Piece of the Action. Simon and Schuster.（据说，只有在金融这一人类活动的领域，创新太多才会是件坏事。Adair Turner 说，如何制造疫苗的知识若是丢失了，会伤害到人类福利："但要是二次联合抵押债务契约的设计方法没了，我想，没了那个，我也能过得挺好吧。"）参见 Turner, A. 2009. ' The Financial Crisis and the Future of Financial Regulation ' . Inaugural Economist City Lecture, 21 January 2009. Financial Services Authority。

502. Nocera, J. 1994. A Piece of the Action. Simon and Schuster.

503. M. Crichton, email to the author, June 2007.

504. Mokyr, J. 2003. The Gifts of Athena. Princeton University Press.

505. Whitehead, A. N. 1930. Science and the Modern World. Cambridge University Press.

506. Kealey, T. 2007. Sex, Science and Profits. William Heinemann.

507. Kealey, T. 2008. Sex, Science and Profits. William Heinemann. Kealey 认为，瓦特曾激烈地否认自己受了 Joseph Black 的影响。但 Joel Mokyr (in The Gifts of Athena) 则引述了瓦特的另一番言论，表达了相反的意见。

508. Rolt, L. T. C. 1963. Thomas Newcomen: the Prehistory of the Steam Engine. David and Charles. 出于同样道理，学术界对卑微的矿业工程师乔治·史蒂芬孙 1815 年发明了安全矿灯却又不明白背后的原理深表怀疑，他们指责史蒂芬孙窃取了科学家戴维爵士的概念。但把这条控诉反过来说更有道理：也就是戴维从工程师约翰·巴迪那里听说了史蒂芬孙的实验。巴迪是从矿上的医生博内特那儿听说来的，博内特则是史蒂芬孙亲口告知的。参见 See Rolt, L. T. C. 1960. George and Robert Stephenson. Longman。

509. 更多有关月光社的信息，参见 Uglow, J. 2002. The Lunar Men. Faber and Faber.

510. Mokyr, J. 2003. The Gifts of Athena. Princeton.

511. 乔尔·莫基尔近来提出（Mokyr, J. 2003. The Gifts of Athena. Princeton），尽管科学革命并未引发工业革命，但知识库的拓宽（分享和归纳认识）多多少少令知识找到了新的应用领域，逃过了边际效益递减的命运，工业革命得以无限期地继续进行。但我觉得这种说法还不太令人信服。我认为，工业带来的繁荣为知识的扩展提供了经济支持，而知识的扩展偶然回报了前者的善意。就算到了 19 世纪末和 20 世纪初，科学看似已为新兴产业做出了巨大贡献，哲学家的地位仍然不及工程师。开尔文爵士对电阻和磁感应物理学的贡献，不是来自神秘的思考，而是更多地来自在电报行业解决实际问题。诚然，詹姆斯·克拉克·麦克斯韦的物理学掀起了电学革命，弗里茨·哈伯的化学孵化出了农业革命，列奥·齐拉德的中子链式反应概念催生了核武器，弗朗西斯·克里克的生物学为应用生物技术奠定了基础，但这些贤者同样需要大量的工程师把他们的认识转换成能够改变生活水平的东西。敲敲打打、修修补补的托马斯·爱迪生，还有他的工程师 40 人团队，对社会走向电气化的重要性远远大于光动脑筋的麦克斯韦；注重实际的卡尔·博施比爱思考的哈伯更紧要；执行力强的莱斯利·格罗夫斯中将（“曼哈顿计划”的负责人）比爱做梦的齐拉德重要；重实践的弗雷德·桑格比重理论的克里克重要。

512. Hicks, J. R. 1969. A Theory of Economic History. Clarendon Press.
513. Ferguson, N. 2008. The Ascent of Money. Allen Lane.
514. Baumol, W. J., Litan, R. E. and Schramm, C. J. 2007. Good Capitalism, Bad Capitalism. Yale University Press.
515. Moses Finley, cited in Baumol, W. 2002. The Free-market Innovation Machine. Princeton University Press.
516. Rivoli, P. 2005. The Travels of a T-shirt in the Global Economy. John Wiley.
517. Kealey, T. 2007. Sex, Science and Profits. William Heinemann.
518. Evans, H. 2004. They Made America. Litfie, Brown.
519. Tapscott, D. and Williams, A. 2007. Wikinomics. Atlantic.
520. 参见 Moser, P. 2009. Why don’t inventors patent? http://ssrn.com/abstracts=930241。
521. Fauchart, E. and Hippel, E. von. 2006. Norm-based Intellectual Property Systems: the Case of French Chefs. MIT Sloan School of Management working paper 4576-06. http://web.mit.edu/evhippel/www/papers/vonhippelfauchart2006.pdf.
522. 1769 年，詹姆斯·瓦特到底有没有强硬地执行自己措辞严厉的蒸汽发动机专利，以及到 1775 年是否彻底断绝了蒸汽机行业的创新，这件事的争议一直很大。参见 Rolt, L. T. C. 1960. George and Robert Stephenson. Longman。（“煤炭唾手可得，北部乡村的矿主宁肯放弃瓦特蒸汽机的优越经济性，也不愿意按瓦特等人的要求给专利费。”）亦参见 www.thefreemanonline.org/featured/do-patents-encourage-or-hinder-innovation-the-case-of-the-steam-engine/; Boldrin, M. and Levine, D. K. 2009. Against intellectual monopoly. http://www.micheleboldrin.com/research/aim.html 和 Von Hippel, E. 2005. Democratizing Innovation. MIT Press。George Selgin 和 John Turner 持反对意见，认为瓦特的专利并未阻碍创新，没有专利，瓦特根本吸引不到博尔顿的资金支持。Selgin, G. and Turner, J. L. 2006. James Watt as intellectual monopolist: comment on Boldrin and Levine. International Economic Review 47:1341-8; and Selgin, G. and Turner, J. L. 2009. Watt, again? Boldrin and Levine still exaggerate the adverse effect of patents on the progress of steam power. 18 August 2009, prepared for the Center for Law, Innovation and Economic Growth conference, Washington University School of Law, April 2009.
523. Cited in Shermer, M. 2007. The Mind of the Market. Times Books.
524. Heller, M. 2008. The Gridlock Economy. Basic Books.
525. Benkler, Y. 2006. The Wealth of Networks. Yale University Press.

526. 感谢 R. Litan 向我提供了这一信息。
527. Baumol, W. J., Litan, R. E. and Schramm, C. J. 2007. Good Capitalism, Bad Capitalism. Yale University Press.
528. Heller, M. 2008. The Gridlock Economy. Basic Books.
529. Von Hippel, E. 2005. Democratizing Innovation. MIT Press.
530. Boldrin, M. and Levine, D. K. 2009. Against intellectual monopoly. Available online: http://www.micheleboldrin.com/research/aim.html.
531. Boldrin, M. and Levine, D. K. 2009. Against intellectual monopoly. Available online: http://www.micheleboldrin.com/research/aim.html.
532. Benkler, Y. 2006. The Wealth of Networks: How Social Production Transforms Markets and Freedom. Yale University Press.（Benkler 的书对自己的观点身体力行，可在网上免费看到。）
533. Audretsch, D. B. 2007. The Entrepreneurial Society. Oxford University Press.
534. Postrel, V. 1998. The Future and Its Enemies. Free Press.
535. Kealey, T. 2007. Sex, Science and Profits. William Heinemann.
536. Agarwal, R. and Gort, M. 2001. First mover advantage and the speed of competitive entry: 1887-1986. Journal of Law and Economics 44:161-78.
537. Rolt, L. T. C. 1967. The Mechanicals. Heinemann.
538. Dagan, T., Artzy-Randrup, Y. and Martin, W. 2008. Modular networks and cumulative impact of lateral transfer in prokaryote genome evolution. PNAS 105:10039-44. “所研究的基因组中，至少有 80% ± 15% 的基因包含了从历史上某个时期转移来的侧向基因。”
539. 查尔斯·达尔文对混血不育问题做了很多研究工作，这主要是因为当时有些美国人类学家声称，黑人是一个独立的物种，只适合做奴隶，就连黑白混血儿也不能生育。参见 Desmond, A. and Moore, J. 2009. Darwin’s Sacred Cause. Penguin。
540. Arthur, B. and Polak, W. 2004. The Evolution of Technology within a Simple Computer Model. Santa Fe working paper 2004-12-042.
541. Evans, H. 2004. They Made America. Little, Brown.
542. Basalla, G. 1988. The Evolution of Technology. Cambridge University Press.
543. http://laserstars.org/history/ruby.html.
544. Von Hippel, E. 2005. Democratizing Innovation. MIT Press.
545. Miller, G. 2009. Spent. Heinemann.
546. Wall Street Journal, 15 January 1992.
547. Warsh, D. 2006. Knowledge and the Wealth of Nations. WW. Norton.

548. Romer, P. 1995. Beyond the Knowledge Worker. Wordlink.

第 9 章

549. John Stuart Mill, speech to the London Debating Society on 'perfectibility' , 2 May 1828.
550. US Environmental Protection Agency.
551. Simon, J. 1996. The Ultimate Resource 2. Princeton University Press.
552. The Sceptical Environmentalist. Cambridge University Press.
553. Hayek, FA. 1960. The Constitution of Liberty. Routledge.
554. http://www.coyoteblog.com/coyote_blog/2005/02/in_praise_of_ro.html.
555. Brown, L. 2008. Plan B 3. 0: Mobilizing to Save Civilisation. Earth Policy Institute.
556. Herman, A. 1997. The Idea of Decline in Western History. The Free Press.
557. Smith, A. 1776. The Wealth of Nations.
558. Smiles, S. 1857. The Life of George Stephenson, Railways Engineer. John Murray.
559. Williams, A. 2008. The Enemies of Progress. Societas.
560. Southey, R. 1829. Sir Thomas More: Or, Colloquies on the Progress and Prospects of Society. John Murray.
561. Postrel, V. 1998. The Future and Its Enemies. Free Press.
562. Macaulay, T. B. 1830. Review of Southey's Colloquies on Society. Edinburgh Review, January 1830.
563. Macaulay, T. B. 1848. History of England from the Accession of James the Second.
564. Macaulay, T. B. 1830. Review of Southey's Colloquies on Society. Edinburgh Review, January 1830.
565. Leadbetter, C. 2002. Up the Down Escalator: Why the Global Pessimists Are Wrong. Viking.
566. Asquith papers, December 1910, quoted in Addison, P. 1992. Churchill on the Home Front 1900-1955. Jonathan Cape.
567. The Works of Theodore Roosevelt, National Edition, XII, p. 201.
568. Byatt, I. 2008. Weighing the present against the future: the choice and use of discount rates in the analysis of climate change. In Climate Change Policy: Challenging the Activists. Institute of Economic Affairs.
569. Spengler, O. 1923. The Decline of the West. George Allen & Unwin.
570. Preamble to Agenda 21, 1992.
571. Leadbetter, C. 2002. Up the Down Escalator: Why the Global Pessimists Are Wrong. Viking.

572. Postrel, V. 1998. The Future and Its Enemies. Free Press.
573. HRH Prince of Wales 2000. The civilized society. Temenos Academy Review. See http://www.princeofwales.gov.uk/speechesandarticles/an_article_by_hrh_the_prince_of_wales_titled_the_civilised_s_93.html000.
574. Barry Schwartz, quoted in Easterbrook, G. 2003. The Progress Paradox. Random House.
575. Saunders, P. 2007. Why capitalism is good for the soul. Policy Magazine 23:3-9.
576. Hesiod, Works and Days II.
577. Barron, D. 2009. A Better Pencil. Oxford University Press.
578. John Cornwell. Is technology ruining our children? The Times, 27 April 2008.
579. Phillips, A. and Taylor, B. 2009. On Kindness. Hamish Hamilton. Excerpted in The Guardian, 3 January 2009.
580. McKibben, W. 1989. The End of Nature. Random House.
581. www.theatlantic.com/doc/199402/anarchy.
582. Colburn, T., Dumanoski, D. and Myers, J. P. 1996. Our Stolen Future. Dutton. See Breithaupt, H. 2004. A Cause without a Disease. EMBO Reports 5:16-18.
583. Diamond, J. 1995. The Rise and Fall of the Third Chimpanzee. Radius.
584. Rees, M. 2003. Our Final Century. Heinemann.
585. Easterbrook, G. 2003. The Progress Paradox. Random House.
586. Gilbert, D. 2007. Stumbling on Happiness. Harper Press.
587. Stangler, D., personal communication.
588. McDermott, R., Fowler, J. H. and Smirnov, O. 2008. On the evolutionary origin of prospect theory preferences. The Journal of Politics 70:335-50.
589. Fox, E., Ridgewell, A. and Ashwin, C. 2009. Looking on the bright side: biased attention and the human serotonin transporter gene. Proceedings of the Royal Society B (doi:10. 1098/rspb. 2008. 1788).
590. Dreber, A. et al. 2009. The 7R polymorphism in the dopamine receptor D4 gene (DRD4)is associated with financial risk taking in men. Evolution and Human Behavior (in press).
591. 2008 年 5 月 1 日。
592. 参见《纽约时报》(2009 年 9 月 23 日)。
593. Lu, Q. -B. 2009. Correlation between cosmic rays and ozone depletion. Physical Review Letters 102:118501-9400.
594. Carson, R. 1962. Silent Spring. Houghton Mifflin.

595. Bailey, R. 2002. Silent Spring at 40. Reason, June 2002. http://www.reason.com/news/show/34823.html.

596. Ehrlich, P. 1970. The Population Bomb. 2nd edition. Buccaneer Press.

597. Special Earthday edition of Ramparts magazine, 1970.

598. Ames, B. N. and Gold, L. S. 1997. Environmental pollution, pesticides and the prevention of cancer: misconceptions. FASEB Journal 11:1041-52.

599. Doll, R. and Peto, R. 1981. The causes of cancer: quantitative estimates of avoidable risks of cancer in the United States today. Journal of the National Cancer Institute 66:1193-1308.

600. Ames, B. N. and Gold, L. S. 1997. Environmental pollution, pesticides, and the prevention of cancer: misconceptions. FASEB Journal 11:1041-52.

601. Bruce Ames, personal communication.

602. http://www.nationalreview.com/comment/bate200406030904.asp; http://www.prospect-magazine.co.uk/article_details.php?id=10176.

603. The Progress Paradox. Random House.

604. 布朗的这些言论，有多处引用源头，包括 Smil, V. 2000. Feeding the World. MIT Press, and Bailey, R. 2009. Never right, but never in doubt: famine-monger Lester Brown still gets it wrong after all these years. Reason magazine, 12 May 2009: http://reason.com/archives/2009/05/05/never-right-but-never-in-doubt。亦参见 Brown, L. 2008. Plan B 3.0: Mobilizing to Save Civilization. Earth Policy Institute。

605. Paddock, W. and Paddock, P. 1967. Famine, 1975! America's Decision: Who Will Survive? Little, Brown.

606. Paddock, William C. Address to the American Phytopathological Society, Houston, Texas 12 August 1975.

607. Ehrlich, P. 1971. The Population Bomb. 2nd edition. Buccaneer.

608. Ehrlich, P. and Ehrlich, A. 2008. The Dominant Animal. Island Press.

609. Schumpeter, J. A. 1943. Capitalism, Socialism, and Democracy. Allen & Unwin.

610. 应当注意，《发展极限》报告的作者认为，自己只是想说明在矿产资源的使用量持续成倍增长、新的储备量又没有找到时会发生什么样的情况，他们明白，真正出现上述情况的可能性并不大。但他们的数学算法很夸张，文章也写得很夸张。“2000 年之前，会出现可怕的耕地短缺局面”“世界人口将在 2000 年达到 70 亿”。在我看来，这像是在做预测了。就算是新近更新的版本里，文章的主要观点仍然是，在 21 世纪，由于缺乏资源，文明会崩溃：“要想继续活下去，人类必须后退，必须休养生息。”参见 Meadows, D. H., Meadows, D. L. and Randers, J.

1992. Beyond the Limits. Chelsea Green Publishing; and Meadows, D. H., Randers, J. and Meadows, D. 2004. Limits to Growth: The 30-Year Update. Chelsea Green Publishing。

611. 参见 Bailey, R. 2004. science and public policy. Reason: http://www. reason. com/ news/show/34758. html。
612. Simon, J. 1996. The Ultimate Resource 2. Princeton University Press.
613. http://www.ihatefhemedia.com/earth-day-predictions-of-1970-the-reason-you-should-not-believe-earth-day-predictions-of-2009.
614. Mauch, C. 2004. Nature in German History. Berghahn Books.
615. Easterbrook, G. 1995. A Moment on the Earth. Penguin. See also Fortune magazine, April 1986.
616. Mathiesen, M. 2004. Global Warming in a Politically Correct Climate. Universe Star.
617. The human cost of anti-science activism. Policy Review, April/May 2009. http:// www.hoover.org/publications/policyreview/41839562.html.
618. Colebunders, R. 2000. Ebola haemorrhagic fever-a review. Journal of Infection 40:16-20.
619. http://data.unaids.org/pub/GlobalReport/2008/JC1511_GR08_ExecutiveSummary_en.pdf.
620. http://news.bbc.co.Uk/l/hi/sci/tech/573919.stm.
621. http://www.cjd.ed.ac.uk/figures.htm.
622. Little, J. 1993. The Chernobyl accident, congenital anomalies and other reproductive outcomes. Paediatric Perinatal Epidemiology 7:121-51. 2006 年，世界卫生组织得出结论："白俄罗斯受核污染和未受核污染的地区，先天畸形的病例报告均出现了缓慢而稳步的提高，这跟反射没有关系，而是因为报告更及时了。"参见 http:// www.iaea.org/NewsCenter/Focus/Chernobyl/pdfs/pr.pdf。
623. Brand, S. 2009. Whole Earth Discipline. Penguin.
624. Fumento, M. 2006. The Chicken Littles were wrong: bird flu threat flew the coop. The Standard, 25 December 2006.
625. Wendy Orent. Swine flu poses a risk, but no reason to panic. Los Angeles Times, 29 April 2009. http://articles.latimes.com/2009/apr/29/opinion/oe-orent29.
626. Holdren, J., Ehrlich, A. and Ehrlich, P. 1973. Human Ecology: Problems and Solutions. W. H. Freeman and Company, p. 279.
627. http://www.spiked-online. com/index. php/site/article/7314.

628. The Guardian, 18 August 2009.

629. http://www.climate-resistance.org /2009/08/folie-a-deux.html.

第 10 章

630. Wells, H. G. ' The Discovery of the Future, Lecture at the Royal Institution, 24 January 1902, published in Nature 65:326-31. Reproduced with the permission of AP Watt Ltd on behalf of the Literary Executors of the Estate of H. G. Wells.

631. NCDC See ncdc. noaa. gov.

632. Ecologist Online April 2007. 参见 www.optimumpopulation.org/ecologistj.porritt.April07.doc。

633. Collier, P. 2007. The Bottom Billion. Oxford University Press.

634. 在本书撰写期间，南非、莫桑比克及津巴布韦的预期寿命仍在下跌。

635. Collier, P. 2007. The Bottom Billion. Oxford University Press.

636. Moyo, D. 2009. Dead Aid. Allen Lane.

637. Rajan, R. G. and Subramanian, A. 2005. Aid and Growth: What Does the Cross-Country Evidence Really Show? NBER Working Papers 11513, National Bureau of Economic Research.

638. Moyo, D. 2009. Dead Aid. Allen Lane.

639. Easterly, W. 2006. The White Man's Burden: Why the West's Efforts to Aid the Rest Have Done So Much III and So Little Good. Oxford University Press.

640. Easterly, W. 2006. The White Man's Burden: Why the West's Efforts to Aid the Rest Have Done So Much III and So Little Good. Oxford University Press.

641. Acemoglu, D., Johnson, S. H. and Robinson, J. A. 2001. An African Success Story: Botswana. MIT Department of Economics Working Paper no. 01-37.

642. Boudreaux, K. 2008. Urbanisation and informality in Africa's housing markets. Economic Affairs, June 2008: 17-24.

643. De Soto, H. 2000. The Mystery of Capital. Bantam Press.

644. De Soto, H. 2000. The Mystery of Capital. Bantam Press.

645. Kimbrough, E. O., Smith, V. L. and Wilson, B. J. 2008. Historical property rights, sociality, and the emergence of impersonal exchange in long-distance trade. American Economic Review 98:1009-39.

646. Anderson, T. and Huggins, L. 2008. Greener Than Thou. Hoover Institution Press.

647. Costello, C, Gaines, S. D. and Lynham, J. 2008. Can catch shares prevent fisheries collapse? Science 321:1678-80. (doi: 0-1126/science.1159478).

648. Institute of Liberty and Democracy. 2005. Tanzania: the diagnosis, http://www.ild.org.pe/en/wnatwedo/diagnosis/tanzania.

649. Schulz, M. and van Gelder, A. 2008. Nashville in Africa: Culture, Institutions, Entrepreneurship and Development. Trade, Technology and Development discussion paper no. 2, International Policy Network.

650. Talbot, D. 2008. Upwardly mobile. Technology Review, November/December 2008: 48-54.

651. Rodrik, D. (ed.). 2003. In Search of Prosperity. Princeton University Press.

652. Jensen, Robert T. 2007. The digital provide: information (technology), market performance and welfare in the South Indian fisheries sector. Quarterly Journal of Economics 122: 879-924.

653. Bloom, D. E. et al. 2007. Realising the Demographic Dividend: Is Africa Any Different? PGDA Working Paper no. 23, Harvard University.

654. www.chartercities.com.

655. Newsweek, 22 January 1996. On the web at http://www.newsweek.eom/id/101296/page/l.

656. Newsweek, 28 April 1975. On the web at http://www.denisdutton.com/cooling_world.htm.

657. Lindzen, R. S. and Choi, Y. S. 2009. On the determination of climate feedbacks from ERBE data. Geophysical Research Letters. In press. Schwartz, S. E., R. J. Charlson, and H. Rhode, 2007: Quantifying climate change-too rosy a picture? Nature Reports Climate Change 2:23-24, and Schwartz S. E. 2008. Reply to comments by G. Foster et al., R. Knutti et al., and N. Scafetta on Heat capacity, time constant, and sensitivity of Earth's climate system. J. Geophys. Res. 113, D15105. (doi:10.1029/2008JD009872).

658. Paltridge, G., Arking, and Pook, M. 2009. Trends in middle-and upper-level tropospheric humidity from NCEP reanalysis data. Theoretical and Applied Climatology, (doi: 10. 1007/s00704-009-0117-x).

659. M. A. K. Khalil, C. L. Butenhoff and R. A. Rasmussen, Atmospheric methane: trends and cycles of sources and sinks, Environmental Science & Technology 41:2131-7.

660. Loehle, C. 2007. A 2000-year global temperature reconstruction based on non-treering proxies. Energy & Environment 18: 1049-58; and Moberg, A., D. M. Sonechkin, K. Holmgren, N. M. Datsenko, and W. Karlen, 2005. Highly variable

Northern Hemisphere temperatures reconstructed from low- and high-resolution proxy data. Nature 433:613-7. P. 330: ‘ the Intergovernmental Panel on Climate Change (IPCC) ’ . The full IPCC reports are available at www.ipcc.ch.

661. www.ff.org/centers/csspp/pdf/20061031_tol.pdf.

662. 参见 See Weitzman, M. 2007. Review of the Stern Review on the economics of climate change, journal of Economic Literature 45 (3) :“倘若以不使用斯特恩 1.4% 的贴现率，而用 6% 的贴现率来计算，自此以后一个世纪因全球变暖所造成的给定损失，其现值仅为斯特恩算出的 1%。”

663. Lawson, N. 2008. An Appeal to Reason. Duckworth.

664. http://www.ipcc.ch/ipccreports/sres/emission/014.htm.

665. Goklany, I. 2009. Is climate change ‘ the defining challenge of our age ’ ? Energy and Environment 20: 279-302.

666. 参见 http://sciencepolicy.colorado.edu/prometheus/archives/climate_change/001165a_comment_on_ipcc_wo.html。

667. http://www.spectator.co.uk/politics/all/5186108/the-spectators-notes.thtml.

668. Castles, I. and Henderson, D. 2003. Economics, emissions scenarios and the work of the IPCC. Energy and Environment 14:422-3. 也可见 Maddison. A. 2007. Contours of the World Economy. Oxford University Press.

669. http://cowles.econ.yale.edu/P/cd/dl6b/dl686.pdf; http://www.economics.harvard.edu/faculty/weitzman/files/ReactionsCritique.pdf.

670. 尽管如此，记者 George Monbiot 仍然极力煽动：“每一回孟加拉国有人因为洪灾而死，就该从航空公司的办公室里拖出一名高管来淹死。”（Guardian, 5 December 2006）詹姆斯·汉森呼吁对持不同意见者处以反人道罪：“詹姆斯·汉森，当今世界最顶尖的一位气象学家，呼吁将大型化石燃料公司的高级主管以反人类和反自然的重罪送上法庭，指控他们积极散布怀疑全球变暖的观点。”（Guardian, 23 June 2008）

671. Luthke, S. B. et al. 2006. Recent Greenland ice mass loss from drainage system from satellite gravity observations. Science 314:1286-9. If anything the rate of melting in Greenland is slowing: van de Wal, R. S. W., et al. 2008. Large and rapid melt-induced velocity changes in the ablation zone of the Greenland ice sheet. Science 321:111.

672. Arnell, N. W., 2004. Climate change and global water resources: SRES emissions and socio-economic scenarios. Global Environmental Change 14: 31-52. Indur Goklany 认为 IPCC 专为政策制定者们准备的报告概要漏掉了全球变暖令人口稠

密地区获得更多降雨量而带来的所有积极效应，他写道："简而言之，从水资源的角度来说，图表 SPM.2 及其复制品并未做出任何虚假陈述，可是却隐瞒了气候变化带来正面影响的信息，对读者造成了误导。"参见 http://wattsupwiththat.com/2008/09/18/how-the-ipcc-portrayed-a-net-positive-impact-of-climate-change-as-a-negative/#more-3138。

673. 著名的"曲棍球棒图"（此说法的来历参见 http://en.wikipedia.org/wiki/Hockey_stick_controversy）（似乎能证明中世纪温暖期从未发生过）目前已经遭到了普遍怀疑。它过分依赖来自狐尾松和西伯利亚落叶松的两份样本，而现在人们已经知道，这两份样本是极不可靠的。它有选择地把代表性气温数据和真实气温数据拼合在一起，模糊了代表性气温并不能反映当代气温的事实；它还利用统计技术从红色的噪声数据里做出了一条"曲棍球棒"。但随后人们又找到了其他的代表性气温数据（不再依靠树的年轮），断然证明中世纪温暖期要比如今的气候更暖和。参见 See http://www.climateaudit.org/?p=7168. Holland, D. 2007. Bias and concealment in the IPCC process: the ‘ hockey-stick. affair and its implications. Energy and Environment 18:951-83; http://republicans.energycommerce.house.gov/108/home/07142006_Wegman_Report.pdf; www.climateaudit.org/?p=4866#more-4866; http://wattsupwiththat.com/2009/03/18/steve-mcintyres-iccc09-presentation-with-notes/#more-6315; http://www.climateaudit.org/?p=7168。还参见 Loehle, C. 2007. A 2000-year global temperature reconstruction based on non-tree ring proxies. Energy and Environment 18:1049-58; and Moberg, A., Sonechkin, D. M., Holmgren, K., Datsenko, N. M. and Karlen, W, 2005. Highly variable Northern Hemisphere temperatures reconstructed from low-and high-resolution proxy data. Nature 433:613-17。有关距今 8000 ~ 5000 年前的全新世温暖期，参见 http://climatesanity.wordpress.com/2008/10/15/dont-panic-the-arctic-has-survived-warmer-temperatures-in-the-past/; http://adsabs.harvard.edu/abs/2007AGUFMPPl1A0203F; 以及 http://adsabs.harvard.edu/abs/2007AGUFM9911A0203F; 还有 http://nsidc.Org/arcticseaicenews/faq.html#summer_ice。

674. Goklany, I. 2009. Is climate change the defining challenge of our age? Energy and Environment 20:279-302.

675. Pielke, R. A., Jr., Gratz, J., Landsea, C. W., Collins, D., Saunders, M. A. and Muslin, R, 2008: Normalized hurricane damage in the United States: 1900-2005. Natural Hazard Review 9:29-42.

676. Goklany, I. 2007. Deaths and death rates due to extreme weather events. Civil Society Report on Climate Change. International Policy Network.

677. Lomborg, B. 2007. Cool It. Marshall Cavendish.

678. Reiter, P. 2008. Global warming and malaria: knowing the horse before hitching the cart. Malaria Journal 7 (supplement 1):S3.

679. Reiter, P. 2007. Human ecology and human behavior. Civil Society Report on Climate Change. International Policy Network.

680. Goklany, I. 2004. Climate change and malaria. Science 306:56-7. 疟疾专家保罗・瑞特的遭遇很是奇特："IPCC 拒绝让瑞特教授来撰写 2007 年气候评估报告健康章节中有关疟疾的部分。IPCC 先是假装瑞特没有获得提名，接着又说没有收到瑞特教授亲自送到官员们手中的四份提名文件。这一部分内容的两位主要执笔人，都不是疟疾专家，只就该主题发表过一篇有关论文。其中一人甚至不是科学家，而是环保活动家。"参见 http://scienceand publicpolicy.org/images/stories/papers/scarewatch/scarewatch_agw_ spread_malaria.pdf。

681. Randolph, S. E. 2008. Tick-borne encephalitis in Central and Eastern Europe: consequences of political transition. Microbes and Infection 10:209-16.

682. 有关本主题的讨论，参见 http://cstpr.colorado.edu/prometheus/?p=5410；http://www.climate-resistance. org/2009/06/ the-age-of-the-age-of-stupid.html；Wall Street Journal: http://online.wsj.com/article/SB124424567009790525.html。

683. Pinter, P. J., Jr., Kimball, B. A., Garcia, R. L., Wall, G. W., Hunsaker, D. J. and LaMorte, R. L. 1996. Free-air C02 enrichment: Responses of cotton and wheat crops. In Koch, G. W. and Mooney, H. A. (eds). 1996. Carbon Dioxide and Terrestrial Ecosystems. Academic Press.

684. Goklany, I. cited in Bailey, R. 2009. What planetary emergency? Reason, 10 March 2009. http://www.reason.com/news/show/132145.html.

685. Parry, M. L., Rosenzweig, C, Iglesias, A., Livermore, M. and Fischer, G, 2004: Effects of climate change on global food production under SRES emissions and socio-economic scenarios. Global Environmental Change 14:53-67.

686. Levy, P. E. et al. 2004. Modelling the impact of future changes in climate, C02concentration and future land use on natural ecosystems and the terrestrial carbon sink. Global Environmental Change 14:21-30.

687. 联合国估计：每年有 370 万人死于饥饿，170 万人死于饮用污水，160 万人死于室内烟尘，110 万人死于疟疾。

688. Lomborg, B. 2008. How to get the biggest bang for 10 billion bucks. Wall Street Journal, 28 July 2008.

689. http://www.sciencedaily.com/releases/2008/10/0810 20095850.htm. 亦参见 Dyck,

M. G., Soon, W., Baydack, R. K., Legates, D. R., Baliunas, S., Ball, T. F. and Hancock, L. O. 2007. Polar bears of western Hudson Bay and climate change: Are warming spring air temperatures the ‘ ultimate. survival control factor? Ecological Complexity 4:73-84。也参见 Dr Mitchell Taylor’s presentation at http://www.youtube.com/watch?v=I63D114Pemc。

690. 两者均引自 Guardian, 2 September 2009. http://www.guardian.co.uk/environment/2009/sep/02/coral-catastrophic-future。

691. 这段话是加拿大一位生物学家 2008 年 8 月在博客上写的：“我刚从印度那边的波斯湾地区回来。气温 40℃，海水 35℃。(要是你觉得在这么高的温度下做现场勘查工作挺有乐趣的，拜托一定私下写信给我！）我们观察了水下 4～15 米的珊瑚。不管处在什么水位，珊瑚都没有‘漂白’的迹象。或许这跟‘适应力’有点关系。此外，这些无名礁石覆盖着大约 30% 的珊瑚，比佛罗里达礁岛群那儿的比例还高。”原文参见 http://coral.aoml.noaa.gov/pipermail/coral-list/2008-August /037881.html。

692. Oliver, T. A. and Palumbi, S. R. 2009. Distributions of stress-resistant coral symbionts match environmental patterns at local but not regional scales. Marine Ecology Progress Series 378:93-103. 也参见 Baker, A. C. et al. 2004. Coral reefs: Corals ’ adaptive response to climate change. Nature 430:741, 文章说：“共生有机体的适应性变化暗示，这些憔悴的珊瑚会更为适应将来的升温压力，幸存下来的珊瑚会存活得更久，灭绝时间会拖得更长，这跟以前的假设是不一样的。”

693. Kleypas, J. A., Danabasoglu, G. and Lough. J. M. 2008. Potential role of the ocean thermostat in determining regional differences in coral reef bleaching events, Geophysical Research Letters 35: L03613. (doi:10. 1029/2007GL03 2257).

694. Iglesias-Rodriguez, M. D. et al. 2008. Phytoplankton calcification in a high-C02 world. Science 320:336-40. Idso, C. 2009. C02, Global Warming and Coral Reefs. Vales Lake Publishing.

695. Speech to the US National Academy of Sciences, 15 July 1998.

696. Goklany, I. 2008. The Improving State of the World. Cato Institute.

697. Tol, R. S. J. 2009. The Economic Effects of Climate Change. Journal of Economic Perspectives, 23:29-51. http://www.aeaweb.org/articles.php?doi=10.1257/jep.23.2.29. 还参见 Jerry Taylor 的文章，http://www.masterresource.Org/2009/11/the-economics-of-climate-change-essential-knowledge。

698. IPCC AR4, Working Group III, p. 204.

699. MacKay, D. 2009. Sustainable Energy-without the Hot Air. UIT, Cambridge.

700. 本段中的数字由麦凯重新计算过（MacKay, D. 2009. Sustainable Energy-without

the Hot Air. UIT, Cambridge)，把这一数字（人均每天 125 千瓦时）跟第 7 章来自另一源头的数字做比较：假设英格兰总人口为 5000 万，总共消耗 2500 亿瓦特（每秒钟 2500 亿焦耳），或者人均每秒 5000 焦耳。1 千瓦时里包含 360 万焦耳，每天有 86 400 秒，那么 5000×86 400=4.32 亿焦耳（每人每天）。4.32 亿焦耳 /360 万焦耳 =120 千瓦时（每人每天）。两个数据是互为印证的。

701. Donald Hertzmark, 6 April 2009, http://masterresource.org/?p=1625. 也参见 http://www.juandemariana.org/pdf/090327-employment-public-aid-renewable.pdf, http://masterresource.org/?p=5046#more-5046。
702. Huber, P. 2009. Bound to burn. City Journal, spring 2009.
703. Bullis, K. 2008. Sun + water = fuel. Technology Review, November/December, 56-61.
704. Ian Pearson, 8.9.08: http://www.futurizon.net/blog.htm.
705. Ausubel, J. H. 2003. ‘Decarbonisation: the Next 100 Years’. Lecture at Oak Ridge National Laboratory, June 2003. http://phe.rockefeller.edu/PDF_FILES/oakridge.pdf.
706. Ausubel, J. H. and Waggoner, P. E. 2008. Dematerialization: variety, caution and persistence. PNAS 105:12774-9。也参见 http://www.nytimes.com/2009/04/21/science/earth/21tier.html.
707. Lebrato, M. and Jones, D. O. B. 2009. Mass deposition event of Pyrosoma atlanticum carcasses off Ivory Coast (West Africa). Limnology and Oceanography 54:1197-1209.

第 11 章

708. Thiele, B. and Weiss, G. D. 1967. ‘What a Wonderful World’. Range Road Music, Inc., Bug Music–Quartet Music, Inc. and Abilene Music, Inc., USA. Copyright renewed. All rights reserved. Reproduced with permission of Carlin Music Corp., London.
709. Intergovernmental Panel on Climate Change, 4th Assessment Report 2007.
710. “The Discovery of the Future” Lecture at the Royal Institution, 24 January 1902, published in Nature 65:326-31. Reproduced with the permission of AP Watt Ltd on behalf of the Literary Executors of the Estate of H. G. Wells.
711. Quotes are from Romer, P. “Economic growth” in the Concise Encyclopedia of Economics (edited by David R Henderson, published by Liberty Fund); and Romer, P. 1994. New goods, old theory, and the welfare costs of trade restrictions. Journal

of Development Economics 43:5-38.

712. Hanson, R. 2008. Economics of the Singularity. IEEE Spectrum (June 2008) 45:45-50.

713. Vernor Vinge 和 Ray Kurzweil 探讨过这一概念。参见 Kurzweil, R. 2005. The Singularity Is Near. Penguin。

714. Levy, S. 2009. Googlenomics. Wired, June 2009.

715. Shirky, C. 2008. Here Comes Everybody. Penguin.

716. Kelly, K. 2009. The new socialism. Wired, June 2009.

717. Meir Kohn 曾极富表现力地论述过这一点。参见 www.dartmouth.edu/~mkohn/Papers/lessons%201r3.pdf。

718. Macaulay, T. B. 1830. Southey's Colloquies on Society. Edinburgh Review, January 1830.

719. Wilder, T. 1943. The Skin of Our Teeth. HarperCollins.